浙江省普通高校"十三五"新形态教材

公司金融
Corporate Finance

张芳芳　主　编

中国财经出版传媒集团
经济科学出版社
Economic Science Press

图书在版编目（CIP）数据

公司金融 / 张芳芳主编. ——北京：经济科学出版社，2022.6

浙江省普通高校"十三五"新形态教材

ISBN 978 – 7 – 5218 – 3691 – 2

Ⅰ. ①公… Ⅱ. ①张… Ⅲ. ①公司 – 金融学 – 高等学校 – 教材 Ⅳ. ①F276.6

中国版本图书馆 CIP 数据核字（2022）第 088556 号

责任编辑：杜　鹏　郭　威
责任校对：蒋子明
责任印制：邱　天

公司金融

张芳芳　主编

经济科学出版社出版、发行　新华书店经销
社址：北京市海淀区阜成路甲28号　邮编：100142
编辑部电话：010 – 88191441　发行部电话：010 – 88191522
网址：www.esp.com.cn
电子邮件：esp_bj@163.com
天猫网店：经济科学出版社旗舰店
网址：http://jjkxcbs.tmall.com
固安华明印业有限公司印装
787×1092　16开　20.25印张　430000字
2022年8月第1版　2022年8月第1次印刷
ISBN 978 – 7 – 5218 – 3691 – 2　定价：49.00元
（图书出现印装问题，本社负责调换。电话：010 – 88191510）
（版权所有　侵权必究　打击盗版　举报热线：010 – 88191661
QQ：2242791300　营销中心电话：010 – 88191537
电子邮箱：dbts@esp.com.cn）

前 言
INTRODUCTION

本教材适宜作为高等院校金融学、财务管理以及经济管理类各专业开设的公司金融类相关课程选用，尤其适用于应用型本科高校"公司金融""公司理财""公司财务"等课程。与市场上其他同类教材相比，本教材具有以下显著特点：

1. 注重架构完整的知识体系，突出"估值"主线。注重内容的前后联系，帮助学生把握相关专业知识的系统性和整体性，有效避免局部知识之间相互割裂的情况。以货币时间价值和"一价定律"为主线，有效地把公司金融的基本概念、公司金融活动的主要决策贯穿起来；同时重视价值评估的原理和技术在课程中的前后贯穿，帮助学生建立现代公司金融思维。

2. 通俗易懂，内容鲜活。教材的语言精练、通俗易懂，篇幅适当，由浅入深，内容丰富，试图充分激发学生的学习兴趣。采用"新形态教材"形式进行编写，突破传统课堂教学模式及学习方式，知识载体更加丰富，学习方式更加灵活，充分体现"互联网+"教育新思维，更加支持学生开展移动学习、教师线上线下混合式教学。

3. 重视理论联系实际，重视问题导向和产出导向。为培养学生处理复杂公司金融问题和适应环境变化的能力，编者在编写中重视"以问题为出发点""以产出为导向"，最大限度地发挥教材的实用功能。例如，在每章最后，针对本章重点难点以问题的形式向学生发问，便于学生及时自测学习效果和提高自身理论联系实际的能力。

4. 教学资料丰富，便于学生开展自学。本教材各章后都附有"本章小结""关键术语""练习题"，案例材料和阅读材料也非常丰富。部分学习资料和阅读材料以二维码的形式附在其中，读者可以扫码阅读材料或下载文件。本教材还配备丰富的教辅资源，包括练习题答案、PPT、教学大纲等，采用本教材授课的教师可以与出版社联系获取教辅资源。

本教材以货币时间价值和"一价定律"为主线贯穿全部章节，理论整齐划一、简洁有力，内容层层递进、前后紧密关联，更容易被学生接受。本教材共分为九章，其中：

第一章是导论，教材的开篇，明确公司金融的讨论范围以及公司金融活动的目标。

  第二章、第三章和第五章阐述了价值评估的理论基础以及对债券和股票的估值方法。其中，第二章是货币时间价值及应用；第三章是价值评估原理，包括债券的估值原理和方法、影响债券价值的因素等；第五章是股票估值，包括股利贴现模型的理论和应用、总支出模型、自由现金流估值模型以及相对估值法等。

  第六章是风险与回报，包含投资组合理论和资本资产定价模型这两个核心的公司金融理论，它们是确定资本成本的重要理论基础。

  第四章、第七章、第八章分别是公司投资、融资和分配三种金融活动，重点介绍如何在金融活动中实现公司价值最大化的目标。其中，第四章是投资决策，包括投资决策方法和自由现金流的估计等；第七章是资本结构，包括股权融资与债务融资、完美资本市场中的资本结构、最优资本结构理论与权衡理论等；第八章是股利政策，包括支付股利与回购股票、支出与留存、股利政策的信号传递、股票股利、股票分割与分拆等。

  第九章是公司治理，重点讨论公司治理的基本概念、内外部公司治理机制和国内外公司治理实践。

  本教材由温州商学院张芳芳副教授编写。教材的出版得到了浙江省普通高校"十三五"新形态教材项目立项和温州商学院教材项目的资助，在此表示感谢。在编写过程中，还得到了温州商学院陈习定教授、汪占熬教授、郑成思老师、仇朝倩老师和李明月老师等同事的帮助，谨向他们表示衷心的感谢！由于编者水平和时间有限，教材中难免存在不足之处，恳请各位读者和同行不吝指正。

编者
2022 年 5 月

目 录
CONTENTS

第一章 导论 1

    第一节 公司的概念 1

    第二节 公司的金融活动 6

    第三节 公司金融活动的目标 8

    本章小结 10

    关键术语 10

    练习题 11

    教学辅助资料链接 11

第二章 货币时间价值及应用 12

    第一节 货币时间价值 12

    第二节 复利 14

    第三节 年金 19

    本章小结 32

    关键术语 34

    练习题 35

    教学辅助资料链接 36

第三章 价值评估原理 37

    第一节 估值原理 37

    第二节 套利与一价定律 39

    第三节 债券估值 45

    本章小结 59

    关键术语 61

    练习题 62

    教学辅助资料链接 63

第四章 投资决策 …… 64

- 第一节 净现值法 …… 64
- 第二节 内含回报率法 …… 68
- 第三节 回收期法则 …… 75
- 第四节 资源约束条件下的项目选择 …… 79
- 第五节 自由现金流的估计 …… 84
- 本章小结 …… 95
- 关键术语 …… 97
- 练习题 …… 97
- 教学辅助资料链接 …… 100

第五章 股票估值 …… 101

- 第一节 股利贴现模型 …… 101
- 第二节 股利贴现模型的应用 …… 105
- 第三节 总支出模型和自由现金流折现模型 …… 114
- 第四节 相对估值法 …… 120
- 本章小结 …… 124
- 关键术语 …… 128
- 练习题 …… 128
- 教学辅助资料链接 …… 129

第六章 风险与回报 …… 130

- 第一节 风险和回报的度量 …… 130
- 第二节 投资组合理论 …… 139
- 第三节 资本资产定价模型 …… 158
- 第四节 估计资本成本 …… 175
- 本章小结 …… 188
- 关键术语 …… 193
- 练习题 …… 193

第七章 资本结构 …… 197

- 第一节 股权融资与债务融资 …… 197
- 第二节 完美市场中的资本结构 …… 201
- 第三节 最优资本结构 …… 210
- 第四节 权衡理论 …… 217
- 本章小结 …… 230
- 关键术语 …… 232

练习题 ··· 233

第八章　股利政策 ··· 235
　第一节　支付股利与回购股票 ··· 235
　第二节　支出与留存 ·· 248
　第三节　股利政策的信号传递 ··· 252
　第四节　股票股利、股票分割与分拆 ··· 255
　本章小结 ··· 259
　关键术语 ··· 261
　练习题 ··· 262

第九章　公司治理 ··· 264
　第一节　公司治理和代理成本 ··· 265
　第二节　内部治理机制 ··· 276
　第三节　外部治理机制 ··· 286
　第四节　公司治理实践中的其他问题 ··· 300
　本章小结 ··· 307
　关键术语 ··· 310
　练习题 ··· 310
　教学辅助资料链接 ·· 311

参考文献 ·· 312

第一章 导　论

【学习目标】
1. 掌握公司的概念、特征。
2. 了解公司的金融活动和创造价值过程。
3. 理解公司金融活动的目标。

第一节　公司的概念

一、企业的组织形式

企业（enterprise）一般是指以盈利为目的，运用各种生产要素（土地、劳动力、资本、技术和企业家才能等），向市场提供商品或服务，实行自主经营、自负盈亏、独立核算的法人或其他社会经济组织。

企业有四种主要的组织形式：个人独资企业、合伙制企业、有限责任公司和股份有限公司。其中，股份有限公司是公司金融的研究主体。

（一）个人独资企业

个人独资企业（sole proprietorship）是由一个自然人所拥有和经营的企业。个人独资企业的规模一般非常小，即使有雇员也很少。个人独资企业是世界上最古老和最常见的企业类型，但个人独资企业的销售收入占经济总收入的比例非常低。

个人独资企业的主要特征如下：

1. 设立简单。很多新企业以这种形式设立。
2. 所有者唯一。个人独资企业的主要局限在于企业与其所有者不可分离——企业只能有唯一的所有者。即使有其他投资者，他们也不能拥有企业的部分所有权。
3. 无限责任。所有者个人对企业的债务负有无限责任。也就是说，如果企业未能履行偿债义务，债权人可以要求企业的所有者以其个人资产来偿还债务。如果所有者无力偿债，个人就必须宣告破产。
4. 企业寿命短。个人独资企业的寿命不会超过其所有者的寿命，所有权的转让也很难。

个人独资企业的所有者仅需要缴纳个人所得税，而不必缴纳企业所得税，在所有企业组织形式中其税费是最低的。但对大多数个人独资企业来说，其局限性超过优势。一旦企业不再以所有者个人承担责任为担保来借款，所有者通常就会将个人独资企业转化为有限责任制的企业形式。

（二）合伙企业

合伙企业（partnership）与个人独资企业类似，但它的所有者不止一人。

> 【知识链接】合伙企业
> 　　一些老牌知名企业至今还保持合伙制的企业形式。例如，律师事务所、会计师事务所、医疗诊所等通常都是以合伙制组建。这类企业通常都基于所有者个人的声誉而经营，合伙人的个人责任能够增强客户对企业的信心，合伙人会不遗余力地维护其声誉。

合伙企业的主要特征如下：

1. 连带责任。所有合伙人都对企业的债务负有连带责任。也就是说，债权人可以要求任一合伙人偿还企业的全部未偿债务。

2. 企业寿命短。任一合伙人的死亡或撤资，都会导致合伙企业的终止。不过，如果合伙协议有规定，例如其他合伙人可以全部买下已故或撤资合伙人的股份，企业就可以避免被清算而继续存在。

按合伙人对合伙企业的责任进行划分，合伙企业可以分为一般（普通）合伙企业和有限合伙企业两种形式。

在一般合伙企业（general partnership）中，所有合伙人都是一般合伙人，按协议规定的比例提供资金和承担相应的工作，并分享相应的利润或承担相应的亏损和债务。协议可以是口头的，也可以是书面的。主要优点是：费用较低；以合伙人为纳税义务人。主要缺点是：当原一般合伙人死亡、退伙时，或当新合伙人入伙时，原一般合伙企业便宣告终结或必须重新确立新的合伙关系；企业难以筹集大量资金；一般合伙人对所有债务负有无限责任。

在有限合伙企业（limited partnership）中有两种所有者，即普通合伙人和有限责任合伙人，且至少有一人为一般（普通）合伙人。普通合伙人的权利和义务与一般合伙企业中的合伙人相同，即对企业的债务负有无限连带责任。而有限责任合伙人只负有限偿债责任（limited liability），其责任仅限于其在合伙企业中的出资额。有限责任合伙人的死亡或撤资不会导致企业终止，其持有的权益份额可以转让。但在法律上，有限责任合伙人在企业中没有管理权，无权参与企业的管理决策。

> 【知识链接】有限合伙企业
> 　　产业主导型的私募股权基金与风险投资基金也是有限合伙企业。在这些投资基金中，几个普通合伙人投入自有资本，并从身为有限合伙人的外部投

资者处募集其余的资本。普通合伙人控制全部资本的投资,通常会积极参与所选择投资项目的运营;而外部投资者除了监督其自身投资的运营和表现外,不会发挥更加积极的作用。

(三) 有限责任公司

有限责任公司(limited liability company,LLC)是特殊的有限合伙企业,它不存在普通合伙人。也就是说,有限责任公司的全部所有者都负有限责任,但与有限责任合伙人不同的是,这些合伙人可以参与企业经营。

在中国,有限责任公司是指根据《中华人民共和国公司登记管理条例》的规定登记注册,由50个以下的股东出资设立,每个股东以其所认缴的出资额为限对公司承担有限责任,公司法人以其全部资产对公司债务承担全部责任的经济组织。有限责任公司包括国有独资公司以及其他有限责任公司。

除有限责任以外,有限责任公司的其他主要特征如下:

1. 设立简单。有限责任公司的优点是设立程序比较简单,不必发布公告,也不必公布账目,尤其是公司的资产负债表一般不予公开,公司内部机构设置灵活。

2. 规模不大。有限责任公司的缺点是由于不能公开发行股票,筹集资金范围和规模一般都比较小,难以适应大规模生产经营活动的需要。

【知识链接】有限责任公司

最初在一百多年前的德国,有限责任公司就已声名鹊起,当时被称为Gesellschaft mit beschrankter Haftung (GmbH),随后在欧洲和拉丁美洲的其他国家也陆续出现。在法国,有限责任公司被称为Société à responsabilité limité e (SARL),意大利和西班牙分别称其为SRL和SL。而在美国,1977年怀俄明州第一次通过法律条例允许创立有限责任公司。直到1997年夏威夷州在法律上允许设立LLC之后,美国各州都有限责任公司了。

因此,有限责任公司一般适宜中小型非股份制公司。对于创业来说,有限责任公司是比较适合的企业类型。

(四) 股份有限公司

股份有限公司(corporation)是指公司资本为股份所组成的公司,股东以其认购的股份为限对公司承担责任的企业法人。股份公司产生于18世纪的欧洲,19世纪后半期广泛流行于世界各资本主义国家。到目前,股份有限公司在资本主义国家的经济中占据统治地位,几乎所有大型企业均采取股份有限公司的组织形式。股份有限公司也是其他组织形式企业转型的首选,例如高盛公司等都是由合伙企业转制而来。

股份有限公司的主要特征如下：

1. 设立复杂。股份有限公司必须依法设立，根据《中华人民共和国公司法》的规定，设立股份有限公司，应当有 2 人以上 200 人以下为发起人。发起人必须起草符合注册地法律法规的公司章程以及一系列细则。在司法方面，股份有限公司可以被看作其注册地所在地的公民。

2. 独立法人。股份有限公司最突出的特征是，公司是由法律界定和构造的法人和法律实体，公司与其所有者相分离。公司作为独立的法人，和自然人一样享有很多法律权利，如签订合同、取得资产、承担义务和责任、财产受法律保护，依法纳税并负责偿付公司自身的债务。公司的所有者对公司的债务不承担责任，公司对它的所有者的任何个人债务也不承担责任。

3. 有限责任，股份容易转让。股份有限公司的所有产权即股权可以随时转让给新的所有者，这也是公司可以永续经营的原因之一——因为即使原先的所有者将拥有的全部股权转让出去，公司依然能够继续经营。股东对公司债务的责任仅仅限于其出资额。股份有限公司的所有者人数没有最高限制，大多数股份有限公司都有很多所有者，每个所有者只拥有公司所有权的一小部分。股份有限公司的全部所有权被分割成很多份额，即所谓的股份（stock），所有流通股的总和就是公司的权益（equity），持有公司股票的人被称为股东（shareholder 或 stockholder），股东有权按其持股比例分得股利（dividend）。股份有限公司的股东可以较为容易地转让所拥有的股份即公司的部分所有权，股份的转让便利也会激发投资者的投资热情。

【知识链接】股份有限公司

股份有限责任制公司的兴起，起源于 17 世纪大航海时代。早期远洋探险成本极其高昂，即使是很有钱的富人也没法开展这项工作。刚开始主导航海的是那些实力强劲的国王。

随着时间的推移，人们发现远洋探险虽然风险大、成本高，但所带来的回报也极其可观。这时一些很富有的商人就组织到一起，他们通过集资的方式，建立探险队。随着一次次探险活动取得成功后，早期的投资人获得巨额回报，而这种新型的募资和组织方式，促成了股份有限责任公司的诞生。

在早期，探险成功后，一部分人会希望继续进行探险，以期获得更大的回报；但也有一部分人会希望落袋为安。这时关于组织（公司）未来的经营和发展方向就出现了分歧。而如果那部分想走的人一定要强行把自己的资产和回报带走，远洋探险这项事业就没法继续。这时人们发现通过股份的转移就可以顺利地化解经营分歧，即想退出的早期投资人可以通过把股份卖给其他人套现。股份的自由流通，也保证企业在生产经营过程中会有更长远的规划。

> 但随着企业的股东变多，以及股权流转变快，这时公司经营不可能让所有股东都达成一致，公司所承担的责任也不是任何一个股东所能承担的。为了解决这个问题，人们把公司想象为一个法人，让其承担公司的相关责任，当公司出现问题后，公司的经营者只需要承担一定的责任，而不需要承担所有责任。这种做法也极大地提高了公司的运行效率。

4. 所有权与管理权相分离。公司的所有权与管理权实现了较大程度的分离，即两权分离（separation of two rights）。公司归股东所有，但是日常管理由公司聘请的管理层（通常是职业经理人）负责。股东拥有公司，但不一定管理公司，股东大会是公司最高的权力机构，决定公司的重大决策和发展方向，股东可以通过投票选择董事会，董事会作为股东利益的代表，负责聘任高层管理人员，并有义务监督管理者的行为是否符合股东的利益，高层管理人员必须以符合股东利益为原则开展公司的经营活动。两权分离从根本上保证了公司经营的延续性。不过，两权分离也带来了委托代理问题（agency problem），公司需要通过一系列公司治理机制来尽可能保证管理层的行为符合股东的利益。

5. 较高成本。一方面，公司存在双重纳税的问题，即公司必须为其利润缴纳公司所得税，同时股东必须为其所获得的股利（来源于公司的税后净利润）缴纳个人所得税；另一方面，公司为了经常、及时与股东保持沟通，需要承担高昂的沟通成本。

后面所提到的"公司"仅指股份有限公司这种组织形式。

二、公司制的优势

很多大型企业采用股份有限公司的组织形式，例如联合利华、通用电气、丰田汽车、中国石油、阿里巴巴、微软、苹果公司等，公司也是其他企业组织形式转制的首选。其中的原因尚不清楚，但是相较于其他企业组织形式，股份有限公司的优势是很显著的。

1. 企业规模大。股份有限公司的有限责任、永续经营、产权易于转让等特点，使得公司能够较为容易地筹集到发展所需的资金，从而更容易发展壮大。相比之下，个人独资企业和合伙企业的组织形式具有无限责任、有限企业寿命和产权转让困难等特点，不容易发展成为大型企业。这是因为，无限责任削弱了企业举债的动力，有限企业寿命进一步限制了债权人提供资金的意愿，产权转让困难也阻碍了投资者的投资热情。

2. 融资能力强。股份有限公司获得权益资本和债务资本的能力都比较强，融资灵活度高。一方面，公司通过发行易于转让的股票筹集权益资本，在成长过程中也可以不断发行新股吸纳更多的权益资本；另一方面，公司的规模大、盈利能力强等特点增强了公司运用债务融资工具的能力。相比之下，个人独资企业和

视频资料：
纪录片
《公司的力量》

合伙企业在收益要求权方面具有排他性，这些企业无法利用股票市场进行融资。

3. 再投资机会多。尽管股份有限公司的股东人数众多，股权集中度较低，但是公司在决定留存收益的比重方面有较大的自由裁量权。因此，公司便于通过留存收益来积累内部资金，有利于公司进行有利可图的再投资活动。相比之下，合伙企业通常不得将净利润用于再投资（合伙协议有约定的除外），而是将所有净利润分配给合伙人。

第二节 公司的金融活动

一、公司的金融活动概述

如前所述，公司的董事会聘任高层管理人员，并监督管理者行为是否符合股东利益。公司总裁由董事会聘任，是公司的首席执行官（chief executive officer, CEO），直接负责管理公司的生产经营活动。总裁下设若干副总裁（也称总监），各自负责不同部门的经营与管理。财务总监（chief financial officer, CFO）负责审核公司的重要财务报表和报告，与公司总裁共同对财务报表和报告的质量负责。

负责向财务总监报告的是会计经理和财务经理，会计经理负责公司全面的财务会计工作和财务报表审核，财务经理负责投资、融资、分配和营运资本的管理，并通过这些活动为公司创造价值。因此，与公司金融活动最密切相关的人员就是公司的财务经理。

阅读材料：财务总监的职责

公司的金融活动包括融资决策、投资决策、分配决策以及营运资本管理。

融资决策是关于公司通过什么方式、在什么时间筹集多少资金的问题。融资过程中，公司可以通过发行股票、发行债券、吸收直接投资、获得银行贷款等方式筹集资金，企业到期偿还借款、支付利息和股利以及付出各种融资费用。这里的融资主要指的是用于解决投资所需要资金的长期融资方式（包括长期贷款、公司债券、股票等）。

投资决策是关于公司如何将筹集而来的资金用于能够创造价值的项目中，包括对内投资和对外投资。具体地，投入经营所需要的固定资产、无形资产等用于经营或扩大经营的资产中，是对内投资；投资于其他企业的股票、债券，或与其他企业联合进行投资，或收购另一个企业等，是对外投资。投资需要支出现金，变卖资产或收回对外投资时会产生现金流入。由于公司的资金是有限的，公司应尽可能将资金投放在能带来最大回报的项目上，不仅要考虑投资回报率，而且要考虑投资取得回报的时间早晚。

分配决策是关于如何安排公司的留存收益用于再投资与尽可能给股东满意的回报之间的权衡问题。公司需要按照规定的顺序对净利润进行分配：首先要依法纳税，其次可以用来弥补亏损、提取盈余公积，最后要向股东分配股利。股东获得股利是其投资回报的重要组成部分。公司需要确定合适的股利支付率，即将多大比例的净利润支付给股东。因为，过高的股利支付率会使较多的资金流出公司，影响公司的再投资能力，遇上好的投资项目时可能会因为资金不足而错失良机；过低的股利支付率可能会引起股东的不满，上市公司的股价还有可能因此下跌。

营运资本管理指的是为满足公司正常经营活动，需要配置多少流动资产以及需要多少短期现金流量来履行到期财务责任的问题。营运资本管理包括流动资产管理和流动负债管理。流动资产主要包括现金、应收账款、存货等，公司如何配置流动资产主要取决于流动资产管理水平、营业周期长短、销售政策、收账政策等。流动资产中有一部分属于永久性流动资产，这部分流动资产所需的资金可用长期融资方式予以解决，而其他流动资产所需的资金则可用短期融资方式（包括商业信用、短期贷款、商业票据等）予以解决。短期融资构成了流动负债，在短期融资决策中，公司则以融资成本最小化原则选择短期融资方式。

事实上，公司金融活动远不止这些。公司金融活动还包括公司治理、并购、分拆、破产、国际化等，尤其是公司治理在20世纪末一连串的会计丑闻事件之后重新被世人关注。不过，本教材作为公司金融的基础教程用书，重点讨论的还是融资决策、投资决策、分配决策等这些基本的公司金融活动。

二、公司的财富创造过程

我们从企业的筹资活动开始说起，财务经理为了筹集资金而在金融市场向投资者发售债券和股票，现金从金融市场流向企业，财务经理将现金用于投资，企业在生产经营过程中创造现金，然后企业将现金支付给债权人、政府和股东。债权人因借出资金而获得利息并收回本金，政府获得了税收收入，股东以现金股利的方式得到投资回报。不过，企业并非将所有的投资回报都用于支付，而是留存一部分现金用于再投资（如图1-1所示）。

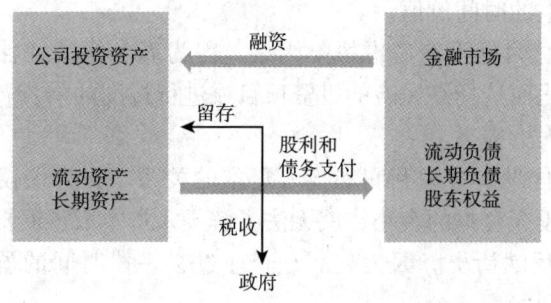

图1-1 企业的现金流量

从长期来看，如果公司支付给债权人和股东的现金大于从金融市场上筹集到的资金，公司就实现了财富创造。换句话说，当公司创造的现金流入量超出现金流出量，公司价值就得到了提升。

第三节 公司金融活动的目标

公司正是在现金流转过程中实现了价值创造过程。公司金融活动的目标（objective）就是公司的目标，即实现公司价值最大化（maximum of firm value）。

一、利润最大化目标的缺陷

利润最大化（maximum of profit）是西方微观经济学的理论基础。持利润最大化观点的学者认为，利润代表了企业新创造的财富，利润越多则企业的财富增加越多，越接近企业的目标。利润是企业在一定期间经营收入和经营费用之间的差额，采用权责发生制、按照收入费用配比原则加以计算，反映当期正常经营活动投入和产出对比的结果。

股东权益包含股本、资本公积、盈余公积、未分配利润四个主要方面。其中，股本是投资人已经投入公司的资本，如果不增发它就不可能再增大；资本公积来自股本溢价、资产重估增值等，一般来说，它数额再大也不是由公司当期自身经营业绩所致；只有盈余公积和未分配利润（合称"留存收益"）的增加，是当期经营效益的体现，而留存收益是当期净利润扣除股利分配后的剩余部分。因此，从会计角度来看，利润是股东价值的来源，也是企业财富增长的来源。

目前我国在很多情况下仍然以利润作为评判企业业绩的标准。例如，企业在主板上市时，要满足的上市条件就包括最近三个会计年度净利润均为正数且累计超过 3 000 万元这样的盈利要求；企业对高层管理人员进行考核时，通常采用的是以利润为主的评价体系。但在长期实践中，利润最大化目标暴露出很多缺点。

1. 利润最大化目标没有考虑时间价值。因为利润最大化没有考虑利润实现的时间和项目回报的时间价值。

2. 利润最大化目标没有考虑风险因素。因为高利润往往伴随着高风险，如果为了利润最大化而选择高风险的投资项目或进行过度的借贷，企业的经营风险和财务风险就会大大提高。

3. 利润最大化没有考虑利润和投入资本的关系。因为仅仅比较利润额的大小，而没有考虑投入资本的大小，就无法了解投入资本取得回报的水平。

4. 利润更多反映历史。因为利润是企业过去一段时间的盈利水平，不能反映企业未来的盈利能力。

5. 利润最大化目标会使企业趋于追求短期效益。因为利润最大化往往诱使企业牺牲长远发展而谋求短期盈利目标，例如减少研发投入、降低员工培训开支等。

6. 利润是基于权责发生制的会计结果。因为财务不同的会计政策和估计方法，不同企业对同一经济问题的会计处理可能不同，导致利润在企业之间无法直接比较。

由此可见，利润最大化并非公司金融活动的最优目标。

二、股东财富最大化目标

在公司金融领域，最被广泛接受的观点是认为公司价值最大化等同于股东财富最大化（maximum of shareholders' wealth）。股东财富最大化是指公司通过经营活动为股东创造最多的财富。在股份有限公司中，股东财富由其所拥有的股票数量和股票市场价格两方面来决定。如果股票数量一定，当股票价格达到最高时，股东财富也达到最大。在有效市场中，证券价格是其价值的真实反映，此时，股东财富最大化目标一定程度上可以由股票价格最大化来替代。随着市场的逐渐成熟和监管措施的加强，市场也在逐渐趋向有效。

从理论上来讲，股东财富的表现形式是在未来获得更多的净现金流量，对上市公司而言，股东财富可以表现为股票价值。股票价值一方面取决于公司未来获取现金流量的能力，另一方面取决于现金流入的时间和风险。

因此，股东财富最大化不同于利润最大化。相对于利润最大化，股东财富最大化的优点主要表现在以下三个方面。

1. 股东财富最大化目标考虑了现金流量的时间价值和风险因素。因为现金流量获得的时间早晚和风险高低，会对股票价格产生重要影响。

2. 股东财富最大化目标在一定程度上能够克服公司在追求利润方面的短期行为。因为股票的价格很大程度上取决于公司未来获取现金流量的能力。

3. 股东财富最大化目标反映了资本与回报之间的关系。因为股票价格是每股股份的价格，反映了单位投入资本的市场价格。

三、利益相关者最大化目标

虽然股东财富最大化的观点已得到普遍认可，但是利益相关者最大化（maximum of stakeholders' interests）观点也被越来越多的学者提及。持利益相关者最大化观点的学者认为，公司不能单纯以实现股东利益为目标，而是应该把股东利益置于与利益相关者（包括供应商、员工、债权人、政府等）相同的位置，即要实现包括股东在内的所有利益相关者的利益。

但是，持股东财富最大化观点的学者提出，追求股东财富最大化实际上并不损害其他利益相关者的利益，股东财富最大化恰恰是以保证其他相关者的利益为前提的。原因有两点：第一，公司达到股东财富最大化目标的同时，也增加了公司的整体财富，其他相关者的利益也会得到有效的满足。如果公司不追求股东财富最大化，相关者的利益也会受损。第二，根据法律规定，股东对其投资回报的要求权是"剩余要求权"，即在其他相关者的利益得到满足之后的剩余权益，公司也只有在向供应商支付了货款、向员工支付了工资、向债权人支付了利息、向政府支付了税金之后，才能够向股东支付回报。

基于以上原因，可以认为股东财富最大化是公司金融活动的最佳目标。而且，公司在追求股东财富最大化的过程中，不存在与其他利益相关者的利益冲突。因此，公司经营者就能专注于一个明确的目标——股东财富最大化，从而实现公司价值的最大化。

值得一提的是，管理者在实际经营管理过程中是有可能违背"股东财富最大化"目标而获取私人利益的，这就是委托代理问题。为确保投资者按时收回投资并取得合理回报，公司需要一系列用来防止欺诈的控制、监管和激励的系统，处理公司各方的利益冲突以及将冲突最小化的制度，这就是公司治理（corporate governance）。关于公司治理的讨论，本教材将在第九章详细展开。在前面几个章节里，我们大部分时候都是基于管理者按照股东利益最大化行事这个假设开展讨论的。而在第九章里，我们再来讨论如果不是这样，公司应该如何去做。

【本章小结】

1. 企业有四种主要的组织形式：个人独资企业、合伙企业、有限责任公司和股份有限公司。其中，股份有限公司是公司金融的研究主体。相较于其他企业组织形式，公司的优势是很显著的：企业规模大、融资能力强、再投资机会多。

2. 股份有限公司最突出的特征是：公司是由法律界定和构造的法人和法律实体，公司与其所有者相分离。股份有限公司的全部所有权被分割成很多份额，即所谓的股份，所有流通股的总和就是公司的权益，持有公司股票的人被称为股东或权益持有者，股东有权按其持股比例分得股利。

3. 公司的所有权与管理权实现了较大程度的分离，即两权分离。公司归股东所有，但是日常管理由公司聘请的管理层（通常是职业经理人）负责。不过，两权分离也带来了委托代理问题，公司需要通过一系列公司治理机制来尽可能保证管理层的行为符合股东的利益。

4. 公司的金融活动不仅包括融资决策、投资决策、分配决策以及营运资本管理，还包括公司治理、并购、分拆、破产、国际化等。

5. 从长期来看，如果公司支付给债权人和股东的现金大于从金融市场上筹集到的资金，公司就实现了财富创造。换句话说，当公司创造的现金流入量超出现金流出量，公司价值就得到了提升。公司在现金流转过程中，实现了价值创造过程。

6. 公司金融活动的目标就是公司的目标，即实现公司价值最大化。在公司金融领域，最被广泛接受的观点是认为公司价值最大化等同于股东财富最大化。

【关键术语】

个人独资企业（sole proprietorship）
合伙企业（partnership）

有限责任公司（limited liability company，LLC）
股份有限公司（corporation）
股份（stock）
权益（equity）
股东或权益持有者（shareholder, stockholder, equity holder）
股利（dividend payments）
两权分离（separation of two rights）
委托代理问题（principal-agent problem）
公司治理（corporate governance）
公司价值最大化（maximum of firm value）
股东财富最大化（maximum of shareholders' wealth）

【练习题】

1. 企业有哪四种组织形式？公司制企业与其他类型的企业相比有哪些重要不同？
2. 在很多大型公司中，所有权与经营权是分离的，这种分离有何意义？
3. 公司主要金融活动有哪些？公司如何实现价值创造过程？
4. 公司金融活动的目标是什么？为什么说管理者与股东之间存在利益冲突？

【教学辅助资料链接】

阅读材料：安然、世通
财务造假与 SOX 法案

阅读材料：张维迎
《理解公司》

第二章 货币时间价值及应用

【学习目标】

1. 掌握货币时间价值的概念，学会使用时间线。
2. 掌握复利计算方法，能够应用复利公式解决实际问题。
3. 掌握年金计算方法，能够应用年金公式解决实际问题。

第一节 货币时间价值

一、货币时间价值的概念

【想一想】

　　如果你有两个选择，一个选择是现在获得100元，另一个选择是一年以后获得100元，你会如何选择呢？为什么？

　　货币时间价值（time value of money）是指货币以一定的利率水平，经历一定时间的投资和再投资所增加的价值。

　　首先，我们来谈一谈货币时间价值产生的原因。如果资金所有者把货币埋在地下保存，能不能产生时间价值呢？显然不能。并非所有货币都有时间价值，货币只有作为资本投入生产经营过程，在从投放到回收的周转循环过程中，资金金额不断增长，使货币具有时间价值。因此，货币时间价值是货币作为资本投入生产过程中产生的。

　　其次，货币作为资本投入生产过程中所获得的价值增加，并非全部是货币时间价值。这是因为：一方面，所有的经营都不可避免地具有风险，而投资者承担风险也要获得风险补偿即风险溢价（risk premium）；另一方面，经济中的通货膨胀会降低货币的实际购买力，投资者也会要求获得通货膨胀的补偿即通货膨胀溢价（inflation premium）。因此，通常的收益率不仅应该包含货币时间价值，还应该包含风险溢价和通货膨胀溢价。

　　因此，投入资金在没有风险和通货膨胀情况下的回报率，几乎就是货币时间价值。也就是说，在扣除了风险溢价和通货膨胀贴水之后的回报率，可以等同于货币时间价值。

为简化问题，我们在本章后面讨论货币时间价值问题时，一般假设没有风险和通货膨胀的情况，以利率代表货币时间价值。在后面的章节中，我们再将风险等因素考虑进来。

二、时间线

财务经理在评价项目时，要比较项目的成本和收益。在绝大多数情况下，这些成本和收益都是跨越不同期间的。例如，前期投入巨额研发费用，而投产后将会在未来持续很多年产生收入和成本费用。如何比较这些跨期产生的收入和成本费用呢？

要对持续多期的现金流估值，需要先介绍一些基本的词汇和工具。一系列持续多期的现金流被称作系列现金流（stream of cash flows）。可用时间线（time-line）或现金流量时间线来表示系列现金流。时间线是对预期现金流的发生时期的线性表述。在组织和解决财务问题时，时间线是重要的第一步。本教材后续内容一直都会用到时间线。

为阐明如何画一条时间线，我们举个例子。假设此刻你借给你的朋友小明 100 元，约定一年后还款，年利率为 5%。则一年后小明连本带利一共需要偿还你 105 元。那么，我们可以把这一事件的现金流用时间线表示如图 2-1 所示。

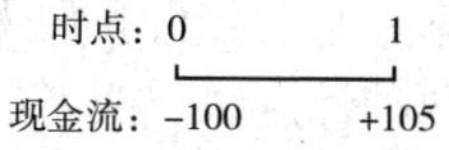

```
时点：  0       1
现金流：-100    +105
```

图 2-1 时间线（一笔 1 年期的借款）

在图 2-1 中，时点 0 代表此刻；时点 1 代表 1 年后，即第 1 年的年末。如图 2-1 所示，我们一般用负数表示现金流出，用正数表示现金流入（可以加"+"，也可以不加）。图 2-1 中的时间线表示，此刻你的现金流出 100 元，一年后现金流入 105 元（100 元的本金加上 5 元的利息）。

再来构建一条时间线。李四现在花费 100 元购入 1 张面值为 100 元、票面利率为 8%、期限为 2 年、每年付息的公司债券。那么，李四购买债券和获得收益的现金流可用时间线表示如图 2-2 所示。

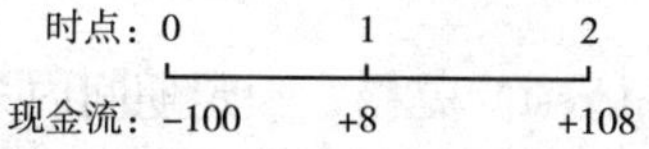

```
时点：  0       1       2
现金流：-100    +8      +108
```

图 2-2 时间线（一笔 2 年期的债券投资）

图 2-2 中的时间线表示，此刻李四投资债券现金流出 100 元，第 1 年年末收到第一年的利息 8 元，第 2 年年末收到第二年的利息（100×8% = 8 元）和本金（100 元）共计 108 元。

为了在时间线上追踪现金流，将时间线上的每一个点看成是一个具体的日期。时点0和时点1的间距表示这两个时点之间的间隔期,即第1年,时点0是第1年年初,时点1是第1年年末。同样地,时点1和时点2的间距表示这两个时点之间的间隔期,即第2年,时点1是第2年年初,时点2是第2年年末。这样,时点1既表示第1年年末,也表示第2年年初;时点2既表示第2年年末,也表示第3年年初;以此类推。

前面两个例子中,我们都是用时间线表示发生在每年年末的现金流。实际上,时间线可以表示发生在任何时期期末的现金流。例如,你每月支付租金,则在时间线上的每个时点标记月份即可。

构建时间线是有价值的,因为在很多复杂问题中,时间线能够表现复杂的现金流,从而不至于因现金流的混乱而做出错误的决策。为了简化问题,我们在使用时间线时做了一个重要的假设,即所有的现金流都发生在现金流的时点(即各年年末)上。

第二节 复 利

将钱存入储蓄账户,就可以无风险地将今天的钱转换成将来的钱;类似地,通过从银行贷款,就可以把未来的钱转换成今天的钱。将今天的钱转换成未来的钱的比率,是由当前的利率(interest rate)决定的。就像汇率可以把一种货币兑换成另一种货币一样,利率能把一个时点的货币转换成另一个时点的货币。从本质上来讲,利率如同跨期的汇率,它能告诉我们未来的货币在今天的市场价值。

利息的计算有单利和复利两种计息法。两者的区别在于,当期产生的利息是否计入下一期的本金:当期产生的利息不计入下一期的本金的是单利计息法,当期产生的利息计入下一期的本金的是复利计息法。

这里,我们先给出两个重要的记号:

1. 终值(future value,FV)是指当前或未来一段时间内的系列现金流在未来某个时点所具有的价值。

2. 现值(present value,PV)是指未来收到或支付的系列现金流在当前时点上所具有的价值。

一、单利计息法

单利计息法(simple interest)是指,一定期间内只根据本金计算利息,当期产生的利息不作为下一期的本金。例如,本金为1 000元、年利率为3%的5年期定期存款,按照单利计息法,每年的利息收入为30元(1 000×3%),到期时全部利息收入合计为150元(30×5)。

那么,当前一笔价值为PV的现金流,在N年后,按年利率r计算利息,在单利计息法下,到期时的本利和,即终值公式为:

$$FV = PV \times (1 + Nr) \tag{2-1}$$

其中，PV 为现值，r 为年利率（或年收益率），N 为期限。

式（2-1）是如何得到的呢？我们来看一下推导过程（见表2-1）。

表 2-1　　　　　　　　　　　单利计息法下的本利和

期数	本金	利息	本利和
1	PV	PV×r	PV×(1+r)
2	PV	PV×r	PV×(1+2r)
3	PV	PV×r	PV×(1+3r)
…	PV	PV×r	…
N	PV	PV×r	PV×(1+Nr)

反过来，N 年后一笔价值为 FV 的现金流，按年利率 r 计算利息，在单利计息法下的现值，即现值公式为：

$$PV = \frac{FV}{(1+rN)} \qquad (2-2)$$

其中，FV 为终值，r 为年利率（或年收益率），N 为期限。

生活中单利计息法也很常见，比如说银行的短期定期存款、股票融资等都是运用单利计息法。

二、复利计息法

复利计息法（compound interest）是指当期产生的利息也计入下一期的本金。就是通常所说的"利滚利"，即对每期产生的利息都进行了再投资，并按原先的利率产生投资收益。例如，本金为 1 000 元、年利率为 3% 的 5 年期定期存款，按照复利计息法，第 1 年的利息收入为 30 元（1 000×3%），第 1 年年末本利和为 1 030 元；第 2 年就变为本金为 1 030 元，第 2 年产生的利息为 30.9 元（1 030×3%），第 2 年年末的本利和为 1 060.9 元；以此类推，到期时全部利息收入合计为 159.27 元。

假设年利率为 5%，本金为 1 元，图 2-3 展示了分别在单利计息法和复利计息法下本利和的变化趋势。

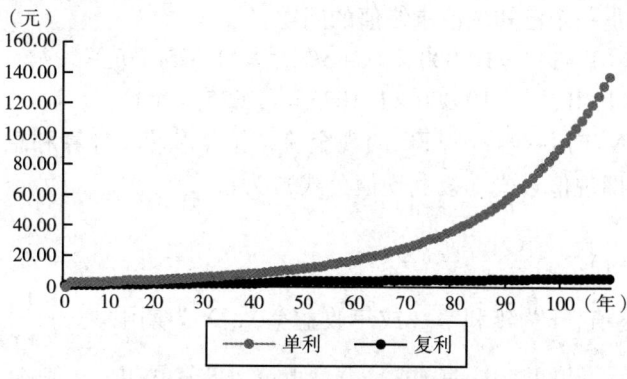

图 2-3　单利和复利下的本利和

由图 2-3 我们可以看出，单利和复利两种计息法下，在前期差别不大，但是这个差别随着期数的增加而迅速增大，越到后期差别越大。这是因为，单利的本利和与期数是线性关系，而复利的本利和呈现几何变化趋势。爱因斯坦曾说，复利是人类的第八大奇迹。价值投资大师巴菲特也特别强调复利的作用。

那么，当前一笔价值为 PV 的现金流，在 N 年后，按年利率 r 计算利息，在复利计息法下，到期时的本利和，即终值公式（复利终值公式）为：

$$FV = PV \times (1+r)^N \qquad (2-3)$$

其中，PV 为现值，r 为年利率（或年收益率），N 为期限。$(1+r)^N$ 被称为复利终值系数（future value interest factor），也可以写成 $FVIF_{r,N}$，则复利终值的计算公式也可以表示成：

$$FV = PV \times FVIF_{r,N} \qquad (2-4)$$

式中符号含义同前。

同样，我们来看一下推导过程，如表 2-2 所示。

表 2-2　　　　　　　　　　复利计息法下的本利和

期数	本金	利息	本利和
1	PV	$PV \times r$	$PV \times (1+r)$
2	$PV \times (1+r)$	$PV \times (1+r) \times r$	$PV \times (1+r)^2$
3	$PV \times (1+r)^2$	$PV \times (1+r)^2 \times r$	$PV \times (1+r)^3$
…	…	…	…
N	$PV \times (1+r)^{N-1}$	$PV \times (1+r)^{N-1} \times r$	$PV \times (1+r)^N$

利用复利终值系数表（见本章教学辅助资料）可使上述计算变得更加方便。除了直接使用公式和查表的方法外，还可以使用金融计算题或 Excel 电子表格进行计算。

【例 2-1】计算一笔当前现金流的终值

已知当前银行年利率为 5%，现在存入 10 000 元。按照复利计息法，两年后能够取出多少钱？

解析：这是一个已知现值求终值的问题。

$$FV = PV \times (1+r)^N = 10\,000 \times (1+5\%)^2 = 11\,025 \text{（元）}$$

或 $FV = PV \times FVIF_{5\%,2} = 10\,000 \times 1.1025 = 11\,025$（元）

反过来，N 年后一笔价值 FV 的现金流，按年利率 r 计算利息，在复利计息法下的现值，即现值公式（复利现值公式）为：

$$PV = \frac{FV}{(1+r)^N} \qquad (2-5)$$

其中，FV 为终值，r 为年利率（或年收益率），N 为期限。$\frac{1}{(1+r)^N}$ 被称为复利现值系数（present value interest factor），也可以写成 $PVIF_{r,N}$，则复利现值的计算公式也可以表示成：

$$PV = FV \times PVIF_{r,N} \qquad (2-6)$$

其中，符号含义同前。同样地，利用复利现值系数表（见本章教学辅助资料）可使上述计算变得更加方便。我们将在本章结束时介绍如何在 Excel 电子表格中进行复利现值的计算。

已知终值求现值的过程，被称为折现或贴现（discount），折现或贴现时使用的利息率被称为折现率或贴现率（discount rate）。

阅读材料：
72 法则

【例 2-2】计算一笔未来现金流的现值

已知当前银行年利率为 5%，2 年后想获得 10 000 元。按照复利计息法，今天需存入多少钱？

解析：这是一个已知终值求现值的问题。

$$PV = \frac{FV}{(1+r)^N} = \frac{10\,000}{(1+5\%)^2} = 9\,070.29\,（元）$$

或 $PV = FV \times PVIF_{5\%,2} = 10\,000 \times 0.9070 = 9\,070$（元）

复利的概念充分体现了货币时间价值，因为资金可以再投资。在讨论货币时间价值时，一般都按复利计算。后面在没有特殊说明的情况下，我们都是按照复利计息法计算利息的。

【例 2-3】复利现值的应用

某公司 2021 年为提高生产车间的抗震强度，要对其进行改建，大约需要投入 30 亿元。工程师估计，如果项目被延缓到 2022 年，成本将会增加 10%。假如利率为 2%，以 2021 年的货币价值计算，项目延缓的成本为多少？

解析：根据复利现值的公式，2021 年改建的成本为：

$PV_1 = 30$（亿元）

2022 年改建的成本（折现到 2021 年）为：

$$PV_2 = \frac{30 \times (1+10\%)}{1+2\%} = 32.35\,（亿元）$$

延缓项目额外的支出以 2021 年的价值计算：

项目延缓的成本 $= PV_2 - PV_1 = 32.35 - 30 = 2.35$（亿元）

三、一年内多次复利问题

利率有多种报价方式。虽然通常称为年利率，但利息支付可以发生在不同的时间间隔，如每半年、每季度、每月付息等。对现金流进行估值时，所使用的折现率必须与现金流发生时期相匹配，以反映投资者在某段时期内获得的实际回报。

（一）有效年利率

有效年利率（effective annual rate，EAR）表示 1 年内能赚得的利息总额。到目前为止，本教材一直采用这样的利率报价方式。在计算货币时间价值时，将

EAR 当作折现率 r。例如，若有效年利率为 5%，10 000 元的投资 1 年后将增长到：

$10\ 000 \times (1 + r) = 10\ 000 \times (1 + 5\%) = 10\ 500$（元）

经过 2 年后它将增长到：

$10\ 000 \times (1 + r)^2 = 10\ 000 \times (1 + 5\%)^2 = 11\ 025$（元）

上面的例子表明，投资 2 年、每年年利率为 5%，相当于整个投资期间总共赚得 10.25% 的利息：

$(1 + 5\%)^2 = 1 + 10.25\%$

稍作变形，可得：

$(1 + 5\%)^2 - 1 = 10.25\%$

类似地，投资 3 年、每年年利率为 5%，相当于整个投资期总共赚取多少的利息呢？结果如下：

$(1 + 5\%)^3 - 1 = 15.7625\%$

可见，通过对利率因子 $(1 + r)$ 相应地求 n 次幂，就可计算出较长时期的等价利率。等价的 n 年期利率计算公式为：

$$\text{等价的 n 年期利率} = (1 + \text{EAR})^n - 1 \qquad (2-7)$$

那么，试想一下，如果投资期短于 1 年。例如，1 年的利息率为 5%，投资半年，在考虑复利的情况下，本金 10 000 元，半年后本利和为：

$10\ 000 \times (1 + 5\%)^{1/2} = 10\ 247$（元）

其中利息为 247 元。那么，半年利息率为 2.47%。

如果 1 年内以该利率（半年利息率 2.47%）进行 2 次为期半年的投资，1 年后的本利和为：

$1 \times (1 + 2.47\%)^2 = 1.0247^2 = 1.05$

与按 5% 的年利率投资 1 年等价，即：

$(1 + 2.47\%)^2 = 1 + 5\%$

因此，式（2-7）中的 n 可以大于 1（投资期超过 1 年），也可以小于 1（投资期短于 1 年）。计算现值和终值时，利用这个公式，可以方便地调整折现率，以和现金流发生的时期相匹配。

【例 2-4】计算月利息率

已知 EAR = 6%，按月支付利息。相当于你每个月的利息率是多少？

解析：根据等价的 n 年期利率公式，即式（2-7），有：

$(1 + 6\%)^{1/12} - 1 = 0.4868\%$

验证：$(1 + 0.4868\%)^{12} = 1 + 6\%$

【例 2-5】计算有效年利率（EAR）

已知某项理财产品 3 个月能赚取 2.5% 的回报率，复利计息法下，有效年利率（EAR）是多少？

解析：3 个月 = 1/4 年，即 n = 1/4。代入式（2-7），有：

$2.5\% = (1 + \text{EAR})^{1/4} - 1$

$\text{EAR} = (1 + 2.5\%)^4 - 1 = 10.38\%$

该投资的有效年利率为 10.38%。

（二）年度百分比利率

银行常常以年度百分比利率（annual percentage rate，APR）的方式给出借贷报价，它表示 1 年后赚得的单利，即没有考虑复利效应的利息额。当 1 年内多次计息时，APR 低于实际赚得的利息。为计算 1 年后赚得的实际利息，应先把 APR 转化为 EAR。

例如，银行报价年利率 6%，按月复利。那么这种情况下，你每个月可以赚得 6%/12 = 0.5% 的利率，一份 1 元的投资 1 年后将变为：

$$1 \times (1 + 0.5\%)^{12} = 1.061678 \text{（元）}$$

则有效年利率 EAR = 6.1678%。而 APR 没有反映 1 年后实际赚得的金额，因此，它不能用于折现率。

更一般的情况，银行报价利率 APR，一年内计息（复利）k 次，每一期利率为 $\frac{APR}{k}$。因此，将 APR 转化为 EAR，有：

$$1 + EAR = \left(1 + \frac{APR}{k}\right)^k$$

进而可得：

$$EAR = \left(1 + \frac{APR}{k}\right)^k - 1 \tag{2-8}$$

【例 2-6】由 APR 计算 EAR

A、B 两家银行的某产品一年期利率报价分别 5.08% 和 5.10%，A 银行每季度付息，B 银行每半年付息。如果你是储户，你选择哪家银行？

解析：这是一个已知 APR 求 EAR 的问题。

A 银行的有效年利率 $EAR_A = \left(1 + \frac{5.08\%}{4}\right)^4 - 1 = 5.177\%$

B 银行的有效年利率 $EAR_B = \left(1 + \frac{5.10\%}{2}\right)^2 - 1 = 5.165\%$

A 银行的有效年利率更高，选 A 银行。

第三节 年　　金

年金（annuity）是指在一定时期内定期发生的等额现金流量。年金在生活中很常见，如大多数汽车贷款、住房抵押贷款以及一些债券的利息支付都是年金。

根据年金发生的时点是在每期期末还是期初，年金可以分为普通年金（也称后付年金）和先付年金。N 年期的普通年金从第 1 期的期末开始支付，直到第 N 期期末；N 年期的先付年金从第 1 期的期初开始支付，直到第 N 期期初。

一、普通年金

普通年金（ordinary annuity）是一定时期内每期期末发生的等额现金流量，即后付年金（简称年金）。用时间线表示普通年金的现金流如图2－4所示。

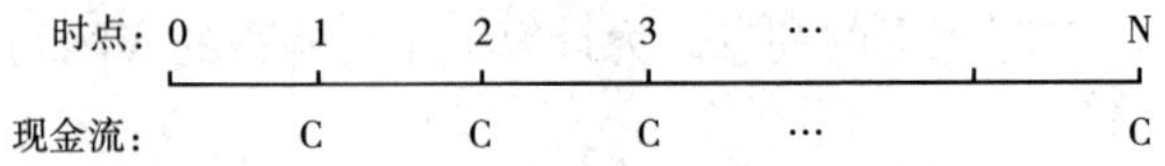

时点：0
1
2
3
…
N
现金流：
C
C
C
…
C

图2－4 普通年金

图2－4中，C表示每期等额的现金流量（cash flow），即年金。

（一）普通年金的终值

假设你每年年末向银行账户存入1 000元，存款利率为3%，想知道5年后的本利和是多少，就是一个普通年金求终值的问题。它犹如零存整取的本利和，是一定时期内每期末等额收付款项的复利终值之和。普通年金终值的计算可用图2－5来说明。

时点：0
1
2
3
…
N－1
N
现金流：
C
C
C
…
C
C
C×（1+r）^{0}
C×（1+r）^{1}
C×（1+r）$^{N-3}$
C×（1+r）$^{N-2}$
C×（1+r）$^{N-1}$

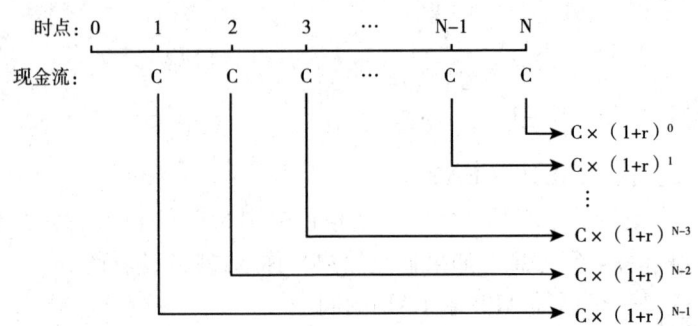

图2－5 普通年金终值计算示意图

由图2－5可知，普通年金终值的计算公式为：

$$\begin{aligned} FV &= C\times(1+r)^0 + C\times(1+r)^1 + \cdots + C\times(1+r)^{N-2} + C\times(1+r)^{N-1} \\ &= C\times[(1+r)^0 + (1+r)^1 + \cdots + (1+r)^{N-2} + (1+r)^{N-1}] \\ &= C\times\sum_{t=1}^{N}(1+r)^{t-1} \end{aligned}$$

由等比数列求和公式可得普通年金终值公式：

$$FV = C\times\frac{1}{r}[(1+r)^N - 1] \tag{2-9}$$

其中，C为年金金额，r为利息率，N为计息期数。$\frac{1}{r}[(1+r)^N-1]$ 被称为年金终值系数（future value interest factor of annuity，FVIFA），通常记为$FVIFA_{r,N}$，则年金终值的计算公式也可以表示成：

$$FV = C \times FVIFA_{r,N} \qquad (2-10)$$

利用年金终值系数表（见本章教学辅助资料）可使上述计算变得更加方便。利用 Excel 电子表格内置的 FV 函数可以计算年金的终值（如下例）。

FV 函数的格式为：

FV(利率,支付总期数,支付额,[现值],[是否期初支付])

其中，"[现值]"为可选项，如果除定期支付额外还有一笔初始现金流则填初始现金流的金额，否则填"0"或缺省；"[是否期初支付]"为可选项，如果是先付年金则填"1"，否则填"0"或缺省。

【例 2-7】计算普通年金的终值

某人在 5 年中每年年底存入银行 1 000 元，年存款利率为 3%，按复利计息法，则第 5 年年末本利和是多少？

解析：这是一个已知年金求终值的问题。

$$FV = \frac{C}{r} \times [(1+r)^N - 1] = \frac{1\,000}{3\%} \times [(1+3\%)^5 - 1] = 5\,309.14\ （元）$$

或 $FV = C \times FVIFA_{3\%,5} = 1\,000 \times 5.3091 = 5\,309.10$ （元）

表 2-3　　　　　　　　　利用 Excel 的 FV 函数求解年金终值

项目	NPER	RATE	PMT	FV	公式
已知	5	8%	-1 000		
求解				5 309.10	=FV(RATE,NPER,PMT)

表 2-3 中，NPER 表示支付总期数，RATE 表示利率（与支付期对应），PMT 表示年金（每期等额的支付），FV 表示终值。

（二）普通年金的现值

假设你准备未来 5 年中每年年末从银行账户取 1 000 元，存款利率为 3%，想知道你今天需要存入多少钱，就是一个普通年金求现值的问题。它和零存整取刚好相反，犹如整存零取，是一定时期内每期末等额收付款项的复利现值之和。普通年金现值的计算可用图 2-6 来说明。

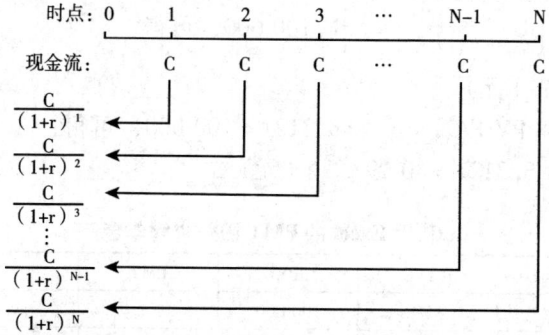

图 2-6　普通年金现值计算示意图

由图 2-6 可知，普通年金现值的计算公式为：

$$PV = \frac{C}{(1+r)^1} + \frac{C}{(1+r)^2} + \frac{C}{(1+r)^3} + \cdots + \frac{C}{(1+r)^{N-1}} + \frac{C}{(1+r)^N}$$

$$= C \times \left[\frac{1}{(1+r)^1} + \frac{1}{(1+r)^2} + \frac{1}{(1+r)^3} + \cdots + \frac{1}{(1+r)^{N-1}} + \frac{1}{(1+r)^N}\right]$$

$$= C \times \sum_{t=1}^{N} \frac{1}{(1+r)^t}$$

由等比数列求和公式，可得普通年金现值公式：

$$PV = C \times \frac{1}{r}\left[1 - \frac{1}{(1+r)^N}\right] \tag{2-11}$$

其中，C 为年金金额，r 为利息率，N 为计息期数。$\frac{1}{r}\left[1 - \frac{1}{(1+r)^N}\right]$ 被称为年金现值系数（present value interest factor of annuity，PVIFA），通常记为$PVIFA_{r,N}$，则年金现值的计算公式也可以表示成：

$$PV = C \times PVIFA_{r,N} \tag{2-12}$$

同样，利用年金现值系数表（见本章教学辅助资料）可使上述计算变得更加方便。利用 Excel 电子表格内置的 PV 函数可以计算年金的现值，或者已知年金现值时利用 Excel 中的 PMT 函数计算年金。

PV 函数的格式为：

PV(利率,支付总期数,支付额,[终值],[是否期初支付])

PMT 函数的格式为：

PMT(利率,支付总期数,现值,[终值],[是否期初支付])

其中，"[终值]"为可选项，如果除定期支付额外还有一笔终值现金流则填终值现金流的金额，否则填"0"或缺省；"[是否期初支付]"为可选项，如果是先付年金则填"1"，否则填"0"或缺省。

【例 2-8】贷款的分期付款额

李四 1 月 1 日从银行贷款 10 万元，合同约定分 4 年还清、每年年末等额本息方式还款。假设年利率为 8%，则每年年末分期付款额是多少？

解析：贷款后按照等额本息方式还款，是一个已知现值求年金的问题。

由 $PV = \frac{C}{8\%}\left[1 - \frac{1}{(1+8\%)^4}\right] = 100\,000$，可得：

C = 30 192.33（元）

或由 $PV = C \times PVIFA_{8\%,4} = C \times 3.3121 = 100\,000$，可得：

C = 100 000 ÷ 3.3121 = 30 192.33（元）

表 2-4 利用 Excel 的 PMT 函数求解年金

项目	NPER	RATE	PV	PMT	公式
已知	4	8%	100 000		
求解				30 192.33	=PMT(RATE,NPER,PV)

二、先付年金

先付年金（annuity due）是指一定时期内每期期初发生的等额现金流量。用时间线表示先付年金的现金流如图 2－7 所示。

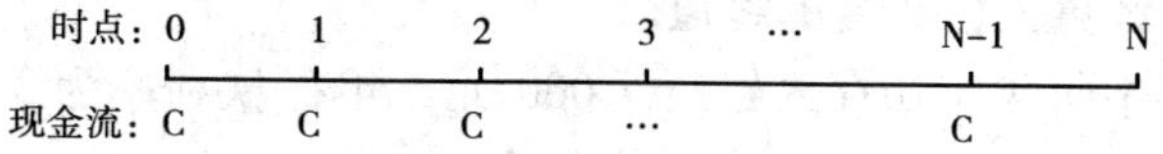

时点：0 1 2 3 … N-1 N
现金流：C C C … C

图 2－7　先付年金

由图 2－7 可知，先付年金与普通年金的区别仅在于付款时点的不同。由于普通年金是更常见的年金形式，因此，教学辅助资料中仅提供了普通年金的终值和现值系数表。为了便于计算和查看先付年金的系数，我们可以根据普通年金的计算公式，推导出先付年金的计算公式。

（一）先付年金的终值

先付年金与普通年金的期数是一样的，但是由于先付年金每一期的付款时间都比普通年金早一期，每一笔现金流在计算终值时都要多计算一期利息（如图 2－8 所示）。

时点：0 1 2 3 … N-1 N
现金流：C C C … C
C×（1+r）1
⋮
C×（1+r）N-2
C×（1+r）N-1
C×（1+r）N

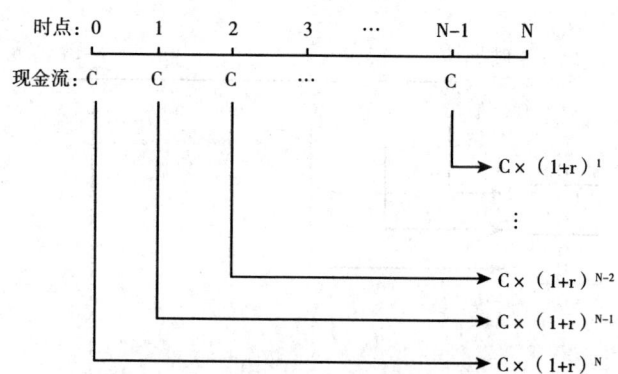

图 2－8　先付年金终值计算示意图

由图 2－8 可知，先付年金终值的计算公式为：

$$\begin{aligned} FV &= C\times(1+r)^1 + C\times(1+r)^2 + \cdots + C\times(1+r)^{N-1} + C\times(1+r)^N \\ &= C\times(1+r)\times[(1+r)^0 + (1+r)^1 + \cdots + (1+r)^{N-2} + (1+r)^{N-1}] \\ &= C\times(1+r)\times\sum_{t=1}^{N}(1+r)^{t-1} \end{aligned}$$

由等比数列求和公式可得普通年金终值公式：

$$FV = C\times(1+r)\times\frac{1}{r}[(1+r)^N - 1] \qquad (2-13)$$

式中符号含义同前。如果使用年金终值系数记号 $FVIFA_{r,N}$，则先付年金终值

的计算公式也可以表示成:

$$FV = C \times (1+r) \times FVIFA_{r,N} \qquad (2-14)$$

因此,计算先付年金终值时,可以先计算普通年金终值,然后再乘以(1+r),便可求出先付年金的终值。读者可将式(2-13)和式(2-14)分别与前面的普通年金终值公式即式(2-9)和式(2-10)对照看看。

【例2-9】计算先付年金的终值

某人在5年中每年年初存入银行1 000元,年存款利率为3%,按复利计息法,则第5年年末本利和是多少?

解析:这是一个已知年金求终值的问题,但是存款时间是每年年初,因而是先付年金。

$$FV = \frac{C}{r} \times (1+r) \times [(1+r)^T - 1] = \frac{1\,000}{3\%} \times (1+3\%) \times [(1+3\%)^5 - 1]$$
$$= 5\,468.41 \text{(元)}$$

或 $FV = C \times (1+r) \times FVIFA_{3\%,5} = 1\,000 \times (1+3\%) \times 5.309\,1 = 5\,468.37 \text{(元)}$

(二)先付年金的现值

同样,先付年金与普通年金的期数是一样的,但是,由于先付年金每一期的付款时间都比普通年金早一期,每一笔现金流在计算现值时都要少折现一期(如图2-9所示)。

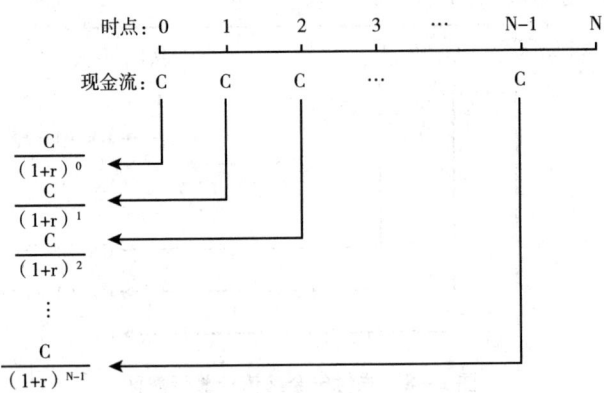

图2-9 先付年金现值计算示意图

由图2-9可知,先付年金现值的计算公式为:

$$PV = \frac{C}{(1+r)^0} + \frac{C}{(1+r)^1} + \frac{C}{(1+r)^2} + \cdots + \frac{C}{(1+r)^{N-2}} + \frac{C}{(1+r)^{N-1}}$$
$$= C \times (1+r) \times \left[\frac{1}{(1+r)^1} + \frac{1}{(1+r)^2} + \frac{1}{(1+r)^3} + \cdots + \frac{1}{(1+r)^{N-1}} + \frac{1}{(1+r)^N}\right]$$
$$= C \times (1+r) \times \sum_{t=1}^{N} \frac{1}{(1+r)^t}$$

结合普通年金现值公式即式(2-11),可得先付年金现值公式:

$$PV = C \times (1+r) \times \frac{1}{r}\left[1 - \frac{1}{(1+r)^N}\right] \qquad (2-15)$$

式中符号含义同前。如果使用年金现值系数记号$PVIFA_{r,N}$，则先付年金现值的计算公式也可以表示成：

$$PV = C \times (1+r) \times PVIFA_{r,N} \qquad (2-16)$$

因此，计算先付年金现值时，可以先计算普通年金现值，然后再乘以 (1+r)，便可求出先付年金的现值。读者可将式（2-15）和式（2-16）分别与前面的普通年金现值公式即式（2-11）和式（2-12）对照看看。

【例 2-10】计算先付年金的现值

某企业签订一份设备租赁协议，协议约定企业在未来 10 年中每年年初支付租金 5 000 元，年利率为 8%。则这些租金的现值是多少元？

解析：这是一个已知年金求现值的问题，但是付款时间是每年年初，因而是先付年金。

$$\begin{aligned}
PV &= C \times (1+r) \times \frac{1}{r}\left[1 - \frac{1}{(1+r)^N}\right] \\
&= 5\,000 \times (1+8\%) \times \frac{1}{8\%}\left[1 - \frac{1}{(1+8\%)^{10}}\right] \\
&= 36\,234.44 \text{（元）}
\end{aligned}$$

或 $PV = C \times (1+r) \times PVIFA_{8\%,10} = 5\,000 \times (1+8\%) \times 6.7101 = 36\,234.54$（元）

读者在运用年金终值和现值公式的时候，一定要先搞清楚年金的形式，是普通年金还是先付年金。后面在没有特殊说明的情况下，所提到的年金一般均为普通年金形式。

三、永续年金

永续年金（perpetual annuity）是指在期限为无穷的定期发生的等额现金流量。永续年金并不多见，但在英国和加拿大有一种国债就是没有到期日的债券，这种债券的利息可以视为永续年金。用时间线表示永续年金的现金流如图 2-10 所示。

阅读材料：历史上的永续年金

```
时点：  0     1     2     3    ⋯
现金流：       C     C     C    ⋯
```

图 2-10 永续年金

永续年金没有到期日，所以也没有终值。永续年金的现值为未来所有现金流的现值之和，即有：

$$\begin{aligned}
PV &= \frac{C}{(1+r)^1} + \frac{C}{(1+r)^2} + \frac{C}{(1+r)^3} + \cdots \\
&= C \times \left[\frac{1}{(1+r)^1} + \frac{1}{(1+r)^2} + \frac{1}{(1+r)^3} + \cdots\right]
\end{aligned}$$

$$= C \times \sum_{t=1}^{\infty} \frac{1}{(1+r)^t}$$

$$= \lim_{N \to \infty} C \times \frac{1}{r}\left[1 - \frac{1}{(1+r)^N}\right]$$

对上式进行简单的整理，可得永续年金现值公式：

$$PV = \frac{C}{r} \tag{2-17}$$

【例 2-11】永续年金的应用

某公司计划向某一当地大学捐款设立一项奖学基金，该基金每年为成绩优秀的学生颁发总额为 30 000 元的奖学金，并且持续下去。如果这所大学能用这笔基金赚得每年 8% 的回报率，那么该公司现在应捐款多少元？

解析：奖学金的现金流时间线如表 2-5 所示。

表 2-5　　　　　　　　　　奖学金的现金流

t	0	1	2	…
现金流（元）		30 000	30 000	…

这是标准的每年支付 30 000 元的永续年金，C = 30 000，r = 8%，则有：

$$PV = \frac{30\,000}{8\%} = 375\,000 \text{（元）}$$

公司现在捐款 375 000 元，且大学能够以每年 8% 的年回报率进行投资，就可以每年颁发 30 000 元的奖学金。

四、永续增长年金

如果永续年金中的每期现金流不是等额的，而是在 C 的基础上以一个固定的速率 g 匀速增长，且永远持续，则称之为永续增长年金（growing perpetuity）。用时间线表示永续增长年金的现金流如图 2-11 所示。

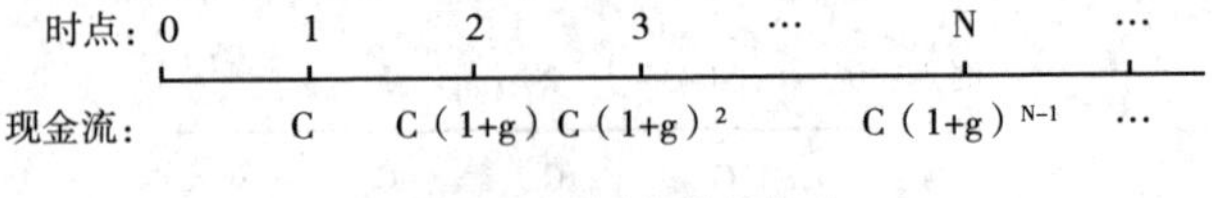

时点：　0　　1　　2　　　3　　　…　　N　　　…
现金流：　　　C　C(1+g)　C(1+g)²　　C(1+g)^{N-1}　…

图 2-11　永续增长年金

永续增长年金也没有到期日，因此也没有终值。永续增长年金的现值为未来所有现金流的现值之和，即有：

$$PV = \frac{C}{(1+r)^1} + \frac{C \times (1+g)}{(1+r)^2} + \frac{C \times (1+g)^2}{(1+r)^3} + \cdots$$

$$= C \times \left[\frac{1}{(1+r)^1} + \frac{1+g}{(1+r)^2} + \frac{(1+g)^2}{(1+r)^3} + \cdots\right]$$

$$= C \times \sum_{t=1}^{\infty} \frac{(1+g)^{t-1}}{(1+r)^t}$$

$$= \lim_{N \to \infty} C \times \frac{1}{r-g} \left[1 - \frac{(1+g)^N}{(1+r)^N}\right]$$

其中，g 是现金流的增长速率，r 是适用的折现率，C 是第 1 期期末的现金流量。当 N→∞ 且 r>g 时，对上式进行简单的整理，可得永续增长年金现值公式：

$$PV = \frac{C}{r-g} \qquad (2-18)$$

【例 2-12】永续增长年金的应用

某公司正在建造一台新机器，它将使公司在第 1 年节省 1 000 万元。接下来由于机器的损耗，导致每年的节约额将以 2% 的比率永远递减下去。如果折现率是 5%，全部节约额的现值是多少？

解析：节约额的现金流时间线如表 2-6 所示。

表 2-6　　　　　　　　　　节约额的现金流

时点（年）	0	1	2	3	…
现金流（万元）		1 000	1 000×(1-2%)	1 000×(1-2%)²	…

现金流为一个永续增长年金，C = 1 000，增长率 g = -2%（负增长），r = 5%。因此，根据永续增长年金现值公式可得全部节约额的现值为：

$$PV = \frac{C}{r-g} = \frac{1\,000}{5\% - (-2\%)} = 14\,285.71 \text{（万元）}$$

五、增长年金

增长年金（growing annuity）是指在一个有限时期内，每期现金流以固定速率 g 匀速增长的现金流序列，也称非永续增长年金。用时间线表示增长年金的现金流如图 2-12 所示。

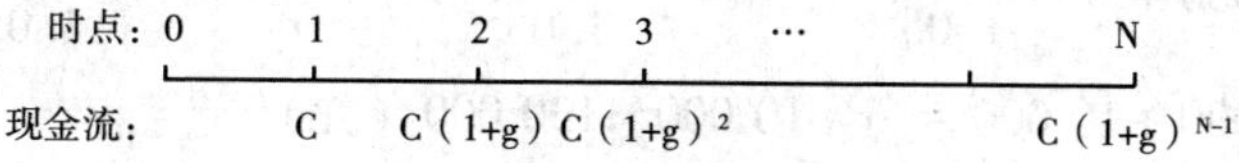

```
时点: 0    1     2        3      …         N
现金流:    C   C(1+g)  C(1+g)²        C(1+g)^{N-1}
```

图 2-12　增长年金

增长年金现值可以看成两项永续年金现值之差，即用从此刻开始的第 1 笔现金流为 C 的永续增长年金（固定增长速率为 g）的现值，减去从第 N+1 期开始第 1 笔现金流为 C×(1+g)^N 的永续增长年金（固定增长速率为 g）的现值。需要注意的是，在计算后一项永续年金现值时，是先折现到时点 N 再按复利折现到时点 0 的。

由图 2-13 可得增长年金现值公式为：

$$PV = \frac{C}{r-g} - \frac{1}{(1+r)^T} \times \frac{C \times (1+g)^N}{r-g}$$

$$= \frac{C}{r-g} \times \left[1 - \frac{(1+g)^N}{(1+r)^N}\right] \quad (2-19)$$

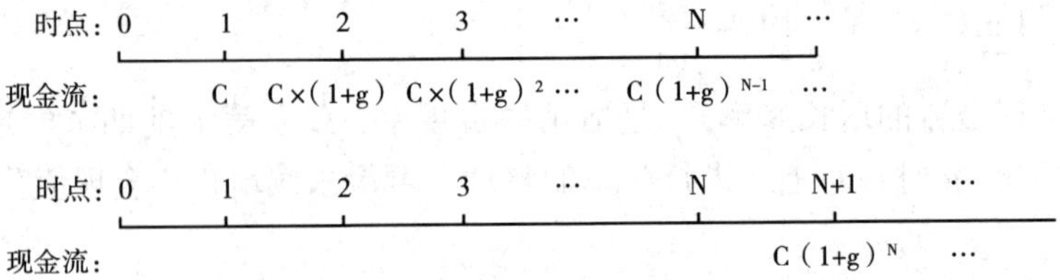

时点：0　1　2　3　…　N　…
现金流：　C　C×(1+g)　C×(1+g)²　C×(1+g)^{N-1}　…

时点：0　1　2　3　…　N　N+1　…
现金流：　　　　　　　　　C(1+g)^N　…

图 2-13　增长年金现值计算示意图

根据复利终值的知识，由增长年金现值公式可得增长年金的终值公式为：

$$FV = \frac{C}{r-g} \times \left[1 - \frac{(1+g)^N}{(1+r)^N}\right] \times (1+r)^N$$

$$= \frac{C}{r-g} \times \left[(1+r)^N - (1+g)^N\right] \quad (2-20)$$

【例 2-13】增长年金的应用

你的小孩今年年初开始上幼儿园，学费每年年初开始交。第 1 年年初交学费 10 000 元。你预期在他 13 年的上学期间，学费将以每年 5% 的比率逐年递增。为了支付他 13 年的学费，如果年利率为 5%，你现在需要一次性存入银行多少钱？

解析：学费支出的现金流时间线如表 2-7 所示。

表 2-7　学费支出的现金流

t（年）	0	1	2	…	12	13
现金流（元）	10 000	10 000×(1+5%)	2×(1+5%)²	…	10 000×(1+5%)¹²	0

该现金流为一个 13 期的先付增长年金，$C = 10\,000$，$g = 5\%$，$r = 5\%$。注意到 $r = g$，因此，不能直接用增长年金公式。计算各期现金流的现值之和为：

$$PV = 10\,000 + \frac{10\,000 \times 1.05}{1.05} + \frac{10\,000 \times 1.05^2}{1.05^2} + \cdots + \frac{10\,000 \times 1.05^{12}}{1.05^{12}}$$

$$= 10\,000 + 10\,000 + \cdots + 10\,000 = 130\,000 \text{（元）}$$

六、贷款专题

企业经营贷款的还款方式常常为先息后本，即每个月按期偿还各月的利息，而到期时一次性归还本金。但是个人日常消费贷款分期还款几乎没有这种还款方式，而是需要按月归还本金。一般来说，个人消费贷款可以选择两种还款方式：一种是等额本息还款，即每期还款支付额相等；另一种是等额本金还款，即每期偿还相同金额的本金，但每期还款支付额各不相等。

那么，如果贷款利率相同，个人选择这两种还款方式有什么不同呢？我们来看一个例子。假设你现在要买一辆小汽车，你选择贷款的金额为12万元，年利率为6%，总期数为12期（月）。由于支付期间隔为1个月，每月还款，则月利率=年利率÷12=6%÷12=0.5%。因为每个月都有偿还一定的贷款本金，即占用的本金越来越少，所以每个月支付的利息是越来越少的，为剩余占用本金金额乘以月利息率。那么，如何计算每期支付额以及各期支付额中究竟支付了多少利息呢？

先来看等额本金还款方式。上述例子中，如果选择等额本金还款，那么每个月归还的本金=120 000÷12=10 000（元），是固定不变的。除此以外还要偿还一个月产生的利息：第1个月利息=120 000×0.5%=600（元）；第1个月结束时已经偿还本金10 000元，未偿本金余额为110 000元，因此，第2个月利息=110 000×0.5%=550（元）；同理，第3个月利息=100 000×0.5%=500（元），以此类推，一直到第12个月利息=10 000×0.5%=50（元）。每月支付利息额为一个等差数列 $\{600, 550, 500, \cdots, 50\}$，总共偿还利息 $= \frac{(600+50) \times 12}{2} =$ 3 900（元）。等额本金还款下各期的月支付额、月还本金额、月还利息分别如表2-8所示。各期偿还利息逐期递减，各期支付额（月供）也逐期递减。

表2-8　　　　　　　　　等额本金还款　　　　　　　　　单位：元

期数	期初本金	月支付额（月供）	月供本金	月供利息	期末本金
1	120 000.00	10 600.00	10 000.00	600.00	110 000.00
2	110 000.00	10 550.00	10 000.00	550.00	100 000.00
3	100 000.00	10 500.00	10 000.00	500.00	90 000.00
4	90 000.00	10 450.00	10 000.00	450.00	80 000.00
5	80 000.00	10 400.00	10 000.00	400.00	70 000.00
6	70 000.00	10 350.00	10 000.00	350.00	60 000.00
7	60 000.00	10 300.00	10 000.00	300.00	50 000.00
8	50 000.00	10 250.00	10 000.00	250.00	40 000.00
9	40 000.00	10 200.00	10 000.00	200.00	30 000.00
10	30 000.00	10 150.00	10 000.00	150.00	20 000.00
11	20 000.00	10 100.00	10 000.00	100.00	10 000.00
12	10 000.00	10 050.00	10 000.00	50.00	0

如果是等额本息还款方式，每个月还的本金与利息之和是一个固定的金额，即月支付额=月还本金金额+月还利息金额。设每月支付额为B，第n个还款期末的剩余本金为 A_n，那么 $A_0=120\ 000$（元）。由于我们还不知道每个月偿还了

多少利息（各期不等），也就不知道每期支付额里面有多少本金。不过各期期末的剩余本金之间存在这样的关系，即第 1 个月末的剩余本金 $A_1 = A_0 \times (1 + 0.5\%) - B$，第 2 个月末的剩余本金 $A_2 = A_1 \times (1 + 0.5\%) - B$，……依次列出 12 个这样的等式，直到 $A_{12} = A_{11} \times (1 + 0.5\%) - B$。合并这些等式，可以得到①：

$$A_{12} = A_0 \times (1 + 0.5\%)^{12} - \frac{B}{0.5\%} \times [(1 + 0.5\%)^{12} - 1]$$

因为到第 12 个月，贷款者已经还完所有的贷款，即 $A_{12} = 0$。可得：

$$A_0 = \frac{B}{0.5\%} \times \left[1 - \frac{1}{(1 + 0.5\%)^{12}}\right] \quad (2-21)$$

而 $A_0 = 120\,000$（元）是贷款本金，代入式（2-21），可得每月支付额为：

$$B = \frac{A_0 \times 0.5\%}{\left[1 - \frac{1}{(1 + 0.5\%)^{12}}\right]} = \frac{120\,000 \times 0.5\%}{\left[1 - \frac{1}{(1 + 0.5\%)^{12}}\right]} = 10\,328 \text{（元）}$$

等额本息还款方式下各期的月支付额、月还本金额、月还利息分别如表 2-9 所示。各期偿还利息逐期递减，但各期支付额（月供）保持恒定，月供本金逐期上升。各期偿还的利息总额 $= 10\,328 \times 12 - 120\,000 = 3\,936$（元）。等额本息还款方式下偿还利息总额高于等额本金还款方式的利息总额 3 900 元。原因在于，等额本金下前期偿还本金多，因此，占用的本金余额即计息的基础小，所以偿还利息少；与等额本金相比，等额本息本金偿还得慢，占用的本金即计息的基础大，所以偿还利息多。

表 2-9　　　　　　　　　　　等额本息还款　　　　　　　　　　　单位：元

期数	期初本金	月支付额（月供）	月供本金	月供利息	期末本金
1	120 000.00	10 327.97	9 727.97	600.00	110 272.03
2	110 272.03	10 327.97	9 776.61	551.36	100 495.42
3	100 495.42	10 327.97	9 825.49	502.48	90 669.92
4	90 669.92	10 327.97	9 874.62	453.35	80 795.30
5	80 795.30	10 327.97	9 924.00	403.98	70 871.31
6	70 871.31	10 327.97	9 973.62	354.36	60 897.69
7	60 897.69	10 327.97	10 023.48	304.49	50 874.21
8	50 874.21	10 327.97	10 073.60	254.37	40 800.61
9	40 800.61	10 327.97	10 123.97	204.00	30 676.64
10	30 676.64	10 327.97	10 174.59	153.38	20 502.05
11	20 502.05	10 327.97	10 225.46	102.51	10 276.59
12	10 276.59	10 327.97	10 276.59	51.38	0

① 等比数列 $\{1, a, a^2, \cdots, a^n\}$ 的和为 $1 + a + a^2 + \cdots + a^n = \frac{a^n - 1}{a - 1}$。

等额本息还款方式下每期支付额相等，由式（2-21）可以看出，在等额本息还款方式下，各期支付额可以看成一笔年金，而这笔年金的现值就是贷款本金。因此，利用年金现值公式，可以很容易地计算出等额本息还款方式下的各期支付额（各期偿还本金和利息之和）。日常生活中，家庭住房按揭贷款也常常采用等额本息还款方式。

【例 2-14】年金在贷款中的应用

某公司计划用 500 000 元购买一台新的设备，供货商要求公司支付购买价格的 20% 作为定金，其余款项分 48 个月支付，每月等额支付。假设月利率是 0.5%，请你计算，每月的付款额是多少？

解析：公司先支付定金 = 500 000 × 20% = 100 000（元），剩余金额分期付款，因此，相当于供货商提供了一笔 400 000 元（500 000 - 100 000）的贷款。每月付款额的现值 = 贷款额 400 000 元。

由年金现值公式 $PV = \dfrac{C}{r}\left[1 - \dfrac{1}{(1+r)^N}\right]$ 可得：

$$C = \dfrac{PV}{\dfrac{1}{r}\left[1 - \dfrac{1}{(1+r)^N}\right]} = \dfrac{400\,000}{\dfrac{1}{0.5\%}\left[1 - \dfrac{1}{(1+0.5\%)^{48}}\right]} = 9\,394.01(\text{元})$$

每月的付款额是 9 394.01 元。具体如表 2-10 所示。

表 2-10　　利用 Excel 的 PMT 函数求解每月支付额

项目	NPER	RATE	PV	PMT	公式
已知	48	0.5%	400 000		
求解				9 394.01	= PMT(RATE,NPER,PV)

事实上，除了贷款原始本金作为年金的现值可以计算还款各期支付额以外，在贷款还款期进行中的各个时点上，未偿还本金余额都等于这个时点上未来还款现金流的现值之和。

【例 2-15】年金在贷款中的应用

2 年前，某公司使用 30 年的分期贷款购置了一间办公室。贷款名义年利率（APR）为 4.8%，贷款按月还款，每月支付额为 2 623.33 元。

要求：

（1）公司当前还欠款多少？

（2）1 年前，公司还欠款多少元？

（3）在第 2 年内，公司偿还的本金是多少？

（4）在第 2 年内，公司偿还的利息是多少？

解析：

（1）经过 2 年后，剩下 28 年，N = 28 × 12 = 336（个）月。每月的贷款利率 r = 4.8%/12 = 0.4%。

现金流如表 2-11 所示。

表 2-11　　　　　　　　贷款的现金流

t	0	1	2	…	336
现金流		-2 623.33	-2 623.33	…	-2 623.33

贷款未偿付余额就是这些剩余支付的现值。

$$\text{贷款未偿付余额} = \frac{2\,623.33}{0.4\%}\left[1-\frac{1}{(1+0.4\%)^{336}}\right]=484\,331.98\,（元）$$

（2）在过去的一年里，公司共偿还：$2\,623.33\times12=31\,479.96$（元）

为确定其中有多少是利息，最简单的方法是确定其中的本金，剩余的就是利息。在 1 年前，这笔贷款还有 29 年［348 个月（29×12）］到期，因此，1 年前的贷款未偿付余额为：$\frac{2\,623.33}{0.4\%}\left[1-\frac{1}{(1+0.4\%)^{348}}\right]=492\,353.91$（元）

（3）第 2 年内偿还的本金 = $492\,353.91-484\,331.98=8\,021.93$（元）

（4）第 2 年内偿还的利息 = $31\,479.96-8\,021.93=23\,458.03$（元）

现实生活中，可以利用 Excel 表格计算出如表 2-8 所示的各期支付额的明细表格内容，从而计算上述还款细节问题。金融专业人员常常喜欢用金融计算器或者带有货币时间价值（time value of money，TVM）功能的计算器 App，会使一些计算问题变得简便。

【本章小结】

1. 货币时间价值是指货币以一定的利率水平，经历一定时间的投资和再投资所增加的价值。货币时间价值是货币作为资本投入生产过程中产生的。通常的收益率不仅应该包含货币时间价值，还应该包含风险溢价和通货膨胀溢价。

2. 一系列持续多期的现金流被称作系列现金流。可用时间线或现金流量时间线来表示系列现金流。

3. 利息的计算有单利和复利两种计息法。两者的区别在于，当期产生的利息是否计入下一期的本金。单利计息法是指，一定期间内只根据本金计算利息，当期产生的利息不作为下一期的本金。

4. 终值是指当前或未来一段时间内的系列现金流在未来某个时点所具有的价值。现值是指未来收到或支付的系列现金流在当前时点上所具有的价值。

在单利计息法下，当前一笔价值 PV 的现金流，在 N 年后，按年利率 r 计算利息，到期时的本利和即终值为：

$$FV=PV\times(1+Nr)$$

反过来，N 年后一笔价值 FV 的现金流，按年利率 r 计算利息，在单利计息法下的现值，即现值公式为：

$$PV=\frac{FV}{(1+rN)}$$

复利计息法是指当期产生的利息也计入下一期的本金,就是通常所说的"利滚利",即对每期产生的利息都进行了再投资,并按原先的利率产生投资收益。

在复利计息法下,当前一笔价值 PV 的现金流,在 N 年后,按年利率 r 计算利息,到期时的本利和,即复利终值公式为:

$$FV = PV \times (1+r)^N$$

反过来,N 年后一笔价值 FV 的现金流,按年利率 r 计算利息,在复利计息法下的现值,即复利现值公式为:

$$PV = \frac{FV}{(1+r)^N}$$

5. 有效年利率表示 1 年内能赚得的利息总额。

等价的 n 年期利率 = $(1 + EAR)^n - 1$

银行常常以年度百分比利率的方式给出借贷报价,它表示 1 年后赚得的单利,即没有考虑复利效应的利息额。

一般地,银行报价利率 APR,一年内计息(复利)k 次,每一期利率为 $\frac{APR}{k}$。因此,将 APR 转化为 EAR,有:

$$EAR = \left(1 + \frac{APR}{k}\right)^k - 1$$

6. 年金是指在一定时期内定期发生的等额现金流量。年金在生活中很常见,如大多数汽车贷款、住房抵押贷款以及一些债券的利息支付都是年金。根据年金发生的时点是在每期期末还是期初,年金可以分为普通年金(也称后付年金)和先付年金。

普通年金是指一定时期内每期期末发生的等额现金流量,即后付年金(简称年金)。

普通年金终值的计算公式为:

$$FV = C \times \frac{1}{r}\left[(1+r)^N - 1\right]$$

其中,$\frac{1}{r}\left[(1+r)^N - 1\right]$ 被称为年金终值系数,通常记为 $FVIFA_{r,N}$,则年金终值的计算公式也可以表示成:

$$FV = C \times FVIFA_{r,N}$$

普通年金现值的计算公式为:

$$PV = C \times \frac{1}{r}\left[1 - \frac{1}{(1+r)^N}\right]$$

其中,$\frac{1}{r}\left[1 - \frac{1}{(1+r)^N}\right]$ 被称为年金现值系数,通常记为 $PVIFA_{r,N}$,则年金现值的计算公式也可以表示成:

$$PV = C \times PVIFA_{r,N}$$

先付年金是指一定时期内每期期初发生的等额现金流量。

先付年金终值的计算公式为:

$$FV = C \times \frac{1}{r}[(1+r)^N - 1] \times (1+r)$$

$$= C \times FVIFA_{r,N} \times (1+r)$$

先付年金现值的计算公式为:

$$PV = C \times \frac{1}{r}\left[1 - \frac{1}{(1+r)^N}\right] \times (1+r)$$

$$= C \times (1+r) \times PVIFA_{r,N}$$

永续年金是指在期限为无穷的定期发生的等额现金流量。

永续年金现值的计算公式为:

$$PV = \frac{C}{r}$$

如果永续年金中的每期现金流不是等额的,而是在 C 的基础上以一个固定的速率 g 匀速增长,且永远持续,则被称为永续增长年金。

永续增长年金现值的计算公式为:

$$PV = \frac{C}{r-g}$$

增长年金是指在一个有限时期内,每期现金流以固定速率 g 匀速增长的现金流序列,也称非永续增长年金。

增长年金现值的计算公式为:

$$PV = \frac{C}{r-g} \times \left[1 - \frac{(1+g)^N}{(1+r)^N}\right]$$

增长年金终值的计算公式为:

$$FV = \frac{C}{r-g} \times [(1+r)^N - (1+g)^N]$$

7. 两种常见的贷款分期还款方式,一种是等额本息还款,即每期还款支付额相等;另一种是等额本金还款,即每期偿还相同金额的本金,但每期还款支付额各不相等。其中,等额本息还款可以用年金公式计算各期支付额(包含各期偿还本金和利息)。

【关键术语】

货币时间价值(time value of money)

风险溢价(risk premium)

通货膨胀溢价(inflation premium)

系列现金流(stream of cash flows)

时间线(timeline)

单利计息法(simple interest)

终值(future value,FV)

现值（present value，PV）
复利计息法（compound interest）
有效年利率（effective annual rate，EAR）
年度百分比利率（annual percentage rate，APR）
年金（annuity）
普通年金（ordinary annuity）
年金终值系数（future value interest factor of annuity，FVIFA）
年金现值系数（present value interest factor of annuity，PVIFA）
先付年金（annuity due）
永续年金（perpetual annuity）
永续增长年金（growing perpetuity）
增长年金（growing annuity）

【练习题】

1. 如果现在向银行存款 5 000 元，年利率为 5%，按照复利计息法，20 年后，账户中的金额是多少？

2. 某人在 5 年中每年年底存入银行 1 000 元，年存款利率为 3.5%，复利计息，则第 5 年年末年金终值是多少？

3. 某公司需用一台设备，买价为 9 000 元，可用 8 年。如果租用，则每年年初需付租金 1 500 元。假设利率为 8%。应该购买还是租用？

4. 设 A 公司拟发行债券，面值为 100 元/张，票面利率是 8%，期限为 3 年，逐年支付利息。此时，适用于 A 公司债券的一年期折现率是 7%，2 年期折现率是 8%，3 年期折现率是 9%。债券的当前市场价格是多少？

5. A 公司是一个成长型企业。该公司的市场资本化率（即期望收益率或折现率）为 6%，1 年后每股净收益 6 元，股利发放率为 30%，增长率为 3%。试求 A 股票价格。

6. 你打算购买一辆新车，有两种付款方式。方式一是立即支付全款 20 000 元现金。方式二是贷款购买，在未来 48 个月内于每个月月末偿还 500 元。如果你的现金可赚取 0.5% 的月利率，你应该选择哪种付款方式？

7. 某公司年初从银行贷款 100 万元，贷款年利率为 12%，期限为 5 年，按照等额本息法，约定公司每月月末支付等额的本息和。请问公司每月支付额为多少元？

8. 假如你现在向账户中存入 1 000 元，年利率是 10%。
请回答：
(1) 按照单利计息法，75 年后你的账户中有多少钱？其中利息是多少？
(2) 按照复利计息法，75 年后你的账户中有多少钱？其中利息是多少？

9. (1) 假设年利率为 1%，复利计息法下，本金想要翻一倍需要多少年？

（2）假设年利率为5%，复利计息法下，本金想要翻一倍需要多少年？

10. 某公司需要购进一台价值9 500元的新机器。为了促销，供应商同意不必立即支付现金，而在一年后支付10 000元。假设无风险年利率为7%，你会选择立即付款还是延期付款？

11. 假设你开办了一家公司，后来又决定环游世界。既然环游世界，你就考虑出售这家公司。假设利率为10%，以下三个方案中哪个最优？

方案一，现在就出售公司，某投资者愿意出价200 000元。

方案二，缩减业务规模，继续经营一年后再出售。现在需要支付30 000元的营业费用，但在年底会产生50 000元的营业收入，并以200 000元出售给投资者，然后环游世界。

方案三，现在就开始环游世界，但雇人继续经营一年再出售公司。现在需要支付50 000元的费用，但在年底会产生100 000元的收入，并以200 000元出售给投资者。

12. 2年前，某公司使用30年的分期贷款购置了一间办公室。贷款名义年利率（APR）4.8%，贷款按月还款，每月支付额2 623.33元。

请回答：

（1）公司当前还欠款多少？

（2）在刚刚过去的一年里，支付额中的贷款利息是多少？

【教学辅助资料链接】

学习资料：金融计算器
使用说明

学习资料：Excel在货币
时间价值中的应用

学习资料：年金现值
系数表

学习资料：复利现值
系数表

第三章 价值评估原理

【学习目标】
1. 理解估值原理、套利与一价定律。
2. 掌握债券的估值原理和方法。
3. 了解影响债券价值的因素。

第一节 估值原理

一、估值决策

（一）估值决策原则

财务经理的职责是代表投资者的利益制定决策。例如，当市场对公司产品的需求加大时，财务经理就需要作出决定，是提高产品的价格还是扩大产品的产量。如果决定增加产量，需要增加一台新设备，那么是租赁还是购买这台设备；如果决定购置，那么是应该用公司自有现金付款还是应该借入资金付款。

财务经理代表公司，其决策原则符合公司的目标，即股东财富最大化。原则上，这一理念简单且直观：好的决策，其收益超过成本。但是，现实常常更为复杂，有些收益和成本或难以量化，或需要用到其他经济和管理学科的知识和技术。例如，预测广告投放所带来的销售收入增加需要用到市场营销学的知识和技术，确定产品降价所带来的需求增加则需要用到经济学的知识和技术，估计公司重组所带来的节税收入需要用到会计学的知识和技术，预测竞争者对产品提价的反应则需要用到战略管理的知识和技术。本教材的其余部分都假设，在量化与决策有关的成本和收益时，这些从其他学科角度进行的分析都已经完成。财务经理比较项目的成本和收益，以制定最佳的决策，提升公司价值。

（二）分析成本和收益

制定决策的第一步是确定其成本和收益，第二步是量化这些成本和收益。为了比较成本和收益，对它们的衡量必须采用相同的方式——当前的现金价值。

假设某房地产公司今天一次性投入 80 亿元购入某块土地，1 年后销售出去，预计销售价格为 100 亿元。那么公司的收益是 100 亿元，成本是 80 亿元，所以净收益为 20 亿元，这样说对吗？如果是现在投入 80 亿元购入某块土地，5 年后再销售出去，预计销售价格为 150 亿元，净收益为 70 亿元吗？显然，这样的计算忽略了成本和收益的时间差异，把今天的货币与 1 年或 5 年后的货币视为等价了。

在第二章中我们已经知道，不同时点上的现金流量价值不同，所以不可以直接进行比较。因此，我们应该把不同时点上的现金流用同样的现金价值来表示。上例中，今天一次性投入 80 亿元购入某块土地，1 年后以 100 亿元销售出去，假设公司的现金可以赚取每年 10% 的收益，那么 1 年后的 100 亿元相当于今天的：

$$\frac{100}{1+10\%} = 90.91（亿元）$$

所以，公司以当前现金价值计算的净收益为：

90.91 − 80 = 10.91（亿元）

同理，今天一次性投入 80 亿元购入某块土地，5 年后以 150 亿元销售出去，假设公司的现金可以赚取每年 10% 的收益，那么 5 年后的 150 亿元相当于今天的：

$$\frac{150}{(1+10\%)^5} = 93.14（亿元）$$

所以，公司以当前现金价值计算的净收益为：

93.14 − 80 = 13.14（亿元）

二、估值原理

无论何时，在竞争市场（competitive market）上交易的商品——在竞争市场上，所有人可按相同的价格买入或卖出同一商品——其价格决定了商品的现金价值。只要存在竞争市场，商品的价格就独立于决策者的个人看法或偏好。

因此，对公司或其投资者而言，资产的价值由其在竞争市场上的价格来决定。运用竞争市场价格来评估成本和收益，可以判定一项决策是否会使公司及其投资者更加富有。这就是公司金融学最核心且最有力的理念之一，被称为估值原理。

> 【敲黑板】估值原理
> 　　对公司或其投资者而言，资产的价值由其在竞争市场上的价格来决定。投资决策的成本和收益也应由这类市场价格来决定——决策的收益大于成本时，实施这项决策可增加公司的市场价值。

在常规的投资项目中，前期发生成本费用而在未来产生收益。在评价项目时，应考虑和解决这种时间差异，即货币时间价值（本教材已在第二章中讨论过）。收益或成本的价值以今天的现金来计量时，称为现值（present value，PV）。类似地，将收益的现值与成本的现值之差定义为项目的净现值（net present value，NPV）：

$$NPV = PV(收益) - PV(成本) \tag{3-1}$$

如果用正的现金流表示收益，负的现金流表示成本，将各笔现金流的现值加总作为复合现金流的现值，上述定义式可以写作：

$$NPV = PV(收益 - 成本) \tag{3-2}$$

即净现值为项目所有现金流的现值总和。

净现值以今天的现金来表示，大大简化了决策的制定。只要能够准确地估计项目的所有收入和支出，NPV 为正的决策都将增加公司及其投资者的财富。这就是净现值决策法则（NPV decision rule）。

【敲黑板】净现值决策法则

公司制定投资决策时，要选择净现值最高的项目。选择这样的项目就相当于公司今天收到数额等于该项目净现值的现金。

关于净现值（NPV）的具体应用，我们将在第四章投资决策中作更为详细的讨论。

第二节 套利与一价定律

一、套利

我们先来看一个黄金市场的例子。黄金在很多不同的市场上交易，最大的市场为纽约和伦敦市场，要为 1 盎司黄金估价，我们可以从其中的任一市场上找到竞争价格。但是，如果黄金在纽约市场上的交易价格为每盎司 850 美元，在伦敦市场上为每盎司 900 美元，应该用哪个价格呢？

幸运的是，这样的情况不会发生。这些都是竞争市场价格，买卖黄金都按这个市场价格进行，那么，你就可以在纽约市场上以每盎司 850 美元的价格买入黄金，然后迅速地以每盎司 900 美元的价格在伦敦市场上出售，这样就可以轻而易举地赚钱（由于投资者交易的仅是黄金的所有权，所以也没有运费等支出）。你从买卖每盎司黄金中赚得 50 美元（900 - 850）。如果你以同样的方式交易 100 万盎司黄金，那么你就可以在无风险的情况下轻松赚得 5 000 万美元！

当然，发现这一交易机会的不止你一人。每一个发现这种差价的人都想尽可能多地买卖黄金，要不了多久，纽约市场就会挤满了黄金买单，而伦敦市场上则充斥着黄金卖单。纽约市场的黄金价格将因为需求的增加而迅速上升，伦敦市场的黄金价格则因为供给的增加将迅速下跌，直到黄金价格在伦敦市场和纽约市场中达到一个均衡点，这样的交易机会消失了，价格的持续变动才会停止。

> **【知识链接】套利机会的一则经典笑话**
>
> 有一个流传很久的笑话，很多公司金融或财务学教授都对他们的学生津津乐道过：
>
> 一位教授和他的学生正走在大街上，学生注意到人行道上有一张100美元的钞票就要伏身去捡。教授马上阻止道："别白费工夫了。世界上没有免费的午餐。如果那真是一张100美元的钞票，早就有人给捡走了！"
>
> 这个简单的笑话道破了"市场不存在套利机会"这一玄机。落在人行道上的免费的100美元钞票就相当于一个套利机会，这一套利机会极其罕见，原因有两个：(1) 100美元是个大数目，人们会特别小心以防丢失；(2) 即使偶尔有人不小心丢了100美元，轮到你捡到它的机会也极小。

套利（arbitrage）就是利用同一商品在不同市场的价格差而进行买卖获利的行为。更一般地，我们把不需要承担任何风险就可能获利的情况称为套利机会（arbitrage opportunity）。上述利用伦敦市场和纽约市场上每盎司黄金价格的差异而进行的交易行为，就是套利。

套利机会的净现值为正，金融市场上一旦出现套利机会，投资者就会竞相利用它。谁先发现这种套利机会，谁就会迅速进行交易，从中获利。一旦他们进行交易，价格就会作出反应，直到套利机会消失。套利就像散落在大街上的钞票：一旦被发现，就会立即消失。因此，正常状态下的市场是不存在套利机会的。我们把不存在套利机会的竞争市场称作正常市场（normal market），在正常市场上的价格被称为无套利价格（no-arbitrage price）。

二、一价定律

（一）一价定律

在正常市场中，伦敦和纽约的黄金价格在任何时点都应相等。将这一逻辑推广到更一般的情形中，即在两个不同的竞争市场中交易的等同的投资机会。同样的投资机会在两个竞争市场上的价格不一致，投资者就可以通过从低价市场上买入然后立即在高价市场上卖出而获利。这样的套利行为将使价格趋于平衡，结果是两个竞争市场上同一商品的价格趋同。这一重要的性质就是一价定律（law of one price）。

> **【敲黑板】一价定律**
> 同一投资机会同时在不同的竞争市场上交易,则其在所有市场上的交易价格必然相同。换句话说,由于套利的存在,同一投资机会在所有竞争市场上价格相同,从而套利机会消失,也被称为无套利机会的均衡。

一价定律的一个用处是,在评价成本和收益以计算净现值的时候,可以用任何一个竞争市场的价格来确定它们的现金价值,而不用考虑所有可能的市场价格。

(二) 一价定律与证券价格

在金融市场上交易的投资机会被称为金融证券(financial security),简称证券(security)。套利和一价定律的观念对于证券定价也有着深远的意义。

一价定律告诉我们,相同投资机会的价格应该是相等的。根据这一理念,如果已知某种投资的价格,则可以评估与之相同的证券的价值。考虑一种简单的证券,该证券承诺1年后一次性支付给其所有者1 000元,假设不存在违约风险。债券(bond)就属于这种类型的证券,由政府和公司出售,以承诺未来偿付作为交换,向投资者筹集当前所需资金。如果无风险利率为5%,在正常市场中,应该怎样为这只债券定价呢?

为回答这一问题,考虑一项将产生与该债券相同的现金流的投资。假设银行存款利率为无风险利率,为了1年后能得到1 000元,我们现在需要往银行存入多少钱呢?由第二章第二节可知,今天需要存入的金额为1年后所获得的1 000元现金流的现值:

$$\frac{1\ 000}{1+5\%}=952.38\ (元)$$

如果今天以5%的无风险利率投资(储蓄)952.38元,那么1年后就可以无风险地获得1 000元。

现值有两种方式得到同样的现金流:(1) 购买债券;(2) 以5%的无风险利率投资952.38元。由于这两种交易所产生的现金流完全相同,根据一价定律可知,在正常市场中,它们的价格(或成本)必定相等。因而有债券价格 = 952.38(元)。

(三) 识别证券的套利机会

根据一价定律可知,如果债券价格与上面计算的结果不同,就将产生套利机会。例如,假设债券的当前市场交易价格为940元。在这种情况下,投资者应该怎样做才能获利?

此时,我们可按940元的价格在市场上买入该债券,同时从银行贷款952.38元。给定5%的利率,1年后偿还银行1 000元 [952.38 × (1 + 5%)],同时债券到期按面值获得1 000元。利用这一交易策略,投资者可以从买入的每份债券中赚取12.38元,而不需要承担任何风险,未来也不需要自己掏钱还债。该交易策略的现金流如表3-1所示。

表3-1 购买债券并贷款的净现金流

项目	当前	一年后
购买债券	-940.00	1 000.00
从银行贷款	+952.38	-1 000.00
净现金流	12.38	0

当然,如果其他投资者发现这个套利机会也会开始购买该债券,债券价格就会迅速上升到952.38元,于是套利机会消失。反过来,如果债券价格高于952.38元,同样也会产生套利机会。例如,假设债券的当前市场交易价格为960元。在这种情况下,投资者应该怎样做才能获利?投资者应该卖出债券获得960元,同时向银行存入952.38元。这一交易策略的现金流如表3-2所示。

表3-2 卖出债券并投资的净现金流

项目	当前	一年后
卖出债券	960.00	-1 000.00
向银行存款	-952.38	+1 000.00
净现金流	7.62	0

值得注意的是,当债券定价过高时,套利的交易策略中包括卖出债券,同时将部分收入投资。但是如果套利策略需要卖出债券,是否意味着现在持有债券的投资者才可以进行这样的交易策略呢?答案是否定的,在金融市场中,通过卖空来出售自己并不拥有的证券是可能的。所谓卖空(short sale),即打算卖出证券的人先从证券持有人那里借入证券然后出售,之后他必须买回证券归还给证券所有者,或者偿还证券所有者原本将收到的现金流。因此,当债券定价过高,通过卖空,即使你未持有债券,也可能利用套利机会来获利。在我国资本市场,投资者可以通过融券业务实现对部分证券的卖空交易。

【例3-1】计算无套利价格

假设某债券1年后将向债券持有者支付1 000元,且无任何风险。假如无风险利率为10%。该证券当前的无套利均衡价格是多少?如果当前该证券的交易价格为950元,投资者可以采取什么样的套利交易策略?

解析:先计算该证券现金流的现值。本例中,该证券产生一笔现金流:1年后的10 000元。这笔现金流的现值为:

$$PV = \frac{1\ 000}{1+10\%} = 909.09\ (元)$$

因此，该证券当前的无套利价格就是 909.09 元。

如果当前该证券的价格为 950 元，定价过高，可以考虑如下套利交易策略：以 950 元的价格卖出债券，同时用卖出所得中的 909.09 元以 10% 的无风险利率进行投资。故该套利交易策略的利润为 40.91 元。

（四）证券的无套利价格

前面已经证明，只要债券价格不等于 952.38 元，就会存在套利机会。在正常市场中，债券价格必然等于 952.38 元。这一价格就是债券的无套利价格。我们可将上面对债券定价方法应用于其他证券的定价，其基本过程为：

1. 明确有该证券支付的现金流。
2. 确定自己为复制上述现金流而付出的成本。这种"自制"成本就是证券的现金流的现值。

而且根据一价定律可知，除非证券的价格等于这一现值，否则套利机会将出现。

> **【敲黑板】证券的无套利价格**
>
> 证券价格 = PV（证券支付的全部现金流）

考虑一项购买证券的投资决策。决策成本就是为购买证券所支付的价格，收益是因持有证券而将收到的现金流。当证券以无套利价格交易时，交易证券的价值会是多少呢？在正常市场中，成本和收益相等，所以购买证券的净现值为 0：

NPV(购买证券) = PV(证券支付的全部现金流) – 证券价格 = 0

同理，考虑一项卖出证券的投资决策，卖出证券收到的价格就是收益，成本是卖出证券所放弃的现金流。所以卖出证券的净现值仍为 0：

NPV(卖出证券) = 证券价格 – PV(证券支付的全部现金流) = 0

在正常市场上交易证券的净现值为 0，而且无论是购买还是卖出证券。如果购买证券的净现值为正，那么购买证券就相当于当前收到现金——出现套利机会。因为正常市场不存在套利机会，所以，所有证券交易的净现值都为 0。

正常市场上交易证券的净现值为 0，这一点对于我们学习公司金融至关重要。这意味着，在正常市场上，证券交易既不会创造价值也不会损失价值。价值是由公司从事的真实的投资项目所创造的，如开发新产品、开设新店或者创造更有效的生产方法。金融交易不是价值的源泉，只不过是用来调整现金流的时机选择和风险，以满足公司或其投资者的需要。

> **【知识链接】分离原理**
>
> 评估一项决策，应注重其实物（实体经济）部分，而非金融交易方面。也就是说，我们可以将公司的投资决策与融资选择分开。这一理念也被表述为分离原理（separation principle）：

> 正常市场中的证券交易,既不会创造价值也不会损失价值。可以将评估投资决策的净现值,与公司为投资筹集资金的决策或公司正考虑的任何其他证券交易分离开来。

(五)证券组合的估值

至此,我们已经讨论了单个证券的无套利价格。一价定律对于一揽子证券组合也同样适用。考虑三只证券 A、B 和 C,假设证券 C 的现金流与证券 A 和 B 的合并现金流相同。在这种情况下,证券 C 就相当于证券 A 和 B 的组合。我们把一些证券的集合称为投资组合(portfolio)。如果已知证券 A 和 B 的价格,能推断出证券 C 的价格是多少吗?

由于证券 C 的现金流与证券 A 和 B 的合并现金流相同,由一价定律可知,证券 C 与证券 A 和 B 构成的组合的价格必定相等。由此导出的价格关系被称作价值可加性(value additivity)。

> **【敲黑板】价值可加性**
> C 的价格 =(A + B)的价格 = A 的价格 + B 的价格

阅读材料:股票指数套利

试想,如果证券 C 的现金流与证券 A 和 B 的合并现金流相同,但证券 C 的价格与证券 A 和 B 的价格之和不相等,会怎样呢?显然,如果两者不等,就会产生套利机会。例如,A 和 B 的价格之和低于 C 的价格,我们就可以通过买入 A 和 B,同时卖出 C 来套利。这种套利活动会迅速地推动价格变动,直至证券 C 的价格与证券 A 和 B 的价格之和相等为止。

更一般地,价值可加性意味着投资组合的价值等于它的组成部分价值的总和。

【例 3-2】对投资组合中的资产估值

A 公司是一家公开交易的公司,它只有两项资产:B 公司(也是公开交易公司)60% 的股份和 C 公司(非公开交易公司)100% 的股份。假如 A 公司的市场价值为 16 000 万元,B 公司的市场价值为 12 000 万元。那么 C 公司的市场价值是多少?

解析:可以把 A 公司看成是 B 公司 60% 的股份与 C 公司整体所构成的投资组合。根据价值可加性原理可知,B 公司 60% 的股份与 C 公司整体的总价值一定等于 A 公司 16 000 万元的市场价值。B 公司 60% 的股份的市值 = 60% × 12 000 = 7 200(万元),则 C 公司的市场价值 = 16 000 - 7 200 = 8 800(万元)。

价值可加性对公司整体的估值有着重要的启示。公司的现金流就等于公司全部项目和投资的总现金流。根据价值可加性原则可知,整个公司的价值或价格就等于公司所有项目和投资的价值总和。换言之,净现值决策法则与公司价值最大化相一致。

本节所介绍的关键概念——估值原理、净现值以及一价定律等——为制定公司金融决策奠定了基础。根据一价定律,可以基于股票、债券和其他证券的现金流来确定证券的价值,一价定律还证实了净现值决策法则在识别那些能够创造价值的项目和投资上是最优的。

第三节 债券估值

一、债券的相关概念

(一) 债券的要素

债券 (bond) 是由政府和公司出售的一种证券,以承诺未来的支付为交换,向投资者筹集资金。债券的条款是债券凭证 (bond certificate) 的一部分,债券凭证表明所有支付的数额和发生日期。债券最终进行偿还的日期被称为债券的到期日 (maturity date),最终偿还日期之前的剩余时间被称为债券的期限 (term)。

债券对其持有者通常有两种类型的支付。债券承诺的利息支付被称作息票 (coupons) 或票面利息:债券凭证通常指明定期(例如,每半年)地支付息票,直到债券的到期日为止。债券的面值 (face value) 或本金 (principal) 是用于计算利息支付的名义金额。通常,债券的面值在到期日偿付,面值一般以标准化的增量如 100 元或 1 000 元来表示。每次息票支付的数额取决于债券的息票利率 (coupon rate) 或票面利率:这一息票利率由债券发行者确定,并在债券凭证上标明。按照惯例,息票利率被表示为 APR (见第二章第二节),每次息票的支付额 CPN 为:

$$\text{CPN} = \frac{\text{债券面值} \times \text{息票利率}}{\text{每年息票支付次数}} \tag{3-3}$$

【例 3-3】债券的利息支付

一份面值为 1 000 元的债券,其息票利率为 10%,每半年支付一次。那么该债券每次支付的利息额为多少呢?

解析:该债券每半年支付一次息票,即每年支付两次息票。根据债券息票支付额公式,债券每次支付的利息额为:

$$I = \frac{1\,000 \times 10\%}{2} = 50 \text{(元)}$$

(二) 债券的类型

根据不同的分类标准,债券有不同的分类。

1. 按发行主体的分类。债券按发行主体可分为政府债券、金融债券和公司债券。

政府债券（government bonds）是国家为筹措资金，按照信用原则，向投资者发行，承诺在一定时期支付利息和到期还本的债务凭证。根据发行的政府层级，政府债券又可分为中央政府债券和地方政府债券。政府债券安全性高、流动性强，同时还可承担调节市场货币量的功能。

金融债券（financial bonds）是银行及非银行金融机构依照法定程序发行并约定在一定期限内还本付息的有价证券。金融机构资金来源大部分靠吸收存款，但为改变资产负债结构或者特定用途，也可发行债券以增加资金来源。一般来说，金融债券的安全性较好、流动性较强。

公司债券（corporate bonds）是公司为筹措资金向社会发行的，承诺在一定时期按规定利率支付利息并到期还本的债务凭证。一般来说，公司发行债券主要用于筹措长期资金、扩大经营规模，所以期限较长。相较于前两种债券，公司债券的利息率一般较高，但风险也较大，有些公司债券还附加如可赎回、可回售、可转换等其他条款。本教材主要讨论公司债券。

2. 按期限长短的分类。债券按期限长短可以分为短期债券、中期债券、长期债券。

以国债为例，通常期限在1年及以下的债券是短期债券，一般是指政府发行的短期国债，也叫国库券（treasury bills）；期限在1~10年的债券为中期债券，如中期国债（treasury notes）；期限在10年以上的是长期债券，如长期国债（treasury bonds）。

3. 按计息方式的分类。债券按计息方式可以分为息票债券、零息票债券和永久债券。

息票债券（coupon bonds）是指债券发行者在债券存续期内需定期向债券持有人支付等额利息，并在债券到期时归还本金的债券。

零息票债券（zero-coupon bonds）（或零息债券）是指发行者在到期前不向债券持有人支付利息，而是在到期时按照面值向持有人一次性支付的债券。

永久债券（perpetual bonds）是指不规定到期期限，债权人也不能要求清偿但可按期取得利息的一种债券，多为政府发行的债券。英国历史上曾发行过这种债券。

4. 按记名与否的分类。债券按照记名与否可以分为无记名债券和记名债券。以往大多数债券为无记名债券（bearer bonds），无记名债券就像货币，无论谁持有无记名债券凭证，都意味着他拥有该债券。不过，要获得债券的利息支付，无记名债券的持有者需要提供明晰的所有权证明。债券持有者的做法是直接将息票从债券凭证上剪下，然后将其交给付息代理人。任何能提供这种息票的投资者都有权获得利息支付，因此被称为"息票"支付。除了剪切息票并邮寄很麻烦外，一旦丢失债券凭证就无法获得未来的息票支付，因此，无记名债券还存在较大的安全问题。

现今几乎所有的债券都是记名债券（registered bonds）。记名债券的发行者会保留所有债券持有者的名单，并且经纪人会将关于债券所有权的任何变化及时告知发行者。对于每个息票支付人，债券发行者可以查阅登记债券所有者的名单，据此向债券所有者寄出支票或直接将利息划入债券所有者的经纪账户。这一制度也使利息税的征收十分方便,政府可以较容易地追踪所有利息支付情况。

5. 债券的其他分类。债券还可按利率是否固定分为固定利率债券和浮动利率债券;按债券形态分为实物债券、凭证式债券和记账式债券;按发行区域分为国内债券和国际债券等。

(三)债券的特征

债券具有偿还性、收益性、安全性和流动性。具体来说,债券具有偿还性,是指除永久债券外,债券对本金和利息的偿还都有期限的要求;债券的收益性是指债券能为投资者带来利息收入和转让差价,具有收益性;债券的安全性是指相对于其他金融证券(如股票),债券风险一般较小,投资者可以按照债券凭证上约定的方式收取利息和本金;债券还具有流动性,是指债券持有人可以转让债券并提前收回本金,而转让的难易程度取决于债券市场转让的便利程度和变现中损失的可能性。

二、债券的估值

债券的价值(或无套利价格)由债券的要素即债券期限、债券面值、息票利率及支付方式、折现率决定。想要知道一份债券的价格,我们应该先明确一份债券的现金流。我们先以息票债券为例,来看看一份债券的现金流是什么样的。

(一)息票债券的价值

假如 2021 年 10 月你决定购买 2025 年 10 月到期的 1 000 元面值、息票利率为 4.25% 且一年支付一次的国债。这意味着从 2021 年 10 月到 2025 年 10 月这四年间,你每年将有权得到利息 = 1 000 × 4.25% = 42.5(元),并且在 2025 年 10 月国债到期时,除该年利息外,你还应收回 1 000 元面值也就是本金。该债券的所有现金流如图 3-1 所示。

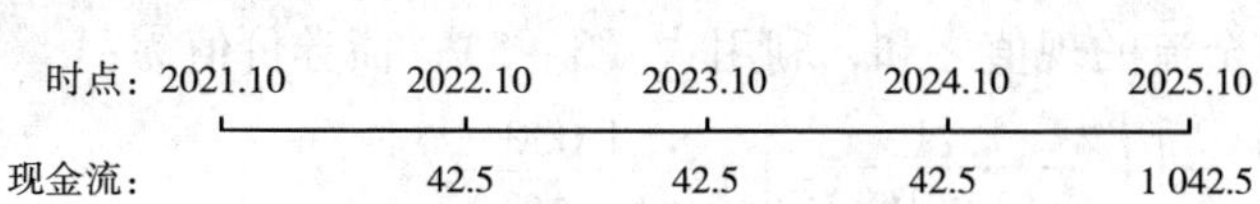

时点:	2021.10	2022.10	2023.10	2024.10	2025.10
现金流:		42.5	42.5	42.5	1 042.5

图 3-1 息票债券的现金流

根据一价定律可知,债券的价格等于其未来所有现金流的现值。那么这些现金流的现值等于多少呢?还取决于资本的机会成本,即折现率(discount rate)。已知市场上其他相同期限相同类型(或风险)债券的平均回报率为 2%,而这个回报率就是你购买这份 4.25% 的国债所放弃的收益率。因此,要对这份国债进行估值,应该用 2% 对以上现金流进行折现:

$$PV = \frac{42.5}{1+2\%} + \frac{42.5}{(1+2\%)^2} + \frac{42.5}{(1+2\%)^3} + \frac{1\,042.5}{(1+2\%)^4} = 1\,085.67 \text{（元）}$$

债券的价格经常以面值的百分比来表示，因此，这份国债的价格可以表示为 108.57%。

息票债券的现金流包括利息流和本金流两部分。对于拥有固定利息流的息票债券，可以看成一个年金（息票支付）和一个最后的单笔支付（本金偿还）的组合，根据价值可加性可知，债券的价值等于两部分现金流现值之和，即：

$$PV(\text{债券}) = PV(\text{利息}) + PV(\text{本金}) \tag{3-4}$$

对于上面的例子，国债的价格等于 4 年期、年金为 42.5 元的利息流的现值与 4 年后本金 1 000 元的现值之和，因此，可以利用普通年金现值公式，有：

$$PV = \frac{42.5}{2\%} \times \left[1 - \frac{1}{(1+2\%)^4}\right] + \frac{1\,000}{(1+2\%)^4}$$

$$= 161.83 + 923.85 = 1\,085.67 \text{（元）}$$

更一般地，对于一个 N 年期、每年支付一次金额为 CPN 的利息、到期支付面值金额为 FV 的息票债券，若折现率为 r，则债券的价格为：

$$PV = \frac{CPN}{r} \times \left[1 - \frac{1}{(1+r)^N}\right] + \frac{FV}{(1+r)^N} \tag{3-5}$$

由式（3-5）可知，N、CPN、FV、r 这些要素共同决定债券的价格。

值得注意的是，这里所讲的价格指的是无套利价格，根据一价定律（或无套利均衡假设）可知，债券的无套利价格等于其价值，也就是等于其未来所有现金流的现值。一般来讲，债券的市场交易价格低于价值，有投资价值；反之，则没有投资价值。

【例 3-4】债券的投资价值

已知某种债券面值 1 000 元，息票利率为 5%，期限 5 年，每年年末支付一次利息，到期支付本金。甲公司准备对这种债券进行投资。已知市场上同类同风险债券的平均收益率为 4%，请问该债券市场交易价格低于多少元时值得投资？

解析：先计算该债券的价值即无套利价格，根据一价定律可知，债券价格为其未来所有现金流的现值之和，利用式（3-5），债券价值为：

$$PV = \frac{50}{4\%} \times \left[1 - \frac{1}{(1+4\%)^5}\right] + \frac{1\,000}{(1+4\%)^5}$$

$$= 222.59 + 821.93 = 1\,044.52 \text{（元）}$$

因此，当该债券市场交易价格低于 1 044.52 元时有投资价值。

（二）零息票债券的价值

零息票债券（zero-coupon bonds）（或零息债券）不支付票息，仅在到期日一次性支付面值，这种债券的投资者仅收到一笔唯一的现金流。国库券（treasury bills）就是期限为 1 年以内的零息票债券。由第二章的内容可知，未来现金流的现值小于现金流本身。因此，在到期日前，零息票债券的价格总是小于其面值，即零息票债券总是折价交易（价格低于面值进行的交易），它们也被称为纯粹折价债券（pure discount bonds）。既然该债券不支付利息，是不是说零息票债券就没有投资价值了呢？

答案是否定的。零息票债券不直接支付"利息"，但作为投资者，通过以低于债券面值的价格购买债券，从而获得了货币的时间价值补偿。

假设一份面值为 100 000 元的 1 年期无风险零息票债券，其初始售价为 96 618.36 元。如果你以该价格购买这一债券并持有至到期，你将有如图 3-2 所示的现金流。

时点：　0　　　　1
现金流：-96 618.36　　100 000

图 3-2　零息票债券的现金流

那么，你从这项债券投资中获得的回报率是多少呢？

你也许会这么计算：初始投入 96 618.36 元，年末收回本金 100 000 元，故 1 年的时间获得差价（面值 - 购买价格）为 3 381.64 元（100 000 - 96 618.36），除以年初购买价格后可得：3 381.64 ÷ 96 618.36 = 3.50%。你在年初花费 96 618.36 元购买并在年末收回本金 100 000 元的这份债券上，所获得的回报率正是 3.50%。

而永久债券的现金流是一系列永续年金，即可按照永续年金求现值的方法确定其价值。读者可参考第二章第三节年金部分，这里不再赘述。

三、债券的到期收益率

使得债券承诺支付的未来所有现金流的现值等于债券当前市场价格的折现率，被称为债券的到期收益率（yield to maturity，YTM）。债券的到期收益率，其实本质上就是内含回报率（internal rate of return，IRR）。IRR 是投资机会的现金流的净现值（NPV）等于零时的折现率。关于 IRR 的具体应用，我们会在第四章中进行详细说明。

上面零息票债券的到期收益率，就是投资者以市场价格购买并持有至到期得到承诺的面值支付所获得的回报率。下面我们来确定前面这份 1 年期零息票债券的到期收益率。根据到期收益率的定义：

$$96\ 618.36 = \frac{100\ 000}{1 + YTM_1}$$

解得：

$$YTM_1 = \frac{100\ 000}{96\ 618.36} - 1 = 3.50\%$$

即该债券的到期收益率是 3.50%。与前面的计算结果一致。

因为该债券无风险，投资于该债券并持有至到期，如同这一初始投资能获得

3.50%的利息收益。因而根据一价定律可知，竞争市场无风险利率就是3.50%，意味着所有1年期无风险投资必将赚取3.50%的回报率。

更一般地，一个N年期、当前交易价格为P、面值为FV的零息票债券的现金流如图3-3所示。

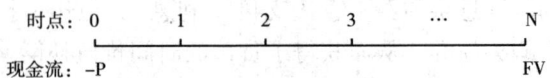

图3-3 零息票债券的现金流

因此，零息票债券的到期收益率，可由下式给出：

$$P = \frac{FV}{(1+YTM_N)^N} \tag{3-6}$$

整理这一表达式可得N年期零息票债券的到期收益率的计算公式为：

$$YTM_N = \left(\frac{FV}{P}\right)^{\frac{1}{N}} - 1 \tag{3-7}$$

其中，到期收益率YTM_N是指从今天起持有债券至其到期日所获得的年均回报率。

同理，我们也可以计算息票债券的到期收益率。根据到期收益率的定义可知，到期收益率是使债券剩余现金流的现值等于其当前交易价格的单一折现率，即以当前价格投资债券并持有至到期的IRR。用时间线表示如图3-4所示。

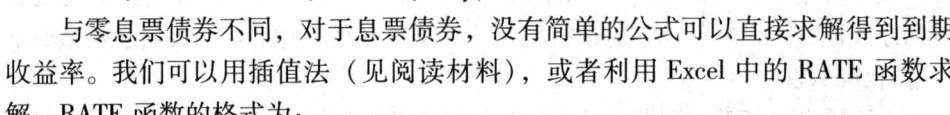

图3-4 息票债券的现金流

息票支付表现为年金形式，故到期收益率可用求解式中的利率y得到：

$$P = \frac{CPN}{y} \times \left[1 - \frac{1}{(1+y)^N}\right] + \frac{FV}{(1+y)^N} \tag{3-8}$$

与零息票债券不同，对于息票债券，没有简单的公式可以直接求解得到到期收益率。我们可以用插值法（见阅读材料），或者利用Excel中的RATE函数求解。RATE函数的格式为：

RATE(支付总期数,支付额,现值,[终值],[是否期初支付],[预估值])

其中，"[是否期初支付]"为可选项，如果是先付年金则填"1"，否则填"0"或缺省；"[预估值]"为可选项，表示从输入的数值附近求解。

阅读材料：
插值法

【例3-5】计算息票债券的到期收益率

考虑一份5年期、息票利率为5%、每年付息一次的面值为1 000元的债券。如果债券的当前交易价格为957.35元，债券的到期收益率是多少？

解析：债券剩余5次息票支付，可通过下式计算其收益率y：

$$957.35 = \frac{CPN}{y} \times \left[1 - \frac{1}{(1+y)^N}\right] + \frac{FV}{(1+y)^N}$$

通过插值法或使用 Excel 中的 RATE 函数求解到期收益率为 6.0128%（如表 3-3 所示）。

表 3-3　　　　　　　利用 Excel 的 RATE 函数求解到期收益率

	NPER	RATE	PV	PMT	FV	公式
已知	5		-957.35	50	1 000	
求解		6.0128%				= RATE(NPER,PMT,PV,FV)

我们可利用竞争市场利率 r_N 作为无风险现金流的资本成本。由于 N 年期无违约风险的零息票债券在相同的期限内提供了无风险回报，所以一价定律保证了无风险利率等于此类债券的到期收益率。因此，N 年期的无风险利率：

$$r_N = YTM_N \tag{3-9}$$

我们可将零息票债券的到期收益率画成如图 3-5 中所示的曲线，图 3-5 中显示期限越长到期收益率越高。通常把具有适当到期期限、无风险零息票债券的到期收益率称作无风险利率。这些无违约零息票债券的年度收益率也叫即期利率（spot interest rates）。

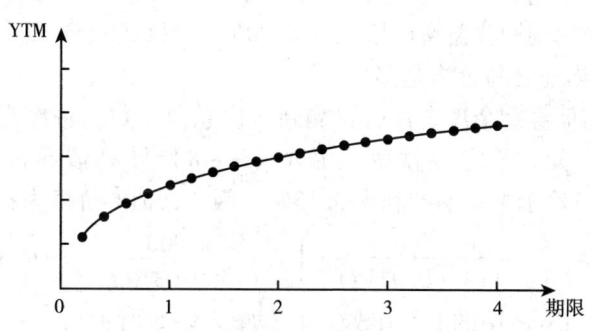

图 3-5　零息票债券的到期收益率曲线

一般来说，期限越长，无风险零息票债券的年度收益率就越高。换句话说，即期利率随期限增加而增加，即所谓的利率期限结构（term structure of interest rates）。

【例 3-6】不同期限零息票债券的到期收益率

假设有以下四种零息票债券，这些债券面值均为 100 元，它们的期限和交易价格如表 3-4 所示。

表 3-4　　　　　　　　　　四种零息票债券

	债券 A	债券 B	债券 C	债券 D
到期期限（年）	1	2	3	4
交易价格（元）	96.62	92.45	87.63	83.06

请你由此确定相应期限上的即期利率。

解析：应用式（3-7），即期利率等于相应期限零息票债券的到期收益率：

$$r_1 = \text{YTM}_1 = \left(\frac{100}{96.62}\right)^{\frac{1}{1}} - 1 = 3.50\%$$

$$r_2 = \text{YTM}_2 = \left(\frac{100}{92.45}\right)^{\frac{1}{2}} - 1 = 4.00\%$$

$$r_3 = \text{YTM}_3 = \left(\frac{100}{87.63}\right)^{\frac{1}{3}} - 1 = 4.50\%$$

$$r_4 = \text{YTM}_4 = \left(\frac{100}{83.06}\right)^{\frac{1}{4}} - 1 = 4.75\%$$

【想一想】
1. 债券的价格和到期收益率有什么关系？
2. N 年期的无风险利率由哪类债券的收益率决定？

【例 3-7】根据债券的到期收益率计算债券价格

考虑一份 5 年期、息票利率为 5%、每隔半年付息一次的面值为 1 000 元的债券。假如债券的到期收益率已增长到 6.30%（以每隔半年复利一次的 APR 来表示）。债券的当前交易价格是多少？

解析：当前债券剩余现金流为：剩余 5 次息票支付，每次支付 50 元，到期支付面值 1 000 元。给定收益率，用式（3-8）计算债券价格。需要注意，6.30% 的 APR 等价于半年期的利率 3.15%。因此，债券价格为：

$$P = \frac{25}{0.0315} \times \left[1 - \frac{1}{(1+0.0315)^{10}}\right] + \frac{1\,000}{(1+0.0315)^{10}} = 944.98（元）$$

也可以使用 Excel 中的 PV 函数求解（如表 3-5 所示）：

表 3-5　　　　　　　利用 Excel 的 PV 函数求解债券价格

	NPER	RATE	PV	PMT	FV	公式
已知	10	3.15%		25	1 000	
求解			-944.98			=PV(RATE,NPER,PMT,FV)

四、债券价格的动态变化

前面已经提到，零息票债券总是按折价交易，即在到期日之前，债券价格低于面值。而息票债券可能以低于面值的价格、高于面值的价格或等于面值的价格交易。

（一）折价和溢价

如果息票债券以折价交易（discount，价格低于其面值），那么购买债券的投资者将获得的回报来自收到的票息，以及收到的超过债券买价的面值。由式（3-8）可知，如果债券以折价交易，其到期收益率将超过债券的票息利率。如果债券的到期收益率超过其息票利率，则以到期收益率折现的债券现金流的现值即买价将低于其面值，债券将折价交易。

如果息票债券以溢价交易（premium，价格高于其面值），那么购买债券的投资者将获得的回报来自收到的票息，以及收到的低于债券买价的面值。由式（3-8）可知，如果债券以溢价交易，其到期收益率将低于债券的票息利率。如果债券的到期收益率低于其息票利率，则以到期收益率折现的债券现金流的现值即买价将高于其面值，债券将溢价交易。

息票债券的交易价格等于其面值时，被称作平价交易（par，价格等于其面值）。如果债券的息票利率等于其到期收益率，债券就以平价交易。折价交易也称作低于平价交易，溢价交易也称作高于平价交易。表3-6总结了关于息票债券的三种交易价格类型。

表3-6　　　　　　　　息票债券的三种交易价格类型

债券交易	交易价格	发生情形
溢价交易	大于面值	息票利率 > 到期收益率
平价交易	等于面值	息票利率 = 到期收益率
折价交易	小于面值	息票利率 < 到期收益率

【例3-8】确定息票债券的交易价格类型

考虑三种30年期、每年付息一次的债券。这三种债券的息票利率分别是10%、5%和3%。如果每种债券的到期收益率都是5%，那么，每种100元面值债券的价格分别是多少？它们分别是以溢价、折价还是平价交易？

解析：根据式（3-8），分别计算每种债券的价格为：

$$P(10\%\text{的息票利率}) = \frac{10}{0.05} \times \left[1 - \frac{1}{(1+0.05)^{30}}\right] + \frac{1\,000}{(1+0.05)^{30}}$$
$$= 176.86(\text{元}),\text{溢价交易};$$

$$P(5\%\text{的息票利率}) = \frac{5}{0.05} \times \left[1 - \frac{1}{(1+0.05)^{30}}\right] + \frac{1\,000}{(1+0.05)^{30}}$$
$$= 100.00(\text{元}),\text{平价交易};$$

$$P(3\%\text{的息票利率}) = \frac{3}{0.05} \times \left[1 - \frac{1}{(1+0.05)^{30}}\right] + \frac{1\,000}{(1+0.05)^{30}}$$
$$= 9.26(\text{元}),\text{折价交易}。$$

现实中，大多数息票债券的发行者选择一个息票利率，以使债券按平价或非常接近平价的初始价格发行。例如，财政部据此为其发行的票据和债券设定息票利率。在发行日之后，债券的市场价格一般随着时间的推移而变动，这有两个原因：第一，随着时间的推移，债券越来越接近其到期日。对于固定到期收益率的债券,随着到期日的临近,债券剩余现金流的现值将发生变化。第二,在任何一个时点,市场利率的变化会影响债券的到期收益率和债券价格(即剩余现金流的现值)。我们在本节后续部分讨论这两种效应。

(二) 时间对债券价格的影响

下面考察时间对债券价格的影响。假如你购买30年期、到期收益率为5%、面值为100元的零息票债券,其最初的交易价格为:

$$P(30 \text{ 年到期}) = \frac{100}{(1+0.05)^{30}} = 23.14 \text{ (元)}$$

那么,5年后该债券的价格是多少呢?那时,距债券到期日还有25年。假设到期收益率仍为5%,5年后债券的价格将为:

$$P(25 \text{ 年到期}) = \frac{100}{(1+0.05)^{25}} = 29.53 \text{ (元)}$$

同理,债券发行10年后,距债券到期日还有20年。假设到期收益率仍为5%,10年后债券的价格将为:

$$P(20 \text{ 年到期}) = \frac{100}{(1+0.05)^{20}} = 37.69 \text{ (元)}$$

可见,距债券到期日越近,债券的价格越高,债券的折价幅度(债券价格与面值之差)就越小。折价缩小是因为收益率没有改变,但距收回面值的时间变短了。如果在债券发行时你以23.14元的价格购买该债券,5年后你以29.53元的价格售出,那么你投资的年平均回报率为:

$$\left(\frac{29.53}{23.14}\right)^{\frac{1}{5}} - 1 = 5.0\%$$

也就是说,你的年平均回报率与债券的到期收益率一致。如果债券的到期收益率不变,即使提前出售债券,债券投资的年平均回报率也仍等于其到期收益率。

这一结论也适用于息票债券。只不过对于息票债券,价格随时间变化的模式要更为复杂,这是因为随着时间的推移,大部分现金流变得更接近了,但是一些现金流随着票息的支付而消失。我们来看一个例子。

【例3-9】时间对息票债券价格的影响

考虑30年期、息票利率为10%、每年付息一次、面值为100元的债券。如果债券的到期收益率是5%,债券的初始价格是多少?如果到期收益率没有变化,在第一次付息之前和之后的瞬间,债券价格将分别是多少?

解析:债券刚发行时的现金流如图3-6所示。

时点:	0	1	2	3	…	30
现金流:		10	10	10		10+100

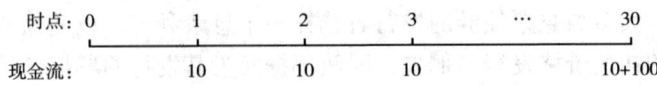

图3-6 债券刚发行时的现金流

根据式 (3-8), 计算债券的初始价格为:

$$P(30\text{ 年期}) = \frac{10}{0.05} \times \left[1 - \frac{1}{(1+0.05)^{30}}\right] + \frac{1\,000}{(1+0.05)^{30}} = 176.86 \text{ (元)}$$

考察 1 年后在第一次付息前一刻债券的现金流。此时, 该债券还有 29 年到期, 其时间线如图 3-7 所示。

```
时点:    0        1        2        3     …    29
现金流:  10       10       10       10         10+100
```

图 3-7 1 年后第一次付息前现金流

计算债券此时的价格:

$$P(\text{第一次付息之前}) = 10 + \frac{10}{0.05} \times \left[1 - \frac{1}{(1+0.05)^{29}}\right] + \frac{1\,000}{(1+0.05)^{29}}$$
$$= 185.71 \text{ (元)}$$

再考察 1 年后在第一次付息后即刻债券的现金流。此时, 该债券还有 29 年到期, 其时间线如图 3-8 所示。

```
时点:    0        1        2        3     …    29
现金流:          10       10       10         10+100
```

图 3-8 1 年后第一次付息后现金流

计算债券此时的价格:

$$P(\text{第一次付息之后}) = \frac{10}{0.05} \times \left[1 - \frac{1}{(1+0.05)^{29}}\right] + \frac{1\,000}{(1+0.05)^{29}}$$
$$= 175.71 \text{ (元)}$$

此例中, 初始发行时, 第一笔票息支付在一年后, 距离到期还有 30 年; 第一次付息之前, 第一笔票息在即刻, 距离到期还有 29 年; 第一次付息之后, 第一笔票息在 1 年之后, 距离到期还有 29 年。计算结果正确与否, 取决于是否能准确画出现金流时间线。

我们再来简单看一下计算结果, 初始价格为 176.86 元; 第一次付息之前的价格为 185.71 元, 略高于初始价格, 与初始时刻相比, 票息支付的总次数是相同的, 但此时投资者不必等待那么长时间才收到第一次票息; 而第一次付息即刻之后的价格为 175.71 元, 此时与第一次付息前除 0 时刻外的其他现金流完全一样, 债券价格刚好下降 10 元票息的金额, 并且此时的价格低于初始价格, 因为剩余票息的支付次数减少了, 投资者愿意为债券支付的溢价随之下降。此例中, 如果投资者初始时刻购买此债券, 收到第一笔票息之后立即将债券售出, 他的回报率是多少呢? 他的回报率 = (10 + 175.71 - 176.86)/176.86 = 5%, 等于债券的到期收益率。

假定债券的到期收益率保持不变, 在相邻的票息支付之间, 当债券的剩余现金流变得接近, 债券的价格以等于到期收益率的比率上升。但是在每一次付息时,债券价格会立即下降,下降的幅度等于票息金额。

如果债券以溢价交易,在相邻的付息之间,付息时的价格下降幅度大于价格上涨幅度,所以随着时间的推移,债券的溢价将趋于下降。如果债券以折价交易,在相邻的付息之间,价格上涨的幅度将超过付息时的价格下降幅度,随着时间的推移,债券的价格将上升,债券的折价将下降。最终,债券到期并且支付最后一笔票息时,债券的价格将达到债券的面值。图3-9表明了时间对债券价格的影响。

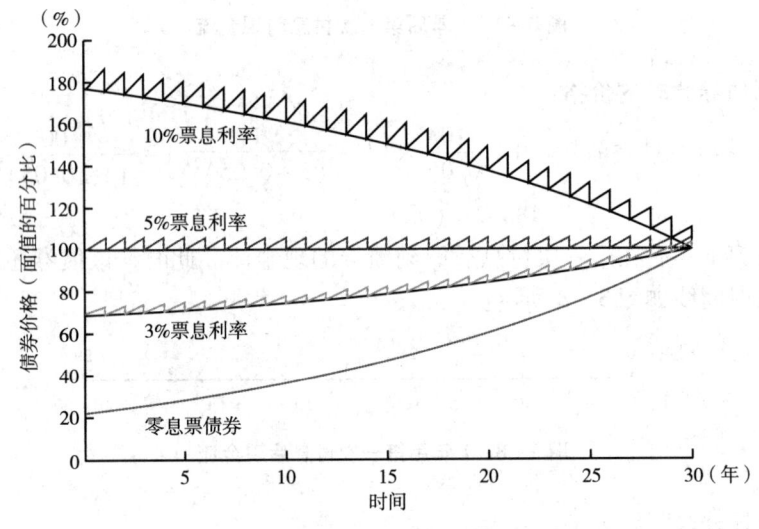

图3-9 时间对债券价格的影响

零息票债券折价发行,之后价格平滑地上升。息票债券的价格在相邻的票息支付之间也上升但在息票支付日下降,反映了票息的支付。

(三)利率对债券价格的影响

由于经济中利率的波动,投资者要求的债券收益率也将随之变动。下面考察债券到期收益率的波动对其价格的影响。假如你购买30年期、到期收益率为5%、面值为100元的零息票债券,其最初的交易价格为:

$$P(5\%\text{的到期收益率}) = \frac{100}{(1+0.05)^{30}} = 23.14 \text{(元)}$$

但是,假如投资者在投资该债券之前,利率突然上升,投资者现在要求6%的到期收益率。到期收益率的上升,意味着债券价格将下降到:

$$P(6\%\text{的到期收益率}) = \frac{100}{(1+0.06)^{30}} = 17.41 \text{(元)}$$

相对于初始价格,债券价格变动了-24.76%[(17.41-23.14)/23.14],价格大幅下降。可见,较高的到期收益率意味着计算债券剩余现金流的折现率较高,从而降低了现金流的现值和债券价格。所以,若利率和债券收益率上升,债券价格将下降,反之则相反。

债券价格随利率变动的敏感度取决于其现金流的发生时机。若对较短期间的现金流折现，也就是说，将在不久的将来收到的现金流的现值，其受利率的影响没有未来长期现金流的现值受利率的影响那样显著。因此，到期期限相对较短的零息票债券，其债券价格对利率变动的敏感度要比到期期限较长的零息票债券低。同样地，具有较高息票利率的息票债券，由于前期支付较高的现金流，故其债券价格对于利率变动的敏感度要低于其他方面相同但息票利率较低的债券。

通常，债券价格对利率的敏感度由债券的久期（duration）来衡量。债券的久期越长，债券价格对利率变动就越敏感。例如，对于 30 年期的零息票债券，它的到期收益率从 5% 增加 1 个百分点至 6%，将会引起债券每 100 元面值的价格从 23.14 元 $\left[\frac{100}{(1+0.05)^{30}}\right]$ 下跌至 17.41 元 $\left[\frac{100}{(1+0.06)^{30}}\right]$，即债券的价格变动率 = (17.41 − 23.14)/23.14 = − 24.76%。对于 10 年期的零息票债券，它的到期收益率从 5% 增加 1 个百分点至 6%，将会引起债券每 100 元面值的价格从 61.39 元 $\left[\frac{100}{(1+0.05)^{10}}\right]$ 下跌至 55.84 元 $\left[\frac{100}{(1+0.06)^{10}}\right]$，即债券的价格变动率 = (55.84 − 61.39)/61.39 = − 9.04。而对于 5 年期的零息票债券，在到期收益率发生相同的变化时，债券价格从 78.35 元 $\left[\frac{100}{(1+0.05)^{5}}\right]$ 下跌至 74.73 元 $\left[\frac{100}{(1+0.06)^{5}}\right]$，即债券的价格变动率 = (74.73 − 78.35)/78.35 = − 4.62%。可见，零息票债券（到期日产生唯一的现金流，债券存续期间无票息）的利率变动敏感性与它的期限成正比。这是因为现金流离得越远，利率变化对现金流现值的影响越大。

下面简单给出久期的定义公式：

$$久期 = \sum_{t}^{N} \frac{PV(C_t)}{P} \times t \tag{3-10}$$

其中，C_t 为 t 期的现金流，$PV(C_t)$ 为根据债券的收益率计算 C_t 的现值，债券的价格等于其所有现金流的总现值，即 $P = \sum_{t}^{N} PV(C_t)$。久期就是每笔现金流所对应的期限 t 的加权平均值，而权重是 t 期现金流的现值对于总现值的百分比贡献。

【例 3-10】债券的久期

一份刚刚发行的 10 年期零息票债券的久期是多长？一份刚刚平价（按面值）发行的 10 年期、息票利率为 10%、每年付息一次、面值为 100 元的债券的久期是多长？

解析：对于零息票债券，未来仅有唯一一笔现金流，根据式（3-10）可知，$PV(C_t) = P$，久期就等于该债券的 10 年期限。

对于刚刚平价发行的息票债券，其到期收益率等于 10% 的票面利率（见

表3-6)。计算该债券的久期,需要将每一笔现金流折现此刻,除以当前价格作为权重,将权重与现金流发生的时间相乘的值,再全部相加。用表3-7表示这一计算过程。

表3-7　　　　　　　　　　　息票债券的久期

t	C_t	$PV(C_t)$	$PV(C_t)/P$	$[PV(C_t)/P] \times t$
1	10	9.09	0.09	0.09
2	10	8.26	0.08	0.17
3	10	7.51	0.08	0.23
4	10	6.83	0.07	0.27
5	10	6.21	0.06	0.31
6	10	5.64	0.06	0.34
7	10	5.13	0.05	0.36
8	10	4.67	0.05	0.37
9	10	4.24	0.04	0.38
10	110	42.41	0.42	4.24
		P=100.00	100.00%	久期=6.76年

由例【例3-10】可知,单一现金流的利率敏感度随期限的延长而增加,系列现金流的利率敏感度也会随着它的久期的延长而增加。实务中,人们常常用久期来估计债券价格对利率变动的敏感度。令r表示用来对一系列现金流折现的年度百分比利率(APR),如果r增加到r+ε(ε是一个很小的变动量),则债券价格即一系列现金流总现值的变动率大约为:

$$债券价格变动的百分比 \approx -久期 \times \frac{\varepsilon}{1+\frac{r}{k}} \qquad (3-11)$$

其中,k表示APR的每年复利期数。

【例3-11】利用久期估计利率变动的敏感度

考虑一份刚刚平价(按面值)发行的10年期、息票利率为10%、每年付息一次、面值为100元的债券,它的收益率从10%增加到10.25%。利用债券的久期估计价格变动的百分比,这与实际的价格变动有何不同?

解析:在【例3-10】中,已得出该债券的久期为6.76年。根据式(3-10),估计债券价格变动的百分比为:

$$债券价格变动的百分比 \approx -6.76 \times \frac{0.25\%}{1+\frac{10\%}{1}} = -1.54\%$$

如果用10.25%的到期收益率直接计算债券的价格,可得债券价格为:

$$债券价格 = \frac{10}{0.1025} \times \left[1 - \frac{1}{(1+0.1025)^{10}}\right] + \frac{100}{(1+0.1025)^{10}}$$
$$= 98.48 \text{（元）}$$

实际的价格变动百分比为 $(98.48 - 100)/100 = -1.52\%$。

【想一想】
1. 影响债券价格的因素有哪些？
2. 利率的波动对公司有什么影响？

【本章小结】

1. 估值原理是指对公司或其投资者而言，资产的价值由其在竞争市场上的价格来决定。投资决策的成本和收益也应由这类市场价格来决定——决策的收益大于成本时，实施这项决策可增加公司的市场价值。

2. 收益或成本的价值以今天的现金来计量时，称之为现值。类似地，将收益的现值与成本的现值之差定义为项目的净现值：

$$NPV = PV(收益) - PV(成本)$$

如果用正的现金流表示收益，负的现金流表示成本，将各笔现金流的现值加总作为复合现金流的现值，上述定义式可以写作：

$$NPV = PV(收益 - 成本)$$

净现值决策法则是指公司制定投资决策时，要选择净现值最高的项目。选择这样的项目就相当于公司今天收到数额等于该项目净现值的现金。

套利就是利用同一商品在不同市场的价格差而进行买卖获利的行为。更一般地，我们把不需要承担任何风险或进行任何投资就可能获利的情况称为套利机会。我们把不存在套利机会的竞争市场称作正常市场，在这样的市场上的价格被称为无套利价格。

一价定律是指同一投资机会同时在不同的竞争市场上交易，则其在所有市场上的交易价格必然相同。换句话说，由于套利的存在，同一投资机会在所有竞争市场上价格相同，从而套利机会消失，也被称为无套利机会的均衡。

一价定律的一个用处是，在评价成本和收益以计算净现值的时候，可以用任何一个竞争市场的价格来确定它们的现金价值，而不用考虑所有可能的市场价格。

3. 证券的无套利价格是指证券支付的全部现金流的现值：

$$证券价格 = PV(证券支付的全部现金流)$$

在正常市场上，购买证券和卖出证券的净现值都为 0。证券组合的估值可以利用价值可加性，即由于证券 C 的现金流与证券 A 和 B 的合并现金流相同，由一价定律可知，证券 C 与证券 A 和 B 构成的组合的价格必定相等：

C 的价格 = (A + B) 的价格 = A 的价格 + B 的价格

4. 债券是由政府和公司出售的一种证券，以承诺未来的支付为交换，向投资者筹集资金。债券的条款是债券凭证的一部分，债券凭证表明所有支付的数额和发生日期。债券最终进行偿还的日期被称为债券的到期日，最终偿还日期之前的剩余时间被称为债券的期限。

债券对其持有者通常有两种类型的支付。债券承诺的利息支付被称作息票或票面利息：债券凭证通常指明定期（例如每半年）地支付息票，直到债券的到期日为止。债券的面值或本金是用于计算利息支付的名义金额。通常，债券的面值在到期日偿付，面值一般以标准化的增量如 100 元或 1 000 元来表示。每次息票支付的数额取决于债券的息票利率或票面利率：这一息票利率由债券发行者确定，并在债券凭证上标明。

根据价值可加性可知，债券的价值等于利息现金流现值与本金现金流现值之和。一般地，对于一个 N 年期、每年支付一次金额为 CPN 的利息、到期支付面值金额为 FV 的息票债券，若折现率为 r，则债券的价格为：

$$PV = \frac{CPN}{r} \times \left[1 - \frac{1}{(1+r)^N}\right] + \frac{FV}{(1+r)^N}$$

这里所讲的价格指的是无套利价格，根据一价定律（或无套利均衡假设）可知，债券的无套利价格等于其价值，也就是等于其未来所有现金流的现值。一般来讲，债券的市场交易价格低于价值，有投资价值；反之，则没有投资价值。

使得债券承诺支付的未来所有现金流的现值等于债券当前市场价格的折现率，被称为债券的到期收益率。债券的到期收益率，其实本质上就是内含回报率。

N 年期零息票债券的到期收益率的计算公式为：

$$YTM_N = \left(\frac{FV}{P}\right)^{\frac{1}{N}} - 1$$

式中的到期收益率 YTM_N 是指，从今天起持有债券至其到期日所获得的年均回报率。

息票支付表现为年金形式，故到期收益率可由求解如下等式中的利率 y 得到：

$$P = \frac{CPN}{y} \times \left[1 - \frac{1}{(1+y)^N}\right] + \frac{FV}{(1+y)^N} \tag{3-12}$$

可惜的是，与零息票债券不同，对于息票债券，没有简单的公式可以直接求解得到到期收益率。可以用插值法（也称内插法），或者利用 Excel 中的 IRR 函数或 RATE 函数求解。

由于 N 年期的无违约风险的零息票债券在相同的期限内提供了无风险回报，所以一价定律保证了无风险利率等于此类债券的到期收益率。因此，N 年期的无风险利率：

$$r_N = YTM_N$$

通常把具有适当到期期限、无风险零息票债券的到期收益率称作无风险利率。这些无违约零息票债券的年度收益率也叫即期利率。

一般来说，期限越长，无风险零息票债券的年度收益率就越高。换句话说，即期利率随期限增加而增加，即所谓的利率期限结构。

5. 如果息票债券以折价交易（价格低于其面值），那么购买债券的投资者将获得的回报来自收到的票息，以及收到的超过债券买价的面值。如果息票债券以溢价交易（价格高于其面值），那么购买债券的投资者将获得的回报来自收到的票息，以及收到的低于债券买价的面值。时间和利率对债券价格有显著的影响。

6. 债券价格对利率的敏感度由债券的久期来衡量：

$$久期 = \sum_{t}^{N} \frac{PV(C_t)}{P} \times t$$

式中，C_t 为 t 期的现金流，$PV(C_t)$ 为根据债券的收益率计算 C_t 的现值，债券的价格等于其所有现金流的总现值即 $P = \sum_{t}^{N} PV(C_t)$。久期就是每笔现金流所对应的期限 t 的加权平均值，而权重是 t 期现金流的现值对于总现值的百分比贡献。

【关键术语】

现值（present value，PV）

净现值（net present value，NPV）

净现值决策法则（NPV decision rule）

套利（arbitrage）

套利机会（arbitrage opportunity）

正常市场（normal market）

无套利价格（no-arbitrage price）

价值可加性（value additivity）

债券（bond）

到期日（maturity date）

期限（term）

息票（coupons）

面值（face value）或本金（principal）

息票利率（coupon rate）

到期收益率（yield to maturity，YTM）

内含回报率（internal rate of return，IRR）

即期利率（spot interest rates）

利率期限结构（term structure of interest rates）

久期（duration）

【练习题】

1. 假设某零息票债券当前的交易价格为 94 元，1 年后到期支付 100 元。而银行贷款利率为 5%。此时有没有套利机会？

2. 现有一张零息票债券面值为 1 000 元，以发行价 975.6 元购入，3 个月后到期。该债券实际年利率为多少？

3. 你有一个富有的亲戚赠与你一项永续增长年金。第一笔 1 000 元的支付将于 1 年后发生。从那之后每一年你都将收到比上一年支付额多 8% 的支付。这种支付模式将一直进行下去。假设年利率为 12%。

请回答：

(1) 这笔遗赠的现值是多少？

(2) 在第一次支付后，这笔遗赠的即时价值是多少？

4. 某制药公司刚刚研发出一种新药，药品的专利期限为 17 年。你预期这种药品的利润第 1 年将会是 200 万元，在未来的 17 年里，利润会以每年 5% 的增长率逐年增长。一旦专利到期，其他制药公司也将能生产同样的药品，竞争的加剧很可能使利润下降至零。设年利率为 10%，新药的现值是多少？

5. 某公司正在建造一台新机器，它将使公司在第 1 年节省 1 000 万元。接下来由于机器的损耗，导致每年的节约额将以 2% 的比率永远递减下去。如果折现率是 5%，全部节约额的现值是多少？

6. 你的小孩今年年初开始上幼儿园，学费每年年初开始交。第 1 年年初交学费 10 000 元。你预期在他 13 年的上学期间，学费将以每年 5% 的比率逐年递增。为了支付他 13 年的学费，如果年利率为 5%，你现在需要一次性存入银行多少钱？

7. 考虑一份 5 年期、息票利率为 5%、每年付息一次、面值为 1 000 元的债券。假如债券的到期收益率已增长到 6.30%。债券的当前交易价格是多少？

8. 考虑一份 5 年期、息票利率为 5%、每隔半年付息一次、面值为 1 000 元的债券。假如债券的到期收益率已增长到 6.30%（以每隔半年复利一次的 APR 来表示）。债券的当前交易价格是多少？

9. 假设有以下四种零息票债券，这些债券面值均为 100 元，它们的期限和交易价格如表 3-8 所示。

表 3-8　　　　　　　　四种债券的期限和交易价格

类型	债券 A	债券 B	债券 C	债券 D
到期期限（年）	1	2	3	4
交易价格（元）	96.50	92.50	87.55	82.05

请你由此确定相应期限上的即期利率。

【教学辅助资料链接】

学习资料：Excel 在债券估值中的应用

第四章 投资决策

【学习目标】
1. 理解并掌握传统的投资决策方法。
2. 掌握现金流的估计方法。
3. 掌握根据风险选择和挑战折现率的方法。

在第三章价值评估原理中,我们考虑过无风险且成本和收益都已知的项目,如国债。事实上,估值原理和一价定律的基本方法同样适用于分析有风险的实物投资项目。本章中我们将考查评估公司投资项目价值的方法。

由于投资项目常常是不可逆的,必须在项目开始之前对项目进行评估,从而决定接受哪些项目,拒绝哪些项目。这些投资决策分析过程就是资本预算(capital budget)。评估投资项目的时候,基本方法是先确定投资项目未来的现金流和风险,从而评价项目的价值,评估项目对公司价值的影响。因此,资本预算的实质是价值评估。

第一节 净现值法

财务经理的职责是代表投资者的利益制定决策。例如,当市场对公司产品的需求加大时,财务经理就需要作出决定,是提高产品的价格还是扩大产品的产量;如果决定增加产量,需要增加一台新设备,那么是租赁还是购买这台设备;如果决定购置,那么是应该用公司自有现金付款还是应该借入资金付款。

财务经理代表公司,其决策原则符合公司的目标,即股东财富最大化。原则上,这一理念简单且直观:好的决策,其收益超过成本。但是,现实常常更为复杂,有些收益和成本或难以量化,或需要用到其他经济和管理学科的知识和技术。例如,预测广告投放所带来的销售收入增加需要用到市场营销学的知识和技术,确定产品降价所带来的需求增加需要用到经济学的知识和技术,估计公司重组所带来的节税收入需要用到会计学的知识和技术,预测竞争者对产品提价的反应则需要用到战略管理的知识和技术。本教材的其余部分都假设,在量化与决策有关的成本和收益时,这些从其他学科角度进行的分析都已经完成。财务经理比较项目的成本和收益,以制定最佳的决策,提升公司价值。

在本章前面几节中,我们假定现金流和风险已经确定,因此,在给定现金流和折现率的情况下,我们应该如何做投资项目决策。在本章最后一节,我们讨论如何估计项目的现金流。第七章讨论资本结构时再对折现率的计算和选择作更为详尽的介绍。

一、净现值的内涵

投资项目的现金流发生在不同时点上,因此,不同时点上的现金流是不能够简单相加减的,而是要折算到同一时点上。理论上,我们可以把项目所有的现金流全部折算到任意一个时点上,但习惯上我们是把现金流折算到 t = 0 时点上,也就是现在,再来比较收入和支出孰大孰小,这就是净现值的基本思想。

净现值(net present value,NPV)是收益的现值与成本的现值之差。如果用正的现金流表示收益,负的现金流表示成本,将各时点现金流的现值加总作为复合现金流的现值:

$$NPV = PV(收益) - PV(成本) = PV(收益-成本) \qquad (4-1)$$

对于常规项目[①],如果用 C_0 表示初始投资现金流($C_0 < 0$),C_t 表示第 t 期的收益减去成本之后的净现金流(t = 1,2,…,N)。那么,投资项目的净现值也可以写成:

$$NPV = C_0 + \sum_{t=1}^{N} \frac{C_t}{(1+r)^t} \qquad (4-2)$$

即净现值为项目所有现金流的现值总和。

净现值是用今天的现金来表示的项目价值,选择这样的项目就相当于公司今天收到数额等于该项目净现值的现金。

二、净现值决策法则

净现值考虑了资本成本即考虑了货币时间价值,只要能够准确地估计项目的所有收益和成本,NPV 为正说明项目的收益大于成本,接受 NPV 为正的项目都将增加公司及其投资者的财富,这就是净现值决策法则(NPV decision rule)。

>【敲黑板】NPV 决策法则
>　　对单一项目:NPV≥0,接受项目;NPV<0,拒绝项目。
>　　对互斥项目:选择净现值最高的项目。

[①] 常规项目即投资发生在初始时刻,之后项目持续期内每期均为正的现金流;不满足这样现金流特征的项目,我们称之为非常规项目。例如,因在持续期内的中间某期需要追加投资而表现出正负相间的现金流的项目。

【例 4 – 1】净现值在单一项目中的应用

假设你现在有一个投资机会：当前投资 1 000 元，在未来 3 年的每年年末将会收到 500 元；而如果你另投资于其他项目，每年能赚得 10% 的回报率。你应该接受这个投资机会吗？

解析：先画出投资项目的现金流时间线，我们把初始投资表示为负的现金流，未来收到的钱表示为正的现金流（如表 4 – 1 所示）。

表 4 – 1 单一项目的现金流

时点（年）	0	1	2	3
现金流（元）	-1 000	500	500	500

为决定是否应该接受该投资机会，计算系列现金流的现值，得出该投资机会的净现值为：

$$NPV = -1\,000 + \frac{500}{1+10\%} + \frac{500}{(1+10\%)^2} + \frac{500}{(1+10\%)^3} = 243.43（元）$$

净现值为正，即收益大于成本，应该进行投资。接受这一投资机会，就相当于今天得到了额外的 243.43 元。注意，本例中未来 3 年的现金流为等额现金流，因此，这三年的现金流可以看成是一笔 3 年期的年金，可用年金公式计算未来现金流的现值，再减去初始投资现金流得到项目的净现值，即：

$$NPV = -1\,000 + \frac{500}{10\%} \times \left[1 - \frac{1}{(1+10\%)^3}\right] = 243.43（元）$$

但是，对大多数投资项目来说，未来每期的现金流可能并不相等，则只能分别对每期现金流折现后再加总。

与使用公式或计算器计算现值和终值相比，更为简便的方法是使用 Excel 电子数据表格。例如，在上面的例子中，我们把现金流输入电子表格中，则可以利用 Excel 自动计算 NPV，如图 4 – 1 所示。

	A	B	C	D	E
1	贴现率	10%			
2	期数	0	1	2	3
3	现金流	(1000.00)	500	500	500
4	复利现值系数 (discount factor)	1.0000	0.9090	0.8264	0.7513
5	PV(Ct)	(1000.00)	454.50	413.20	375.65
6	**NPV**	**243.43**			

图 4 – 1 在 Excel 中计算项目的净现值

图 4 – 1 中的复利现值系数以及 PV(C_t) 的计算公式如图 4 – 2 所列。

	A	B	C	D	E
4	复利现值系数 (discount factor)	=1/(1+$B$1)^B2	=1/(1+$B$1)^C2	=1/(1+$B$1)^D2	=1/(1+$B$1)^E2
5	PV(Ct)	=B3*B4	=C3*C4	=D3*D4	=E3*E4
6	**NPV**	=SUM(B5:E5)			

图 4 – 2 计算 NPV：Excel 中的复利现值系数公式

通过对每一笔现金流分别折现,然后将所有现金流的现值加总即可。这样做的好处是可以分别明确每一笔现金流对整个项目的贡献。

此外,我们也可以利用 Excel 内置 NPV 函数来直接计算项目的净现值。NPV 函数的格式为:

NPV(rate, value1, value2, …)

其中,"rate"为用来折现每期现金流的折现率,"value1""value2"等为系列现金流。不过,NPV 函数在计算现金流的时候,假设第 1 笔现金流发生在 t = 1 时点上。如果投资项目的实际第 1 笔现金流发生在 t = 0 时点上,则需要单独将它加上。例如,〖例 4 - 1〗中的现金流净现值可用公式: = B3 + NPV(B1, C3:E3) 来计算(如图 4 - 3 所示)。

注意,在使用 NPV 函数时,如果中间有等于零的现金流,则需要补上"0"作为该期的现金流,否则 NPV 函数会自动跳过这一期而将下一期的现金流和期限当作这一期的现金流和期限来处理。

	A	B	C	D	E
1	贴现率	10%			
2	期数	0	1	2	3
3	现金流	(1000.00)	500	500	500
4	复利现值系数 (discount factor)	1.0000	0.9090	0.8264	0.7513
5	PV(Ct)	(1000.00)	454.500	413.200	375.650
6	NPV	243.43	=SUM(B5:E5)		
7	用NPV函数计算:	243.43	=B3+NPV(B1,C3:E3)		

图 4 - 3 计算 NPV:Excel 中的 NPV 函数

【例 4 - 2】净现值在互斥项目中的应用

某公司计划在 A 和 B 两个项目中选择其一进行投资:A 项目预计初始投资额为 100 万元,未来第 1 年年末至第 3 年年末的现金流预计为 70 万元、60 万元、50 万元;B 项目预计初始投资额为 200 万元,未来第 1 年年末至第 3 年年末的现金流预计为 100 万元、110 万元、150 万元。假设资本成本为 10%。请你计算两个项目的 NPV,并说明应投资哪个项目。

解析:先画出两个投资项目的现金流时间线,如表 4 - 2 所示。

表 4 - 2 互斥项目的现金流   单位:万元

时点(年)	0	1	2	3
A 项目的现金流	-100	70	60	50
B 项目的现金流	-200	100	110	150

公司只能在 A 和 B 两个项目中选择其一进行投资,故 A 项目和 B 项目是互斥项目。根据这两个项目各自的现金流,分别计算两个项目的净现值:

$$NPV_A = -100 + \frac{70}{1+10\%} + \frac{60}{(1+10\%)^2} + \frac{50}{(1+10\%)^3} = 50.79 \text{(万元)}$$

$$NPV_B = -200 + \frac{100}{1+10\%} + \frac{110}{(1+10\%)^2} + \frac{150}{(1+10\%)^3} = 94.52（万元）$$

$NPV_A < NPV_B$，按照 NPV 法，互斥项目中应选择净现值大的项目，所以应该投资 B 项目。

在本例中，A 项目和 B 项目各自的净现值都为正，单独投资都可以增加公司价值。但是两个项目是互斥项目，只能选择其一进行投资，那么，站在公司价值最大化的角度上，应该选择净现值更大的 B 项目，因为投资 B 项目预计可以增加公司价值 94.52 万元，而投资 A 项目预计可以增加公司价值 50.79 万元。

由此可见，NPV 法则不仅简单明确，而且充分体现了公司金融活动的目标，即公司价值最大化。在实务中，NPV 法则确实是公司在制定投资决策时使用最为广泛的法则之一。在 2001 年的一项研究中，格雷汉姆和哈维（Graham and Harvey）发现，在他们所调研的公司中，有 75% 的受访公司使用 NPV 法则制定投资决策。① 后面我们还将 NPV 法则与其他法则进行对比，有时候那些法则会得出和依据 NPV 法则一致的结论，而另一些时候它们的结论却不一致。

【想一想】
1. 净现值法是否考虑了资金的时间价值？它是如何考虑的？
2. 净现值法有哪些优点或缺点？

第二节 内含回报率法

一、内含回报率的决策法则

如果想知道接受一个投资项目所赚得的年平均回报率，就可以用内含回报率这个指标。

内含回报率（internal rate of return，IRR），是使 NPV = 0 的那个折现率②。因为 NPV = 0 表示不赔不赚，所以 IRR 就是项目在不赔不赚的情况下能够提供给投资者的回报率。内含回报率其实是基于这样的想法：如果投资项目的年平均回报率大于市场上有相同风险和期限的其他投资机会的回报率（即项目的资本成本），就应该接受该项目；否则，拒绝该项目。这就是 IRR 决策法则（IRR decision rule）。

---

① Graham J. R., C. R. Harvey. The Theory and Practice of Corporate Finance: Evidence from the Field [J]. Journal of Financial Economics, 2001, 60 (2-3): 187-243.
② 内含回报率，也常译成"内部报酬率""内含收益率"等。

【敲黑板】投资决策的 IRR 法则

对单一项目：投资项目的 IRR 大于公司的资本成本，接受项目；否则，拒绝项目。

对互斥项目：不适用。

先来说对单一项目的 IRR 决策法则。如果项目的 IRR 大于资本的机会成本（即资本成本），说明项目的年平均回报率大于市场上有相同风险和期限的其他投资机会的回报率，投资该项目能获得超额收益，应该接受该项目；反之，则说明投资该项目比投资市场上有相同风险和期限的其他投资机会的回报率还要低，投资该项目没有赚取与其风险和期限相适应的回报，那么拒绝该项目才是明智的。至于 IRR 法则不适用于互斥项目的选择，我们稍后再作详细解释。

但是，即使是单一项目，IRR 决策法则的使用也是有限制的。IRR 在常规投资项目情形下会给出正确的答案，而在非常规投资项目情形下是不适用的。

根据式 (4-2)，令 NPV = 0，可得：

$$\text{NPV} = C_0 + \sum_{t=1}^{N} \frac{C_t}{(1+\text{IRR})^t} = 0 \qquad (4-3)$$

对于常规投资项目，现金流一定时，NPV 随折现率的增大而减小。NPV 可以看作是关于折现率的单调递减函数。NPV 曲线从上向下穿过横轴，与横轴相交的那一点所对应的折现率就是 IRR。在一个很小的区间，NPV 曲线可以看作近似直线，然后借用相似三角形原理求出 IRR 的近似值。常规投资项目总能找到使 NPV = 0 的那一点，而且有且仅有一点。在 IRR 左侧，即 IRR 大于资本成本时，NPV 为正，接受项目能增加公司价值；在 IRR 右侧，即 IRR 小于资本成本时，NPV 为负，应拒绝该项目（如图 4-4 所示）。但是，如果是非常规投资项目，则不可以用插值法来计算 IRR。

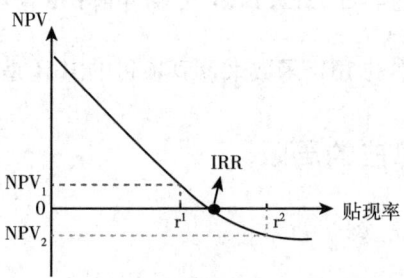

图 4-4 常规投资项目的 NPV 曲线与 IRR

求解上面的式 (4-3)，反解即可得到 IRR。由于 IRR 在分母上，对于多期项目（N > 1），显然没有现成的公式可以用，可以用插值法（见第三章第二节债券到期收益率的求解），也可以在 Excel 中使用 IRR 函数求解①。IRR 函数的格式为：

---

① Excel 中内置的 IRR 函数可以用来求解各期不相等现金流的内含回报率，而在第三章中我们求解债券到期收益率时利息流各期是相等的，才可以用 RATE 函数。从这个意义上讲，IRR 函数的适用范围更广泛。

IRR(现金流,[预估值])

其中,"现金流"是从 t=0 期开始的各期现金流;"[预估值]"为可选项,表示从输入的数值附近求解。

【例 4-3】 IRR 在单一项目中的应用

公司计划投资某项目:初始投资 350 万元,预计未来 5 年的每年年末的自由现金流分别是 100 万元、94 万元、87 万元、99 万元和 195 万元。请你计算该项目的 IRR 并假设如果公司的资本成本为 15%,运用 IRR 决策法则说明是否应该接受该项目。

解析:我们先用插值法计算 IRR。依次用不同的折现率进行测算(试错),最后找到能够使 NPV 介于 0 的一个小区间(一般区间长度在 1%):$NPV_{17\%}$ = 0.23,$NPV_{18\%}$ = -8.49,可知 IRR 介于 17% ~ 18% 之间。

根据插值法有:

$$\frac{IRR - 17\%}{18\% - 17\%} = \frac{0 - 0.23}{-8.49 - 0.23}$$

可得 IRR = 17.026%。

显然,17.026% 的 IRR 高于公司的资本成本 15%,意味着该投资项目的年平均回报率大于市场上有相同风险和期限的其他投资机会的回报率,因此,应该接受该项目。

现在,让我们用 Excel 中的 IRR 函数来计算项目的 IRR,如图 4-5 所示。

	A	B	C	D	E	F	G
1	期数	0	1	2	3	4	5
2	现金流	-350	100	94	87	99	195
3	IRR	17.026%					
4	计算公式	=IRR(B2:G2)					

图 4-5 计算 IRR:Excel 中的 IRR 函数

可见,利用 Excel 中的 IRR 函数来计算项目的 IRR 是非常方便的。

二、内含回报率法的局限

(一) 多重 IRR 之惑

如前所述,IRR 在非常规投资项目中并不适用。图 4-6 中 A 项目为常规项目,其 NPV 曲线单调递减,下穿于横轴的一点即为项目的 IRR。而图中的 B 项目、C 项目和 D 项目都属于非常规投资项目,B 项目的 NPV 曲线与横轴交于两个不同的点,即使 NPV 为 0 的折现率有两个解;C 项目的 NPV 曲线单调递增;D 项目的 NPV 曲线与横轴没有交点,即无法求解 IRR,所以不适用 IRR 决策法则。C 项目我们稍后再作解释,先来看 B 项目的情形。

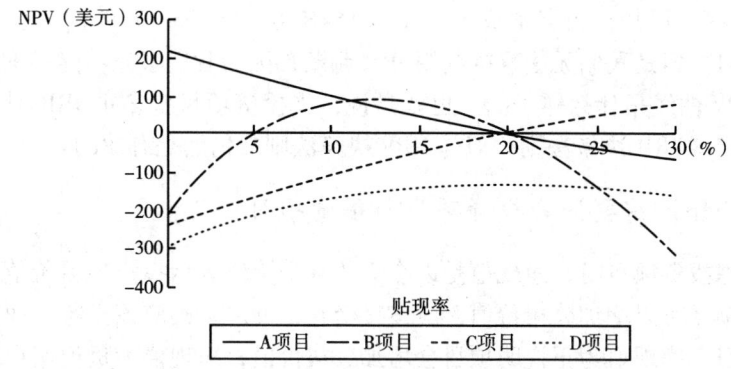

图 4-6　不同类型项目的 NPV 曲线

B 项目的 IRR 存在多解的情况，而 D 项目的 IRR 是无解的，这两种情形显然都不适用 IRR 决策法则。

【例 4-4】多重 IRR

公司计划投资某项目：初始投资 55 万元，预计未来 1~3 年每年年末的自由现金流均为 50 万元，但第 4 年年末的自由现金流为 -10 万元。请计算该项目的 IRR。

解析：按照习惯，我们先画出该项目的现金流时间线，如表 4-3 所示。

表 4-3　　　　　　　非常规投资项目的现金流

时点	0	1	2	3	4
A 项目的现金流	-55	50	50	50	-10

项目的净现值为：

$$NPV = -55 + \frac{50}{1+r} + \frac{50}{(1+r)^2} + \frac{50}{(1+r)^3} + \frac{-10}{(1+r)^3}$$

令 NPV 等于 0 求解 r，即可得出 IRR。本例中存在两个使 NPV 等于 0 的 r 值，分别为 7.164% 和 33.673%，代入方程中即可验证。在存在多重 IRR 的情形下，我们无法应用 IRR 决策法则。

为了更清楚地表示我们现在所处的困境，我们画出该项目的 NPV 曲线，如图 4-7 所示。

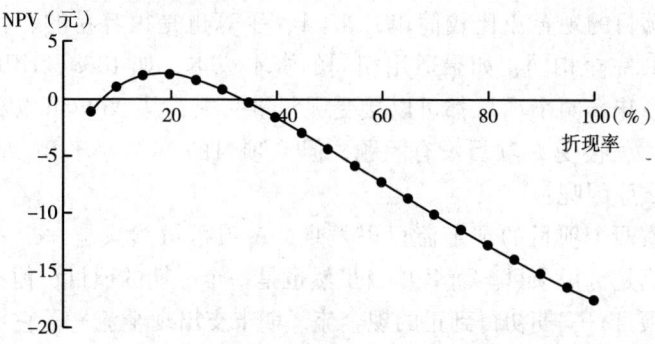

图 4-7　〖例 4-4〗中项目的 NPV 曲线

由图 4-7 可知，当资本成本高于 7.164% 且低于 33.673% 时，公司应接受该投资项目。但是我们无法直接利用 IRR 判断，因为我们事先不能准确地知道该项目的 NPV 曲线是什么样子的。也就是说，当投资项目有多重 IRR 时，不存在简单且固定的 IRR 决策法则。但是 NPV 决策法则却仍然是有效的。

（二）IRR 需要区分投资项目与融资项目

在考虑投资项目时，净现值是以今天的现金价值表示投资项目价值，当净现值为正，项目可以增加公司价值，应该接受它；反之，则应该拒绝。而如果是一个融资项目，净现值为正说明项目会增加公司价值，净现值为负说明项目会减少公司价值，所以我们的决策法则仍然是净现值为正时接受项目，反之则拒绝。因此，净现值法则是简单且固定的，并且既适用于投资项目，也适用于融资项目。

那么，在使用 IRR 时，是否需要区分投资项目还是融资项目呢？还是也可以有简单且固定的决策法则呢？我们来看一个例子。

【例 4-5】IRR 区分投资项目与融资项目

某公司有 A、B 两个项目，资本成本均为 10%，两个项目的现金流如表 4-4 所示。

表 4-4　　　　　　　　投资项目与融资项目的现金流　　　　　　　　单位：万元

时点	0	1
A 项目的现金流	-1 200	2 000
B 项目的现金流	1 200	-2 000

解析：根据两个项目的现金流，我们可以分别求出两个项目的 NPV 和 IRR，如图 4-8 所示。

	A	B	C	D	E	F	G
1	时点	0	1	NPV	公式	IRR	公式
2	A项目的现金流	-1200	2000	618.18	=NPV(10%,C2)+B2	66.67%	=IRR(B2:C2)
3	B项目的现金流	1200	-2000	-618.18	=NPV(10%,C3)+B3	66.67%	=IRR(B3:C3)

图 4-8　计算 NPV 和 IRR：Excel 中的 NPV 和 IRR 函数

这两个项目的现金流比较简单，N=1，手算也是很容易的。我们发现，两个项目的 IRR 完全相同，如果适用相同的资本成本，如 10%，IRR 大于资本成本，则是否意味着两个项目都可以接受呢？事实上，从 NPV 可以看出，A 项目的 NPV 大于 0，接受 A 项目没有问题；但 B 项目的 NPV 小于 0，应该拒绝 B 项目！这是什么原因呢？

仔细观察两个项目的现金流可以发现，A 项目虽然只是一个一期（N=1）的项目，但仍是常规项目。而 B 项目虽然也是一个一期的项目，但并不是传统意义上的投资项目——期初得到正的现金流，期末支出现金流——它更像一笔贷款的现金流不是吗？年初借得 1 200 万元，年末偿还 2 000 万元，贷款年利率为

66.67%,远远高于公司的资本成本!这是高利贷啊!显然不是一笔划算的交易。

实际上,【例4-5】中B项目的现金流其实是融资项目的现金流。对于融资项目,对融资方也就是公司来说,融资的利率越低越好,也就是说,融资项目的IRR低于公司的资本成本,该融资项目对公司是有利可图的,应当接受该项目;反之,则应拒绝。

> **【敲黑板】融资决策的IRR法则**
> 融资项目的IRR小于公司的资本成本,接受项目;否则,拒绝项目。

融资决策的IRR法则与投资决策刚好相反。因此,在使用IRR决策法则时,应当区分是投资项目还是融资项目,以免因误判而给公司造成损失。

(三)IRR在互斥项目中不适用

前面提到,IRR决策法则只适用于单一投资项目,而不适用于互斥项目的选择。这又是为什么呢?我们来看一个例子。

【例4-6】IRR在互斥项目中不适用

某公司正在考虑检修生产车间。工程队提出两种方案:一种是大修;另一种是小修。假设公司的资本成本都是12%。大修需要支出50万元,但大修后车间的运行效率大大提升,从而在未来3年内每年增加现金流25万元;小修仅需要支出10万元,在未来3年内每年增加现金流6万元。两种方案的现金流如表4-5所示。

表4-5 两种维修方案的现金流 单位:万元

时点	0	1	2	3
大修	-50	25	25	25
小修	-10	6	6	6

公司应该选择哪种方案呢?

解析:已知公司的资本成本为12%,当然可以通过计算两种方案的NPV来选择。但是,能否通过比较两种方案的IRR来选择呢?根据两种方案的现金流,我们可利用Excel中内置的IRR函数计算两种方案各自的IRR,如图4-9所示。

	A	B	C	D	E	F	G
1	时点	0	1	2	3	IRR	公式
2	大修	-50	25	25	25	23.38%	=IRR(B2:E2)
3	小修	-10	6	6	6	36.31%	=IRR(B3:E3)

图4-9 计算IRR:Excel中的IRR函数(1)

大修方案的IRR是36.31%,小修方案的IRR是23.38%。哪个方案更好呢?事实上,两个项目的规模不同,是不能通过直接比较它们的IRR来做选择的。但是，我们可以计算公司从小修方案转向大修方案的增量 IRR，首先需要明确这一增量的现金流，如表 4-6 所示。

表 4-6　　　　　两种维修方案的增量现金流

时点	0	1	2	3
大修	-50	25	25	25
减：小修	-(-10)	-6	-6	-6
增量现金流	-40	19	19	19

然后计算增量现金流的 IRR 为 20.04%，如图 4-10 所示。

	A	B	C	D	E	F	G
1	时点	0	1	2	3	IRR	公式
2	大修	-50	25	25	25		
3	减：小修	-(-10)	-6	-6	-6		
4	增量现金流	-40	19	19	19	20.04%	=IRR(B4:E4)

图 4-10　计算 IRR：Excel 中的 IRR 函数（2）

因为增量 IRR 超出 12% 的资本成本，所以从小修转向大修看起来很有吸引力（即大修的较大投资规模足以弥补它较低的 IRR）。

图 4-11 显示了每个方案的 NPV 曲线：当资本成本为 12% 时，大修方案的 NPV 确实超过了小修方案，尽管大修方案的 IRR 较低。除此之外，我们还发现，两条 NPV 曲线的交叉点所对应的折现率就是增量 IRR，它决定是否应该由小修转向大修的临界点——在增量 IRR 左侧大修方案有更高的 NPV，而在增量 IRR 右侧小修方案更好，但当资本成本过高时，选择方案要更加小心，因为有的方案的 NPV 可能会变成负数。

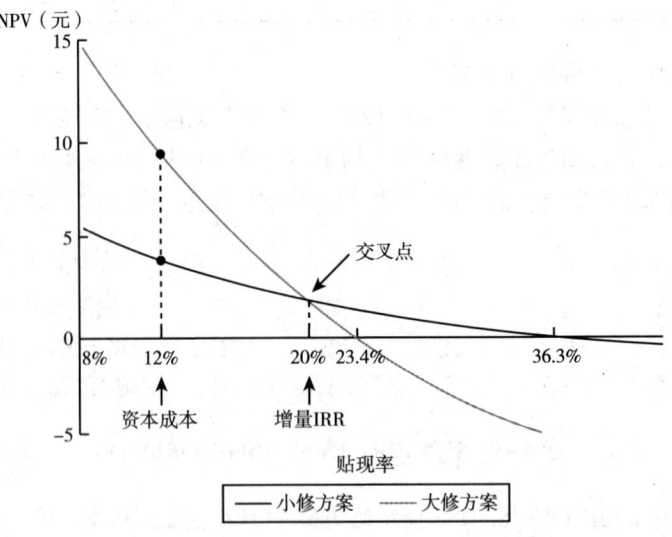

图 4-11　增量现金流的 IRR（即增量 IRR）

由〖例4-6〗我们知道，增量 IRR 识别出了最优决策改变时折现率的临界值。然而，使用增量 IRR 选择项目时，也会遇到前述那些导致 IRR 法则失效的类似问题。

（1）即使单个项目的负现金流都先于正现金流发生，也不意味着增量现金流也是如此，所以增量 IRR 也可能存在多解或无解的情况；

（2）增量 IRR 表示从一个项目转向另一个项目是不是有利可图的，但它并不能保证每个项目本身都有正的 NPV；

（3）各个单独项目的资本成本不同时，难以确定增量 IRR 应该与哪个资本成本相比较。

在上述这些情况下，只有 NPV 法则能够始终给出可靠的答案。增量 IRR 告诉我们最优项目选择改变时所对应的折现率（临界值），为我们提供了有用的信息，但它作为决策法则使用起来还是挺容易出错的。而用 NPV 法则要简单得多。

【想一想】
1. IRR 是什么意思？如果对单一项目，运用 IRR 法则和 NPV 法则导致不同的决策，你会遵循哪种法则，为什么？
2. 对于互斥项目，为什么不能直接选择 IRR 较大的项目？
3. 增量 IRR 是什么意思？它告诉我们什么有用的信息？作为一种投资决策法则，它的缺点是什么？

第三节 回收期法则

一、回收期决策法则

如果想知道一个投资项目多长时间能赚回投资的本金，就可以用回收期这个指标。

回收期法则表示，公司将只选择在预定可接受的时间范围内产生的现金流能够收回初始投资的项目。具体地，回收期（payback period，PP）就是收回初始投资所花费的时间。如果回收期短于预定的时间，就接受这个项目；否则，就拒绝它。这就是回收期决策法则（PP decision rule）。

【敲黑板】回收期决策法则

对单一项目：投资项目的回收期短于预定的时间，接受项目；否则，拒绝项目。

对互斥项目：选择回收期更短的项目。

先来说对单一项目的回收期决策法则。如果项目的回收期短于预定的时间,说明在预定时间内,公司可以收回项目的初始投资,就是通常所说的"回本"。而如果在预定的时间内,公司仍然没有回本,那么就会放弃投资这样的项目。回收期法则注重考量投资项目的流动性,倾向于选择尽可能更早收回初始投资的项目。使用回收期法则,需要事先设定一个可以接受的最长回收期,而这个预定时间的设定是可能依赖于项目负责人的主观意愿。为说明如何应用回收期法则,我们先来看一个例子。

【例 4-7】回收期法则的应用

某化工公司要求,所有项目的回收期都不得超过 5 年。公司正在考虑一个新材料项目,该项目的现金流如下:

(1) 初始投资 25 000 万元,在未来 1~5 年内每年产生 3 500 万元的现金流入。根据回收期法则,公司会接受这个项目吗?

(2) 初始投资 25 000 万元,在未来 1~5 年内每年产生 5 500 万元的现金流入。根据回收期法则,公司会接受这个项目吗?

解析:(1) 已知项目的初始投资为 25 000 万元,未来 1~5 年内每年产生 3 500 万元的现金流入。第 1~5 年的累计现金流入为 17 500 万元(3 500×5),不足以弥补 25 000 万元的初始投资。事实上,如果未来保持每年 3 500 万元的现金流入,需要在第 8 年才能收回初始投资。这个项目的回收期超过 5 年,公司将拒绝该项目。

对于这类问题,为便于计算回收期,也可以制表统计累计现金流,如表 4-7 所示。

表 4-7　　　　　计算回收期:每年产生 3 500 万元现金流入

时点	0	1	2	3	4	5
现金流	-25 000	3 500	3 500	3 500	3 500	3 500
累计现金流	-25 000	-21 500	-18 000	-14 500	-11 000	-7 500

由表 4-7 可知,到第 5 年年末,累计现金流仍为负数,即还未收回项目的初始投资。因此,公司将拒绝该项目。

(2) 已知项目的初始投资为 25 000 万元,未来 1~5 年内每年产生 5 500 万元的现金流入。第 1~5 年的累计现金流入为 27 500 万元(5 500×5),足以弥补 25 000 万元的初始投资。可以逐年计算未收回初始投资的余额,计算过程如下:

初始投资:25 000 万元

第 1 年,收回 5 500 万元,未收回余额 = 25 000 - 5 500 = 19 500(万元);

第 2 年,收回 5 500 万元,未收回余额 = 19 500 - 5 500 = 14 000(万元);

第 3 年,收回 5 500 万元,未收回余额 = 14 000 - 5 500 = 8 500(万元);

第 4 年,收回 5 500 万元,未收回余额 = 8 500 - 5 500 = 3 000(万元);

第 5 年,收回 5 500 万元,初始投资全部收回。

为便于计算回收期,也可以制表统计累计现金流,如表 4-8 所示。

表 4-8　　　　　　　计算回收期：每年产生 5 500 万元现金流入　　　　　　单位：万元

时点	0	1	2	3	4	5
现金流	-25 000	5 500	5 500	5 500	5 500	5 500
累计现金流	-25 000	-19 500	-14 000	-8 500	-3 000	2 500

由表 4-8 可知，第 4 年年末累计现金流仍为负数，说明当年仍未收回初始投资；到第 5 年年末，累计现金流转为正数，说明第 5 年已经收回项目的初始投资。如果想得到更加精确的回收期数字，通常这里会假设年内现金流是均匀流入的，因此回收期 $= 4 + \dfrac{3\,000}{5\,500} = 4.55$（年），也就是大概在第 5 年年中的时候收回。但是这一假设未必合理，因此只是大概的估计。

不难发现，回收期法则下各期现金流是直接相加减的，这意味着计算回收期时，我们把各期的现金价值当成相等的。而根据我们在第二章货币时间价值中学到的知识可知，这一操作并不科学。不同时点上的现金价值是不等的，也就是说，回收期法则可能并不十分可靠，因为它忽略了项目的资本成本和货币时间价值！此外，回收期法则注重考察项目的流动性，倾向于接受回收期短的项目，在计算出回收期后，回收期之后的现金流也被忽略了。这容易导致一个结果，即在互斥项目中进行选择的时候，回收期法则会优先挑选出大额现金流发生在早期的项目，而放弃掉早期表现一般但后期表现出色的项目，也就是损失了从长期来看有利于增加公司价值的好项目！

尽管有这样的缺陷，在格雷汉姆和哈维的调查中，仍然有 57% 的受访公司宣称会在决策过程中应用回收期法则。这是为什么呢？答案是可能和它的简单性有关。回收期法则一般用于小规模投资项目的决策，公司对这些项目更关注其流动性；也可以为项目投入资本的时间预算提供有用的信息，一些公司如果不经严格的审查，是不会将资本投入长期投资中的。而且，如果要求的回收期很短，则大多数满足回收期法则的项目都将会有正的 NPV，于是公司可能会图省事，先应用回收期法则，在回收期法则行不通时才花时间计算 NPV。

【想一想】
1. 回收期法则会拒绝 NPV 为正的项目吗？回收期法则可能接受 NPV 为负的项目吗？
2. 如果回收期法则给出的结论与 NPV 法则不一致，你应该遵循哪个法则？为什么？
3. 回收期法则的缺点是什么？你有办法克服这些缺点吗？

二、折现回收期法则

回收期法则的一个重要缺点是，回收期忽略了项目的资本成本和货币时间价值,将不同时点上的现金流简单相加减了,这是不科学的。那么,如果我们既想知道一个投资项目多长时间能赚回投资的本金,而且还考虑了项目的资本成本或者说货币时间价值,有没有什么简单而有效的办法呢?

不同时点上的现金流不能简单相加减,但是我们可以把它们换算成同一时点上的现金价值(常常是计算每笔现金流折现到 t=0 时点的价值)之后再来相加减。于是,在回收期法基础上,考虑了货币时间价值之后,就有了一种改进的方法,被称为折现回收期(discounted payback period, discounted PP)。折现回收期就是投资项目产生的现金流现值可以收回初始投资所花费的时间。根据折现回收期法则,公司将只选择在预定可接受的时间范围内产生的现金流现值能够收回初始投资的项目。如果折现回收期短于预定的时间,就接受这个项目;否则,就拒绝它。这就是折现回收期决策法则(discounted PP decision rule)。

> 【敲黑板】 折现回收期决策法则
>
> 对单一项目:投资项目的贴现回收期短于预定的时间,接受项目;否则,拒绝项目。
>
> 对互斥项目:选择贴现回收期更短的项目。

先来说对单一项目的回收期决策法则,我们来看一个例子。

【例 4-8】折现回收期法则的应用

某化工公司要求,所有项目的回收期都不得超过 5 年。假如公司的资本成本为 10%。公司正在考虑一个新材料项目,该项目的现金流如下:

(1) 初始投资 25 000 万元,在未来 1~5 年内每年产生 3 500 万元的现金流入。根据折现回收期法则,公司会接受这个项目吗?

(2) 初始投资 25 000 万元,在未来 1~5 年内每年产生 5 500 万元的现金流入。根据折现回收期法则,公司会接受这个项目吗?

解析:(1) 已知项目的初始投资为 25 000 万元,未来 1~5 年内每年产生 3 500 万元的现金流入。现在要考虑货币时间价值,不同时点的现金流不能直接相加减。为便于计算,我们还是制表计算折现现金流和累计现金流,如表 4-9 所示。

表 4-9   计算折现回收期:每年产生 3 500 万元现金流入   单位:万元

时点	0	1	2	3	4	5
现金流	-25 000	3 500	3 500	3 500	3 500	3 500
折现现金流	-25 000	3 181.82	2 892.56	2 629.60	2 390.55	2 173.22
累计折现现金流	-25 000	-21 818.18	-18 925.62	-16 296.02	-13 905.47	-11 732.25

由表 4-9 可知,到第 5 年年末,累计折现现金流仍为负数,即还未收回项目的初始投资。因此,公司将拒绝该项目。

(2) 已知项目的初始投资为 25 000 万元,未来 1~5 年内每年产生 5 500 万元的现金流入。计算过程如表 4-10 所示。

表 4-10　　　　　计算折现回收期:每年产生 5 500 万元现金流入　　　　单位:万元

时点	0	1	2	3	4	5
现金流	-25 000	5 500	5 500	5 500	5 500	5 500
折现现金流	-25 000	5 000.00	4 545.45	4 132.23	3 756.57	3 415.07
累计折现现金流	-25 000	-20 000.00	-15 454.55	-11 322.31	-7 565.74	-4 150.67

由表 4-10 可知,到第 5 年年末,累计折现现金流仍为负数,即还未收回项目的初始投资。显然,考虑货币时间价值之后,5 年后仍不能收回初始投资。因此,公司将拒绝该项目。

对比〖例 4-7〗和〖例 4-8〗,同样的现金流,折现回收期比回收期要更长。换句话说,当考虑货币时间价值时预计回收项目初始投资所花费的时间,要比不考虑货币时间价值时所花费的时间更长。原因就在于,相对于初始投资的现金价值,未来现金流的现金价值下降了。反过来说,由于回收期没有考虑货币时间价值,因此,相对于折现回收期,回收期会倾向于高估投资项目的回收速度。

折现回收期法则克服了回收期法则没有考虑货币时间价值的缺点,但是,它仍然继承了回收期法则的其他缺点。例如,折现回收期法则也需要依赖一个主观设定的回收期年限;折现回收期法则也是注重考察项目的流动性,倾向于接受折现回收期短的项目,在计算出折现回收期后,之后的现金流也被忽略了。

与回收期法则一样,在互斥项目中进行选择的时候,折现回收期法则也很可能挑选出大额现金流发生在早期的项目,而放弃掉早期表现一般但后期表现出色的项目,也就是损失了从长期来看有利于增加公司价值的好项目!

【想一想】
1. 如果设定的回收期年限一样,回收期法则下接受的项目,折现回收期法则也一定会接受吗?反过来呢?
2. 折现回收期法则接受的项目,NPV 法则也一定会接受吗?反过来呢?

第四节　资源约束条件下的项目选择

一、预算约束下的获利指数

原则上,公司应该接受它所确定的所有 NPV 为正的投资。在实践中,公司可以实施的项目个数通常会受到限制。当项目为互斥时，即使很多项目都有吸引力，但公司也只能选择其中的一个。这通常是因为资源约束的限制——例如，公司融资能力限制导致存在预算约束，或只有一处房产可以开设咖啡店或书店，或特定专业素养的人员数量限制等。这些资源约束可以分为两种情形：一种情形是所考虑的不同项目对资源的需求是相同的（或者说具有排他性的），例如，每个项目都会完全地占用该处房产；另一种情形则是不同项目对资源的需求并不相同而且并不排他，需要在众多可选项目中挑选其中的一个或多个，它们共同占用资源。这个时候，应该如何来对项目排序从而进行选择呢？我们先来看一个例子。

【例 4-9】预算约束条件下的获利指数

某公司正在考虑以下三个投资项目，各项目所需的初始投资额和各自的 NPV 如表 4-11 所示。假设公司至多有 1 亿元可供投资，公司应该选择投资哪个或哪些项目呢？

表 4-11　　　　　　　　　有预算约束时的投资项目选择　　　　　　　　　单位：万元

时点	初始投资	NPV
A 项目	10 000	11 000
B 项目	5 000	7 000
C 项目	5 000	6 000

解析：如果三个项目的 NPV 均为正数，且没有预算约束，公司应该全部投资。但假设公司至多有 1 亿元可供投资，也就是存在预算约束，显然，三个项目不可能全部投资：A 项目有最高的 NPV，但是会用尽所有预算资金；B 项目和 C 项目各自需要 5 000 万元的初始投资，加起来刚好满足预算约束。所以问题就转变为在两种投资方案中进行选择：方案一，投资 A 项目；方案二，投资 B 项目和 C 项目。方案一的 NPV 为 11 000 万元，方案二的 NPV 为 B 项目和 C 项目的 NPV 之和，即 13 000 万元 （7 000 + 6 000）。相比之下，方案二优于方案一。

这种解决问题的思路可以概括为：找到所有可以投资的方案，然后比较这些方案的 NPV，选择 NPV 最大的方案所对应的项目。这个方法在这个例子中也是简单易操作的，但是当可选项目较多时，找到所有可选择的方案并比较它们的 NPV 会变成一项十分烦琐的任务。

解决这类问题还有一种更为简便的方法。我们的目标既然是找到能让我们有限的预算资金产生最高回报的项目，那么就可以围绕这一目标来找寻项目。

在表 4-12 中，我们增加一列 "NPV/初始投资"，这个比率告诉我们，对于每个项目每一元的投入，将产生多少的价值（NPV）。例如 A 项目，初始投资 1 亿元，NPV1.1 亿元，即该项目每 1 元的投入将产生 1.1 元的价值；同理，B 项目每 1 元的投入将产生 1.4 元的价值，C 项目每 1 元的投入将产生 1.2 元的价值。B 项目和 C 项目的单位初始投入上产生的价值都要比 A 项目高，表明这两个项目会更有效地利用预算资金。

表 4–12　　　　　　　　有预算约束时：计算 NPV/初始投资

时点	初始投资（万元）	NPV（万元）	NPV/初始投资
A 项目	10 000	11 000	1.10
B 项目	5 000	7 000	1.40
C 项目	5 000	6 000	1.20

因此，根据"NPV/初始投资"这一指标，即使可选项目较多时，也可以直接识别要采纳的最优项目组合，而使问题变得简单。这类指标被称为获利指数（profitability index，PI），其计算公式为：

$$PI = \frac{创造的价值}{消耗的资源} = \frac{NPV}{消耗的资源} \tag{4-4}$$

获利指数衡量"花小钱而获大利"即花最少的钱或其他资源取得最好效果的能力，也就是消耗每单位资源所创造的以 NPV 表示的价值的能力。当投资资金为稀缺资源时，对常规投资项目来说，消耗的资源就是初始投资额，但对非常规投资项目如后期追加投资的项目来说，消耗的资源应该是所有历次投资额的现值。

计算出获利指数之后，可以在此基础上对项目进行排序：从获利指数最高的项目开始，将全部项目按照获利指数高低，由高到低排列，接受直到资源被消耗完之前的所有项目。表 4–12 的最右列就是当投资资金为稀缺资源时的获利指数。

二、人力资源约束下的获利指数

获利指数同样适用于其他资源为稀缺资源的情形，例如存在人力资源约束时的项目选择。我们也来看一个例子。

【例 4–10】人力资源约束条件下的获利指数法

某生物科技公司正在对几个试验药品的研发项目进行评估。尽管项目未来的现金流难以预测，公司还是对各项目的初始资本需求和 NPV 作出如下估计。由于各项目的人员需求不同，公司还估计出每个研发项目所需要的科研人员数量如表 4–13 所示。

表 4–13　　　　　　　　有资源约束时的备选项目

时点	初始投资（万元）	需要的科研人员人数（人）	NPV（万元）
A 项目	10	2	10.1
B 项目	15	3	19.0
C 项目	15	4	22.0
D 项目	20	3	25.0
E 项目	30	12	60.2

（1）假设公司的资本预算总额为 60 亿元，公司应如何对这些项目进行优先排序？

(2) 假设公司当前有 12 名科研人员，并且预计近期不想再雇用其他人员了。公司应该如何对这些项目进行优先排序？

解析：(1) 在有预算资金限制的条件下，同〖例 4-12〗，我们可以根据"NPV/初始投资"即单位投入成本创造价值对各项目进行排序，如表 4-14 所示。

表 4-14　　　　　　　有预算资金约束时：计算 NPV/初始投资

项目	初始投资（万元）	NPV（万元）	NPV/初始投资	排序
A 项目	10	10.1	2.01	⑤
B 项目	15	19.0	2.26	③
C 项目	15	22.0	2.47	②
D 项目	20	25.0	2.25	④
E 项目	30	60.2	3.01	①

排序应为 E 项目、C 项目、B 项目、D 项目、A 项目。再根据预算资金限制，只能投资前三个项目：E 项目（60.2）、C 项目（22.0）、B 项目（19.0）这三个项目的投资额合计 60 万元，刚好用尽预算资金，合计共创造价值即 NPV 之和为 101.2 万元（60.2 + 22.0 + 19.0）。

(2) 在没有预算资金限制而是有科研人员限制的条件下，稀缺资源是科研人员。思路同前，只不过我们需要根据单位科研人员创造价值对项目进行排序，也就是计算"NPV/科研人员人数"并据此排序，如表 4-15 所示。

表 4-15　　　　　　　有人力资源约束时：计算 NPV/科研人员人数

项目	科研人员（人）	NPV（万元）	NPV/科研人员人数	排序
A 项目	2	10.1	5.05	④
B 项目	3	19.0	6.33	②
C 项目	4	22.0	5.50	③
D 项目	3	25.0	8.33	①
E 项目	12	60.2	5.02	⑤

根据表中排序，应选择：D 项目（3 名）+ B 项目（3 名）+ C 项目（4 名）+ A 项目（2 名），共 12 名科研人员。各项目 NPV 之和为 76.10 万元（10.1 + 19.0 + 22.0 + 25.0）。

获利指数的计算和使用都很简单，但是，为了使其结论完全可靠，必须满足以下两个条件：

(1) 只存在一种相关的资源约束；

(2) 基于获利指数排序所选择的项目组合应完全利用所提供的资源。

首先，公司在很多时候同时面临多种资源约束，例如，同时存在预算限制和人力资源约束。当存在不止一种资源约束时，无法简单地利用获利指数对备选项目进行排序，而需要借助线性规划和运筹学等方法来解决此类问题，当备选方案的集合很大时，还需要使用计算机才能完成这样复杂的运算。其次，资源必须是刚好用尽，否则利用获利指数排序挑选项目后，剩余的资源会被浪费，以致所选择的项目组合并非能够创造最大价值的组合，从而导致获利指数方法的失效。从上面的分析我们可以看出，存在资源约束情形时，如果满足以上两个条件，获利指数法是一个简单有效的方法。那么，获利指数法是否适用于单一项目和互斥项目的选择呢？

三、获利指数决策法则

我们以预算约束为例，先来看对于单一项目，获利指数能否有效帮助我们作出投资决策。

根据式（4-4）有：

$$PI = \frac{创造的价值}{消耗的资源} = \frac{NPV}{消耗的资源}$$

我们知道对单一项目而言，NPV 大于 0 就接受项目，NPV 小于 0 就拒绝项目；而消耗的资源（或其现值）一般为正数，所以 PI 大于 0 等同于 NPV 大于 0，PI 小于 0 等同于 NPV 小于 0。因此，我们可以推知，对单一项目而言，PI 大于 0 就接受项目，PI 小于 0 就拒绝项目。

再来看对互斥项目，PI 法则是否适用。我们来看一个例子。

【例 4-11】互斥项目能否使用获利指数法？

某公司正在考虑一项投资计划，给定 200 万元的初始投资资金，公司只能在如表 4-16 所示的 A 项目和 B 项目中二选一。两个项目的公司资本成本均为 10%。

表 4-16　　　　　　　　　互斥项目的现金流　　　　　　　　　单位：万元

项目	0	1	2	3
A 项目	-100	70	60	50
B 项目	-200	100	110	150

解析：给定 200 万元的初始投资资金，两个项目只能二选一，为互斥项目。为解释获利指数是否可以有效地在互斥项目中进行选择，我们先分别计算两个项目的 PI 和 NPV，并列于表 4-17 中。

表 4-17　　　　　　在互斥项目中的选择：PI vs NPV　　　　　　单位：万元

项目	0	1	2	3	PI	NPV
A 项目	-100	70	60	50	1.51	50.8
B 项目	-200	100	110	150	1.47	94.5

由表 4-17 可知，如果按 PI 排序，A 项目高于 B 项目；但如果按 NPV 法则，我们知道应该选择 NPV 值更大的项目，因为它可以为公司创造更多的价值，符合公司金融活动的目标。可见，PI 的排序与 NPV 的排序不一致，原因就在于两

个项目的规模不同，A 项目规模小于 B 项目，虽然单位初始投入上产生的价值更高，但因受限于其规模，整个项目为公司创造的价值不如 B 项目大。因此，公司应选择 B 项目，它有更高的 NPV，能为公司创造更大的价值。

由〖例 4-11〗可知，在互斥项目上，还是应该根据 NPV 来进行排序。因此，在不同规模的互斥项目中，获利指数法并不可靠。这和前面资源限制条件下使用获利指数的第二个条件有关：选择 A 项目的话，是没有用尽资源的（给定 200 万元的初始投资资金），获利指数法失效。互斥项目都可以看作是资源约束情形，不同初始投资规模的互斥项目可以看成是预算资金这一资源约束下第二个条件没有满足的情形，这种情形下获利指数法不适用。

> 【敲黑板】**PI 决策法则**（**PI decision rule**）
> 对单一项目：PI≥0，接受项目；PI<0，拒绝项目。
> 资源约束下项目选择（满足两个条件）：按 PI 由高到低进行排序并选择项目组合。
> 资源约束下项目选择（不满足两个条件）：不适用。

也就是说，对单个项目采用获利指数法与 NPV 法会得到相同的结论；但是在多个备选项目中选择的时候，只有单一资源约束并且基于获利指数排序所选择的项目组合占用了全部可用资源时，获利指数法才是完全可靠的。同时满足这两个条件时，可以将备选项目按照获利指数高低排序，选择那些在有限资源下仍然能够被采纳的具有最高获利指数的项目。

> 【想一想】
> 1. 在资源约束条件下，如何运用获利指数来识别有吸引力的项目？
> 2. 在评估具有不同资源需求的项目时，为什么根据 NPV 对项目排序不一定是最优的？

在前几节中，我们学习了五种最常用的投资决策方法，它们分别是 NPV 法、IRR 法、回收期法、折现回收期法和获利指数法——这些投资决策方法有不同的适用情形、决策法则以及优缺点。为加强学习效果，请读者学完这部分内容之后，抽时间对这五种投资决策方法做一个简单的归纳整理。

练习材料：投资决策方法总结

第五节 自由现金流的估计

在前几节中我们假设未来现金流和适用折现率是给定的，或者说已经经过估计或计算。本节中，我们来看看这样的现金流是如何被估计出来的，在估计未来现金流时需要注意一些什么。

一、估计现金流的基本原则

资本预算的一项重要工作就是估计未来现金流。为了预测项目的现金流,财务经理要从预测项目的收益开始。需要注意的是,应该预测的项目收益是项目的增量收益(incremental earnings),即由于投资决策而导致的公司预期收益的改变。财务经理在预测项目增量收益时,需要注意以下几点重要的原则。

(一)预测项目的收入和成本

考虑 ABC 公司的管理者所面临的一个资本预算决策。ABC 公司是一家网络硬件制造商,它正在考虑研发一种无线家庭网络设备,被称作家庭网络,可提供运行整个家庭网络连接所需要的硬件和软件。除了可连接个人电脑和打印机外,家庭网络还可控制诸如新型可联网立体声音响设备、空调、家用电器、照明电器、办公设备等。为评估新产品的市场潜力,公司已投入 30 万元进行了深入细致的可行性研究。

我们先来看看如何估计项目的收入和成本。家庭网络产品的目标市场为高档住宅智能家庭和家庭办公室。基于市场调查,预测家庭网络的年销售量为 10 万件。硬件生产方面,考虑到科技变革的速度,公司预计该产品只能生产 4 年。产品在高端电子产品商店的零售价格为 375 元,预计批发价为每件 260 元。公司还预计整个开发硬件的工程和设计的总成本为 500 万元,一旦设计完成,实际的产品制造将以每件 110 元的成本(包括包装在内)外包给专业制造商生产。软件开发方面,公司预计该项目需要由 50 名软件工程师组成的团队耗时 1 年才能完成,每位软件工程师的费用为每年 20 万元,为检验新的用户互联网接入设备与家庭网络系统的兼容性,还需要为此安装一台新设备,前期投资 750 万元。

1 年后,软件和硬件设计完成,新设备将投入使用。到那时,家庭网络产品将要准备装运。公司预计该产品每年的销售和各项管理费用为 280 万元。

根据以上所有信息和估计,我们现在来估计项目的收入和成本,从而预测家庭网络项目的增量收益,如表 4-18 所示。项目 1 年后开始投入使用,未来 4 年内每年产生销售收入为 2 600 万元(10×260)。每年的销售成本为 1 100 万元(10×110)。因此,每年的毛利润为 1 500 万元(2 600-1 100)。尽管收入和成本在全年发生,按现金流的一贯假设,我们将收入和成本列示在发生当年的年末。此外,未来 4 年内每年将产生销售和管理费用 280 万元,列示在表中第 4 行。项目开始时,项目硬件的工程和设计总成本为 500 万元,加上软件开发费用即 1 000 万元(20×50),总的研发支出为 1 500 万元,发生在 t=0 时点。为检验系统的兼容性,公司初始投资的设备是 750 万元,采用直线折旧法按 5 年进行折旧,预计没有残值,则第 1~5 年公司每年的折旧为 150 万元(750÷5)。

表 4-18　　预测家庭网络项目的增量收益　　单位：万元

项目	0	1	2	3	4	5
预测增量收益：						
1　销售收入		2 600	2 600	2 600	2 600	
2　销售成本		-1 100	-1 100	-1 100	-1 100	
3　毛利润		1 500	1 500	1 500	1 500	
4　销售和管理费用		-280	-280	-280	-280	
5　研发支出	-1 500					
6　折旧		-150	-150	-150	-150	-150
7　息税前利润（EBIT）	-1 500	1 070	1 070	1 070	1 070	-150
8　所得税（25%）	375	-268	-268	-268	-268	38
9　无杠杆净利润	-1 125	803	803	803	803	-113

需要注意的是，固定资产并不直接列示为费用，而是每年以折旧的方式扣除这些项目的一部分成本。家庭网络项目虽然持续产生 4 年的成本和收益，但是公司预计这台设备在淘汰现有版本的产品后，仍能继续运行。于是按 5 年的使用期为这台设备计提折旧。直线折旧法（straight-line depreciation）是最常用的一种折旧方法，即在资产的预计使用期内等额地分割其成本（扣除预计残值）。折旧会产生税盾的作用，折旧税盾会增加公司的现金流，在税法允许的前提下，有时公司还会采用加速折旧法（accelerated depreciation），以此增加前期节税额而将税款的支付递延到后期，从而增加节税额的现值。表 4-18 中的第 2 行"销售成本"以及第 4 行"销售和管理费用"是不含折旧这类非付现成本（non-cash cost）的。如果这些项目包含折旧，应先将其剔除，而在表格第 6 行专门列示折旧。

另外，表 4-18 中的期间费用即指第 4 行"销售和管理费用"，而未包含期间费用中的利息费用。通常在做资本预算时，不考虑利息费用。因为任何增加的利息费用将被视为与项目的融资决策有关。这里，我们希望评价投资项目本身，而将其与融资决策相分离。我们将项目的融资选择问题留到第五章融资决策中再来考察。基于这个原因，表 4-18 中计算出的净利润被称作项目的无杠杆净利润（unlevered net income），以表明它不考虑任何与杠杆或债务相关的利息费用。

表 4-18 的第 8 行是公司所得税支出，它所使用的税率是公司所得税税率（corporate tax rate），该税率是基于增量税前利润而支付的。在表 4-18 中，假设每年家庭网络项目的公司所得税税率是 25%，计算增量所得税费用列示在第 8 行：

$$公司所得税 = EBIT \times t \tag{4-5}$$

其中，t 为公司所得税税率。以第 1 年为例，家庭网络项目将为公司的 EBIT 贡献额外的 1 070 万元，公司将因此产生 268 万元（1 070×25%）的公司所得税纳税义务。扣除所得税费用后，可得到该项目对公司净利润的税后贡献 803 万元。注意看第 0 年，项目的 EBIT 为负数，本项目可使得公司第 0 年的应纳税所得减少了 1 500 万元。只要公司当年在别处赚取应纳税所得，即可抵销当年家庭网络项目的亏损，公司在第 0 年可少交 375 万元（1 500×25%）的税费。公司应该贷记这笔税费节约。同理，项目的第 5 年计提设备最后一笔折旧费用，也应用了类似的贷记处理。

【例 4-12】盈利公司亏损项目的纳税

某公司计划上马一条新的生产线，生产一种新的产品。推广新产品需要投入较高的广告费，导致明年的新产品经营亏损为 1 500 万元。公司预计明年将从除新产品之外的其他原有产品经营中赚得 46 000 万元的税前利润。假设公司所得税税率为 25%，那么明年如果没有新产品业务，公司要交多少所得税？如果有新产品业务，公司又要交多少所得税？

解析：如果没有新产品业务，公司明年应交所得税 11 500 万元（46 000×25%）。如果有新产品业务，公司明年的税前利润将只有 44 500 万元（46 000 -1 500），应交税 11 125 万元（44 500×25%）。因此，生产新产品将导致公司明年少交税 375 万元（11 500 - 11 125）。

现在，让我们把表 4-21 中的计算一般化处理，得到计算无杠杆净利润的简洁公式：

$$无杠杆净利润 = EBIT \times (1-t) = (收入 - 付现成本 - 折旧) \times (1-t)$$

(4-6)

即项目的无杠杆净利润等于以税后基础评价的项目的增量收入减去付现成本和折旧。无杠杆净利润有时也被称为税后净营业利润（NPPAT）。

（二）考虑机会成本和外部性

计算投资决策的增量利润时，有时该项目的公司利润，相对于无该项目时的公司利润的所有改变，都要考虑进来。

仍以 ABC 公司的家庭网络项目为例，到现在为止，我们分析的只是该项目的直接影响。但是，一个项目的实施可能对公司内部其他业务带来间接影响。这些间接影响也会改变整个公司的利润，因此，必须要把这些间接影响考虑进来。

许多项目要使用公司已有的资源，由于公司不必为新项目支付现金购置这些资源，所以决策者认为这些资源是免费的。事实是这样吗？在许多情况下，这些资源可通过其他机会为公司创造价值。所以，使用这些资源是有机会成本（opportunity cost）的，即该资源作为他用时可为公司提供的最大价值。[①] 若其他项目使用这一资源，这一价值就失去了，所以应将机会成本作为项目的增量

---

① 前面章节中我们将资本的机会成本定义为，从具有同等风险的其他投资上所能获得的回报率。类似地，我们把在项目中使用现有资源的机会成本定义为，使用该资源的其他最佳使用方式所产生的现金流。

成本包含在内。例如家庭网络项目这个例子中，研发活动的新实验室需要占用空间，尽管这个实验室将被安置于现有设施中，也必须考虑不能再以其他方式使用这个空间的机会成本。

> 【敲黑板】机会成本
>
> 项目分析中，机会成本是指项目中使用的某个资源作为他用时可为公司提供的最大价值。计算项目增量利润时，应将机会成本作为项目的增量成本包含在内。

【例 4-13】考虑机会成本

假设 ABC 公司要开展一个家庭网络项目的新实验室项目，开展这个项目需要占用一间仓库。原本这间仓库可以对外出租，项目存续期第 1~4 年每年可以收租金 20 万元，假设边际公司所得税税率是 25%。那么，开展项目放弃的租金收入这一"机会成本"对项目的增量利润有怎样的影响？

解析：本例中，仓库空间的机会成本即为所放弃的租金。第 1~4 年间，这项机会成本将导致项目每年的增量利润减少 15 万元 [20×(1-25%)]，即将仓库空间对外出租所得到的税后利润。

人们常常以为，如果一项资产当前闲置，它的机会成本就为零。例如【例 4-13】中空置的仓库，或者一台没有在使用的机器等。事实上，即使公司对该项资产没有其他使用途径，也可以选择将其出售或出租。将资产他用所获得的价值，包括出售或租金收入，即为该资产的机会成本，在计算增量现金流时必须加以考虑。

有时候，实施一个项目可能带来增加或减少其他经营活动利润的间接效应，即项目外部性（project externalities）。例如家庭网络产品项目中，购买家庭网络产品的客户原本可能会购买公司现有的无线路由器产品。新产品的销售部分地取代了已有产品的销售，这种情形通常被称为侵蚀（cannibalization），即推出新产品会侵蚀旧产品的市场份额。所以，现有无线路由器销售收入的减少是开发家庭网络产品决策所引起的，那么在计算家庭网络项目的增量利润时，就必须考虑这种外部性。

> 【敲黑板】项目外部性
>
> 项目外部性是指实施一个项目可能带来增加或减少其他经营活动利润的间接效应。新产品的销售部分地取代了已有产品的销售（侵蚀效应），那么在考虑项目的增量利润时必须考虑这种外部性。

现在，我们将实验室占用空间的机会成本，以及新产品对现有产品销售收入的侵蚀效应考虑进来，重新计算家庭网络项目的预测增量利润，如表 4-19 所示。

表 4–19　预测家庭网络项目的增量利润：考虑机会成本和侵蚀效应　　　　单位：万元

	项目	0	1	2	3	4	5
	预测增量利润：						
1	销售收入		2 350	2 350	2 350	2 350	
2	销售成本		-950	-950	-950	-950	
3	毛利润		1 400	1 400	1 400	1 400	
4	销售和管理费用		-300	-300	-300	-300	
5	研发支出	-1 500					
6	折旧		-150	-150	-150	-150	-150
7	息税前利润（EBIT）	-1 500	950	950	950	950	-150
8	所得税（25%）	375	-238	-238	-238	-238	38
9	无杠杆净利润	-1 125	713	713	713	713	113

与表 4–18 相比，第 1~4 年每年的销售收入、销售成本、毛利润、销售和管理费用均发生变化，因此息税前利润、所得税、无杠杆净利润随之发生变化。具体地，由于新产品对现有产品的侵蚀效应，预期将近 25% 的家庭网络产品的销售收入来自原本购买现有无线路由器的客户，假设现有路由器的批发价格为 100 元，预期的销售损失为 250 万元（10×100×25%），则考虑侵蚀效应后的销售收入预测值为 2 350 万元（2 600 − 250）。

假设现有路由器的成本为每件 60 元，那么，公司将不再需要生产这么多的现有路由器，家庭网络项目的增量销售成本将减少 150 万元（10×60×25%），所以，考虑侵蚀效应后的销售成本预测值为 950 万元（1 100 − 150）。这样，家庭网络项目的增量毛利润将下降 100 万元（250 − 150）至 1 400 万元（2 350 − 950）。

此外，由于实验室空间的机会成本，每年的销售和管理费用从 280 万元增加到 300 万元。

对比表 4–18 和表 4–19，考虑机会成本和外部性后，家庭网络项目第 1~4 年的无杠杆净利润的预测值，将从 803 万元下降到 713 万元。

（三）不考虑沉没成本

沉没成本（sunk cost）是指公司已经发生的不可收回的成本。不论项目决策是否继续，沉没成本已经或者将要支付。沉没成本与现有决策的增量无关，在决策分析中不应考虑。例如，ABC 公司在项目分析中为家庭网络产品的市场调查和可行性研究而花费的 30 万元，就是沉没成本。这 30 万元已经支出，无论项目是否继续，该现金流不影响决策，在项目分析中不应考虑。

【敲黑板】沉没成本

沉没成本与现有决策的增量无关，在决策分析中不应考虑沉没成本。

沉没成本的例子很多。例如间接费用（overhead expenses）是与不能够直接归属于一项单独的经营活动，而是影响公司很多不同领域的活动相联系的。在会计处理上，这些费用通常被分配到不同的经营活动中。在某种程度上，这些间接成本是固定的，而且不管怎样都会发生，它们不是项目的增量支出，不应考虑。只有由于采纳项目决策所引起的额外间接费用，才应被视为项目的增量支出而包含在决策分析中。

1. 过去的研发支出。如果公司已经投入大量资源开发新产品，则即使市场条件已经改变，产品开发不大可行，公司也可能倾向于继续投资该产品。有时公司给出的理由是，如果放弃产品开发，已经投入的大量资金岂不白白"打水漂"了。而另一些时候，公司会放弃项目，给出的理由是，因为项目不太可能成功地补偿或回收已经投入的资金。事实上，这两种观点都是错误的：任何已经花费的资金都是沉没成本，与项目决策无关。是继续还是放弃项目的决策，应该仅根据继续进行该产品研发的增量成本和利润来决定。

2. 不可避免的竞争效应。当开发一种新产品时，公司往往担心新产品可能会侵蚀或冲击公司的现有产品。但如果竞争对手引入了新产品，不管怎样，公司的销售收入也很有可能会下降，那么这种销售收入的减少就是一种沉没成本，在预测时不应该考虑。

【想一想】
1. 你能够区分机会成本和沉没成本吗？在项目投资决策时，它们都需要考虑吗？
2. 为什么有的公司持续投资于 NPV 为负的项目？它们常常解释说因为已经投资了大量的资金，觉得不继续这个项目，先前的投资就将浪费，你怎么看公司的这种行为？

二、估计自由现金流

如第一章所述，利润（收益）是公司业绩的一种会计计量，它们不代表真实的利润：公司不能用利润购买商品货物、支付员工工资、为新投资提供资金，或向股东发放股利。公司所有的支付都需要用现金。要评价一项投资项目，必须要确定它对公司可动用现金的影响。项目对公司可动用现金的增量影响，即为该项目的自由现金流（free cash flow）。

利润与现金流有显著差异。计算利润要考虑非现金费用（如折旧），但不考虑资本性投资的成本。要确定现金流，则必须调整这些差异。现在，我们仍以家庭网络项目为例，说明如何在家庭网络项目的增量利润基础上确定其自由现金流，然后基于自由现金流，就可以计算项目的 NPV 了。

（一）资本性支出和折旧的处理

学过会计学基本原理的读者应该知道，折旧不是公司支付的现金支出，而是出于会计和纳税目的在资产的寿命期内分摊资产初始购买成本的一种方法。为计算家庭网络项目的自由现金流，要将新设备的折旧费用（非现金费用）加回到利润中，并减去在第 0 年为购买设备而要支付的实际资本性支出 750 万元。于是，我们在表 4-20 中的第 10 行和第 11 行列示了上述调整。

表 4-20　预测家庭网络项目的自由现金流：考虑机会成本和侵蚀效应　　　单位：万元

	项目	0	1	2	3	4	5
	预测增量收益：						
1	销售收入		2 350	2 350	2 350	2 350	
2	销售成本		-950	-950	-950	-950	
3	毛利润		1 400	1 400	1 400	1 400	
4	销售和管理费用		-300	-300	-300	-300	
5	研发支出	-1 500					
6	折旧		-150	-150	-150	-150	-150
7	息税前利润（EBIT）	-1 500	950	950	950	950	-150
8	所得税（25%）	375	-238	-238	-238	-238	38
9	无杠杆净利润	-1 125	713	713	713	713	-113
	估计自由现金流：						
10	加：折旧		150	150	150	150	150
11	减：资本性支出	-750					
12	减：净营运资本（NWC）的增加		-280				280
13	自由现金流（FCF）	-1 875	583	863	863	863	318

（二）净营运资本的处理

净营运资本（net working capital，NWC），简称营运资本或营运资金，通常指流动资产和流动负债的差额，其主要构成为现金、存货、应收账款及应付账款：

$$\text{净营运资本} = \text{流动资产} - \text{流动负债} = \text{现金} + \text{存货} + \text{应收账款} - \text{应付账款} \tag{4-7}$$

大多数项目都需要公司投入净营运资本。公司可能需要维持最低的现金余额[①]，以应付未预料到的支出，并适量地保持原材料和产成品存货，以适应生产的不确定性和需求波动。此外，客户可能不会立即支付购买货物的款项。此时，虽然销售收入立即被算作利润的一部分，但公司没有收到任何现金，直到客户实

---

① 净营运资本中包含的现金，不是指为了赚取市场回报率而投入的现金。它包括保存在公司的支票账号、保险箱或钱柜、收银机（对零售店而言）以及其他场所用于公司经营的非投资现金。

际付款。在此期间，公司的利润中包括了客户赊欠公司的应收账款。应收账款衡量了公司给予其客户的信用额度；同理，应付账款衡量了公司从其供应商处得到的信用额度。应收账款与应付账款的差额是公司为这些信用交易而占用或投入的资本净额，这些信用交易就是商业信用（trade credit）。

假设家庭网络项目没有增量现金或存货需求（产品将从签约制造商直接发送给客户）。与家庭网络项目相关的应收账款预计占年度销售收入的20%，应付账款预计占年度商品销售成本的20%。那么，家庭网络项目每年的净营运资本需求，如表4-21所示。

表4-21　　　　　　　　预测家庭网络项目的净营运资本需求　　　　　　　　单位：万元

项目	0	1	2	3	4	5
预测净营运资本：						
现金需求						
存货						
应收账款		470	470	470	470	
应付账款		-190	-190	-190	-190	
净营运资本		280	280	280	280	

表4-21显示，家庭网络项目在第0年内没有净营运资本需求，第1~4年，每年将需要280万元的净营运资本，第5年没有净营运资本需求。上述净营运资本需求将对项目的自由现金流产生什么影响呢？

答案是，任何净营运资本的增加都表示减少公司的可动用现金，从而减少自由现金流的投资。定义第t年净营运资本的增加（ΔNWC_t）为：

$$\Delta NWC_t = NWC_t - NWC_{t-1} \tag{4-8}$$

第1年净营运资本增加了280万元，这一增加表示为公司的一项成本。与这一自由现金流减少相对应的是，第1年的公司销售收入正好有470万元没有收到客户的现金支付，销售成本中有190万元公司尚未支付给供货商。第2~4年净营运资本没有变化，所以没有再投入的必要。第5年项目结束时，收回垫付在净营运资本上的投资，即净营运资本减少280万元。这是由于公司收到最后客户的付款，并且公司最终的账单也付清了，因此当年需要将这280万元加到第5年的自由现金流。

如表4-20所示，第12行显示各年净营运资本的增加值，而第13行显示最终得到对项目自由现金流的估计值。

对家庭网络项目的无杠杆净利润，进行折旧、资本性支出和净营运资本增加调整，即可计算出表4-20第13行所示的项目自由现金流。对比自由现金流（第13行）与无杠杆净利润（第9行）可以发现：在前两年，自由现金流低于无杠杆净利润，这反映了前期对项目设备的要求和净营运资本的投资。而在随后几年内，由于折旧不是现金支出，自由现金流超过了无杠杆净利润。最后一年，公司最终收回了对净营运资本的投资，从而进一步提升了自由现金流。

【例 4-14】销售收入变化时的净营运资本

继前面家庭网络项目的例子,现在假设现金需求和存货为 0,但预计各年销售量以及销售价格、成本随之发生变化。具体地,第 1~4 年各年销售收入分别为 2 350 万元、2 820 万元、2 385 万元、1 880 万元;第 1~4 年各年销售成本分别为 950 万元、1 140 万元、1 045 万元、760 万元。且仍维持应收账款占销售收入的 20%、应付账款占销售成本的 20% 的假设。预测家庭网络项目的净营运资本投资需求。

解析:本例中,营运资本投资每年都在改变。假设现金需求和存货为 0,净营运资本仅与应收账款和应付账款有关。根据销售收入和销售成本的占比,先计算应收账款和应付账款的规模,以此计算公司各年在净营运资本的投资规模,再计算各年净营运资本的增加额(如表 4-22 所示)。

表 4-22　预测家庭网络项目的净营运资本需求:销售收入变化时　　单位:万元

项目	0	1	2	3	4	5
预测净营运资本:						
1　应收账款		470	564	477	376	
2　应付账款		-190	-228	-209	-152	
3　净营运资本		280	336	268	224	
4　净营运资本的增加		280	56	-68	-44	-224

在第 1 年,需要大额的营运资本初始投资,随着销售收入的持续增长,第 2 年需要小额的营运资本投资。但在最后两年,随着销售收入的萎缩,先前投入的营运资本逐渐收回。

(三)自由现金流公式

如前所述,财务经理对项目的资本预算过程通常从预测利润开始,再做如上的调整,从而得到自由现金流。不过,我们可以将这个过程一般化,得到自由现金流的简化公式后,就可以直接利用公式来计算项目的自由现金流:

$$自由现金流 = \overbrace{(销售收入 - 付现成本 - 折旧) \times (1-t)}^{无杠杆净利润}$$
$$+ 折旧 - 资本性支出 - 净营运资本的增加额 \qquad (4-9)$$

注意,式(4-9)显示,我们在计算项目的增量收益时先减去了折旧,然后在计算自由现金流时,又将其加回(折旧为非现金费用)。这样,我们稍作整理,就可以看出折旧最终对自由现金流的影响:

$$自由现金流 = (销售收入 - 付现成本) \times (1-t) - 资本性支出$$
$$- 净营运资本的增加额 + 折旧 \times t \qquad (4-10)$$

式(4-10)的最后一项即折旧 $\times t$,被称作折旧税盾(depreciation tax shield)。它是由于折旧扣除而产生的节税额——折旧费用对自由现金流有正的影响。公司经常出于会计目的和纳税目的而报告不同的折旧费用，由于只有折旧的纳税后果与自由现金流有关，所以在自由现金流的预测中，应该使用公司为纳税目的而报告的折旧费用。

（四）计算 NPV

为计算家庭网络项目的 NPV，必须以适当的资本成本对项目的自由现金流进行折现。我们在第二章中讨论过，项目的资本成本为投资于具有相似风险和期限的备选项目时投资者可能获得的最高期望回报率。本教材将在第六章探讨如何估计资本成本。目前，我们暂且假设财务经理们经过测算，已经为家庭网络项目选择了适当的资本成本，为 12%。

给定这一资本成本，计算未来每年自由现金流的现值。如果资本成本为 12%，第 t 年自由现金流（记为 FCF_t）的现值为：

$$PV(FCF_t) = \frac{FCF_t}{(1+r)^t} = FCF_t \times \underbrace{\frac{1}{(1+r)^t}}_{t\text{年的复利现值系数}} \tag{4-11}$$

表 4-23 显示了家庭网络项目 NPV 的计算过程，第 3 行列示了复利现值系数（也称折现因子），第 4 行是自由现金流与复利现值系数的乘积，即各年自由现金流的现值。第 5 行列式项目的 NPV，为各年自由现金流的现值之和：

$$NPV = -1\,875 + 520 + 688 + 614 + 548 + 180 = 675（万元）$$

表 4-23　　　　　　　　　计算家庭网络项目的 NPV　　　　　　　　　单位：万元

	项目	0	1	2	3	4	5
计算净现值：							
1	自由现金流（FCF）	-1 875	583	863	863	863	318
2	项目的资本成本			12%			
3	复利现值系数	1.0000	0.8929	0.7972	0.7118	0.6355	0.5674
4	自由现金流的现值	-1 875	520	688	614	548	180
5	净现值（NPV）	480					

在本节中，我们对 ABC 公司的家庭网络项目的价值做了一个完整的评估。整个资本预算的过程可以在 Excel 电子数据表中进行，会使得一些预测和计算更为简便，有兴趣的读者可以尝试一下。

掌握自由现金流的估计方法是非常有用的，在第五章中，我们还将探讨如何基于自由现金流对公司股权价值进行评估。

【想一想】
1. 什么是折旧税盾？
2. 我们是如何得到项目的自由现金流的？

【本章小结】

1. 由于投资项目常常是不可逆的，必须在项目开始之前对项目进行评估，从而决定接受哪些项目，拒绝哪些项目。这些投资决策分析过程就是资本预算。在评估投资项目的时候，基本方法是先确定投资项目未来的现金流和风险，从而评价项目的价值，评估项目对公司价值的影响。因此，资本预算的实质是价值评估。

2. 净现值是用今天的现金来表示的项目价值，选择这样的项目就相当于公司今天收到数额等于该项目净现值的现金。

$$PV = PV(收益) - PV(成本) = PV(收益 - 成本)$$

对于常规项目，如果用 C_0 表示初始投资现金流（$C_0 < 0$），C_t 表示第 t 期的收益减去成本之后的净现金流（$t = 1, 2, \cdots, N$），投资项目的净现值也可以写成：

$$NPV = C_0 + \sum_{t=1}^{N} \frac{C_t}{(1+r)^t}$$

净现值考虑了资本成本即考虑了货币时间价值，只要能够准确地估计项目的所有收益和成本，NPV 为正说明项目的收益大于成本，接受 NPV 为正的项目都将增加公司及其投资者的财富，这就是净现值决策法则：

对单一项目：$NPV \geq 0$，接受项目；$NPV < 0$，拒绝项目。

对互斥项目：选择净现值最高的项目。

3. 内含回报率是使 $NPV = 0$ 的那个折现率。它表示接受一个投资项目所赚得的年平均回报率。使用 IRR 法则需要区分投资项目与融资项目。IRR 法则在多解或无解时无法使用，在互斥项目中也不适用。

（1）投资决策的 IRR 法则。

对单一项目：投资项目的 IRR 大于公司的资本成本，接受项目；否则，拒绝项目。

对互斥项目：不适用。

（2）融资决策的 IRR 法则。

融资项目的 IRR 小于公司的资本成本，接受项目；否则，拒绝项目。

4. 回收期就是收回初始投资所花费的时间。如果回收期短于预定的时间，就接受这个项目；否则，就拒绝它。这就是回收期决策法则（PP decision rule）：

对单一项目：投资项目的回收期短于预定的时间，接受项目；否则，拒绝项目。

对互斥项目：选择回收期更短的项目。

5. 在回收期法基础上，考虑了货币时间价值之后，就有了一种改进的方法，称之为折现回收期。折现回收期就是投资项目产生的现金流的现值可以收回初始投资所花费的时间。如果折现回收期短于预定的时间，就接受这个项目；否则，就拒绝它。这就是折现回收期决策法则：

对单一项目：投资项目的折现回收期短于预定的时间，接受项目；否则，拒绝项目。

对互斥项目：选择折现回收期更短的项目。

6. 获利指数衡量"花小钱而获大利"即花最少的钱或其他资源取得最好效果的能力，也就是消耗每单位资源所创造的以 NPV 表示的价值的能力。

获利指数的计算公式为：

$$PI = \frac{创造的价值}{消耗的资源} = \frac{NPV}{消耗的资源}$$

获利指数法有效性需要满足两个条件：一是资源约束；二是用尽所有资源。获利指数衡量"花小钱而获大利"即花最少的钱或其他资源取得最好效果的能力，也就是消耗每单位资源所创造的以 NPV 表示的价值的能力。当投资资金为稀缺资源时，对常规投资项目来说，消耗的资源就是初始投资额，但对非常规投资项目如后期追加投资的项目来说，消耗的资源应该是所有历次投资额的现值。

PI 决策法则为：

对单一项目：PI≥0，接受项目；PI<0，拒绝项目。

资源约束下项目选择（满足两个条件）：按 PI 由高到低进行排序并选择项目组合。

资源约束下项目选择（不满足两个条件）：不适用。

7. 增量收益，即由于投资决策而导致的公司预期收益的改变。无杠杆净利润是不考虑债务和利息的净利润，因为我们希望评价投资项目本身，而将其与融资决策相分离。

无杠杆净利润的计算公式为：

无杠杆净利润 = EBIT × (1 - t) = (收入 - 付现成本 - 折旧) × (1 - t)

机会成本即该资源作为他用时可为公司提供的最大价值；项目外部性是指实施一个项目可能带来增加或减少其他经营活动利润的间接效应。

沉没成本是指公司已经发生的不可收回的成本。不论项目决策是否继续，沉没成本已经或者将要支付。计算项目现金流应该考虑机会成本和外部性，但沉没成本与现有决策的增量无关，在决策分析中不应考虑。

8. 净营运资本，也简称营运资本或营运资金，通常指流动资产和流动负债的差额，其主要构成为现金、存货、应收账款及应付账款。

净营运资本 = 流动资产 - 流动负债 = 现金 + 存货 + 应收账款 - 应付账款

任何净营运资本的增加都表示减少公司的可动用现金，从而减少自由现金流的投资。定义第 t 年净营运资本的增加（ΔNWC_t）为：

$$\Delta NWC_t = NWC_t - NWC_{t-1}$$

自由现金流是项目对公司可动用现金的增量影响。自由现金流可以分为公司自由现金流、股权自由现金流和项目自由现金流三个层面。本章我们讨论项目自由现金流。

项目自由现金流的计算公式为：

自由现金流 =（销售收入 − 付现成本 − 折旧）×（1 − t）
　　　　　+ 折旧 − 资本性支出 − 净营运资本的增加额
　　　　= （销售收入 − 付现成本）×（1 − t）− 资本性支出
　　　　　− 净营运资本的增加额 + 折旧 × t

折旧 × t 被称作折旧税盾。它是由于折旧扣除而产生的节税额——折旧费用对自由现金流有正的影响。

以适当的资本成本对项目的自由现金流进行折现，就可以得到项目的 NPV。给定这一资本成本，计算未来每年自由现金流的现值。如果资本成本为 12%，第 t 年自由现金流（记为 FCF_t）的现值为：

$$PV(FCF_t) = \frac{FCF_t}{(1+r)^t} = FCF_t \times \frac{1}{(1+r)^t}$$

【关键术语】

资本预算（capital budget）
净现值（NPV）
内含回报率（internal rate of return, IRR）
回收期（payback period, PP）
折现回收期（discounted PP）
获利指数（profitability index, PI）
增量收益（incremental earnings）
机会成本（opportunity cost）
沉没成本（sunk cost）
净营运资本（net working capital, NWC）
自由现金流（free cash flow）
折旧税盾（depreciation tax shield）

【练习题】

1. 某公司计划进行一项投资，现有资金 200 万元，可供选择的项目有 A 和 B 两个项目：A 项目预计初始投资额为 100 万元，未来第 1 年年末至第 3 年年末的现金流预计为 70 万元、60 万元、50 万元；B 项目预计初始投资额 200 万元，未来第 1 年年末至第 3 年年末的现金流预计为 100 万元、110 万元、150 万元。假设资本成本为 10%。

要求：
(1) 计算两个项目的 NPV，并说明应投资哪个项目。
(2) 计算两个项目的 PI，并说明应投资哪个项目。

2. 某公司正在考虑推出一种新产品——DysonX，需要初始投资成本 1 000 万元，预期在未来的 5 年内，每年将获得 300 万元的现金流。

要求：

（1）计算项目的折现率从 0 到 30% 时所对应的 NPV。

（2）在什么样的折现率范围内，该项目是有吸引力的？

3. 据报道，为写作《我的路》（My Way），比尔·克林顿（Bill Clinton）收到 1 000 万美元的报酬。这本书要花 3 年时间才能完成。在写书期间，他原本可以通过演讲赚钱。鉴于他的知名度，假设他每年可通过演讲而非写作赚取 800 万美元（在年末收到），他每年的资本成本是 10%。

请回答：

（1）同意写书的 NPV 是多少（不考虑版税）？他应该写书吗？

（2）假设在书完成后的第 1 年，预期他会收到 500 万美元的版税（在年末支付），版税收入随后逐年减少 30%，一直持续下去。在有版税的情形下，出书的 NPV 是多少？他应该写书吗？

4. 如果你是房地产经纪人，打算在当地的公共汽车站放置一块广告牌来宣传自己的服务。成本是年初一次性支付 5 000 元，你预计每个月的收入会因为投放广告牌而额外增加 500 元。

请回答：

（1）不考虑资金的机会成本，广告牌的投资回收期是多久？

（2）如果你最长可接受回收期为 8 个月，你应该投资该项目吗？

5. 电影公司打算拍一部电影。预计初始投入 1 000 万元，拍摄耗时 1 年。拍完之后，预计会在上映的那年年末收入 500 万元，在接下来的 4 年里，每年收入 200 万元。

请回答：

（1）这项投资的回收期是多久？如果你要求的回收期是 2 年，你会拍这部电影吗？

（2）如果资本成本是 10%，拍这部电影的 NPV 是多少？根据 NPV 法则，你会拍这部电影吗？

6. 某公司要进行一项投资，需投入 600 万元，并在第 1 年年初垫支营运资金 50 万元，采用直线法计提折旧。项目寿命期为 5 年，每年销售收入为 360 万元，付现成本 120 万元，企业所得税税率为 25%，公司的资本成本为 10%。

请回答：

（1）该项目各年的自由现金流是多少？

（2）该项目的净现值是多少？

（3）不考虑货币时间价值时，该项目的回收期是多少年？

7. 某目标项目的期初投资为 30 万元，项目寿命为 3 年，采用直线折旧，期末无残值。项目期间无追加投资，在营运资本上的投资也为 0，公司的所得税税率为 25%，项目的折现率为 10%。项目未来的各年经营现金流相同，预测如表 4-24 所示，请问此项目是否值得投资？

表 4-24　　　　　　　　　预测项目情况

变量	各年预测值
销售量（万个）	8
产品的单位售价（元）	5.5
单位可变成本（元/个）	3
扣除折旧后的固定成本（万元）	5

8. 某公司拟购入一台新设备，初始投资为 80 000 元，使用寿命为 10 年，每年的修理费用为 2 000 元。尚有一台同样产出的旧设备，旧设备尚可使用 5 年，为保持生产力每年维修费用分别为 3 000 元、8 000 元、12 000 元、30 000 元、50 000 元。公司的资本成本均为 10%，不考虑残值变现收入。

请回答：
（1）新设备的等价年度成本是多少元？
（2）旧设备的等价年度成本是多少元？
（3）公司是否应该更换设备？

9. 假设某公司期初有 30 万元，准备进行投资，可选的各项投资项目的现金流如表 4-25 所示。

表 4-25　　　　　　　各项投资项目现金流　　　　　　　单位：万元

t	0	1	2	3	4
项目 A	-10	2	4	6	8
项目 B	-10	6	6	10	—
项目 C	-5	2	4	6	4
项目 D	-10	3	3	3	3

设公司的资本成本为 10%，则应投资哪些项目？

10. 兰花生物科技公司正在对几个试验药品的研发项目进行评估（如表 4-26 所示）。尽管项目未来的现金流难以预测，公司还是对各项目的初始资本需求和 NPV 作出如下估计。由于各项目的人员需求不同，公司还估计出每个研发项目所需要的科研人员数量。

表 4-26　　　　　　　　预测研发项目情况

项目	初始成本（亿元）	需要的科研人员人数（人）	NPV（亿元）
项目 1	10	2	10.1
项目 2	15	3	19.0
项目 3	15	4	22.0
项目 4	20	3	25.0
项目 5	30	12	60.2

请回答:

(1) 假设公司的资本预算总额为 60 亿元,公司应如何对这些项目进行优先排序?

(2) 假设公司当前有 12 名科研人员,并且预计近期不想再雇用其他人员了。公司应该如何对这些项目进行优先排序?

(3) 假设公司当前有 15 名科研人员,并且预计近期不想再雇用其他人员了。公司应该如何对这些项目进行优先排序?

11. 某公司正考虑将一种新软件投入市场。预计产品的初始投资成本为 500 万元。预期该产品在未来 10 年内每年将产生 100 万元的利润,公司预期的产品售后支持成本为每年 10 万元,且为永久性的。假设所有利润和费用支出都发生在年末。

请回答:

(1) 先画出项目的现金流时间线。如果资本成本是 6%,投资的 NPV 是多少?公司应接受该项目吗?在折现率分别是 2% 和 12% 时,重复上述计算和分析。

(2) 该投资机会有多少个 IRR?

(3) 可以用 IRR 法则评估该投资吗?请解释。

【教学辅助资料链接】

学习资料:Excel 在投资决策中的应用

第五章 股票估值

【学习目标】

1. 理解和掌握股利贴现模型。
2. 了解和认识总支出模型与自由现金流模型。
3. 熟悉常用的相对估值法。

第一节 股利贴现模型

一价定律表明，对任何证券估值，都必须确定投资者因持有该证券而将收到的期望现金流。与大多数债券有明确的到期日不同，股票没有到期日，那么如何开展对股票价值的评估呢？

为评估股票的价值，我们必须先搞清持有股票的现金流是怎样的。事实上，持有股票有两个可能的现金流来源：第一，公司可能以股利的形式向股东支付现金（本教材如无特殊说明，股利均是现金股利，或称"红利"）；第二，投资者可能在未来某个日期选择卖出股票以获得现金。而投资者从现金股利和卖出股票所得到的总金额，取决于投资期限。

为简化问题，我们先考察投资期限为 1 年的股票投资者的现金流，然后再考察长期股票投资者的现金流，最后可以证明，如果投资者具有相同的信念和看法，那么他们对于股票的估值将不依赖于投资期限的长短。利用这个结论，可以得到常用股票估值模型之一：股利贴现模型（dividend discount model，DDM）。

一、1 年期投资者

先考察 1 年期投资者的情形。投资者在 $t=0$ 时点上以 P_0 的价格购买股票，他有权得到持有股票期间所发放的股利。Div_1 表示年内每股股票支付的股利总额，为简化分析，假设所有当年股利均在年末进行支付，1 年期投资者刚刚收到当年股利支付后即刻以新的市场价格 P_1 卖出他所持有的股票。该 1 年期投资者的现金流时间线如图 5-1 所示。

时点: 0 ——— 1
现金流: $-P_0$ ——— Div_1+P_1

图 5-1　1 年期投资者的现金流时间线

当然，时间线上未来的股利支付和股票价格并非确切可知，而是基于投资者在购买股票时的预期。给定这些预期，只要这一交易的 NPV 不为负数，即只要当前价格不超过期望未来股利和卖出股票价格的现值，投资者就愿意以当前价格购买股票。值得注意的是，股票的现金流是有风险的，不能用无风险利率计算其现值，而必须基于股权资本成本（equity cost of capital，r_E）对现金流折现，股权资本成本等于资本市场上与该公司股票具有同等风险水平的其他投资的期望收益率（常用资本资产定价模型即 CAPM 来确定）。因此，1 年期投资者愿意购买股票须满足条件：

$$P_0 \leq \frac{Div_1 + P_1}{1 + r_E}$$

同理，对在 t=0 时刻将股票卖给这位 1 年期投资者的那位投资者来说，他交易的 NPV 也要不为负数，才会卖出股票，即当前收回的金额至少是其等到一年后再卖出时收到的金额的现值。因此，他愿意卖出股票须满足条件：

$$P_0 \geq \frac{Div_1 + P_1}{1 + r_E}$$

显然，上面两个式子必须同时成立，买卖双方才能形成交易。因此，股票价格必须满足：

$$P_0 = \frac{Div_1 + P_1}{1 + r_E} \tag{5-1}$$

换言之，在竞争市场中，买入或卖出证券必然是净现值为 0 的投资机会（正如第三章中所述）：

NPV(购买证券) = NPV(卖出证券) = 0

现在，我们来考察一下投资者的投资回报率。将式（3-11）两边同乘以 $(1+r_E)$，除以 P_0，然后再减去 1，得到：

$$r_E = \underbrace{\frac{Div_1 + P_1}{P_0} - 1}_{\text{总回报率}} = \underbrace{\frac{Div_1}{P_0}}_{\text{股利回报率}} + \underbrace{\frac{P_1 - P_0}{P_0}}_{\text{资本利得率}} \tag{5-2}$$

式（5-2）右边的第一项为股利回报率（dividend yield），它等于股票的期望年度股利除以当前价格，股利回报率是投资者预期从股票支付的股利中赚取的百分比回报率；式（5-2）右边的第二项为资本利得率（capital gain rate），它是用股票的期望卖价和买价之差即资本利得（capital gain）除以买价，表示投资者预期从买卖差价中赚取的百分比收益率；股利收益率和资本利得率之和为股票的总回报率（total return）（也称收益率、报酬率），表示投资者投资股票 1 年将获得的期望回报率。

式（5-2）说明，股票的总收益率应该等于股权资本成本。也就是说，股票的期望总回报率应该等于市场上具有相同风险的其他投资的期望收益率。

【例 5-1】股票的价格与回报率

假设你预期 ABC 公司来年将发放每股 0.44 元的股利，并且预期年末股票将按每股 33 元的价格交易。假如与 ABC 股票具有同等风险的其他投资的期望收益率是 8.5%，那么，你今天最多会为 ABC 公司股票支付的买价是多少？按这个价格，你预期的股利回报率和资本利得率分别是多少？

解析：根据式（5-1）可得：

$$P_0 = \frac{Div_1 + P_1}{1 + r_E} = \frac{0.44 + 33}{1 + 8.5\%} = 30.82（元）$$

按这个价格，投资该公司股票的股利回报率为：

$$\frac{Div_1}{P_0} = \frac{0.44}{30.82} = 1.43\%$$

资本利得率为：

$$\frac{P_1 - P_0}{P_0} = \frac{33 - 30.82}{30.82} = 7.07\%$$

按这个价格，投资 ABC 公司股票的期望总回报率为：1.43% + 7.07% = 8.5%。

式（5-2）的结论即股利收益率和资本利得率之和为股票的总回报率是我们应该预期到的：公司向其股东提供的回报率，必须和其他从事同等风险的其他投资可获得的回报率相当。如果投资该股票的期望回报率高于具有同等风险其他投资的期望回报率，投资者将出售其他投资并买进该股票。这种行为将抬高股票的当前价格，降低其股利回报率和资本利得率，直到式（5-2）成立为止。反之，如果该股票的期望回报率较低，投资者将卖出该股票，驱使当前股价下跌至式（5-2）再次成立。

二、2 年期投资者

再来考察 2 年期投资者的情形。投资者在 t = 0 时点上以 P_0 的价格购买股票，持有 2 年，仍沿用前面的假设即所有当年股利均在年末进行支付，即他在 t = 1 时获得第 1 年 Div_1，在 t = 2 时获得第 2 年 Div_2 后即刻以当时的价格 P_2 售出。该 2 年期投资者的现金流时间线如图 5-2 所示。

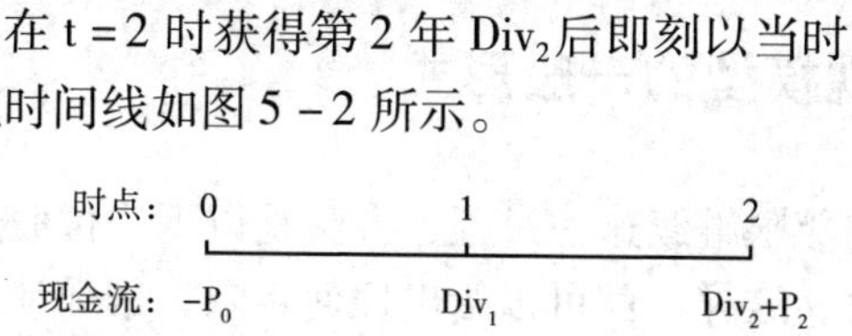

时点：	0	1	2
现金流：	$-P_0$	Div_1	$Div_2 + P_2$

图 5-2　2 年期投资者的现金流时间线

同前,这位 2 年期投资者如能与其卖方在 t = 0 时点上达成交易,股票价格必须满足①:

$$P_0 = \frac{Div_1}{1 + r_E} + \frac{Div_2 + P_2}{(1 + r_E)^2} \qquad (5-3)$$

与 1 年期投资者不同,这位 2 年期投资者关心的是股利和第 2 年的股价,而式(5-1)中没有这两项。那么这种差别是否意味着这位 2 年期投资者对股票的估值,与那位 1 年期投资者有所不同呢?也就是说,即使投资者对股票未来的股利和股价预期相同,对股权资本成本也有相同的信念,仅仅因计划持有期限不同,投资者对同一只股票在同一时刻的估值不一样?

答案为否。尽管 1 年期投资者并不直接关注第 2 年的股利和股票价格,但他将间接地关注它们,因为它们将影响投资者在第 1 年年末卖出股票的价格 P_1。下面构造两位连续的 1 年期投资者的情形:假设 1 年期投资者 A 将股票卖给对该股票持有相同信念的 1 年期投资者 B,投资者 B 持有 1 年后在第 2 年年末将收到第 2 年股利和股票的转售价格。两位连续的 1 年期投资者的现金流时间线如图 5-3 所示。

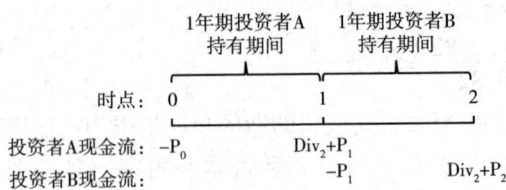

图 5-3 两位连续的 1 年期投资者的现金流时间线

所以,投资者 B 在 t = 1 时点上愿意支付的价格为:

$$P_1 = \frac{Div_2 + P_2}{1 + r_E}$$

将这个 P_1 代入式(5-1),则可得到与式(5-3)相同的结果:

$$P_0 = \frac{Div_1 + P_1}{1 + r_E} = \frac{Div_1}{1 + r_E} + \frac{1}{1 + r_E} \times \frac{Div_2 + P_2}{1 + r_E}$$

$$= \frac{Div_1}{1 + r_E} + \frac{Div_2 + P_2}{(1 + r_E)^2}$$

因此,2 年期投资者支付的股价与两位连续的 1 年期投资者相同。

三、股利贴现模型的一般形式

我们可以对任何年限继续这一过程,方法是以下一位股票投资者愿意支付的价格替换最后的股价。这样,就可以给出任何年限,例如计划持有 N 年期的投资

---

① 这里假设股权资本成本 r_E 不依赖于现金流的期限,即对于这两个期间都使用相同的股权资本成本。否则,需要根据股权资本成本的期限结构进行调整。这样做将使分析变得复杂,但不会改变结果。

者对股票价格的估值公式为：

$$P_0 = \frac{Div_1}{1+r_E} + \frac{Div_2}{(1+r_E)^2} + \cdots + \frac{Div_N}{(1+r_E)^N} + \frac{P_N}{(1+r_E)^N} \tag{5-4}$$

由前面的分析可知，式（5-4）既适用于单一的 N 年期投资者，也适用于一系列的投资者，他们每位都短期持有然后再转售。注意式（5-4）中的 N 可为任意期限。也就是说，不论投资期限长短，所有对股票拥有相同信念的投资者将对该股票赋予相同的价值。

我们在第一章中已经知道，公司的两权分离在理论上可以保证公司永续经营的可能性，因此股权是没有期限的。也就是说，如果公司未破产且从未被收购，并且每年都支付股利，那么永远持有股票也是有可能的。于是，若式（5-4）中的 N 趋于无穷大，则可写成如下形式：

$$P_0 = \frac{Div_1}{1+r_E} + \frac{Div_2}{(1+r_E)^2} + \frac{Div_3}{(1+r_E)^3} + \cdots = \sum_{t=1}^{\infty} \frac{Div_t}{(1+r_E)^t} \tag{5-5}$$

即股票价格等于股票将支付的期望未来股利的现值。

式（5-5）以公司支付的期望未来股利来确定股票的价值。但是，估计这些在遥远的未来支付的股利是困难的。于是，我们需要做一些假设，以使计算变得可能和简便。

【想一想】
1. 你会如何选择折现率来贴现股票的未来现金流？
2. 为什么对同一股票具有共同信念但计划持有不同期限的投资者，对该股票愿意支付同样的价格？

第二节 股利贴现模型的应用

关于股利贴现模型常见的假设有以下三种：第一，假设公司未来每股股利保持恒定不变，即零增长模型。第二，假设公司未来每股股利保持一个恒定不变的速率增长，即固定股利增长模型或戈登模型。第三，多阶段股利贴现模型，该模型通常假定股利在早期以较高的速率增长，而在后期以较低的速率增长或固定不变，常见的有两阶段股利贴现模型和三阶段股利贴现模型；或者假定在某一时点之后股利增长率固定不变，而在这之前股利增长率是可变的，即多元增长模型。

一、零增长模型

零增长模型（zero growth model）是股利贴现模型的一种特殊形式，它假定股利固定不变，即股利增长率等于零。零增长模型假定，股利永远按照一个恒定不变的水平支付。那么,对于今天购买股票并永久持有的投资者来说,其现金流时间线如图5-4所示。

```
时点:   0      1       2       3     ...    N     ...
现金流: -P₀   Div₁    Div₁    Div₁  ...   Div₁   ...
```

图5-4 零增长模型

由于预期的股利恒定不变,可以运用永续年金现值公式即式(2-17)来计算这些股利的现值。于是,股票价格的公式即零增长模型可以写成:

$$P_0 = \frac{Div_1}{r_E} \tag{5-6}$$

令 $Div_t = Div_1(t=1,2,3,\cdots)$,代入式(5-5),也可以运用无穷级数的性质推出式(5-6)的结果。

根据零增长模型可知,公司股权价值取决于未来的股利水平以及股权资本成本。而且在零增长模型中的任一时点上,股票价值都是相同的。

【例5-2】零增长模型的应用

爱迪生公司是一家受政府管制的公用事业公司,假设公司计划在来年每股支付2.36元的股利。如果股权资本成本是7.5%,预计未来每年股利保持不变,请你估计爱迪生公司的股票价值。

解析:公司未来每年股利保持不变,根据零增长模型即式(5-6)可得公司股票价值为:

$$P_0 = \frac{Div_1}{r_E} = \frac{2.36}{7.5\%} = 31.47 \text{(元)}$$

零增长模型不仅可以用于普通股的价值分析,而且适用于统一公债和优先股的价值分析。不过对于普通股来说,零增长模型的假设过于严苛,而且通常被认为是不现实的,因而应用起来有较多的限制。

二、固定股利增长模型

固定股利增长模型(constant dividend growth model),也被称为戈登股利增长模型(简称"戈登模型")①。在大多数公司金融或投资学教材中,戈登模型是一个被广泛接受和运用的股票估值模型。事实上,零增长模型也是固定股利增长模型的一个特例,它假定股利增长率恒等于零。不同的是,固定股利增长模型假定股利增长率恒等于一个大于零的常数。

固定股利增长模型假定,股利永远按照一个恒定的增长率 g 增长。那么,对于今天购买股票并永久持有的投资者来说,其现金流时间线如图5-5所示。

---

① 固定股利增长模型被麦伦·戈登教授推广,因而也被称为"戈登模型"。

```
时点:  0     1      2           3        …    N          …
现金流: -P₀  Div₁  Div₁(1+g)  Div₁(1+g)²  …  Div₁(1+g)^(N-1) …
```

图 5-5　固定股利增长模型

由于预期的股利以恒定的速率增长，可以运用永续增长年金现值公式即式 (2-18) 来计算这些股利的现值。于是，股票价格的公式可以写成①：

$$P_0 = \frac{Div_1}{r_E - g} \quad (5-7)$$

令 $Div_t = Div_1 \times (1+g)^{t-1}$（$t = 1, 2, 3, \cdots$），代入式 (5-5)，也可以运用无穷级数的性质推出式 (5-7) 的结果。

根据固定股利增长模型可知，公司股权价值取决于未来的股利水平以及据预期股利增长率调整后的股权资本成本。

【例 5-3】固定股利增长模型的应用之一

爱迪生公司是一家受政府管制的公用事业公司，假设公司计划在来年每股支付 2.36 元的股利。如果股权资本成本是 7.5%，预计未来每年股利增长 1.5%，请你估计爱迪生公司的股票价值。

解析：公司未来每年股利按固定不变的速率 $g = 1.5\%$ 增长，根据固定股利增长模型即式 (5-7) 可得公司股票价值为：

$$P_0 = \frac{Div_1}{r_E - g} = \frac{2.36}{7.5\% - 1.5\%} = 39.33 \text{（元）}$$

注意，将式 (5-7) 重新整理，可得：

$$r_E = \frac{Div_1}{P_0} + g \quad (5-8)$$

对比式 (5-8) 与式 (5-2) 可知，股利增长率 g 等于期望的资本利得率。换言之，在期望股利增长率固定不变的前提下，股价的期望增长率（即资本利得率）与股利增长率是一致的。

根据固定股利增长模型的假设，各期股利之间存在这样的关系：

$Div_2 = Div_1 \times (1+g)$

$Div_3 = Div_2 \times (1+g) = Div_1 \times (1+g)^2$

$\vdots$

$Div_t = Div_1 \times (1+g)^{t-1}$

那么，各个时点上的股票价格之间是否也存在特定的关系呢？假设第 1 年年末支付股利 Div_1，之后每年股利以不变的速率 g 增长，那么在 t 时刻的股票价格与今天的价格是什么关系呢？很简单，我们只需要知道 t + 1 时刻开始的现金流

---

① 这个公式要求 $g < r_E$。否则，永续增长年金的现值是无穷大的。这意味着，股利不可能永远以大于 P_0 的增长率 g 增长。如果 $g > r_E$，那也必定是暂时的，否则无法应用固定股利增长模型（永续增长年金公式）。

是怎样的，如图 5-6 所示。

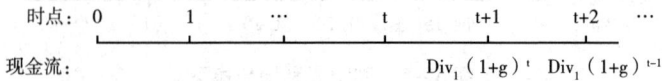

图 5-6 固定股利增长模型（t 时刻开始的现金流）

t 时刻股票的价格应为：

$$P_t = \frac{Div_{t+1}}{r_E - g} = \frac{Div_1 \times (1+g)^t}{r_E - g} = P_0 \times (1+g)^t \quad (5-9)$$

其中，t 为任意时刻。因此，式（5-9）表示任意时点上的股票价格与此时股票价格之间的关系。更进一步地，在固定股利增长模型假设下，任意两个时点 t 和 s 上的股票价格满足以下关系：

$$P_t = P_s \times (1+g)^{t-s} \quad (5-10)$$

【例 5-4】固定股利增长模型的应用之二

假设爱迪生公司刚刚派发每股 2 元的现金股利，如果公司的股权资本成本是 13%，预计未来每年股利增长 5%。请计算：

（1）爱迪生公司此时的股票价值是多少？

（2）5 年后的每股价值是多少？

解析：

（1）根据固定股利增长模型即式（5-7）可知，每股价值为：

$$P_0 = \frac{Div_1}{r_E - g} = \frac{Div_0 \times (1+g)}{r_E - g} = \frac{2 \times (1+5\%)}{13\% - 5\%} = 26.25 \text{（元）}$$

（2）根据固定股利增长模型即式（5-7）可知，5 年后的每股价值为：

$$P_5 = \frac{Div_6}{r_E - g} = \frac{Div_0 \times (1+g)^6}{r_E - g} = \frac{2 \times (1+5\%)^6}{13\% - 5\%} = 33.5 \text{（元）}$$

或根据各时点上股票价格之间的关系即式（5-9），可得 5 年后的每股价值为：

$$P_5 = P_0 \times (1+g)^5 = 26.25 \times (1+5\%)^5 = 33.5 \text{（元）}$$

固定股利增长模型十分有用。一方面，它强调了公司的股利政策会对股票价值产生影响，使投资者可以确定一个不受当前股市状况影响的公司的绝对价值或内在价值；另一方面，它对未来的股利（而不是利润）进行计量，关注投资者预期可以获得的实际现金流量，有助于不同行业的企业之间进行比较。但是，尽管这个模型十分简单，但除一些机构投资者外应用范围并不十分广泛，因为对普通投资者来说常常缺乏必要的数据和分析工具。事实上，任何一种估值模型都不可能永远适用于所有股票，但固定股利增长模型仍被证明是一种可靠的方法，用以选择那些长期从总体上看走势较好的股票，是一种在构建投资组合时选择股票的有效工具。

【想一想】
1. 为什么在零增长模型中的任一时点上股票价值是相同的?
2. 在固定股利增长模型中的任一时点上,股票价值是否仍然相同呢?

三、两阶段股利贴现模型

两阶段股利贴现模型(2-stage DDM),也称两阶段增长模型(two-stage growth model)(简称"两阶段模型"),顾名思义,就是假设公司股利的增长呈现两个阶段的特征。其背后蕴含的假设是,公司的增长是呈现阶段性的:第一阶段为超常增长阶段,又称"观测期",这一阶段公司快速成长,其增长率高于永续增长率,实务中的观测期一般为 5~7 年;第二阶段为永续增长阶段,又称"永续期",其增长率为正常稳定的增长率,或接近于宏观经济增长水平。现实中,企业几乎不可能保持永久的快速增长水平,如果企业在一段时间内保持行业中的领先地位或者利用一定的垄断优势保持较高的增长水平,常常最终还是会由竞争者的出现和竞争的加剧打破这一平衡。如前所述,竞争市场的投资回报率最终将等于其资本成本,而不可能获得超额回报,从而达到永续期。

两阶段模型假定股利的增长率呈现阶段性:通常,第一阶段股利按一个较高的增长率 g_1 增长,持续到第 N 年为止;第二阶段股利增长率降低到 g_2,并保持永续增长①。那么,对于今天购买股票并永久持有的投资者来说,其现金流时间线如图 5-7 所示。

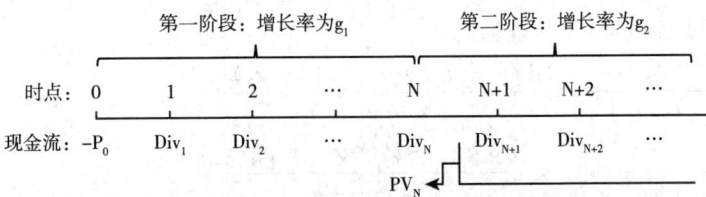

图 5-7 两阶段股利贴现模型

由于两个阶段的股利增长率不同,不能直接用年金现值公式。我们可以先将第二阶段的现金流折现到 t = N 时点上,记为 PV_N,再折现到 t = 0 时点上,此时现金流现值(记为 PV^2)与第一阶段的现金流现值(记为 PV^1)加总,得到全部现金流的现值即今天的股票价值 P_0。于是,两阶段模型的股票价格公式即两阶段股利贴现模型可以写成:

$$P_0 = PV^1 + PV^2 = \frac{Div_1}{r_E - g_1} \times \left[1 - \frac{(1+g_1)^N}{(1+r_E)^N}\right] + \frac{1}{(1+r_E)^N} \times \frac{Div_{N+1}}{r_E - g_2} \quad (5-11)$$

---
① 确认分界点有两种方法:一种是设第二阶段的起点为第 N 年;另一种是设第二阶段的起点为第 N+1 年。本教材采用第二种方法,即设第二阶段的起点为第 N+1 年。此后不再重复说明。

其中，$Div_{N+1} = Div_N \times (1+g_2) = Div_1 \times (1+g_1)^{N-1} \times (1+g_2)$，$g_1$ 为第一阶段增长率，g_2 为第二阶段增长率，并且仍旧假设股权资本成本 r_E 不依赖于现金流的期限。

【例 5-5】两阶段股利贴现模型的应用

ABC 公司刚刚派发了每股 2 元的股利，预期在接下来的 3 年里股利将以 8% 的速度增长，然后会以 4% 的速度永远增长下去。如果公司的股权资本成本是 12%，今天的每股价值是多少？

解析：股利现金流如表 5-1 所示。

表 5-1　　　　　　　　　两阶段模型的股利现金流

阶段	第一阶段			第二阶段		
时点	0	1	2	3	4	5	…
现金流		2×1.08	2×1.08^2	2×1.08^3	$2 \times 1.08^3 \times 1.04$	$2 \times 1.08^3 \times 1.04^2$	…

根据两阶段股利贴现模型可知：

第一阶段，3 年期的增长年金（$g_1 = 8\%$），已知 $DIV_0 = 2$，$r_E = 12\%$。其现值为：

$$PV^1 = \frac{DIV_0 \times (1+g_1)}{r_E - g_1} \times \left[1 - \frac{(1+g_1)^3}{(1+r_E)^3}\right]$$

$$= \frac{2 \times (1+8\%)}{12\% - 8\%} \times \left[1 - \frac{(1+8\%)^3}{(1+12\%)^3}\right]$$

$$= 5.58 \text{（元）}$$

第二阶段，从第 4 年开始的永续增长年金（$g_2 = 4\%$），先求其在 $t = 3$ 上的现值，再折现到 $t = 0$。其现值为：

$$PV^2 = \frac{1}{(1+r_E)^3} \times \frac{DIV_0 \times (1+g_1)^3 \times (1+g_2)}{r_E - g_2}$$

$$= \frac{1}{(1+12\%)^3} \times \frac{2 \times (1+8\%)^3 \times (1+4\%)}{12\% - 4\%}$$

$$= 23.31 \text{（元）}$$

因此，今天的每股价值为：

$P_0 = 5.58 + 23.31 = 28.89$（元）

两阶段模型一般适用于具有这样特征的公司：公司当前处于高速增长阶段，并预期今后一段时间内保持较高的增长率，但在此之后，支持高速增长率的因素消失，从而进入低速增长阶段。例如，某公司拥有一种在未来几年内能够产生较高盈利的专利权或存在较高的进入壁垒（如国家政策、基础设施限制等），一段时间内公司将高速增长，而专利权到期或进入壁垒解除之后，公司面临更加激烈的竞争，从而进入低速稳定增长阶段。

不过，两阶段模型也存在局限。第一，模型假设企业现金流量的增长呈现两阶段特征，这种假设在实务中只是一种近似正确的假设，企业的发展不可能在每个会计年度完全符合这样的假设。第二，两阶段模型是股利贴现模型的一个特例，具有股利贴现模型天然的缺陷。它需要我们预测公司未来现金流或股利现金流，再以合适的折现率进行折现。由于宏观经济的不确定性和经营环境的复杂多变性，估计未来不确定的未来现金流不是一件易事。显然，由于企业未来的现金流量难以或无法得到准确的预测，这种方法存在难以弥补的缺陷。第三，在目前的评估方法中，公司的股权资本成本在各期之间不存在差异的假设可能是有问题的。折现率的确定应该在公司资本成本的基础上考虑公司的财务风险，企业经营活动不断变化，企业风险也就不断变化，折现率也应随风险变动而进行调整。不过，尽管两阶段模型有这些缺点，这类模型仍具有一定的科学性，不仅受到国内外专家学者的关注，而且越来越被企业及分析师所接受和应用，实践中初步显示其优越性。从前面的学习中我们也可以知道，与零增长模型和固定股利增长模型相比，两阶段模型的假设更为宽松，也更加贴近实际，因此两阶段模型在公司金融中得到广泛的应用。因为三阶段股利贴现模型和多元增长模型的原理与两阶段模型类似，这里不再赘述。

【想一想】
1. 你认为零增长模型、固定股利增长模型以及两阶段股利贴现模型分别在什么条件下是适用的？
2. 零增长模型、固定股利增长模型以及两阶段股利贴现模型的关键区别就在于股利增长率的假设，那么，你觉得股利增长率应该由什么来决定呢？

四、股利增长率

前述三种股利贴现模型的关键区别就在于对股利增长率的假设不同。那么，什么因素决定了公司的股利增长率呢？我们先来介绍一个指标——股利支付率（dividend payout rate），即公司每年将其收益作为股利支付的部分，也称"股利发放率""股息率"。因此，t 期的每股股利可以写成如下形式：

$$\text{Div}_t = \text{EPS}_t \times 股利支付率 = \frac{\text{Earnings}_t}{t\text{ 期流通股股数}} \times 股利支付率 \quad (5-12)$$

其中，EPS_t 表示公司第 t 期的每股收益，也常被称作"每股盈余"，Earnings_t 表示公司第 t 期总的净收益。式（5-12）表示，公司每年的股利为公司的每股收益（EPS）乘以当年的股利支付率。

公司对其收益的支配可以有两种选择：要么将收益支付给投资者，要么将收益留存以追加投资。因此，有一个与股利支付率相反的比率，即留存收益率（retention rate），它表示公司将其收益留存下来进行追加投资的部分。它与股利支付率存在如下关系：

留存收益率 = 1 - 股利支付率 (5-13)

因此，公司的追加投资就可以写成：

追加投资 = 收益 × 留存收益率 (5-14)

公司可以通过三种方式增加每股股利：增加收益；提高股利支付率；减少流通股的股数。

现在假设公司不发行新股或回购现有股票，因此，流通股的股数是固定的，我们要讨论的就是，公司如何在增加收益（即减少当前的股利支付，增加再投资从而增加未来收益）和提高股利支付率（增加当前的股利支付，减少再投资，但是会减少公司未来收益）之间进行权衡。

为简化问题，我们假设：如果没有追加投资，公司就不会增长，于是公司未来的收益水平将维持在当前水平。如果所有未来收益的增加，都只来自用留存收益进行的追加投资，那么有：

收益的增加额 = 追加投资 × 投资回报率 (5-15)

式（5-15）中的投资回报率指的是追加投资的回报率，以下同。将式（5-14）代入式（5-15）中，然后将等式两边同时除以收益，即可得到：

收益增长率 = 留存收益率 × 投资回报率 (5-16)

如果公司选择保持留存收益率不变，也即保持股利支付率不变，那么，股利的增长率就等于收益的增长率：

g = 留存收益率 × 投资回报率 (5-17)

式（5-17）表明，公司可以通过保留更多的收益来提高其增长率。这意味着公司不得不减少股利。如果公司想提高股价，究竟应该削减股利而投资更多，还是应该削减投资增加股利支付呢？答案将取决于公司投资的盈利能力，即投资回报率。

【例 5-6】降低股利以提高股价

ABC 公司预计来年的每股收益是 6 元。公司不打算将这些收益再投资从而获得增长，而是计划将所有收益都作为股利发放给股东。在公司未来没有增长这种预期下，公司当前的股价是 60 元。假设在可预见的未来，公司可以降低其股利支付率至 75%，并用留存收益开设新店。预期这些新店的投资回报率是 12%。假设公司的股权资本成本不变，新的股利政策对公司的股价会产生什么影响？

解析：首先，估计公司的股权资本成本。当前，公司计划支付的每股股利等于每股收益 6 元。给定每股股价为 60 元（即股利收益率为 6/60 = 10%）。预期股利没有增长（$g=0$），根据式（5-8）估计股权资本成本：

$$r_E = \frac{\text{Div}_1}{P_0} + g = \frac{6}{60} + 0 = 10\%$$

其次，考察新政策的后果。公司将股利支付率降至 75%（也即留存收益率为 25%），则来年的每股股利将为：

$\text{Div}_1 = \text{EPS}_1 \times$ 股利支付率 $= 6 \times 75\% = 4.5$（元）

根据式 (5-17) 可知，股利增长率为：

g = 留存收益率 × 投资回报率 = 25% × 12% = 3%

运用固定股利增长模型即式 (5-7) 可得：

$$P_0 = \frac{Div_1}{r_E - g} = \frac{4.5}{10\% - 3\%} = 64.29 \text{（元）}$$

可见，如果公司降低股利，追加投资以促进增长，每股股价将从 60 元上升到 64.29 元，这意味着追加投资具有正的 NPV。通过将收益投资于回报率 (12%) 大于公司股权资本成本 (10%) 的项目，公司为其股东创造了价值。

在【例 5-6】中，降低股利支付率而追加投资有利于公司的成长，继而提高股价。但情况并非总是如此。我们再来看一个例子。

【例 5-7】无价值的增长

假设同【例 5-6】，公司降低其股利支付率至 75%，并用留存收益开设新店。但是现在假设预期这些新店的投资回报率是 8% 而不是 12%。给定公司的期望每股收益为 6 元，股权资本成本为 10% 不变，在这种情况下，公司的股价会是多少？

解析：假设同【例 5-6】，公司的股权资本成本为 10%，来年的每股股利将为 4.5 元。要求公司的股利增长率 g，仍用式 (5-17)，得：

g = 留存收益率 × 投资回报率 = 25% × 8% = 2%

运用固定股利增长模型即式 (5-7)，得：

$$P_0 = \frac{Div_1}{r_E - g} = \frac{4.5}{10\% - 2\%} = 56.25 \text{（元）}$$

由此可见，当公司资本成本为 10% 而追加投资的回报率仅为 8% 时，追加投资的 NPV 为负。通过将收益投资于回报率 (8%) 小于公司股权资本成本 (10%) 的项目，公司不仅没有为其股东创造价值，反而损失了价值：每股股价从 60 元下降到 56.25 元！

比较【例 5-6】和【例 5-7】可知，在假设公司原有业务回报率保持不变的情况下，公司能否通过降低股利以实现增长，关键取决于追加投资的回报率。即使追加投资能带来公司总收益的增长，但如果其投资回报率低于公司股权资本成本，追加投资也不能真正为股东创造价值。唯有追加投资的回报率超过股权资本成本，即有正的 NPV 时，降低股利追加投资才能提升股价，为股东创造价值。

在本节中，我们学习了股利贴现模型以及它在一些特定假设下的形式。股利贴现模型基于预测未来支付给股东的股利来估计股票的价值。但是与现金流可确定的长期债券不同，未来股利的预测具有很大的不确定性。预测股利需要可靠地预测公司的收益、股利支付率和未来的股票数量。究竟是用零增长模型，还是固定股利增长模型，还是多阶段股利贴现模型，事实上，我们难以知道哪一个是更合理的。在本章中，我们还将继续介绍其他估值方法，可以部分地避免这些困难的预测。

> 【想一想】
> 1. 公司追加投资总能增加公司价值吗？在什么条件下公司降低股利支付率而追加投资有利于公司的成长，从而有利于提高公司股价？
> 2. 如何使用股利贴现模型可靠地估计公司的股票价值？需要哪些预测数据？

第三节 总支出模型和自由现金流折现模型

一、总支出模型

在讨论股利贴现模型时，我们隐含地假设，公司支付给股东的任何现金，都是以股利的形式发放的。然而近些年越来越多的公司用股票回购取代了股利支付。所谓股票回购（share repurchase），即公司用过剩的现金（超额现金）买回本公司股票。股票回购对股利贴现模型有两个方面的影响：第一，公司为回购股票支出的现金越多，可用于支付股利的现金就越少；第二，通过回购股票，公司减少了流通股股数，从而增加了每股收益和每股股利。

在股利贴现模型中，我们从单个股东的角度估计每股价值，对股东将收到的股利进行折现：

$$P_0 = PV(未来每股股利) \tag{5-18}$$

若公司回购股票，另一种方法可能更可靠，即总支出模型（total payout model）。总支出模型对公司所有股权而非单一股票进行估值。为此，我们对公司向股东的总支出，即公司花费在股利和股票回购上的总金额进行折现，然后再将其除以当前的流通股股数，以确定每股价格。

总支出模型为：

$$P_0 = \frac{PV(未来的股利与股票回购总额)}{0期流通股股数} \tag{5-19}$$

我们也可以采用类似固定股利增长模型中的方法，将增长率为固定不变的假设应用到总支出模型中。不同的是，在预测公司总支出的增长时，对股利和股票回购总额进行折现，并且使用总收益（而不是每股收益）的增长率。

【例5-8】总支出模型的应用：股票回购

蓝天公司有流通股217万股，预期在本年年末的收益是86 000万元。公司计划将收益的30%作为股利支付，使用收益的20%回购股票，总计支出为收益的50%。如果预期公司的收益每年增长7.5%，并且上述支付的比例保持不变。此外，假设公司的股权资本成本是10%，求公司每股股票价值。

解析：公司本年的总支出 = 86 000 × 50% = 43 000（万元）。基于10%的股权资本成本和7.5%的期望收益增长率，公司未来总支出的现值可以用永续增长年金公式来计算：

$$PV(未来的股利与股票回购总额) = \frac{43\,000}{10\% - 7.5\%} = 1\,720\,000（万元）$$

这个现值代表公司股权的总价值，即股权总市值。为计算每股价值，需要将其除以当前的流通股股数，因而有：

$$P_0 = \frac{PV(未来的股利与股票回购总额)}{0 期流通股股数} = \frac{1\,720\,000}{21\,700} = 79.26（元/股）$$

由本例可以知道，使用总支出模型时，我们不必知道公司的支出在股利和股票回购之间的分配比例。

现在我们来想一想，在〖例5-8〗中如果使用股利贴现模型会怎样呢？公司将支付的每股股利 = 30% × 86 000/21 700 = 1.19（元/股），股利收益率 = Div_1/P_0 = 1.19/79.26 = 1.50%。由式（5-8）可知，公司的期望每股收益、每股股利和每股股价的增长率 = g = $r_E - Div_1/P_0$ = 10% - 1.5% = 8.5%。这时"每股"收益的增长率超过了"总"收益的增长率！

原因是公司的流通股股数由于股票回购而减少了，而股利贴现模型中无法体现这一点。事实上，每股收益、每股股利和每股股价的增长率与总收益增长率的差异，源于公司的回购收益率：（20% × 86 000/21 700)/79.26 = 1%。确实，由于明年的期望股价为86.00元[79.26 × (1 + 8.5%)]，公司明年将回购200万股（20% × 86 000/86），流通股股数将从21 700万股减少到21 500万股，于是，每股收益的增长率为8.5%[(1 + 7.5%) × (217/215) - 1]。

显然，在公司进行股票回购时，总支出模型更可靠，应用起来也很简单。

【想一想】
1. 总支出模型中使用的增长率与股利贴现模型中的增长率有什么不同？
2. 在什么情况下，总支出模型比股利贴现模型更可靠？

二、自由现金流折现模型

自由现金流折现模型（discounted free cash flow model，DFCF model）不同于股利贴现模型直接确定单一股票的价值，而是先确定对所有投资者（包括股东和债权人）而言的公司总价值，即先估计公司总体企业价值，然后再对股票估值。

企业价值为公司基础业务的价值，这些基础业务不受债务的束缚，并且与任何现金及有价证券分离。可以把企业价值解释为，取得公司的股权、得到其现金、偿付其所有债务从而拥有无杠杆公司和业务所付出的净成本。因此，企业价值的公式可以写成：

$$\text{企业价值} = \text{股权的市场价值} + \text{债务} - \text{现金} \tag{5-20}$$

因此，企业价值为公司股权的市场价值加上债务价值减去现金后的价值。其中，"债务 – 现金"是债务减去现金后的实际债务水平，被称为"净债务"；反过来，"现金 – 债务"是现金减去债务后的余额，被称为"净现金"。于是，式（5-20）可以改写成：

$$\text{股权的市场价值} = \text{企业价值} + \text{净现金} = \text{企业价值} - \text{净债务} \tag{5-21}$$

由式（5-21）可知，要估计股权的市场价值，可以先估算企业价值，再加上净现金就可以了；然后用股权的市场价值除以流通股股数，得到每股价值。自由现金流折现模型的优点是，在对公司估值时，不需要明确地预测股利、股票回购或债务的运用。

如何估算企业价值呢？为估算公司股权的价值，我们要计算公司向股东支付的总支出的现值。同理，为估算企业价值，我们要计算公司可用于支付所有投资者（包括债权人和股东）的自由现金流（FCF）的现值。我们在第四章看到了如何计算项目的自由现金流，现在对整个公司进行同样的计算：

$$\text{自由现金流} = \overbrace{\text{EBIT} \times (1-t)}^{\text{无杠杆净利润}} + \text{折旧} - \text{资本性支出} - \text{净营运资本的增加额} \tag{5-22}$$

为考察整个公司，我们定义公司的净投资（net investment）为资本性支出减去折旧：

$$\text{净投资} = \text{资本性支出} - \text{折旧} \tag{5-23}$$

我们可以将净投资理解为用来支持公司成长的投资，是超出用来维持公司现有资本投资的那部分投资。根据这一定义，也可将自由现金流的计算公式写成：

$$\text{自由现金流} = \text{EBIT} \times (1-t) - \text{净投资} - \text{净营运资本的增加额} \tag{5-24}$$

由式（5-22）可知，自由现金流其实衡量的就是公司经营产生、扣除维持公司现有资本和支持公司成长的投资之后，可以用来向债权人和股东支付的所有可动用现金。

估算出公司未来的自由现金流，与通过计算项目自由现金流的 NPV 来确定项目的价值一样，也可以通过计算公司自由现金流的现值来估计公司当前的企业价值 V_0，即折现自由现金模型：

$$V_0 = PV(\text{公司未来的自由现金流}) \tag{5-25}$$

给定企业价值 V_0，利用式（5-21）求出股权价值，然后再将其除以流通股的总股数，从而估算出每股价值为：

$$P_0 = \frac{V_0 + 0\text{ 期的现金} - 0\text{ 期的债务}}{0\text{ 期的流通股股数}} \tag{5-26}$$

对比自由现金流折现模型和股利贴现模型，至少有两个重要的不同。

第一，对债务和利息的处理不同。在股利贴现模型中，公司的现金和债务通过利息收入和费用对收益的影响,间接地被包含在模型里;而在自由现金流折现模型中,自由现金流是基于息税前利润 EBIT 计算的,尚未考虑利息收入和费用,之后在式(5-26)中才去调整现金和债务。

第二,折现率不同。股利贴现模型中使用的折现率是公司的股权资本成本 r_E,因为它折现的现金流是流向股东的现金流;而自由现金流折现模型中使用的折现率应该是公司的加权平均资本成本(weighted average cost of capital,WACC),一般记为 r_{WACC},表示支付给公司所有投资者的平均资本成本,包括股东和债权人。当公司没有债务(无杠杆)时,$r_E = r_{WACC}$;但当公司有债务时,r_{WACC} 为公司债务和股权资本成本的平均值,通常来说,债务的风险比股权的风险低,所以 r_{WACC} 通常低于 r_E。也可以说,WACC 反映公司所有投资的平均风险。本教材会在第六章中探讨如何计算 WACC。

现在,假设给定公司的加权平均资本成本 r_{WACC},运用自由现金流折现模型,估计公司的企业价值为:

$$V_0 = \frac{FCF_1}{1+r_{WACC}} + \frac{FCF_2}{(1+r_{WACC})^2} + \cdots + \frac{FCF_N + V_N}{(1+r_{WACC})^N} \tag{5-27}$$

其中,N 表示预测期,V_N 表示预测期 N 年年末的企业价值(即持续价值)。假定公司长期保持固定增长率 g_{FCF},那么:

$$V_N = \frac{FCF_{N+1}}{r_{WACC} - g_{FCF}} = \frac{1+g_{FCF}}{r_{WACC} - g_{FCF}} \times FCF_N \tag{5-28}$$

式(5-28)中的长期增长率 g_{FCF} 通常可以基于公司业务收入的往年长期增长率进行预测。由式(5-28)算出持续价值 V_N,再将其代入式(5-27)即可算出公司当前的企业价值 V_0。而如果公司从预测期开始就保持固定不变的增长率 g_{FCF},则公司的企业价值就可以写成:

$$V_0 = \frac{FCF_1}{r_{WACC} - g_{FCF}} \tag{5-29}$$

【例 5-9】自由现金流折现模型的应用

蓝海公司 2020 年的销售收入为 51 800 万元。假设我们预期公司 2021 年的销售收入将增长 9%,但是以后每年的销售收入增长率将逐年递减 1%,直到 2026 年及以后,达到所在行业 4% 的长期增长率。基于蓝海公司过去的盈利能力和投资需求,我们预计公司每年的 EBIT 为当年销售收入的 9%,净营运资本需求的增加为当年销售收入增加额的 10%,净投资(资本性支出减去折旧)为销售收入增加额的 8%。假如蓝海公司有现金 10 000 万元,债务为 300 万元,流通股为 2 100 万股,公司所得税税率为 25%,加权平均资本成本为 11%,你估计 2021 年初(当前或预测期期初)蓝海公司的每股价值是多少?

解析:基于上述预测,预测公司未来自由现金流如表 5-2 所示。

表 5-2　　　　　　　　　　预测蓝海公司的自由现金流

项目	2020 年	2021 年	2022 年	2023 年	2024 年	2025 年	2026 年
预测自由现金流：							
1　销售收入（万元）	51 800	56 462	60 979	65 247	69 162	72 620	75 525
2　销售收入增长率（%）		9	8	7	6	5	4
3　EBIT（销售收入的9%）（万元）		5 082	5 488	5 872	6 225	6 536	6 797
4　减：所得税（EBIT × 25%）（万元）		-1 270	-1 372	-1 468	-1 556	-1 634	-1 699
5　减：净投资（万元）		-373	-361	-341	-313	-277	-232
6　减：净营运资本的增加（万元）		-466	-452	-427	-392	-346	-291
7　自由现金流（万元）		2 972	3 303	3 636	3 964	4 279	4 575

此外，公司在 2026 年之后，以固定不变的比率增长，根据式（5-28）计算预测期期末的企业价值（持续价值）：

$$V_{2026} = \frac{1+g_{FCF}}{r_{WACC}-g_{FCF}} \times FCF_{2026} = \frac{1+4\%}{11\%-4\%} \times 4\,575 = 67\,972\,（万元）$$

代入式（5-27），公司当前的企业价值为其预测期各年自由现金流的现值加上预测期期末企业价值的现值：

$$V_0 = \frac{2\,972}{1+11\%} + \frac{3\,303}{(1+11\%)^2} + \frac{3\,636}{(1+11\%)^3} + \frac{3\,964}{(1+11\%)^4} + \frac{4\,279}{(1+11\%)^5}$$
$$+ \frac{4\,575 + 67\,972}{(1+11\%)^6} = 51\,954\,（万元）$$

根据式（5-27）可知，公司 2021 年初（当前或预测期初）股票的每股价值为：

$$P_0 = \frac{V_0 + 0\,期的现金 - 0\,期的债务}{0\,期的流通股股数}$$
$$= \frac{51\,954 + 10\,000 - 300}{2\,100} = 29.36\,（元/股）$$

事实上，自由现金流折现模型与第四章的 NPV 法则之间有着重要的联系，因为公司的自由现金流与项目的自由现金流有关——公司的自由现金流等于公司当前和未来投资产生的自由现金流之和。企业价值也可以被解释为：公司从继续其现有项目和启动新项目中将获得的总的 NPV。任何个别项目的 NPV 表示其对公司价值的贡献，所以为使公司的股票价值最大化，应该接受 NPV 为正的项目。

与股利贴现模型一样，使用自由现金流折现模型，也需要作许多预测和估计。尤其是公司自由现金流的估计：要预测未来的销售收入、销售成本和费用、税费、资本需求以及其他因素。不过，相比股利贴现模型，自由现金流折现模型在考虑关于公司未来前景的细节时，不仅更具灵活性，而且还可以围绕诸多假设实施敏感性分析。通过敏感性分析，可以将不确定性转化为股票价值的可能性区间。

【例 5-10】股票价值的敏感性分析

在〖例 5-9〗中，蓝海公司 2021 年的销售收入将增长 9%，以后每年的销售收入增长率将逐年递减 1%，直到 2026 年及以后，达到所在行业 4% 的长期增长率。

（1）假如预计从 2021 年起，销售收入的增长率保持为 4%，你对股票价值的估计会有何变化？

（2）销售收入的增长率保持为 4%，同时预计 EBIT 为销售收入的 7% 而不是 9%，股价又会怎样变化？

解析：（1）销售收入的增长率保持为 4%，EBIT 为销售收入的 9%，那么 2021 年的预计收入 = 51 800 × (1 + 4%) = 53 872（万元），EBIT = 53 872 × 9% = 4 848（万元）。销售收入的增加额 = 53 872 - 51 800 = 2 072（万元），由此可预计净投资 = 2 070 × 8% = 166（万元），净营运资本的增加额 = 2 072 × 10% = 207（万元）。因此，预计 2021 年的自由现金流为：

$FCF_{2026} = 4\ 848 \times (1 - 25\%) - 166 - 207 = 3\ 263$（万元）

预计未来增长率保持为 4%，可以用永续增长年金公式来估计蓝海公司的企业价值为：

$$V_0 = \frac{FCF_{2026}}{r_{WACC} - g_{FCF}} = \frac{3\ 263}{11\% - 4\%} = 46\ 620（万元）$$

股票的初始价值为：

$$P_0 = \frac{V_0 + 0\text{ 期的现金} - 0\text{ 期的债务}}{0\text{ 期的流通股股数}}$$

$$= \frac{46\ 620 + 10\ 000 - 300}{2\ 100} = 26.82（元/股）$$

将这一结果与〖例 5-9〗的结果对比可以发现，相比于更高的初始增长率（从 9% 开始逐年递减到 4%），4% 的持续增长率下，股票的每股价值要低将近 2 元。

（2）销售收入的增长率保持为 4%，同时预计 EBIT 为销售收入的 7%，那么 2021 年的预计收入 = 51 800 × (1 + 4%) = 53 872（万元），EBIT = 53 872 × 7% = 3 771（万元）。预计净投资和净营运资本的增加同（1）。因此，预计 2021 年的自由现金流为：

$FCF_{2026} = 3\ 771 \times (1 - 25\%) - 166 - 207 = 2\ 455$（万元）

企业价值为：

$$V_0 = \frac{FCF_{2026}}{r_{WACC} - g_{FCF}} = \frac{2\ 455}{11\% - 4\%} = 35\ 071（万元）$$

股票的初始价值为：

$$P_0 = \frac{V_0 + 0\text{ 期的现金} - 0\text{ 期的债务}}{0\text{ 期的流通股股数}}$$

$$=\frac{35\,071+10\,000-300}{2\,100}=21.32\,(元/股)$$

可见，保持4%的持续增长率，7%的息税前利润率下的股票价值比在9%的息税前利润下的股票价值要降低5.5元。

到此为止，我们已经学习了三种不同的估值模型：股利贴现模型、总支出模型和自由现金流折现模型。根据股利贴现模型可知，股票价值由其未来股利的现值决定；在总支出模型中，股票价值由其包括股利和股票回购的总支出的现值，再除以流通股股数来估算；而自由现金流折现模型是先根据公司的自由现金流确定了企业价值，再调整现金和债务得到股权价值，然后除以流通股股数来计算每股价值，其中自由现金流是公司可供支付给股东和债权人的现金。为便于读者学习和对比三种估值模型，我们做了一个简单的整理表格，如表5-3所示。

表5-3　　　　　　　　三种股票估值模型的比较

模型	求……的现值	资本成本	直接决定……
股利贴现模型	每股股利	股权资本成本	每股价值
总支出模型	总支出 （所有股利和股票回购）	股权资本成本	股权价值
自由现金流折现模型	公司的自由现金流 （可支付给所有投资者的现金）	加权平均资本成本	企业价值

由表5-3可知，通过计算公司的每股股利、总支出或公司自由现金流的现值，可分别估计股票的每股价值、公司的股权价值和企业价值。

【想一想】
1. 什么是企业价值？它与股权的市场价值有什么关系？
2. 如何根据预测的公司自由现金流估算公司的股票价值？

第四节　相对估值法

以上三种估值模型依据其估值思路都可以归为绝对估值法（absolute valuation method），它们通过考虑公司将提供给其所有者的期望未来现金流来评估公司或其股票的价值。一价定律告诉我们，公司价值等于其未来现金流的现值，因为这个现值就是我们为复制具有相同风险的现金流而在市场上进行其他投资所需要的投资额。

除绝对估值法外，一价定律还有一种应用，即相对估值法。相对估值法（comparative valuation method）基于预期在未来将产生与待估值公司非常相似的现金流的其他可比公司或投资的价值来评估目标公司的价值,而非直接评估公司的现金流。例如,考虑与现有某上市公司相当的一家新公司,如果两家公司将产生相同的现金流,根据一价定律,可以用现有上市公司的价值确定新公司的价值。

当然,不存在完全相同的公司。即使同行业的两家公司销售同类型产品,存在许多相似的地方,但公司的大小或规模也可能不同。在相对估值法下,我们可以使用估值乘数(valuation multiple)来调整规模差异,以评估业务相近的公司的价值。估值乘数为公司价值除以衡量公司规模的一些指标所形成的比率。例如,评估一栋办公楼的价值。最常用的方法是找到同一区域最近出售的其他建筑物每平方米的价格,将待评估办公楼的建筑面积乘以每平方米的平均售价,一般就能够提供对这栋办公楼价值的合理估计了。同样的思想可以应用到股票上,只不过用一些能够衡量公司规模的更合适的指标替代上面的建筑面积。

一、市盈率

最常用的估值乘数就是市盈率(price-to-earnings ratio,P/E),它等于公司的每股股票价格除以每股收益。市盈率的计算公式如下:

$$P/E = \frac{每股股价}{每股收益} \tag{5-30}$$

将式(5-30)稍作变形,可以得到如下等式:

$$每股股价 = P/E \times 每股收益 \tag{5-31}$$

当投资者购买股票时,他们实际购买的是对公司未来收益的要求权。由于公司间的收益可能持续存在差别,投资者应该愿意对当前收益较高的股票相应地支付更高的价格。因此,我们可以通过将待评估公司的当前每股收益乘以可比公司平均市盈率的方法,来估计公司股票的价值。

以固定股利增长模型为例,根据式(5-7)即 $P_0 = \dfrac{Div_1}{r_E - g}$,将等式两边同时除以 EPS_1,可以得到:

$$预测\ P/E = \frac{P_0}{EPS_1} = \frac{Div_1/EPS_1}{r_E - g} = \frac{股利支付率}{r_E - g} \tag{5-32}$$

式(5-32)提供了基于其预测收益(接下来 12 个月的预测收益)计算出来的预测市盈率。也可以用公司的上一年收益(之前 12 个月的收益)计算公司的历史市盈率。出于估值目的,预测市盈率更受青睐,因为投资者更关心未来收益。

【例 5-11】利用市盈率估值

爱家公司每股收益为 1.38 元,如果可比公司股票的平均 P/E 为 21.3。请用 P/E 作为估值乘数,对爱家公司的股票估值。

解析:根据式(5-30)可得爱家公司的股价为:

$P_0 = $ 市盈率 × 每股收益 $= 21.3 \times 1.38 = 29.39$（元）

根据式（5-32）可知，如果两只股票具有相同的股利支付率和 EPS 增长率，并且因为具有同等风险而拥有相同的股权资本成本，那它们应该有相同的 P/E。这也表明，具有高增长率且能够产生超过投资需求的现金从而能够保持高支付率的公司和行业，应该有较高的 P/E。

二、企业价值乘数

企业价值乘数也是很常用的估值乘数。如前所述，企业价值代表公司基础业务的总价值，而不仅仅是股权价值，如果想比较具有不同杠杆水平的公司，使用企业价值更有优势。

企业价值表示偿付债务前公司的整体价值，为构造适合的估值乘数，我们要用它除以一个在支付利息之前的盈利或现金流。常用的企业价值乘数有企业价值/EBIT 乘数、企业价值/EBITDA 乘数①以及企业价值/自由现金流乘数。由于各期之间的资本性支出可能会有很大的变化（例如，一家公司可能在某一年需要增加产能并建立一个新的工厂，但随后很多年都不再扩张），那么使用企业价值/EBITDA 乘数，而不用考虑不同公司资本性支出差异的影响。如果期望自由现金流增长是不变的，根据式（5-28），企业价值/EBITDA 乘数可以写成：

$$\frac{V_0}{EBITDA_1} = \frac{FCF_1/EBITDA_1}{r_{WACC} - g_{FCF}} \tag{5-33}$$

由式（5-33）可知，当公司的增长率越高，资本需求越低（自由现金流与 EBITDA 的比值越高），企业价值/EBITDA 乘数越高。

【例 5-12】利用企业价值乘数估值

A 公司每股收益为 2.30 元，EBITDA 为 3 070 万元，公司的流通股股数为 540 万股，债务为 12 500 万元（为减去超额现金后的净债务）。B 公司与 A 公司在基础业务方面具有可比性，但 B 公司没有债务。如果 B 公司的 P/E 为 13.3，企业价值/EBITDA 乘数为 7.4，分别使用这两个乘数，请估计 A 公司股票的价值。哪种估值可能更可靠？

解析：根据 P/E 乘数：B 公司的 P/E 为 13.3，估计 A 公司的股价为：$P_0 = 2.30 \times 13.3 = 30.59$（元）。

根据企业价值/EBITDA 乘数：估计 A 公司的企业价值 $V_0 = 3\ 070 \times 7.4 = 22\ 720$（万元）。减去净债务 12 500 万元，股权价值 $= 22\ 720 - 12\ 500 = 10\ 220$（万元）。再除以流通股股数，得到每股价值 $P_0 = 10\ 220/540 = 18.93$（元）。

显然，两种估值乘数估计的股价有较大差异，这是因为这两家公司的杠杆水平差异显著。这种情况下，基于企业价值的估值乘数将会更加可靠。

---

① EBITDA 为息税折旧和摊销前收益，指的是公司在扣除利息费用、所得税费用以及折旧和摊销这些非付现费用之前的收益。

除 P/E 和企业价值乘数外，还有许多估值乘数。如果合理地假设，可比公司和目标公司将来保持相似的利润率，那么，将企业价值视作销售收入的倍数也可能是有用的，即有企业价值/销售收入倍数。对于拥有大量有形资产的公司，有时用每股权益的市账比（或市净率）作为估值乘数。还有一些乘数是某个行业特有的，例如，对于有线电视行业的公司，估值时考虑的乘数是分摊到每个用户的企业价值。

三、估值乘数的优缺点

使用基于可比公司的估值乘数，被看作折现现金流估值法的最佳"捷径"：不用单独估计公司的资本成本、未来收益或自由现金流，而依靠具有相似未来前景的其他公司的市场估值。如果可比公司是相同的，使用估值乘数法简便而可靠。除了简单外，估值乘数的优点是：估值过程是基于真实公司的实际价值，而非基于对未来现金流的可能不切实际的预测。

但是，公司之间不可能相同。估值乘数的有效性将取决于公司之间差异的程度，以及乘数对这些差异的敏感性。影响估值乘数有效性的因素常常是公司期望未来增长率、盈利能力和风险（资本成本）的差异，也有可能是各国会计惯例的差异。我们可能知道差异的存在，但是却没有关于怎样调整这些差异的明确指引。

还有一些公司之间的差异是不能被准确量化的，例如一家公司可能拥有杰出的管理团队，而另一家公司可能拥有高效的制造工艺和程序，或刚取得一项颠覆性的创新技术等，这些差异在应用估值乘数时都被忽略了。

应用估值乘数法时，我们利用的只是待评估公司相对于同行业其他可比公司的价值的信息。但是，如果整个行业都被市场高估，利用估值乘数将不可能帮助我们作出正确的决策。例如 20 世纪 90 年代末的互联网繁荣期，对互联网行业的公司使用估值乘数则是不可靠的。当时有些公司根本没有正的现金流或收益，用估计现金流和折现未来现金流的方法估值尤为困难，于是它们创造出一些新的乘数（如价格/页面浏览量乘数）。

相比估值乘数法，折现现金流法的优势在于：它可以将关于公司的盈利能力、资本成本或未来增长潜力的具体特定信息吸收进或整合到估值模型中，而且可以进行敏感性分析。公司价值的真正动因在于其为投资者创造现金的能力，因此，使用折现现金流法很可能比使用估值乘数更准确、更有洞察力。

【想一想】
1. 使用估值乘数法时，隐含的假设是什么？
2. 常用的估值乘数有哪些？

四、股票估值技术：小结

事实上，没有哪一种估值技术或方法能够对股票的真实价值给出最终的答案。所有的估值方法都需要假设或预测，而随之带来的这些不确定性，导致我们无法给出有关公司价值的确定性估值。现实世界中的大多数金融财务从业者都是综合使用多种方法，如果依据不同方法得出的结论一致，对估值的信心和把握就会大增；而且，他们常常通过使用不同估值方法得到目标公司股票价值的一个范围。

【本章小结】

1. 持有股票有两个可能的现金流来源：第一，公司可能以股利的形式向股东支付现金（本教材如无特殊说明，股利均是现金股利，或称"红利"）；第二，投资者可能在未来某个日期选择卖出股票以获得现金。而投资者从现金股利和卖出股票所得到的总金额，取决于投资期限。如果投资者具有相同的信念和看法，那么他们对于股票的估值将不依赖于投资期限的长短，股票的价值等于其未来所有股利现金流的现值之和，这就是股利贴现模型。

股票的现金流是有风险的，不能用无风险利率计算其现值，而必须基于股权资本成本对现金流折现，股权资本成本等于资本市场上与该公司股票具有同等风险水平的其他投资的期望收益率（常用资本资产定价模型即CAPM来确定）。

1年期投资者对股票的估值为：

$$P_0 = \frac{Div_1 + P_1}{1 + r_E}$$

上式变形后，可得：

$$r_E = \frac{Div_1 + P_1}{P_0} - 1 = \frac{Div_1}{P_0} + \frac{P_1 - P_0}{P_0} \tag{5-34}$$

式（5-34）右边第一项为股利收益率（dividend yield），它等于股票的期望年度股利除以当前价格，股利收益率是投资者预期从股票支付的股利中赚取的百分比收益率；式（5-34）右边第二项为资本利得率（capital gain rate），它是用股票的期望卖价和买价之差即资本利得（capital gain）除以买价，表示投资者预期从买卖差价中赚取的百分比收益率。股利收益率和资本利得率之和为股票的总收益率（total return）（也称回报率、报酬率），表示投资者投资股票1年将获得的期望收益率。

2年期投资者对股票的估值为：

$$P_0 = \frac{Div_1}{1 + r_E} + \frac{Div_2 + P_2}{(1 + r_E)^2}$$

可以证明，2年期投资者支付的股价，与两位连续的1年期投资者相同。也就是说，如果投资者对股票未来股利预期相同，采用相同的折现率对股利折现，无论投资者计划持有期限长短，对同一只股票的估值应该相同。

给出任何年限，如计划持有N年期的投资者对股票价格的估值公式为：

$$P_0 = \frac{Div_1}{1+r_E} + \frac{Div_2}{(1+r_E)^2} + \cdots + \frac{Div_N}{(1+r_E)^N} + \frac{P_N}{(1+r_E)^N}$$

上式中N趋于无穷大，则可写成如下形式：

$$P_0 = \frac{Div_1}{1+r_E} + \frac{Div_2}{(1+r_E)^2} + \frac{Div_3}{(1+r_E)^3} + \cdots = \sum_{t=1}^{\infty} \frac{Div_t}{(1+r_E)^t}$$

根据股利贴现模型可知，股票价格等于股票将支付的期望未来股利的现值。

2. 零增长模型是股利贴现模型的一种特殊形式，它假定股利固定不变，即股利增长率等于零。

零增长模型为：

$$P_0 = \frac{Div_1}{r_E}$$

根据零增长模型可知，公司股权价值取决于未来的股利水平以及股权资本成本。而且在零增长模型中的任一时点上，股票价值是相同的。零增长模型不仅可以用于普通股的价值分析，而且还适用于统一公债和优先股的价值分析。不过对于普通股来说，零增长模型的假设过于严苛，而且通常被认为是不现实的，因而应用起来有较多的限制。

固定股利增长模型，也被称为戈登股利增长模型（简称"戈登模型"），它假定股利增长率恒等于一个大于零的常数。

固定股利增长模型为：

$$P_0 = \frac{Div_1}{r_E - g}$$

根据固定股利增长模型可知，公司股权价值取决于未来的股利水平以及据预期股利增长率调整后的股权资本成本。

两阶段股利贴现模型，也称两阶段增长模型（简称"两阶段模型"），它假设公司股利的增长呈现两个阶段的特征。由于两个阶段的股利增长率不同，不能直接用年金现值公式。我们可以先将第二阶段的现金流折现到t = N时点上，记为PV_N，再折现到t = 0时点上，折现后现金流的现值（记为PV^2）与第一阶段的现金流现值（记为PV^1）加总，得到全部现金流的现值即今天的股票价值P_0。

两阶段股利贴现模型为：

$$P_0 = PV^1 + PV^2 = \frac{Div_1}{r_E - g_1} \times \left[1 - \frac{(1+g_1)^N}{(1+r_E)^N}\right] + \frac{1}{(1+r_E)^N} \times \frac{Div_{N+1}}{r_E - g_2}$$

其中，$Div_{N+1} = Div_N \times (1+g_2) = Div_1 \times (1+g_1)^{N-1} \times (1+g_2)$，$g_1$为第一阶段增长率，$g_2$为第二阶段增长率，并且仍旧假设股权资本成本$r_E$不依赖于现金流的期限。

3. 股利支付率即公司每年将其收益作为股利支付的部分,也称"股利发放率""股息率"。t 期的每股股利为:

$$\text{Div}_t = \text{EPS}_t \times 股利支付率 = \frac{\text{Earnings}_t}{t\text{ 期流通股股数}} \times 股利支付率$$

留存收益率表示公司将其收益留存下来进行追加投资的部分。股利支付率与留存收益率之和为 1。即:

留存收益率 = 1 - 股利支付率

公司的追加投资就可以写成:

追加投资 = 收益 × 留存收益率

如果所有未来收益的增加都只来自用留存收益进行的追加投资:

收益的增加额 = 追加投资 × 投资回报率

假设公司的增长仅来源于追加投资,公司保持留存收益率不变,那么股利的增长率为留存收益率乘以追加投资的回报率。即:

收益增长率 = 留存收益率 × 投资回报率

如果公司选择保持留存收益率不变,也即保持股利支付率不变,那么,股利的增长率就等于收益的增长率:

g = 留存收益率 × 投资回报率

唯有追加投资的回报率超过股权资本成本,即有正的 NPV 时,降低股利追加投资才能提升股价,为股东创造价值。

4. 总支出模型用公司向股东的总支出,即公司花费在股利和股票回购上的总金额进行折现,然后再将其除以当前的流通股股数,以确定每股价格。在公司进行股票回购时,总支出模型更可靠。

总支出模型为:

$$P_0 = \frac{\text{PV}(未来的股利与股票回购总额)}{0\ 期流通股股数}$$

5. 自由现金流折现模型先根据公司未来自由现金流估计公司总体企业价值,再调整为股权价值,最后除以流通股股数求出股票估值。

企业价值为公司基础业务的价值,这些基础业务不受债务的束缚,并且与任何现金及有价证券分离。可以把企业价值解释为:取得公司的股权、得到其现金、偿付其所有债务从而拥有无杠杆公司和业务所付出的净成本。企业价值为公司股权的市场价值加上债务价值减去现金后的价值:

企业价值 = 股权的市场价值 + 债务 - 现金

"债务 - 现金"是债务减去现金后的实际债务水平,被称为"净债务";反过来,"现金 - 债务"是现金减去债务后的余额,被称为"净现金"。

股权的市场价值 = 企业价值 + 净现金 = 企业价值 - 净债务

估计股权的市场价值,可以先估算企业价值,再加上净现金就可以了;然后用股权的市场价值除以流通股股数,得到每股价值。自由现金流折现模型的优点是:在对公司估值时,不需要明确地预测股利、股票回购或债务的运用。

自由现金流 = EBIT × (1 − t) + 折旧 − 资本性支出 − 净营运资本的增加额

定义净投资为资本性支出减去折旧：

净投资 = 资本性支出 − 折旧

于是，自由现金流的计算公式写成：

自由现金流 = EBIT × (1 − t) − 净投资 − 净营运资本的增加额

估算出公司未来的自由现金流，与通过计算项目的自由现金流的 NPV 来确定项目的价值一样，也可以通过计算公司的自由现金流的现值，来估计公司当前的企业价值 V_0。

自由现金流折现模型为：

V_0 = PV(公司未来的自由现金流)

先根据自由现金流估计企业价值 V_0，再求出股权价值，然后再将其除以流通股的总股数，从而估算出每股价值为：

$$P_0 = \frac{V_0 + 0\text{ 期的现金} - 0\text{ 期的债务}}{0\text{ 期的流通股股数}}$$

需要注意的是，自由现金流折现模型中使用的折现率应该是公司的加权平均资本成本。

6. **相对估值法**（comparative valuation method）基于预期在未来将产生与待估值公司非常相似的现金流的其他可比公司或投资的价值，来评估目标公司的价值，而非直接评估公司的现金流。主要使用估值乘数，即公司价值除以衡量公司规模的一些指标所形成的比率。

7. 最常用的估值乘数就是市盈率，它等于公司的每股股票价格除以每股收益：

$$P/E = \frac{每股股价}{每股收益}$$

当投资者购买股票时，他们实际购买的是对公司未来收益的要求权。由于公司间的收益可能持续存在差别，投资者应该愿意对当前收益较高的股票相应地支付更高的价格。因此，我们可以通过将待评估公司的当前每股收益，乘以可比公司平均市盈率的方法，来估计公司股票的价值：

每股股价 = P/E × 每股收益

8. 企业价值乘数也是很常用的估值乘数。如前所述，企业价值代表公司基础业务的总价值，而不仅仅是股权价值，如果想比较具有不同杠杆水平的公司，使用企业价值更有优势。常用的企业价值乘数有企业价值/EBIT 乘数、企业价值/EBITDA 乘数以及企业价值/自由现金流乘数。其中，企业价值/EBITDA 乘数可以写成：

$$\frac{V_0}{EBITDA_1} = \frac{FCF_1/EBITDA_1}{r_{WACC} - g_{FCF}}$$

上式表示，当公司的增长率越高，资本需求越低（自由现金流与 EBITDA 的比值越高），企业价值/EBITDA 乘数越高。

【关键术语】

股利贴现模型（DDM）
股权资本成本（equity cost of capital）
股利收益率（dividend yield）
资本利得率（capital gain rate）
零增长模型（zero growth model）
戈登模型（Gordon model）
两阶段股利贴现模型（2-stage DDM）
股利支付率（dividend payout rate）
留存收益率（retention rate）
自由现金流折现模型（DFCF model）
净投资（net investment）
加权平均资本成本（WACC）
相对估值法（comparative valuation method）
估值乘数（valuation multiple）
市盈率（price-to-earnings ratio，P/E）

【练习题】

1. A 公司是一家受政府管制的公用事业公司，假设公司计划在来年每股支付 2.36 元的股利。

   要求：

   (1) 如果股权资本成本是 7.5%（折现率），预计未来每年股利保持不变，请你估计 A 公司的股票价值。

   (2) 如果股权资本成本是 7.5%（折现率），预计未来每年股利增长 1.5%，请你估计 A 公司的股票价值。

2. 假设 B 公司刚刚派发每股 2 元的现金股利，如果公司的股权资本成本是 13%，预计未来每年股利增长 5%。

   请回答：

   (1) B 公司此时的股票价值是多少？

   (2) 5 年后的每股价值是多少？

3. C 公司是一个成长型企业。该公司的市场资本化率（即期望收益率或折现率）为 6%，1 年后每股净收益 6 元，股利发放率为 30%，增长率为 3%。试求 C 公司股票价格。

4. D 公司今年年底预期派发每股 2 元的股利，此后 5 年（至第 6 年为止）股利将以 10% 的年增长速度增长，之后不再增长。如果折现率为 12%，D 公司股票的内在价值是多少？

5. 一只股票刚刚支付了每股 2 元的股利，预期在接下来的 3 年里，股利将以 8% 的速度增长，然后会以 4% 的速度永远增长下去。如果折现率是 12%，请问该股的内在价值是多少？

6. 假设 E 公司去年没有支付股利，而是花费 20 亿元用于股票回购。如果 E 公司的股权资本成本是 8%，且如果花费在回购上的资金预期每年增长 6%，估计 E 公司的股票总市值。如果 E 公司有 4.5 亿股流通股，与此相应的股价是多少？

7. F 公司今年计划支付每股 3 元的股利。预期公司每年的收益增长率是 4%，股权资本成本是 10%。

要求：

（1）假设公司的股利支付率和期望增长率保持不变，不发行新股或回购股票，估计公司的股价。

（2）假设公司决定今年支付每股 1 元的股利，用剩余的每股 2 元留存收益回购股票。如果公司总支出的比率保持不变，估计公司的股价。

（3）如果公司保持（2）的给定股利和总支出比率，预测公司的股利和每股收益的增长率分别是多少？

【教学辅助资料链接】

学习资料：Excel 在股票
估值中的应用

第六章 风险与回报

【学习目标】
1. 理解并掌握风险和回报的度量方法。
2. 掌握投资组合理论和资本资产定价理论的思想及应用。
3. 掌握资本成本的估计方法。

要正确地应用一价定律,需要比较具有同等风险的不同投资机会。本章中我们将讲授如何衡量和比较不同投资机会的风险,探讨风险与回报之间的关系,并且说明为何投资者只能对那些无法通过无成本的多元化组合分散的风险才能够要求风险溢价。学习本章内容之后,我们会得出一个重要的洞见,即比较投资机会时,只有不可分散的市场风险才是重要和相关的,也就是说,投资的风险溢价将取决于它对市场风险的敏感性。在这一章中,我们会精要地介绍公司金融学中重要的理论和模型,即投资组合理论以及资本资产定价模型(CAPM),前者标志着现代公司金融学的开端,而后者是金融经济学的核心模型。这些模型富有启示性的结论,将为我们继续公司金融的后续学习奠定扎实的理论基础。现在,让我们一起开始探索和学习吧。

第一节 风险和回报的度量

公司的管理者在制定投资决策或者投资者购买证券时,都要事先对相关的风险和回报有一定的了解。在探讨风险和回报之间的关系之前,我们需要先回顾测度风险和回报的标准方法。

一、概率分布下的回报和风险

(一)概率分布

不同证券有不同的初始价格,支付不同的现金流,以及不同的出售价格。为便于比较,我们常常用回报率(rate of return,return)来表示投资绩效。回报率表示对于每1元初始证券投资下的价值增长。回报额就是初始投资额与回报率的乘积。当投资的风险不同时，可能获得的回报率就不同。每一种可能的回报率都有其发生的可能性，我们使用概率分布（probability distribution）来描述这一信息：每一种可能的回报率 r_i 发生的概率为 p_i。

举个例子。假设ABC公司股票的当前交易价格为每股100元，你认为1年后股价有25%的可能性是140元，有50%的可能性是110元，还有25%的可能性是80元，且公司不支付股利。那么，ABC公司股票回报率的概率分布如表6-1所示。

表6-1　　　　　　　　　　ABC公司股票回报率的概率分布

股票当前价格（元）	预测1年后股价（元）	概率分布	
		回报率 r_i	概率 p_i（%）
100	140	0.40	25
	110	0.10	50
	80	−0.20	25

也可以用直方图描绘概率分布，如图6-1所示。

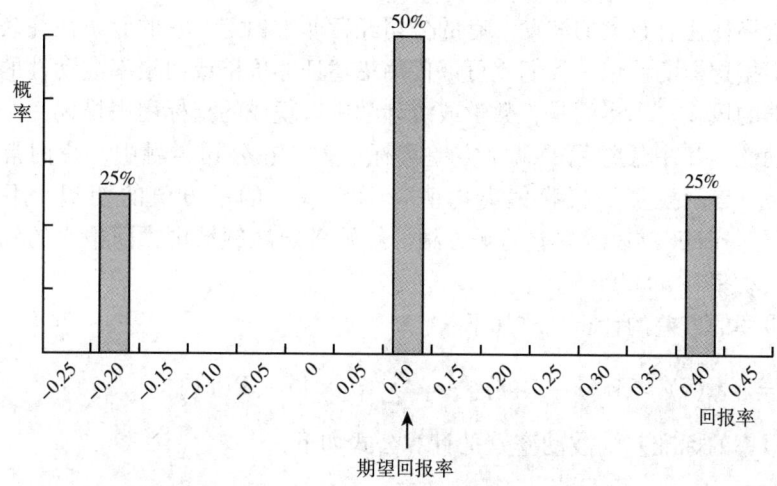

图6-1　ABC回报率的概率分布

（二）期望回报率

给定回报率的概率分布，可计算出期望回报率。期望（或平均）回报率（expected or mean return）为各种可能回报率的加权平均值，相应的权重即为各种可能出现的回报率的概率 p_i，而且 $\sum_{i=1}^{N} p_i = 1$。

期望（平均）回报率的计算公式如下：

$$\text{期望回报率} = E(r) = \sum_{i=1}^{N} r_i \times p_i \qquad (6-1)$$

其中，N 表示一共有 N 种可能的情形，第 i 种可能情形的发生概率为 p_i、回报率为 r_i。

期望回报率的含义是：假如每一次投资的回报来自同一分布，重复投资多次将获得平均回报率。按照直方图，如果把概率作为权重，期望回报率就是所有可能回报率分布的平衡点。利用式（6-1），我们可以求出 ABC 公司股票的期望回报率为：

$$E(r_{ABC}) = 25\% \times 0.40 + 50\% \times 0.10 + 25\% \times (-0.20) = 10\%$$

这一期望回报率正好对应于图 6-1 中的平衡点。

（三）风险的度量

那么，不同投资的风险该如何描述呢？试想一下，当我们买入一份国债并持有至到期，几乎可以确定未来的收益是怎样的现金流，也几乎可以确定在这份债券上的回报率。所以国债经常被看成是无风险的投资。但是投资一只股票，未来的现金流是不确定的，那么回报率也是不确定的，这就是有风险的。不同公司的经营和财务风险也不同，所以同是股票，风险也不同。有的公司经营风险大，它的股票价格往往有较大的波动，有的公司经营非常稳定，它的股票往往表现比较平稳。根据这样的认识，我们就可以借用描述证券价格或回报率波动性的指标来描述证券的风险。幸运的是，数学或统计学中有现成的指标用来描述一个随机变量的波动性，其中最常用的就是方差和标准差。在公司金融中，我们常用方差（variance）表示投资回报率偏离均值（即离差）的平方值的期望，用标准差（standard variance）表示方差的平方根。在财务金融领域中，回报率的标准差也被称作波动率（volatility）。

回报率的方差的计算公式如下：

$$\sigma^2 = Var(r) = E[r - E(r)]^2 = \sum_{i=1}^{N} p_i \times [r - E(r)]^2 \qquad (6-2)$$

回报率的标准差（波动率）的计算公式如下：

$$\sigma = SD(r) = \sqrt{Var(r)} \qquad (6-3)$$

如果是一项无风险投资，回报率就是确定的，那么回报率也从不偏离其均值，所以方差和标准差为 0。而对于风险投资，其回报率的方差和标准差将随着回报率偏离均值幅度的加大而增加。换句话说，证券投资的风险越大，其回报率的方差和波动率就会越大。

ABC 公司股票回报率的方差为：

$$Var(r_{ABC}) = 25\% \times (0.40 - 0.10)^2 + 50\% \times (0.10 - 0.10)^2$$
$$+ 25\% \times (-0.20 - 0.10)^2$$
$$= 0.045$$

回报率的标准差为方差的平方根：

$$SD(r_{ABC}) = \sqrt{Var(r_{ABC})} = \sqrt{0.045} = 21.2\%$$

尽管方差和标准差都可用来计量回报率的变动性，但标准差更易于理解，因为它与回报率本身具有同样的单位。此外，无论是方差还是标准差，它们都无法区分上涨风险和下跌风险，计量下跌风险的指标包括半方差（即仅仅计算损失的方差）和期望尾部损失（期望损失落在最差的 x% 的结果内）。由于这些指标通常产生与常用指标相同的风险排序，且应用起来更为复杂，所以往往在特殊应用中才使用这些备选指标。有兴趣的读者可以深入学习金融风险相关课程。

【例 6 – 1】计算期望回报率和波动率

假设 DEF 公司股票的回报率可能为 45% 或 –25%，出现这两种回报率的概率相等，它的期望回报率和波动率分别是多少？

解析：将可能的回报率以各自的概率为权重，进行加权平均，得到期望回报率：

$$E(r) = \sum_{i=1}^{N} r_i \times p_i = 50\% \times 0.45 + 50\% \times (-0.25) = 10.0\%$$

计算股票的波动率，需要先确定方差：

$$\begin{aligned} Var(r) &= \sum_{i=1}^{N} p_i \times [r - E(r)]^2 \\ &= 50\% \times [0.45 - 0.10]^2 + 50\% \times [-0.25 - 0.10]^2 \\ &= 0.1225 \end{aligned}$$

波动率为方差的平方根：

$$SD(r) = \sqrt{Var(r)} = \sqrt{0.1225} = 35\%$$

注意，在前面的例子中，ABC 股票和 DEF 股票有相同的期望回报率 10%，但 DEF 股票回报率的波动率比 ABC 股票回报率的波动率高很多。这说明，DEF 股票的回报率分布更广，或者说它高的回报率更高，低的回报率也更低。我们可以从图 6 – 2 中看到两只股票的回报率分布。

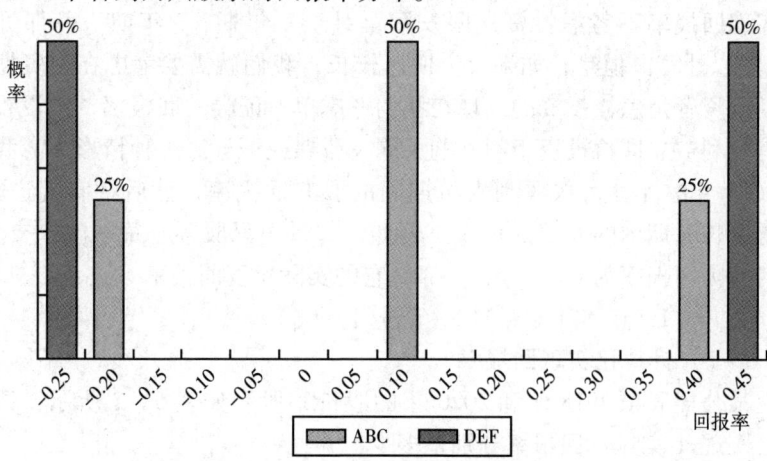

图 6 – 2　ABC 和 DEF 回报率的概率分布

如果能够像〖例6-1〗那样，事先知道证券回报率的概率分布，就可以计算它们的期望回报率和波动率，并研究它们之间的关系了。然而，在大多数情况下，我们无法知道明确的概率分布。在无法得知证券未来回报率的概率分布时，我们该怎样估计、比较证券的风险和回报呢？下面我们将介绍一种更为普遍的做法，即基于历史回报率的估计方法。

二、基于历史回报率的回报和风险

（一）已实现回报率

如果我们处在稳定的经济环境中，并且相信未来回报的分布是对过去回报的映射，那么这一策略还是合乎情理的。现在，我们来看看怎样运用股票市场历史数据来计算平均回报率和波动率吧。

已实现回报率（realized return）是指特定时期中实际发生的回报，也称"历史回报率""实际回报率"。怎样计量股票的已实现回报率呢？

考虑一个1年期投资者。如果投资者在 t 期以价格 P_t 买入股票，在 $t+1$ 期，该股票支付股利 Div_{t+1}，同时投资者以价格 P_{t+1} 出售该股票，那么从 t 期到 $t+1$ 期，投资者在该只股票上实现的回报率为：

$$r_{t+1} = \frac{Div_{t+1} + P_{t+1} - P_t}{P_t} = \frac{Div_{t+1}}{P_t} + \frac{P_{t+1} - P_t}{P_t}$$
$$= 股利收益率 + 资本利得率 \tag{6-4}$$

如同第五章中所讨论的那样，已实现回报率 r_{t+1} 等于以初始股票价格的百分比表示的、从股利和资本利得中赚得的总回报。事实上，式（6-4）适用于计算包括股票在内的任何证券的实际回报率，只需用该证券实际支付的现金流取代股利支付即可，例如债券，用支付的票息取代股利，即可算出债券的实际回报率。

已实现回报率不考虑投资期限长短，对于2年期、3年期……都可以用式（6-4）加以计算。但是，如果投资期比较长，我们就需要考虑在投资期间获得的股利，投资者是怎样投资的。现在我们考虑单一证券的回报率，假设投资者收到的所有股利被立即再投资于额外购买同一股票或证券。这种情形下，我们可以使用式（6-4）计算每次股利支付期间的股票回报率，然后将它们进行复利，从而求得更长时期内的股票回报率。例如，如果一只股票于每季度末支付股利，每季度的实际回报率为 $r_{Q1},\cdots,r_{Q4}$，那么它的实际年度回报率 r_{annual} 为：

$$1 + r_{annual} = (1 + r_{Q1})(1 + r_{Q2})(1 + r_{Q3})(1 + r_{Q4}) \tag{6-5}$$

【例6-2】计算已实现回报率

假设某公司股票2018年和2020年的股价和股利如表6-2所示：请计算该股票的已实现（实际）回报率分别是多少？

表 6-2 某公司 2018 年和 2020 年股价信息

日期	股价（元）	股利（元）	回报率（%）	日期	股价（元）	股利（元）	回报率（%）
2017-12-31	27.37			2019-12-31	35.60		
2018-08-23	27.24	0.08	-0.18	2020-02-19	28.17	0.11	-20.56
2018-11-15	27.39	3.08	11.86	2020-05-13	29.78	0.11	6.11
2018-12-31	26.72		-2.45	2020-08-19	27.32	0.11	-7.89
				2020-11-18	19.62	0.13	-27.71
				2020-12-31	19.44		-0.92

解析：根据表 6-2 中的股价和股利信息，2017 年 12 月 31 日到 2018 年 8 月 23 日，该股票的回报率为：

$$\frac{0.08 + 27.24 - 27.37}{27.37} = -0.18\%$$

同理可计算表中的其他回报率，并填列于表 6-2 中。然后，利用式（6-5）分别计算 2018 年和 2020 年股票的年度回报率为：

$$r_{2018} = (1 - 0.18\%)(1 + 11.86\%)(1 - 2.45\%) - 1 = 8.92\%$$

$$r_{2020} = (1 - 20.56\%)(1 + 6.11\%)(1 - 7.89\%)(1 - 27.71\%)(1 - 0.92\%) - 1$$
$$= -44.39\%$$

由〖例 6-2〗我们可以得知，股利回报率和资本利得率共同构成和决定了总的实际回报率，忽略任何一方面都会导致对投资业绩的错误表达。〖例 6-2〗中的股票回报率在 2018 年是正的，但在 2020 年是负的，这意味着该公司的股东在 2020 年是赔钱的——投资是有风险的！

（二）年均回报率

通过比较不同投资的实际年回报率，就可以在多项投资中进行比较了，可得出哪一项投资的表现更好。不过，一项投资在每年的表现有所不同，甚至是大为不同。这样，我们就可以通过计算年均回报率（average annual return）来衡量一段时期某只证券业绩表现的平均值。如，某证券在 t 年的实际回报率为 r_t（t = 1,…,T），那么在第 1~T 年间证券的年均回报率为：

证券的年均回报率

$$\bar{r} = \frac{r_1 + r_2 + \cdots + r_T}{T} = \frac{1}{T}\sum_{t=1}^{T} r_t \tag{6-6}$$

年均回报率是经验分布即用历史数据绘制的概率分布的平衡点。这种情况下，某个特定范围内回报率发生的概率，可用实际回报率落入该范围内的次数来计量。如果回报率的概率分布在一段时间内是相同的，则平均回报率提供了对期望回报率的一个估计值。换句话说，在无法确切得知回报率的概率分布，并且未来回报率与历史回报率同分布时，则可以基于历史回报率数据，用年均回报率来估计期望回报率。于是，我们有了第二种计算期望回报率的方法。

【例6-3】计算年均回报率

假设某只股票过去4年的回报率如表6-3所示。请问这只股票年均收益率是多少？

表6-3　　某股票过去4年的历史回报率

年份	2017	2018	2019	2020
回报率（%）	-4	28	12	4

解析：根据表6-3中的历史回报率，计算该只股票的年均回报率为：

$$\bar{r} = \frac{r_1 + r_2 + \cdots + r_T}{T} = \frac{-4\% + 28\% + 12\% + 4\%}{4} = 10\%$$

而且，当未来回报率与历史回报率处于同一概率分布，则可以历史回报率预测未来回报率，或者说已实现回报率的年平均值是期望回报率的无偏估计。

（三）回报率的方差和波动率

如前所述，不同风险的证券投资回报率的变动性有显著差异，年均回报率也是如此。一般来说，股票比公司债券和国债的变动性大得多。与之前一样，为将这一变动性的差异量化，我们可以估算概率分布的标准差。运用与计算均值时相同的逻辑，通过计算偏离均值的离差的平方的平均值来估算方差。不过我们并不知道真实的均值，而是以平均已实现回报率作为均值的最优估计值。

利用已实现回报率估计方差：

$$\mathrm{Var}(r) = \frac{1}{T-1} \sum_{t=1}^{T} (r_t - \bar{r})^2 \tag{6-7}$$

估计标准差或波动率，只要使用方差的平方根来估算就可以了。

注意，式（6-7）中求方差的估计值时，不是除以T而是除以T-1。这是因为我们不知道真实的期望回报率，所以必须要基于估计的平均回报率$\bar{r}$计算离差。因为平均回报率是从相同的样本中计算得出的（而非总体均值），为此失去了一个自由度（实际上消耗了一个数据点），结果在估算方差时只剩下T-1个数据点可运用。

【例6-4】计算历史波动率

继【例6-3】，根据表6-3中该只股票过去4年的历史回报率，请你估计股票回报率的方差和波动率。

解析：根据表6-3中的历史回报率，计算该只股票的年均回报率：$\bar{r} = 10\%$（【例6-3】）

该只股票回报率的方差估计值为：

$$\text{Var}(r) = \frac{1}{T-1}\sum_{t=1}^{T}(r_t - \bar{r})^2$$
$$= \frac{1}{4-1}[(-4\% - 10\%)^2 + (28\% - 10\%)^2$$
$$+ (12\% - 10\%)^2 + (4\% - 10\%)^2]$$
$$= 0.01867$$

波动率或标准差为：

$$\text{SD}(r) = \sqrt{\text{Var}(r)} = \sqrt{0.01867} = 13.66\%$$

> 【想一想】
> 1. 在已知未来回报率概率分布的情况下，如何计算期望回报率和波动率？
> 2. 基于某只证券过去一段时间的已实现回报率，如何计算年均回报率和历史波动率？

（四）估测误差

为估算投资的资本成本，需要确定期望回报率，这个期望投资回报率是投资者因为投资风险而要求的补偿。假设过去回报率的分布和未来回报率的分布是一样的，那么可考察投资者在过去从相同或相似的投资中预期赚得的回报率，并且假设在未来他们将要求同样的回报率。然而，我们并不能确切地知道过去投资者预期的回报率是多少，我们仅仅能够观测已经实现的实际回报率（历史回报率）。

例如，〖例6-2〗中，投资者在2020年亏损了44.39%，这肯定不是他在当年年初的期望回报率。

如果我们相信，平均而言，投资者既不过度乐观，也不过度悲观，那么从长期来看，投资者的期望回报率应该与平均实际回报率一致。根据这一假设，可用证券的历史平均回报率来推断它的真实期望回报率。但是，这样又遇到一个难题，即平均实际回报率只是真实期望回报率的估计值，所以存在估测误差。给定股票回报率的波动率，即使有许多年的数据，估测误差也可能会很大。

统计学中，我们一般通过标准误计量统计估计的估测误差。标准误（standard error）是均值的估计量的标准差，也就是平均回报率的标准差。标准误表示样本均值偏离期望回报率的程度。如果假设股票回报率的分布每年都是相同的，并且每年的回报率都独立于以前年度的回报率，则可由以下公式计算估计期望回报率的标准误：

$$\text{标准误} = \frac{\text{SD}(\text{个体风险})}{\sqrt{\text{观测值的个数}}} \tag{6-8}$$

由于平均回报率落在真实期望回报率左右两个标准误之间的概率大约为

95%，故可用标准误来确定真实期望值的合理范围。期望回报率95%的置信区间（95% confidence interval）为：

历史平均回报率 $\pm (2 \times$ 标准误$)$ \hfill (6-9)

例如，根据〖例6-3〗和〖例6-4〗中的数据可知，该只股票在过去4年的平均回报率为10%，波动率为13.66%。假设其每年的回报率来自独立且相同的分布（IDD），那么在这段时期内，股票期望回报率95%的置信区间为：

$$10\% \pm \left(2 \times \frac{13.66\%}{\sqrt{4}}\right) = 10\% \pm 6.83\%$$

即为3.17% ~ 16.83%。由此看来，我们似乎无法准确地估计出股票的期望回报率。而且，观测值的个数越少，结果估计值的准确度越低。如果我们相信回报率的分布可能随时间而改变，则最好用最近的数据来估计期望回报率。

（五）复合年均回报率

前面我们通过计算算术平均数的方法计算年均回报率。事实上，还有一种通过计算复合年均回报率（也称复合年均增长率或CAGR）计算平均回报率的方法。它的计算公式是：

$$\text{复合年均回报率} = [(1+r_1)(1+r_2) \times \cdots \times (1+r_N)]^{1/T} - 1 \quad (6-10)$$

复合年均回报率其实就是各年已实现回报率的几何平均。实际上，复合年均回报率相当于一段时期例如N年内投资的内含回报率（IRR）。式（6-10）也可以写成：

$$\text{复合年均回报率} = \left(\frac{\text{终值}}{\text{初始投资}}\right)^{1/T} - 1 \quad (6-11)$$

根据式（6-10）可知，〖例6-3〗中这只股票的复合年均回报率为：

$$\text{复合年均回报率} = [(1-4\%)(1+28\%) \times (1+12\%) \times (1+4\%)]^{1/4} - 1$$
$$= 9.38\%$$

那么，究竟应该用复合年均回报率还是算术平均回报率呢？我们来看一个简单的例子。假设一项投资今年有20%的年回报率，下一年的回报率为-20%。则年均回报率为：

$$\bar{r} = \frac{r_1 + r_2}{T} = \frac{20\% + (-20\%)}{2} = 0\%$$

实际上，每1元的初始投资在2年后的价值为：$1 \times (1+20\%) \times (1-20\%) = 0.96$（元）。经2年的投资下来，投资者是亏损的。为什么呢？因为第1年20%的资本利得发生在1元的初始投资上，而第2年20%的亏损却是发生在1.20元的投资上（第1年年末、第2年年初的投资价值）。本例中的复合年均回报率为：

$$(0.96)^{1/2} - 1 = -2.02\%$$

因为几何平均数小于等于算术平均数，复合年均回报率将总是低于算术平均回报率，只有在各年算术平均回报率相等时，两者才相等！并且，回报率的波动率越大，复合年均回报率与算术平均回报率的差异越大。

现在，回到我们的问题：两种年均回报率，哪一种是对投资回报率更好的描述呢？

答案是，由上面的例子可知，复合年均回报率是对投资长期历史业绩较好的描述。它表示，投资者为复制同一期限的投资绩效而要求的等价无风险回报率。当我们评价不同投资过往的业绩表现时，应该用它们的复合年均回报率来排序。例如，基金经理在展示自己过往的投资业绩时，应该报告他们所管理的基金在过去 5 年或 10 年间的复合年均回报率。

那么，什么时候用算术年均回报率呢？

答案是，当我们试图估计未来投资期内的期望回报率时，就应该使用算术平均回报率了。如前所述，当过去回报率与未来回报率独立地来自同一分布，则算术平均回报率提供了对真实期望回报率的无偏估计。

【想一想】
1. 如果要衡量过往的投资绩效，应该用哪种平均回报率？
2. 如果各年回报率独立同分布，哪种平均回报率可以提供对真实期望回报率的无偏估计？

第二节 投资组合理论

在上一节中，我们解释了怎样计算个股的期望回报率和波动率。为找到有效投资组合，我们必须要先知道如何测度投资组合的期望回报率和波动率。

现在我们要做一个重要的假设：投资者是风险厌恶型的。风险厌恶型的投资者从收入增加中得到的收益（或效用的增加），要小于等量的收入减少而带来的个人成本（或效用的减少）。因此，风险厌恶型的投资者不愿意选择和持有波动性较高的投资组合，除非他们期望获得更高的回报率。

一、投资组合的期望回报率

为找到最优投资组合，需要定义投资组合和分析其回报率的方法。首先，我们要找到一个方法来描述投资组合，即区别一个投资组合不同于另一个投资组合的简便而有效的方法。

投资组合权重（portfolio weights）可以用来描述投资组合，它是指投资组合中持有的每项投资占总投资的比重，即：

$$w_i = \frac{投资 i 的价值}{投资组合的总价值} \tag{6-12}$$

因此，我们可以用投资组合权重 $\{w_1, w_2, \cdots, w_N\}$ 来描述一个投资组合，其中，N 表示组合中有 N 项投资。投资组合中各项投资的权重相加应该等于 1，即 $\sum_{i=1}^{N} w_i = 1$。可见，投资组合权重的含义为，将投资的资金分割投资于组合中各项不同投资的比例。

举个例子，考虑这样一个投资组合：组合中包含 2 只股票，200 股、每股价值为 30 元的股票 A，和 100 股、每股价值为 40 元的股票 B。该投资组合的总价值 $= 200 \times 30 + 100 \times 40 = 10\,000$（元），对应的投资权重分别为：

$$w_A = \frac{200 \times 30}{10\,000} = 60\%, \quad w_B = \frac{100 \times 40}{10\,000} = 40\%$$

给定投资组合权重，就可以计算投资组合的回报率。假设一个由 N 种证券构成的投资组合，其投资权重为 $\{w_1, w_2, \cdots, w_N\}$，这些证券各自的回报率分别为 $r_1, r_2, \cdots, r_N$，投资组合的回报率是多少呢？

我们将投资组合的回报率记为 r_P。先假设投资总额为 A，在这 N 种证券中配置的投资金额分别为 $A_1, A_2, \cdots, A_N$。由于它们各自的回报率分别为 $r_1, r_2, \cdots, r_N$，所以，我们在每种证券上的回报为 $A_1 r_1, A_2 r_2, \cdots, A_N r_N$，因此，投资组合的回报率为：

$$r_P = \frac{A_1 r_1 + A_2 r_2 + \cdots + A_N r_N}{A} = \frac{A_1}{A} r_1 + \frac{A_2}{A} r_2 + \cdots + \frac{A_N}{A} r_N$$

$$= w_1 r_1 + w_2 r_2 + \cdots + w_N r_N$$

可见，只要给定投资组合权重 $\{w_1, w_2, \cdots, w_N\}$ 和组合中各项投资的回报率 $r_1, r_2, \cdots, r_N$，即可得到投资组合的回报率为每项投资回报率的加权平均，权重就是投资组合权重，即：

$$r_P = w_1 r_1 + w_2 r_2 + \cdots + w_N r_N = \sum_{i=1}^{N} w_i r_i \tag{6-13}$$

【例 6-5】计算投资组合的回报率

假设你以每股 30 元的价格买入 200 股股票 1，以每股 40 元的价格买入 100 股股票 2。如果股票 1 的股价上涨到 36 元，股票 2 的股价下跌至 38 元，那么该投资组合的最新价值和投资组合的回报率是多少？价格改变前后，投资组合权重是否发生变化？

解析：首先，投资组合的初始价值为 10 000 元（$200 \times 30 + 100 \times 40$），股价变化后投资组合的最新价值为 11 000 元（$200 \times 36 + 100 \times 38$）。

投资组合的回报率 $= 11\,000/10\,000 - 1 = 10\%$。

其次，我们来看一下股价变化前后的投资权重各是多少。

初始投资权重为：$w_1 = \frac{200 \times 30}{10\,000} = 60\%, \quad w_2 = \frac{100 \times 40}{10\,000} = 40\%$

最新投资权重为：$w_1 = \frac{200 \times 36}{10\,000} = 65.45\%, \quad w_2 = \frac{100 \times 38}{10\,000} = 34.55\%$

可见，股价变化前后投资组合权重发生了变化。在没有追加投资的情况下，价值上涨的投资权重上升了，而价值下跌的投资权重下降了。

在式 (6-13) 的基础上，我们就很容易推导出投资组合的期望回报率。因为总体的期望值等于个体期望值的加总，而常数与随机变量乘积的期望值等于常数与随机变量期望值的乘积，所以投资组合的期望回报率就等于组合中各项投资的期望回报率的加权平均，即：

$$\begin{aligned} E(r_P) &= E(w_1 r_1 + w_2 r_2 + \cdots + w_N r_N) \\ &= E(w_1 r_1) + E(w_2 r_2) + \cdots + E(w_N r_N) \\ &= w_1 E(r_1) + w_2 E(r_2) + \cdots + w_N E(r_N) \\ &= \sum_{i=1}^{N} w_i E(r_i) \end{aligned} \quad (6-14)$$

【例 6-6】计算投资组合的期望回报率

假设你投资 10 000 元买入股票 1，投资 30 000 元买入股票 2。你预期，股票 1 的回报率为 10%，股票 2 的回报率为 16%。那么，你的投资组合的期望回报率是多少？

解析：确定组合的投资权重，总投资额为 40 000 元（10 000 + 30 000），则：股票 1 的投资权重 = 10 000/40 000 = 25%，股票 2 的投资权重 = 75% (30 000/40 000)。且已知两只股票的期望回报率分别为 10% 和 16%。

那么，根据式 (6-14) 可知，投资组合的期望回报率为：

$$E(r_P) = w_1 E(r_1) + w_2 E(r_2) = 25\% \times 10\% + 75\% \times 16\% = 14.5\%$$

【想一想】

1. 什么是投资组合权重？
2. 如何根据投资组合权重计算投资组合的期望回报率？

二、投资组合的风险：N=2 的简单情形

1981 年的诺贝尔经济学奖得主詹姆斯·托宾（James Tobin）有一句非常经典的话："不要把所有鸡蛋放在同一个篮子里。"[①] 这句话之所以经典，是因为它讲了投资时一个非常重要的道理：分散投资从而降低风险。在本节中，我们将详细探讨分散投资如何帮助投资者分散风险。现在，我们需要先来学习量化投资组合风险的统计工具，以及学习如何确定投资组合的波动率。

（一）联合风险

我们先明确一下风险的类型。根据相关性，风险可以分为完全相关的共同风险（common risk）和没有相关性的独立风险（independent risk）。什么是共同风

---

① 事实上，很多人不知道这句话还有后半句。他的原话是"不要把所有鸡蛋放在同一个篮子里，但也不要放在太多的篮子里"。

险呢？举个例子，保险公司对同一城市的家庭地震保险，如果发生地震，所有家庭都很可能受到影响和遭受财务损失，这就是共同风险；而如果是保险公司对同一城市的失窃保险，不同家庭的失窃风险是不相关的，这就是独立风险。当风险为独立时，有些家庭是不幸的，其他家庭是幸运的，但总体来看索赔的数量通过保险精算技术是完全可以预测的。类似地，在大量不同投资组成的投资组合中，独立风险的这种相互抵消和平均就被称为风险的分散化（diversification）。

在公司金融领域，由公司特有消息引起的股票回报率波动，代表的是独立风险。如同家庭失窃一样，这些风险在股票之间是不相关的。这类风险也被称作公司特有风险（firm-specific risk）、异质风险（idiosyncratic risk）和可分散风险（diversifiable risk）。例如，某公司发布公告宣布一项重要的研发项目获得成功。而由整个市场的消息引起的股票回报率波动，代表的是共同风险。与地震一样，所有股票同时受到这种消息的影响。这类风险也被称作市场风险（market risk）、系统风险（systematic risk）和不可分散风险（undiversifiable risk）。例如，央行提高存款准备金率以收紧流动性。

先考虑一个简单的问题。当我们把若干股票组合在一起构建一个投资组合时，风险会发生怎样的变化呢？假设3只股票，它们在过去6年中的回报率、年均回报率和波动率如表6-4所示。巧合的是，这3只股票有着相同的年均回报率和波动率，但它们在各年的表现各不相同。

表6-4　　　　　　　3只股票及两种投资组合过去6年的回报率　　　　　　　单位：%

年份	回报率			投资组合的回报率	
	A股票	B股票	C股票	组合1：$0.5r_A+0.5r_B$	组合2：$0.5r_B+0.5r_C$
2015	21	9	-2	15.0	3.5
2016	30	21	-5	25.5	8.0
2017	7	7	9	7.0	8.0
2018	-5	-2	21	-3.5	9.5
2019	-2	-5	30	-3.5	12.5
2020	9	30	7	19.5	18/5
年均回报率	10.0	10.0	10.0	10.0	10.0
波动率	13.4	13.4	13.4	12.1	5.1

表6-4同时给出了由这3只股票所构成的两种投资组合的回报率。组合1是由等权重的A股票和B股票构成，组合2是由等权重的B股票和C股票构成。依据式（6-14）可以计算这两个投资组合年均回报率，结果也都是10%。再来观察波动率，组合1的波动率是12.1%，组合2的波动率是5.1%，都比每只个股的波动率要低，而这两个组合的波动率也有显著差异。

由上面的例子可以看出：第一，通过将资金分散投资在不同股票上，可以在保持回报率不变的同时降低波动率,也就是说分散投资分散了风险。这是由于个股的变动不一致,组合的一些风险被平均掉,结果是两个投资组合的风险都比个股的风险要更低。第二,组合中可以被消除风险的程度,取决于构建组合的这些股票所面对的共同风险的大小和价格一起变动的程度。A 股票和 B 股票股价表现往往同时好或同时坏,而 B 股票与 C 股票的股价变动就很不一致,所以由 B 股票和 C 股票构成的投资组合中有更多的风险被抵销掉了,因此组合 2 的波动率比组合 1 低很多。这意味着通过构建投资组合可以得到"免费的午餐",即在不降低回报率的前提下无成本地分散风险。

(二) 协方差和相关系数

为确定投资组合的风险,我们不仅要知道构建组合的个股的回报率和风险,还需要知道这些股票面对共同风险的程度,以及股票回报率同向变动的程度。幸运的是,我们也有现成的统计工具——协方差和相关系数——可以用来测量股票回报率的共同变动程度。

协方差 (covariance) 为两只股票的回报率偏离其各自均值的离差的乘积的期望值。例如,股票 1 和股票 2 的回报率之间的协方差 $Cov(r_1, r_2)$(或 σ_{12})为:

$$Cov(r_1, r_2) = E[(r_1 - E(r_1))(r_2 - E(r_2))] \tag{6-15}$$

如果已知回报率的概率分布(N 种可能情形,每种情形发生概率记为 p_i,$i = 1, 2, \cdots, N$),则可用如下公式:

$$Cov(r_1, r_2) = \sum_{i=1}^{N} p_i (r_{1,i} - E(r_1))(r_{2,i} - E(r_2)) \tag{6-16}$$

如果利用历史数据估算协方差(过往 T 期的历史回报率记为 $r_{1,t}$ 和 $r_{2,t}$,$t = 1, 2, \cdots, T$),则可用如下公式[①]:

$$Cov(r_1, r_2) = \frac{1}{T-1} \sum_{t=1}^{T} (r_{1,t} - \bar{r}_1)(r_{2,t} - \bar{r}_2) \tag{6-17}$$

如果两只股票同向变动,它们的回报率通常同时高于或低于均值,所以两者的协方差为正。而如果两只股票的价格变动相反,一只股票的回报率高于其均值时另一只股票的回报率低于其均值,则两者的协方差为负。

不过,协方差可以揭示两只股票回报率同向变动的方向,却不容易表现两者同向变动的程度。因为,虽然股票之间同向变动越密切,协方差的值越大,但如果股票本身具有较大的波动性,协方差的值也较大。所以,为了控制每只股票的波动率,以量化它们回报率之间的互动程度,我们可以将协方差进行标准化处理,得到两只股票回报率之间的相关系数 (correlation)。相关系数定义为两只股票回报率的协方差除以两只股票各自回报率的标准差,即:

$$Corr(r_1, r_2) = \frac{Cov(r_1, r_2)}{SD(r_1) SD(r_2)} = \frac{\sigma_{12}}{\sigma_1 \sigma_2} \tag{6-18}$$

---

① 与式 (6-7) 一样,这里也是除以 T-1 而非 T,因为使用数据计算年均回报率时,失去了 1 个自由度。

相关系数 Corr(r_1, r_2) 也可记为 ρ_{12}。因为标准差为正，所以两只股票的相关系数与协方差具有相同的正负号，因而与协方差对两只股票回报率变动的方向有着相同的解释。不过，通过协方差除以各自的波动率，可确保相关系数总是处于 [-1, 1] 之间，这使得协方差可以根据其值大小度量股票回报率之间的互动程度。如图6-3所示，相关系数衡量了两只股票回报率之间的互动程度。

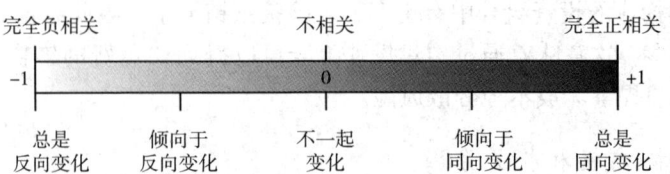

图6-3 相关系数衡量两只股票回报率之间的互动程度

如果两只股票回报率之间相关系数为1，那么它们的回报率总是一起同向变动，这被称为完全正相关（perfectly positively correlated）；如果两只股票回报率之间相关系数为-1，那么它们的回报率总是一起反向变动，这被称为完全负相关（perfectly negatively correlated）；而如果两只股票回报率之间相关系数为0，那么它们的回报率完全没有共同变动的趋势，这被称为不相关（uncorrelated）。对大多数股票来说，很难找到完全正相关和完全负相关的两只股票：当相关系数越接近于1，两者回报率倾向于同向变动的程度越高；反之，当相关系数越接近于-1，两者回报率倾向于反向变动的程度越高；当相关系数接近于0，则我们可以说两者回报率几乎不一起发生变化。前面所说的共同风险是完全正相关的，而独立风险则是不相关的。无风险证券可以获得确定的回报，因此，它与任何风险证券回报率之间都不相关。

【例6-7】计算协方差与相关系数

利用表6-4中的数据，请你估算：

(1) A股票和B股票回报率之间的协方差和相关系数。

(2) B股票和C股票回报率之间的协方差和相关系数。

解析：先将各年回报率减去年均回报率得到离差，计算每组两只股票对应离差的乘积，乘积加总之后再除以 T-1=5，从而计算出协方差。协方差除以每只股票的标准差（13.4%），即可得到两只股票的相关系数。

表6-5 计算股票间的协方差和相关系数

年份	偏离均值的离差			离差的乘积	
	$r_A - \bar{r}_A$	$r_B - \bar{r}_B$	$r_C - \bar{r}_C$	$(r_A - \bar{r}_A)(r_B - \bar{r}_B)$	$(r_B - \bar{r}_B)(r_C - \bar{r}_C)$
2015	11%	-1%	-12%	-0.0011	0.0012
2016	20%	11%	-15%	0.0220	-0.0165
2017	-3%	-3%	-1%	0.0009	0.0003
2018	-15%	-12%	11%	0.0180	-0.0132

续表

年份	偏离均值的离差			离差的乘积	
	$r_A - \bar{r}_A$	$r_B - \bar{r}_B$	$r_C - \bar{r}_C$	$(r_A - \bar{r}_A)(r_B - \bar{r}_B)$	$(r_B - \bar{r}_B)(r_C - \bar{r}_C)$
2019	-12%	-15%	20%	0.0180	-0.0300
2020	-1%	20%	-3%	-0.0020	-0.0060
离差乘积之和: Sum = $\sum_{t=1}^{T}(r_{1,t} - \bar{r}_1)(r_{2,t} - \bar{r}_2)$				0.0558	-0.0642
协方差: $Cov(r_1, r_2) = \dfrac{1}{T-1}$Sum				0.0112	-0.0128
相关系数: $Corr(r_1, r_2) = \dfrac{Cov(r_1, r_2)}{SD(r_1)SD(r_2)}$				62.4%	-71.3%

由表6-5可知，A股票和B股票回报率之间有正的协方差（0.0112），相关系数是62.4%，表明它们有同向变动的趋势；B股票和C股票回报率之间有负的协方差（-0.0128），相关系数是-71.3%，表明它们有反向变动的趋势。这证实了我们之前的判断。

什么时候股票回报率是高度相关的呢？如果经济事件对股票回报率的影响是类似的，那么股票回报率通常趋于同向变动。所以，同一行业的不同股票，与不同行业的股票相比，前者的股票回报率之间往往有更高的相关性。

现在请考虑一下，一只股票回报率与其自身的协方差和相关系数是多少呢？设股票的回报率为r_1，根据式（6-15）可知，这只股票回报率与自身的协方差就是回报率的方差，即：

$$Cov(r_1, r_1) = E[(r_1 - E(r_1))(r_1 - E(r_1))] = E[(r_1 - E(r_1))^2]$$
$$= Var(r_1) = \sigma_1^2 \qquad (6-19)$$

根据式（6-18）可知，这只股票回报率与自身的相关系数为1：

$$Corr(r_1, r_1) = \frac{Cov(r_1, r_1)}{SD(r_1)SD(r_1)} = \frac{\sigma_1^2}{\sigma_1 \sigma_1} = 1 \qquad (6-20)$$

因为股票的回报率与自身是完全正相关的，它总是和自身完全同步同向变动！

【想一想】

1. 在中国A股市场中，同行业股票回报率往往具有怎样的相关性？请给出你的理由。

2. 构建投资组合以分散风险，应该挑选具有怎样的相关性的股票？为什么？

(三) 投资组合的方差和波动率

现在,我们可以计算由两只股票构成的投资组合的方差和波动率了。对于由股票 1 和股票 2 所构成的组合 P,投资权重为 $\{w_1, w_2\}$,组合的方差是多少呢?

根据式 (6-13) 可知,投资组合的回报率为:

$$r_P = w_1 r_1 + w_2 r_2$$

由上面的式 (6-19) 可知,任一股票或投资组合回报率与自身的协方差都等于回报率的方差,所以有包含两只股票的投资组合的方差:

$$\begin{aligned}
\text{Var}(r_P) &= \text{Cov}(r_P, r_P) = \text{Cov}(w_1 r_1 + w_2 r_2, w_1 r_1 + w_2 r_2) \\
&= \text{Cov}(w_1 r_1, w_1 r_1) + \text{Cov}(w_1 r_1, w_2 r_2) + \text{Cov}(w_2 r_2, w_1 r_1) \\
&\quad + \text{Cov}(w_2 r_2, w_2 r_2) \\
&= w_1^2 \text{Cov}(r_1, r_1) + w_1 w_2 \text{Cov}(r_1, r_2) + w_2 w_1 \text{Cov}(r_2, r_1) + w_2^2 \text{Cov}(r_2, r_2) \\
&= w_1^2 \text{Var}(r_1) + w_2^2 \text{Var}(r_2) + 2 w_1 w_2 \text{Cov}(r_1, r_2)
\end{aligned} \tag{6-21}$$

波动率为方差的平方根,即:

$$\text{SD}(r_P) = \sqrt{\text{Var}(r_P)} \tag{6-22}$$

现在,我们用前面表 6-4 中的数据来验证一下上面两个公式。

对于组合 1:A 股票和 B 股票的波动率均为 13.4%,投资组合权重 $w_1 = w_2 = 0.5$;由表 6-5 可知,两只股票的协方差为 0.0112,则组合 1 的方差为:

$$\begin{aligned}
\text{Var}(0.5 r_A + 0.5 r_B) &= w_A^2 \text{Var}(r_A) + w_B^2 \text{Var}(r_B) + 2 w_A w_B \text{Cov}(r_A, r_B) \\
&= 0.5^2 \times 13.4\%^2 + 0.5^2 \times 13.4\%^2 + 2 \times 0.5 \times 0.5 \times 0.0112 \\
&= 0.01458
\end{aligned}$$

组合 1 的波动率为:$\text{SD}(r_P) = \sqrt{0.01458} = 12.1\%$。这与表 6-4 中的计算结果相符。

对于组合 2:B 股票和 C 股票的波动率均为 13.4%,投资组合权重 $w_1 = w_2 = 0.5$;但两只股票的协方差为 -0.0128,则组合 2 的方差为:

$$\begin{aligned}
\text{Var}(0.5 r_B + 0.5 r_C) &= w_B^2 \text{Var}(r_B) + w_C^2 \text{Var}(r_C) + 2 w_B w_C \text{Cov}(r_B, r_C) \\
&= 0.5^2 \times 13.4\%^2 + 0.5^2 \times 13.4\%^2 + 2 \times 0.5 \times 0.5 \times (-0.0128) \\
&= 0.0026
\end{aligned}$$

组合 2 的波动率为:$\text{SD}(r_P) = \sqrt{0.0026} = 5.1\%$。也与表 6-4 中的计算结果相符。

式 (6-21) 告诉我们,投资组合的方差取决于个股的方差和它们之间的协方差。根据协方差与相关系数之间的关系式即式 (6-18),两种股票的投资组合的方差也可以写成:

$$\text{Var}(r_P) = w_1^2 \text{Var}(r_1) + w_2^2 \text{Var}(r_2) + 2 w_1 w_2 \text{Corr}(r_1, r_2) \text{SD}(r_1) \text{SD}(r_2)$$

即 $\sigma_P^2 = w_1^2 \sigma_1^2 + w_2^2 \sigma_2^2 + 2 w_1 w_2 \rho_{12} \sigma_1 \sigma_2$ (6-23)

【例 6-8】计算包含两只股票的投资组合的波动率

现有一个由等权重的 X 股票和 Y 股票构成的投资组合,X 股票和 Y 股票回报率各自的波动率为 35% 和 47%，两者之间的相关系数为 0.63。计算该组合的波动率。

解析：已知权重 $w_1 = w_2 = 0.5$，X 股票的波动率 $\sigma_X = 35\%$，Y 股票的波动率 $\sigma_Y = 47\%$，根据式（6-23）可知，该组合的方差为：

$$\sigma_P^2 = w_1^2 \sigma_1^2 + w_2^2 \sigma_2^2 + 2w_1 w_2 \rho_{12} \sigma_1 \sigma_2$$
$$= 0.5^2 \times 0.35^2 + 0.5^2 \times 0.47^2 + 2 \times 0.5 \times 0.5 \times 0.63 \times 0.35 \times 0.47$$
$$= 0.1377$$

该组合的波动率为：$\sigma_P = \sqrt{0.1377} = 37.1\%$

> 【想一想】
> 1. 投资组合的方差和波动率与什么有关？
> 2. 在投资组合中，股票间的相关系数如何影响投资组合的波动率？

三、投资组合的风险：N>2 的一般情形

（一）投资组合的方差和波动率

如果在组合中加入第 3 只股票甚至更多，结果会怎样呢？用类似的方法，我们可以计算由 N 只股票（N>2 的一般情形）构成的投资组合的方差和波动率。对于由股票 1，股票 2，…，股票 N 所构成的组合 P，投资权重为 $\{w_1, w_2, \cdots, w_N\}$，组合的方差是多少呢？

根据式（6-13）可知，投资组合的回报率为：

$$r_P = w_1 r_1 + w_2 r_2 + \cdots + w_N r_N$$

由式（6-19）可知，任一股票或投资组合回报率与自身的协方差都等于回报率的方差，所以包含 N 只股票的投资组合的方差也可以写成自身回报率的协方差：

$$\begin{aligned}
\mathrm{Var}(r_P) &= \mathrm{Cov}(r_P, r_P) = \mathrm{Cov}(w_1 r_1 + w_2 r_2 + \cdots + w_N r_N, w_1 r_1 + w_2 r_2 + \cdots + w_N r_N) \\
&= \mathrm{Cov}(w_1 r_1, w_1 r_1) + \mathrm{Cov}(w_1 r_1, w_2 r_2) + \cdots + \mathrm{Cov}(w_1 r_1, w_N r_N) \\
&\quad + \mathrm{Cov}(w_2 r_2, w_1 r_1) + \mathrm{Cov}(w_2 r_2, w_2 r_2) + \cdots + \mathrm{Cov}(w_2 r_2, w_N r_N) \\
&\quad + \cdots \\
&\quad + \mathrm{Cov}(w_N r_N, w_1 r_1) + \mathrm{Cov}(w_N r_N, w_2 r_2) + \cdots + \mathrm{Cov}(w_N r_N, w_N r_N) \\
&= w_1^2 \sigma_1^2 + w_1 w_2 \sigma_{12} + \cdots + w_1 w_N \sigma_{1N} \\
&\quad + w_2 w_1 \sigma_{21} + w_2^2 \sigma_2^2 + \cdots + w_2 w_N \sigma_{2N} \\
&\quad + \cdots \\
&\quad + w_N w_1 \sigma_{N1} + w_N w_2 \sigma_{N2} + \cdots + w_N^2 \sigma_N^2 \\
&= \sum_{i=1}^{N} \sum_{j=1}^{N} w_i w_j \sigma_{ij}
\end{aligned} \quad (6-24)$$

如果用向量和矩阵形式，记投资权重列向量为 $W = \begin{pmatrix} w_1 \\ w_2 \\ \vdots \\ w_N \end{pmatrix}$，则有：

方差协方差矩阵 $V = \begin{bmatrix} \sigma_1^2 & \sigma_{12} & \cdots & \sigma_{1N} \\ \sigma_{21} & \sigma_2^2 & \cdots & \sigma_{2N} \\ \cdots & \cdots & \cdots & \cdots \\ \sigma_{N1} & \sigma_{N2} & \cdots & \sigma_N^2 \end{bmatrix}$

式（6-24）可以表示为①：

$$\text{Var}(r_P) = W^T V W \tag{6-25}$$

式（6-24）和式（6-25）表明，投资组合的方差等于组合中所有两两配对股票的回报率的协方差与它们各自在组合中投资权重的乘积之和。也就是说，投资组合回报率的总体变动性取决于组合中全部股票的总体互动。

现在，我们再回到式（6-24）中，这次我们在协方差公式中只展开一个 r_P，看看会得到些什么。相关计算如下：

$$\begin{aligned}
\text{Var}(r_P) &= \text{Cov}(r_P, r_P) \\
&= \text{Cov}(w_1 r_1 + w_2 r_2 + \cdots + w_N r_N, r_P) \\
&= \text{Cov}(w_1 r_1, r_P) + \text{Cov}(w_2 r_2, r_P) + \cdots + \text{Cov}(w_N r_N, r_P) \\
&= w_1 \text{Cov}(r_1, r_P) + w_2 \text{Cov}(r_2, r_P) + \cdots + w_N \text{Cov}(r_N, r_P) \\
&= w_1 \sigma_{1P} + w_2 \sigma_{2P} + \cdots + w_N \sigma_{NP} \\
&= \sum_{i=1}^{N} w_i \sigma_{iP}
\end{aligned} \tag{6-26}$$

式（6-26）表明，投资组合的方差等于每只股票与整体组合的协方差的加权平均。也就是说，投资组合的风险取决于每只股票的回报率相对于整个组合的回报率是如何变动的，即每只股票与整个组合的共同风险。

（二）投资组合的风险分散化效应

考虑一个特殊的投资组合：等权重投资组合（equally weighted portfolio），组合中每一只股票的投资金额都相等的投资组合，即 $w_i = \dfrac{1}{N}$（对所有的 $i = 1, 2, \cdots, N$）。根据式（6-24），可得这个等权重投资组合的方差为：

$$\begin{aligned}
\text{Var}(r_P) &= N \times \frac{1}{N^2}(\text{个股的平均方差}) + \frac{N(N-1)}{N^2}(\text{股票间的平均协方差}) \\
&= \frac{1}{N}(\text{个股的平均方差}) + \left(1 - \frac{1}{N}\right)(\text{股票间的平均协方差})
\end{aligned} \tag{6-27}$$

---

① 向量和矩阵形式的方差表达式，常常在公司金融的高级课程中会用到。事实上，后面投资组合理论中证明有效投资组合的形状，就可以用到这个形式的表达式。

由式（6-27）可以看出，当组合中的股票数量增多，组合的方差受个股平均方差的影响变小，而更多地取决于股票间的平均协方差。令 N 趋向于无穷，组合的方差将无限趋近于股票间的协方差。或者说，随着投资组合中股票的种类数量增加，投资组合的方差和波动率逐渐下降，投资组合的风险被更多地分散掉，但不会被完全消除。我们来看一个例子。假设每只股票的波动率为 40%，两两股票间的相关系数均为 0.28，那么组合的波动率为：

$$SD(r_P) = \sqrt{\frac{1}{N} \times 40\%^2 + \left(1 - \frac{1}{N}\right)(0.28 \times 40\% \times 40\%)}$$

图 6-4 绘制了不同股票的种类数量对应的投资组合的波动率。由图 6-4 可知，随着股票组合中股票种类数量的增加，投资组合的波动率逐渐下降。分散化效应在初始时表现最为明显，股票种类数量的增加，带来组合波动率的迅速下降；而随着股票数量的增加，分散化效应越来越小，大约在 30 只股票时就基本可获得全部的分散化效应，例如 30 只股票组合的波动率与 50 只股票组合的波动率就几乎无明显差别了。当 N 趋向于无穷大时，投资组合的波动率接近于 $\sqrt{平均协方差}$ = $\sqrt{0.28 \times 40\% \times 40\%}$ = 21.17%。

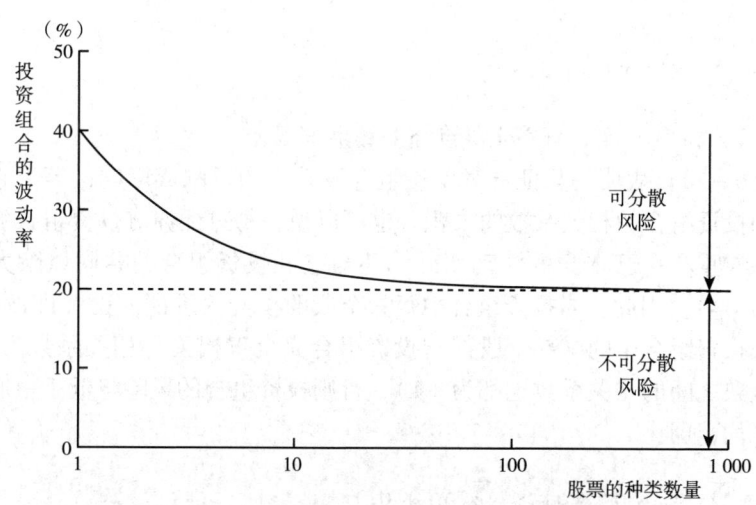

图 6-4　等权重投资组合的风险分散化效应

【例 6-9】计算独立风险投资组合的波动率

现有一个等权重的投资组合，该投资组合由 N 种具有独立风险、风险大小相等的股票构成，每只股票的波动率均为 σ。这样的投资组合的波动率是多少？

解析：根据式（6-27）可知，组合的方差为：

$$Var(r_P) = \frac{1}{N}(个股的平均方差) + \left(1 - \frac{1}{N}\right)(股票间的平均协方差)$$

现在，这个组合中所有股票风险是独立的，即个股之间是不相关的，它们两两股票之间的协方差均为 0。所以，该投资组合的方差为：

$$\text{Var}(r_P) = \frac{1}{N}(\text{个股的平均方差}) = \frac{1}{N}\sigma^2$$

波动率为：

$$\sigma_P = \sqrt{\text{Var}(r_P)} = \frac{\sigma}{\sqrt{N}}$$

由〖例6-9〗可以看出，如果构成投资组合的所有股票两两之间相互独立，则当N趋向于无穷大时，投资组合的风险将趋近于零。换句话说，如果没有共同风险，则组合中的所有风险都可被消除！

现在，我们放松等权重投资组合的假设，对于任意投资权重的组合来说，我们将协方差写成含有相关系数的表达式，则式（6-26）可以改写成：

$$\sigma_P^2 = w_1\sigma_1\sigma_P\rho_{1P} + w_2\sigma_2\sigma_P\rho_{2P} + \cdots + w_N\sigma_N\sigma_P\rho_{NP}$$

$$= \sum_{i=1}^{N} w_i\sigma_i\sigma_P\rho_{iP}$$

将上式两端同时除以投资组合的标准差σ_P，即可得到投资组合波动率的分解式：

$$\sigma_P = \sum_{i=1}^{N} w_i \times \sigma_i \times \rho_{iP} \tag{6-28}$$

其中σ_i为证券i的波动率，w_i为证券i的权重，ρ_{iP}为证券i与组合P的共同风险。

式（6-28）表明每只证券对投资组合波动率的贡献或影响，等于它的波动率与它和投资组合的相关系数的乘积。也可以说，每只证券对投资组合波动率的贡献，除权重和自己本身的波动率外，还与它和投资组合的共同风险大小有关（$w_i \times \sigma_i \times \rho_{iP}$）。因此，当投资组合中每只个股的投资权重都为正（即没有卖空）时，除非投资组合中的全部个股都与投资组合完全正相关（相关系数为+1，从而两两股票之间的相关系数也都为+1），否则投资组合的风险将低于个股波动率的加权平均，即：

$$\sigma_P = \sum_{i=1}^{N} w_i \times \sigma_i \times \rho_{iP} < \sum_{i=1}^{N} w_i \times \sigma_i \tag{6-29}$$

式（6-29）又一次证明了投资组合的风险分散化效应：投资组合的期望回报率等于组合中个股期望回报率的加权平均，而投资组合的波动率低于组合中个股的加权平均波动率。这说明通过分散投资可以消除一些风险。

【想一想】

1. 构建投资组合可以分散风险，哪些风险可以被分散，哪些风险不可以被分散？
2. 如何说明分散投资可以消除一些风险？

四、选择有效的投资组合——均值—方差分析法

现在回到本节的主要目标,帮助投资者构造有效投资组合。我们还是先来看看如何在两只股票构成的投资组合中选择有效的投资组合,再来看看 N 只股票的情形。

(一) 由2只股票构成的有效投资组合

考虑由 2 只股票构成的投资组合,假设投资者认为,这两只股票的相关系数为 0,它们各自的期望回报率和波动率如表 6-6 所示。

表 6-6　　　　　2 只股票各自的期望回报率和波动率　　　　　单位:%

股票	期望回报率	波动率
股票 A	26	50
股票 B	6	25

投资者应该怎样选择由这 2 只股票构成的投资组合呢?其中一些组合会比另一些组合更好吗?那么我们计算一下 2 只股票构成的投资组合在不同权重下的期望回报率和波动率吧。

假设 $w_1 = 40\%$,$w_2 = 60\%$,即 40% 的资金投资在股票 A 上,60% 的资金投资在股票 B 上,则根据式(6-14)可知,投资组合的期望回报率为:

$$E(r_{0.4-0.6}) = w_1 E(r_1) + w_2 E(r_2) = 0.4 \times 26\% + 0.6 \times 6\% = 14\%$$

根据式(6-21)可知,投资组合的方差为:

$$\begin{aligned}\sigma_{0.4-0.6}^2 &= w_1^2 \sigma_1^2 + w_2^2 \sigma_2^2 + 2w_1 w_2 \rho_{12} \sigma_1 \sigma_2 \\ &= 0.4^2 \times 0.5^2 + 0.6^2 \times 0.25^2 + 2 \times 0.4 \times 0.6 \times 0 \times 0.5 \times 0.25 \\ &= 0.0625\end{aligned}$$

组合的波动率为:

$$\sigma_{0.4-0.6} = \sqrt{0.0625} = 25\%$$

改变组合的权重,重复以上过程,我们得到表 6-7 中的结果。

表 6-7　　　　　不同权重的投资组合的期望回报率和波动率

投资权重		投资组合的 期望回报率(%)	投资组合的 波动率(%)
w_1	w_2		
1.00	0.00	26.0	50.0
0.80	0.20	22.0	40.3
0.60	0.40	18.0	31.6
0.40	0.60	14.0	25.0
0.20	0.80	10.0	22.4
0.00	1.00	6.0	25.0

图6-5绘制了对每一组投资组合的期望回报率和波动率,而且,标记了表6-7中所有的投资组合。这条曲线(双曲线的右支)表示我们可由这2只相关系数为0的股票所构造的一系列投资组合。面对这些投资组合,投资者可能会选择哪些组合呢?有没有投资者不可能选择的投资组合?

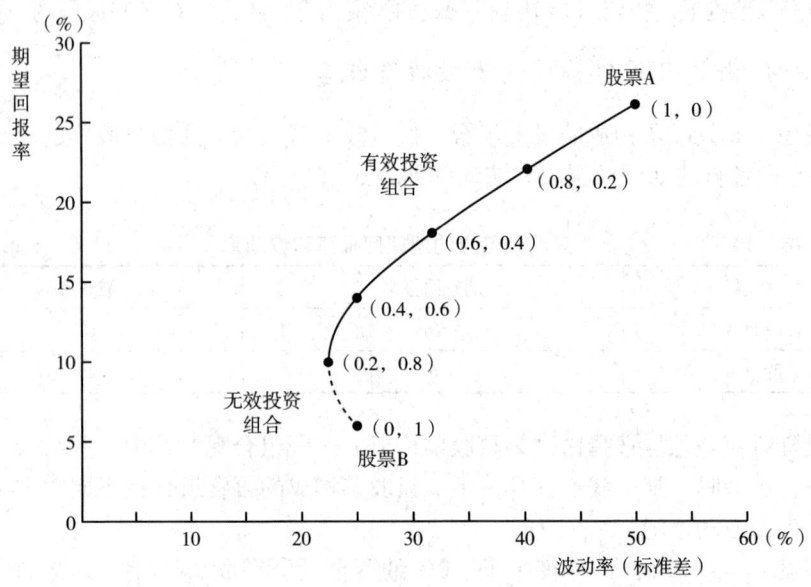

图6-5 投资组合的期望回报率与波动率(相关系数=0)

很明显,投资者不会选择将资金100%投资在股票B上,因为相比之下,如果将20%投在股票A、80%投在股票B上的话,投资者可以在风险更小的情况下获得更高的期望回报率。更一般地,如果能够找到期望回报率和波动率两方面比当前组合更优的投资组合,那么当前组合就被称为无效投资组合(inefficient portfolio)。理性的投资者(追求高期望回报率和低波动率)是不会选择无效投资组合的。对股票B的投资比例超过80%的组合,都是无效投资组合,这样的组合在图6-5中以虚线表示。

现在,我们总结一下理性的投资者是如何选择投资组合的,即投资组合选择原则(portfolio selection principle):

(1)波动率一定时,选择期望回报率更高的投资组合;
(2)期望回报率一定时,选择波动率更低的投资组合。

相反,将更多的资金(多于20%)投放在股票A上、其余资金投在股票B上的投资组合,是有效的投资组合。选择这些组合,投资者无法在不损失期望回报率的情况下降低波动率,或者无法在不提高波动率的情况下提高期望回报率。这样的组合在图6-5中以实线表示:不存在其他的组合相对于这些组合可以在更低的波动率下提供更高的期望回报率。

不过,对有效投资组合进行排序并不容易——投资者基于自身对回报和风险的偏好而选择投资组合。例如极端保守(只关心风险最小化)的投资者,会选择波动率最低的有效投资组合，在上面的例子中他只会选择将 20% 的资金投资股票 A、80% 的资金投资股票 B 的这个组合。愿意承担一些风险的投资者会有不同的选择，例如进取型的投资者，可能会选择全部投资在股票 A 上，尽管要冒更大的风险，但是愿意抓住机会以获得更高的期望回报率。

【例 6-10】计算独立风险投资组合的波动率

假设你是一名投资顾问。你的一位客户小王当前将他的全部资金投资在股票 B 上，他向你寻求投资建议。他想在不增加波动率的前提下，尽可能获得更高的期望回报率。你会向他推荐怎样的投资组合呢（参考表 6-7 或图 6-5）？

解析：由表 6-7 可知，小王现在的投资组合的权重为 {0, 100%}，这一组合的期望回报率为 6%，波动率为 25%。

显然，这是个无效投资组合，我们可以找到更优的投资组合。我们应该在有效投资组合一段选择满足小王要求的组合，即图 6-5 中的实线部分。小王的要求是不增加波动率，尽可能获得更高的期望回报率，那么保持波动率 25% 不变，可以达到最高期望回报率的应是 {40%, 60%} 这个组合，这个组合拥有 14% 的期望回报率和 25% 的波动率，满足小王的要求，而且不可能在不提高波动率的情况下达到更高的期望回报率了。

所以，我推荐给小王的组合是：40% 的钱投资股票 A，60% 的钱投资股票 B。在这一组合上，小王可以在保持 25% 的波动率的情况下，期望回报率比原先高出 14% - 6% = 8%。

还记得我们在上面的股票 A 和股票 B 的例子中，假设 2 只股票的相关系数是 0 吗？现在，我们来看看如果保持 2 只股票自身的期望回报率和波动率不变，相关系数取不同的数值，2 只股票构成的投资组合在波动率—期望回报率的坐标系中是怎样的图形。

首先，相关系数不影响投资组合的期望回报率如式（6-14）所示。所以，只要权重不变，这 2 只股票的投资组合的期望回报率是不变的，还在原来的期望回报率水平上（可以做一条水平的辅助线）。

其次相关系数影响投资组合的波动率如式（6-21）所示。更具体地，相关系数越大，投资组合的波动率就越大；相关系数越小，投资组合的波动率就越小。当相关系数为 1 时，即 2 只股票完全正相关时，投资组合的波动率为 2 只股票波动率的加权平均，这时 2 只股票的所有组合由经过这 2 只股票的直线确定——投资组合没有分散风险。当相关系数小于 1 时，投资组合的波动率比 2 只股票波动率的加权平均要更小，投资组合的风险被部分分散，投资组合曲线向左弯曲。并且，随着相关系数的递减，曲线的曲度更大，风险被分散得更多。特别地，当相关系数为 -1 时，即 2 只股票完全负相关，投资者有可能获得一个无风险的投资组合！因为这时投资曲线变为以纵轴为反射轴的两条反射直线，选择某个特殊的投资权重，投资组合的波动率可以是 0（如图 6-6 所示）。

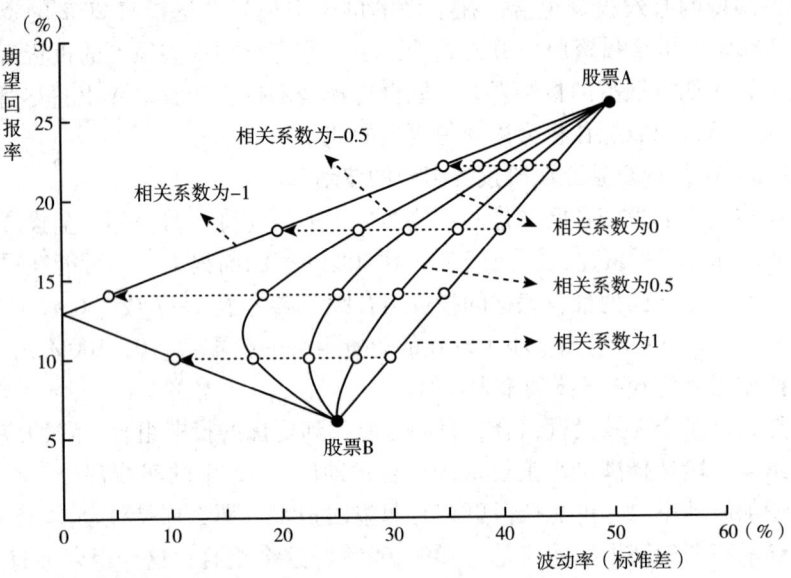

图6-6 投资组合的期望回报率与波动率（不同的相关系数）

【例6-11】用2只完全负相关的股票构建无风险投资组合

假如股票A和股票B的波动率分别是50%和25%，这2只股票完全负相关，怎样由这2只股票构造一个零风险的投资组合？

解析：当2只股票完全负相关，选择某个权重，是有可能构建一个波动率为0的投资组合，而获得确定性的回报率。当相关系数为 -1, 2只股票的投资组合的波动率为：

$$\sigma_P = \sqrt{w_1^2\sigma_1^2 + w_2^2\sigma_2^2 + 2w_1w_2\rho_{12}\sigma_1\sigma_2} = |w_1\sigma_1 - w_2\sigma_2|$$

令 $\sigma_P = |w_1\sigma_1 - w_2\sigma_2| = 0$，又有 $w_1 + w_2 = 1$，求解这个二元一次方程组，可得 $w_1 = \dfrac{\sigma_2}{\sigma_1 + \sigma_2}$ 和 $w_2 = \dfrac{\sigma_1}{\sigma_1 + \sigma_2}$。现在，股票A和股票B的波动率分别为：$\sigma_1 = 50\%$，$\sigma_2 = 25\%$，代入上面的等式，得：

$$w_1 = \frac{\sigma_2}{\sigma_1 + \sigma_2} = \frac{25\%}{50\% + 25\%} = 33.33\%$$

$$w_2 = \frac{\sigma_1}{\sigma_1 + \sigma_2} = \frac{50\%}{50\% + 25\%} = 66.67\%$$

因此，用这2只股票构建权重为 {33.33%, 66.67%} 的组合，可以构造一个零风险的投资组合。

到现在为止，我们只考虑了投资权重均为正的投资组合。也就是对股票进行正的投资，被称为证券的多头（长头寸，long position）。反过来，对股票可能进行负的投资，被称作空头（short position），这样的交易就是卖空（short sale）交易。所谓卖空交易，即当前卖出不属于自己的股票，如借入股票并卖出，将来再买回来该股票以偿还原先所借的股票。如果投资者预期未来的股价将下跌，卖空是有利可图的。

现在，考虑卖空交易，我们可以分配给股票负的投资权重，将空头包含于投资组合中。图6-7显示了相关系数为0情形下考虑卖空时对投资组合的影响。

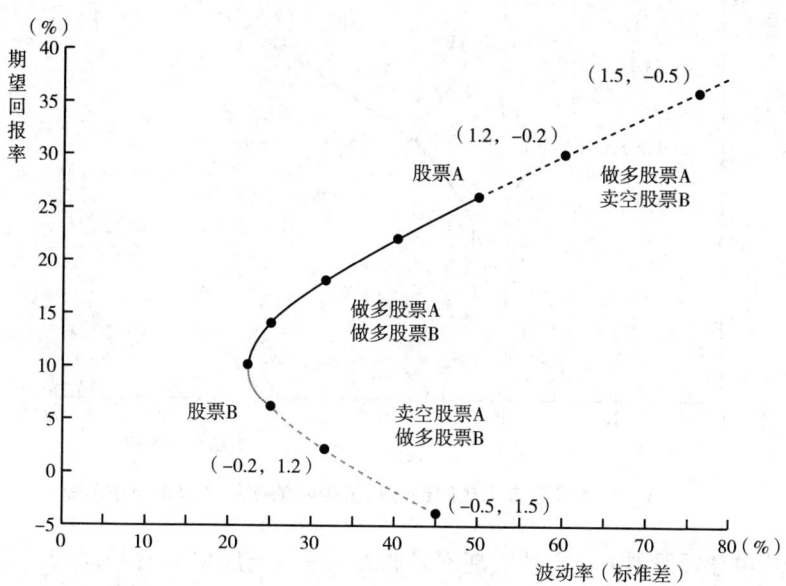

图6-7　允许卖空时投资组合的期望回报率与波动率（以相关系数=0为例）

显然，卖空股票A以加大对股票B投资的组合，是无效投资组合——存在期望回报率更高且波动率更低的其他投资组合。因为股票A的预期表现好于股票B，所以卖空股票B以加大对股票A投资的组合，是有效投资组合。这样的投资策略会导致更高的波动率，但是也提供了更高的期望回报率，对于敢于冒险的激进型投资者是有吸引力的。

【想一想】

1. 考虑一下，你自己是怎样的投资者？

2. 你能在图6-7中画出适合你的风险偏好的投资者无差异曲线吗？它是什么形状？

（二）由N只股票构成的有效投资组合

我们已经知道，向投资组合中加入更多种类的股票，可以通过风险分散化效应，降低投资组合的风险。那么在上面股票A和股票B的组合中，加入第3只股票，会怎样影响投资组合呢？

假设股票C与股票A和股票B都不相关，它的期望回报率为2%，波动率为25%。那么，图6-8显示部分可以由这3只股票构造的投资组合。

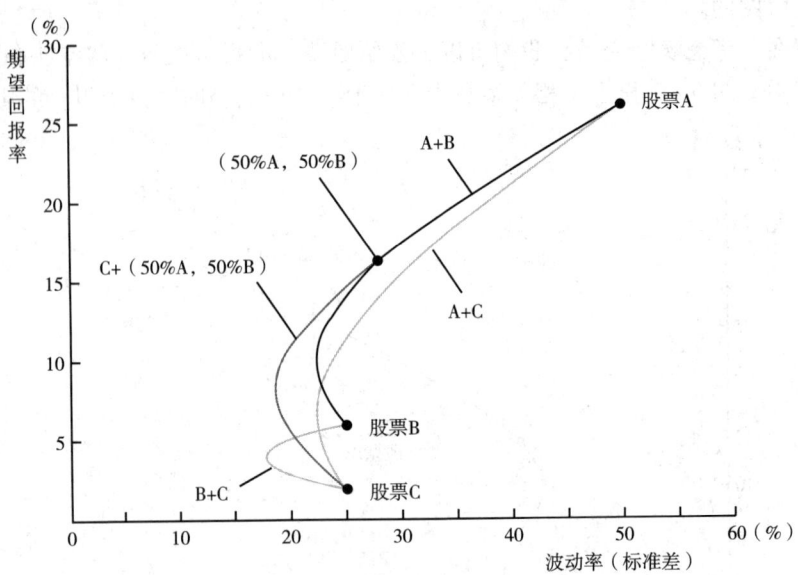

图 6-8 由 3 只股票构成的部分投资组合的期望回报率与波动率

虽然单独看股票 C，它的表现不尽如人意——与股票 B 有相同的波动率，但期望回报率更低——但并不表示它没有投资价值。当组合中加入这样一只股票，可以为组合提供风险分散的机会。在加入股票 C 后的新的投资组合中，有些能够比仅有股票 A 和股票 B 的组合在相同期望回报率下拥有更低的波动率。

如果现在把卖空考虑进来，则可以得到的全部组合如图 6-9 中的阴影部分所示。可能的投资组合集合不再是一条曲线，而是一块区域。不过，其中的大部分组合是无效投资组合——总能找到在相同期望回报率下拥有更低波动率的其他组合，或者在相同波动率下拥有更高期望回报率的其他组合。剔除这些无效投资组合，剩下的组合——在这些组合上，不可能在不损失期望回报率的情况下降低波动率，或不可能在不提高波动率的情况下提高期望回报率了——是有效的投资组合。所有这些有效投资组合的集合，位于阴影区域西北方向的边界上，该边界被称为投资组合的有效边界（或有效前沿，efficient frontier）。如图 6-9 所示，MV 点所代表的组合，是在有效边界上所有可能的组合中拥有最低波动率的那个组合，被称作最小方差组合（minimum variance portfolio），它是阴影区域最左边边界（整个边界是双曲线的一只）的顶点。所以，有效边界就是从 MV 点出发，沿着投资组合可能集合边界向上的那一段曲线。最优的投资组合位于有效边界上。

在本例中，这 3 只股票自身都没有落在有效边界上，也就是说，把所有资金都投资于单一股票不是有效的。由这 3 只股票构成的投资组合为图中灰色区域所示，深色区域是不考虑卖空时的投资组合可能集，浅色区域是包含考虑卖空时的那些组合。

在本例中，股票种类从 2 只增加到 3 只时，有效边界改进了——新的组合可

阅读材料：马科维茨与投资组合理论

以在相同期望回报率下拥有更低的波动率，或者在相同的波动率下拥有更高的期望回报率。如图 6-10 所示，由 10 只股票构成的投资组合有效边界比 3 只股票的有效边界改进了。如果继续增加股票种类，有效边界将有可能进一步改进。因为当组合中加入更多的股票时，就会带来更大程度的分散化。为达到最优风险和回报的组合，应该继续增加股票种类，直到所有的投资机会都考虑进来。如果构造出所有风险投资的有效边界，就可以获得风险投资的最优投资组合。

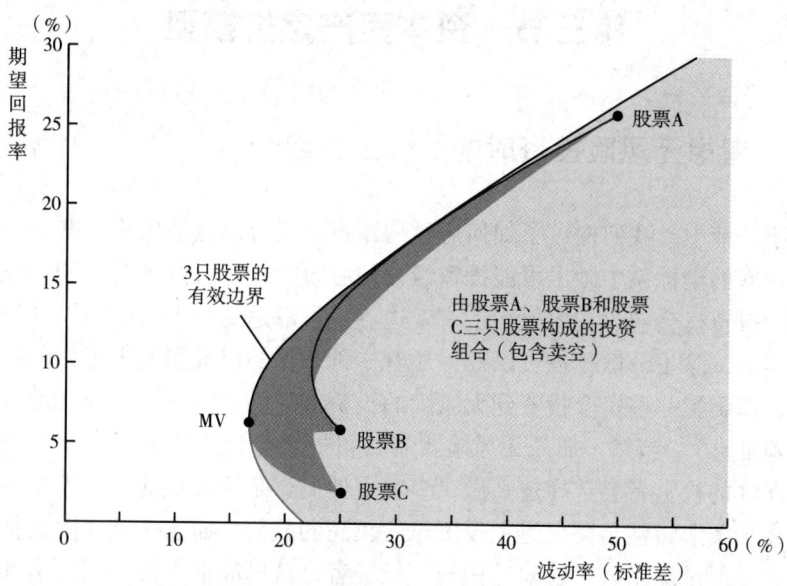

图 6-9 由 3 只股票构成的所有投资组合的期望回报率与波动率

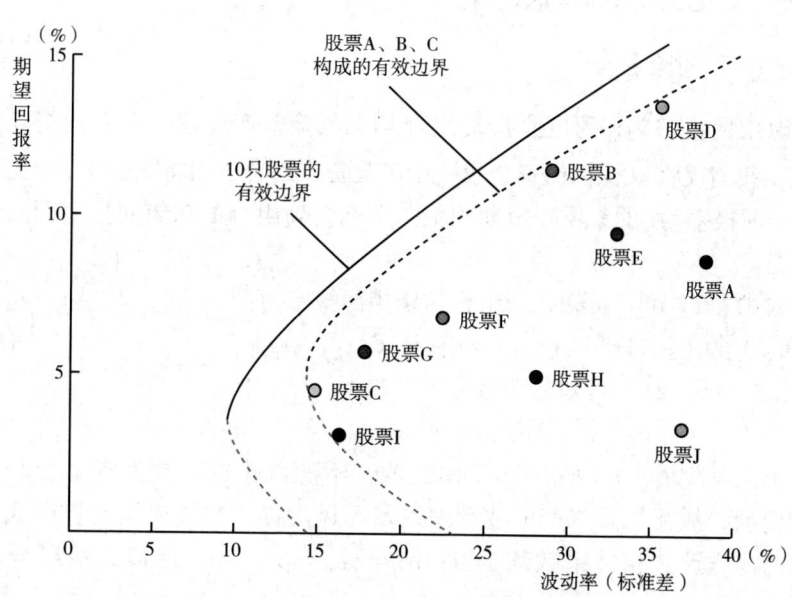

图 6-10 由 10 只股票构成的所有投资组合的期望回报率与波动率

【想一想】
1. 什么是投资组合的有效边界？
2. 在现有的投资组合中加入更多种类的股票，有效边界是如何改变的？

第三节 资本资产定价模型

一、考虑无风险投资时的最优投资组合

在第二节中，我们探讨了如何通过构建投资组合以分散风险，并在期望回报率—波动率的坐标系中画出可能投资组合和有效投资组合的集合。我们发现，将所有风险投资机会包含在内以构造有效边界，可以达到最大限度的风险分散。

事实上，除了分散化投资以外，还有一种常见的但我们尚未考虑的降低风险的方式，即配置一些资金投资到无风险的投资上，例如短期国库券（通常被认为是无风险证券）。当然，加入无风险投资，可能会降低投资者的期望回报率。一些谨慎保守的投资者会选择这么做，事实上他们就是这么做的，只拿出少部分资金投资在股票上，甚至完全避免投资风险较高的股票，而选择低风险的债券或货币型基金。但是那些敢于冒险的积极型投资者，就可能借入资金而更多地投入到股票市场中，现实中也的确有这样的投资者。看来，我们应该在考虑最优投资组合的时候，把无风险投资考虑在内。

（一）无风险投资

考虑用回报率为 r_P 的风险投资组合与无风险资产构建一个新的组合，记为 wP。现在我们仅将 w 比例的资金投资于风险资产组合，而将剩余 $1-w$ 比例的资金投资于回报率为 r_f 的无风险短期国债。那么，新组合的期望回报率和波动率会是多少呢？

根据式（6-14）可知，新组合的期望回报率为：
$$E(r_{wP}) = (1-w)r_f + wE(r_P) = r_f + w[E(r_P) - r_f] \tag{6-30}$$
根据式（6-21）可知，新组合的方差为：
$$\sigma_{wP}^2 = (1-w)^2\sigma_f^2 + w^2\sigma_P^2 + 2(1-w)w\sigma_{f,P}$$
由于无风险资产的回报率 r_f 是固定的，不随风险资产或投资组合回报率的变动而变动，故无风险资产的波动率以及无风险资产与任何风险资产或投资组合之间的协方差、相关系数均为0：$\sigma_f = \sigma_{f,P} = \rho_{f,P} = 0$。所以，新组合的波动率为：
$$\sigma_{wP} = \sqrt{(1-w)^2\sigma_f^2 + w^2\sigma_P^2 + 2(1-w)w\sigma_{f,P}} = w\sigma_P \tag{6-31}$$

由式（6-31）可知，包含无风险资产的新组合 wP（将 w 比例的资金投资于风险资产组合 P）的波动率为原风险资产组合 P 的 w 倍。如果 0<w<1，则新组合的波动率仅是原风险资产组合的波动率的一部分。这表明，通过将一部分资金投资于无风险资产，可以降低总投资的风险。

如果考虑无风险资产的卖空，那么无风险资产的投资比例将会变成负数，1-w<0，而将卖空无风险资产的钱更多地投资到风险资产组合 P 上，则 w>1。事实上，这是有可能的，这种情形意味着卖空无风险资产，所以必须支付无风险回报率，而不是获得无风险回报率。例如，借钱投资股票，被称作保证金购买股票（buying stocks on margin）或杠杆购买（leveraged buying）。包含无风险投资空头的投资组合，被称为杠杆投资组合。

现在，我们仍然把我们的投资组合画在期望回报率—波动率的坐标系中。无风险资产获得确定性的回报率 r_f，它的波动率为 0，在这个坐标系中，无风险资产落在纵轴上的点 $F(0, r_f)$ 处。风险组合 P 的期望回报率为 $E(r_P)$，波动率为 σ_P，在图中表示为点 $P(\sigma_P, E(r_P))$。给定 $r_f=5\%$，$E(r_P)=10\%$，$\sigma_P=8\%$，则由无风险资产和风险组合 P 所构成的新组合，就落在从点 F 出发经过点 P 的这条射线上，如图 6-11 所示。

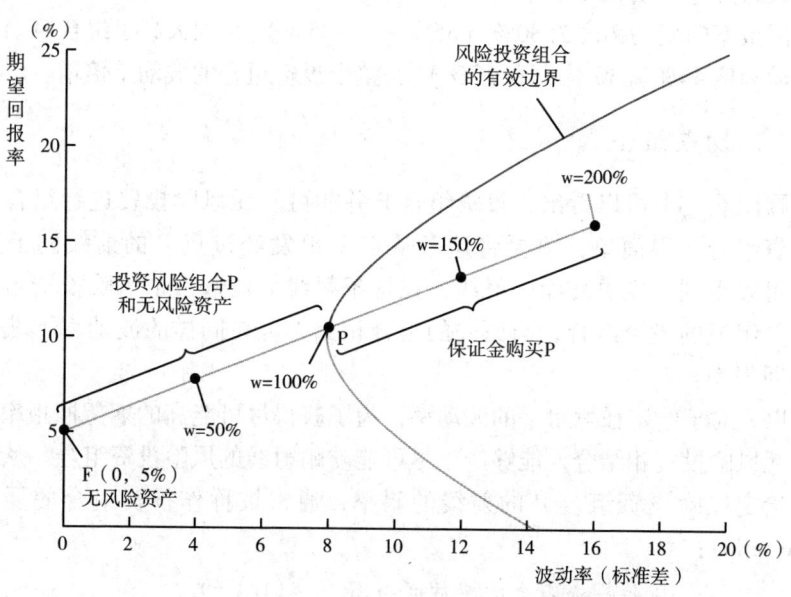

图 6-11　由无风险投资和风险投资组合构成的新组合

【例 6-12】保证金投资

假如某个投资者有 10 000 元现金，决定按 5% 的利率再借入 10 000 元，然后他用全部的 20 000 元购买期望回报率为 10%、波动率为 20% 的投资组合 Q。他的这项投资的期望回报率和波动率分别是多少？如果在一年后，投资组合 Q 的价值上涨了 30%，那么他的实际回报率是多少？相反，如果一年后 Q 的价值下跌了 10%，实际回报率又是多少？

解析：通过借钱，投资者可以加倍投资于组合 Q，于是 w = 200%。根据式 (6-30) 可知，这个投资组合的期望回报率为：

$E(r_{wQ}) = r_f + w[E(r_Q) - r_f] = 5\% + 200\% \times (10\% - 5\%) = 15\%$

组合的波动率为：

$\sigma_{wQ} = w\sigma_Q = 200\% \times 20\% = 40\%$

如果在一年后，投资组合 Q 的价值上涨了 30%，即组合 Q 的价值上升至 26 000 元 [20 000 × (1 + 30%)]，偿还借款利息 500 元（10 000 × 5%）以及 10 000 元债务后，实际回报额为 15 500 元（26 000 - 500 - 10 000）。因此，实际回报率为 55% [(15 500 - 10 000)/10 000]。

相反，如果一年后 Q 的价值下跌了 10%，即组合 Q 的价值下跌为 18 000 元 [20 000 × (1 - 10%)]，偿还借款利息 500 元（10 000 × 5%）以及 10 000 元债务后，实际回报额为 7 500 元（18 000 - 500 - 10 000）。因此，实际回报率为 -25% [(7 500 - 10 000)/10 000]。

由本例可见，使用保证金购买股票，在股票价值上涨时，实际回报率会超过组合 Q 自身的回报率水平（55% > 30%）；相反，在股票价值下跌时，投资亏损也会超过组合 Q 自身的亏损水平（-25% < -10%）。而且，使用保证金购买股票投资回报率的变动幅度为 80% [55% - (-25%)]，大大高于组合 Q 自身的回报率变动幅度 40% [30% - (-10%)]，整个投资组合的波动率倍增。

（二）切点组合

回顾图 6-11 可以看出，投资组合 P 并非可与无风险投资进行组合的最优风险投资组合。很简单，只要将这条从点 F 出发经过点 P 的射线向上转动一些，就可以得到一条更陡峭的射线，在这条射线上任选一个风险投资组合与无风险资产组成的投资组合，与原先的组合相比，可在同样的波动率下获得更高的期望回报率。

所以，对于给定任意水平的波动率，为了获得尽可能高的期望回报率，必须找到与无风险投资相结合，能够产生尽可能陡峭射线的风险投资组合。从点 F 出发经过给定风险投资组合 P 的射线的斜率，通常被称作投资组合的夏普比率 (Sharpe ratio)：

$$夏普比率 = \frac{风险投资组合的超额回报率}{风险投资组合的波动率} = \frac{E(r_P) - r_f}{\sigma_P} \quad (6-32)$$

夏普比率衡量的是投资组合提供的风险回报率 (ratio of reward-to-volatility)，即每一单位风险（波动率）上的超额回报率。[①]

显然，在考虑无风险投资后，最优风险投资组合一定是与无风险资产相组合后能够提供最高夏普比率的那个风险投资组合。如图 6-12 所示，从点 F 出发与

[①] 威廉·夏普（William Sharpe）首先引入夏普比率，用于衡量和比较共同基金的业绩：W. Sharpe. Mutual Fund Performance [J]. Journal of Business, 1966 (39): 119-138。

风险投资组合有效边界相切的那条射线有着最高的夏普比率,这个切点所代表的风险投资组合被称为切点组合(tangent portfolio)。

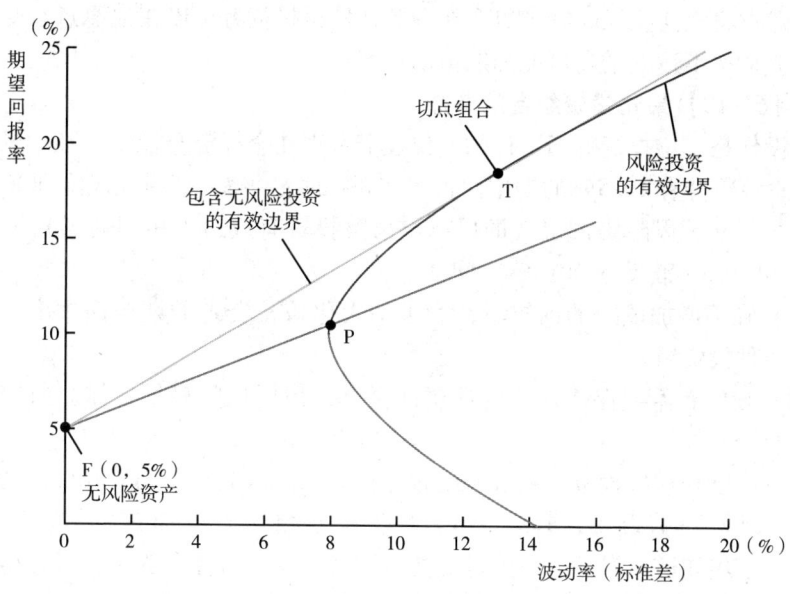

图 6-12 切点组合

由图 6-12 可知,所有其他风险投资组合都位于这条切线的下方,切点组合在风险投资组合中拥有最高的夏普比率。也就是说,切点组合提供了每单位波动率的最高回报。将无风险投资与切点组合相组合,可以为投资者提供风险与回报之间的最佳权衡。

显然,切点组合在风险投资有效边界上,所以切点组合是有效投资组合。而且,一旦将无风险投资包含在内,新组合的有效投资组合就是由无风险资产与切点组合所构成的各种组合,位于这条经过点 F 和切点组合的射线上。这时,最优的风险投资组合不再取决于投资者是保守的还是敢于冒险的,每个投资者所选择的风险投资组合都是切点组合。投资者的风险偏好影响的仅仅是他们将多少比例的资金投资在切点组合,多少比例的资金投资在无风险资产上而已。例如,保守的投资者将投资更多的资金于无风险资产上,他们会选择切线上靠近无风险资产的那些组合。敢于冒险的投资者则可能将更多的资金投资于切点组合,他们选择的组合更靠近切点组合,甚至通过保证金购买(将卖空无风险资产的所得投资于股票)超越切点组合。

【敲黑板】切点组合

1. 切点组合拥有最高的夏普比率,即每单位波动率的最高回报。
2. 将无风险投资包含在内后,每个投资者所选择的风险投资组合都是切点组合,与其风险偏好无关。投资者可以通过安排在无风险资产与切点组合的资金配置比例,选择自己的风险水平。

现在，我们终于帮助投资者构造出有效投资组合（本节的目标）。这个有效投资组合（efficient portfolio）就是切点组合，拥有最高夏普比率的风险资产投资组合。通过将它与无风险资产组合在一起，使得投资者可以在他愿意承受的任意水平的波动率下达到最高可能的期望回报率。

【例 6-13】最优投资组合的选择

假设你是一位投资顾问。你的一位投资者现在全部资金投资于某一风险投资组合 Q，该组合有 10.5% 的期望回报率和 8% 的波动率。假设无风险利率为 5%，切点组合（从无风险资产出发的射线与风险投资有效边界相切的点）的期望回报率为 18.5%、波动率为 13%。问：

（1）在不增加风险的前提下，为了最大化该投资者的期望回报率，你会向他推荐何种投资组合？

（2）投资者希望保持现有的期望回报率，但要风险最低，你会向他推荐何种投资组合？

解析：已知这位投资者的现有组合 Q，$E(r_Q) = 10.5\%$，$\sigma_Q = 8\%$。切点组合记为 T，$E(r_T) = 18.5\%$，$\sigma_T = 13\%$。并且无风险利率 $r_f = 5\%$。

我们已经知道，对任何风险偏好的投资者来说，最优投资组合都是由无风险投资与切点组合构成的。因此，设投资在无风险资产上的权重为 1-w，那么投资于切点组合的权重为 w。投资组合的期望回报率表达式为：

$E(r_P) = (1-w)r_f + wE(r_T) = 5\%(1-w) + 18.5\%w = 13.5\%w + 5\%$

投资组合的波动率表达式为：

$\sigma_P = w\sigma_T = 13\%w$

（1）在不增加风险的前提下，最大化期望回报率。所以保持投资组合的波动率不变，仍为组合 Q 的波动率 8%，那么 $\sigma_P = w\sigma_T = 13\%w = 8\%$，得 w = 61.5%，则 1-w = 38.5%。所以，投资者应将 38.5% 的资金投资于无风险资产，其余 61.5% 的资金投资于切点组合。可以得到期望回报率为：$E(r_P) = 18.5\% - 13.5\%w = 18.5\% - 13.5\% \times 38.5\% = 13.3\%$，高于现有组合 Q 的期望回报率 10.5%。

（2）投资者希望保持当前的期望回报率，而要风险最低。所以保持期望回报率为组合 Q 的期望回报率 10.5%，那么 $E(r_P) = 13.5\%w + 5\% = 10.5\%$，得 w = 40.7%，则 1-w = 59.3%。所以，投资者应将 59.3% 的资金投资于无风险资产，其余 40.7% 的资金投资于切点组合。该组合的标准差为 $\sigma_P = w\sigma_T = 40.7\% \times 13\% = 5.29\%$，低于现有组合标准差 8%。

【想一想】

1. 什么是夏普比率？
2. 为什么有效投资组合独立于投资者的风险偏好？

二、有效投资组合

迄今为止,我们已经掌握了通过马科维茨的均值—方差分析技术来评价投资组合,并且找到了在包含无风险资产后的最优风险投资组合,即切点组合。这个切点组合拥有最高的夏普比率,是风险和回报的最佳权衡。那么,这一结论对公司资本成本有什么重要意义呢?一方面,公司想要筹集新资本,就必须能够提供足够的回报率以吸引投资者对其进行投资;另一方面,投资者为其资金寻找所能够承担的风险水平上最高回报率的投资机会。所以,这个拥有最高夏普比率,即拥有风险和回报最佳权衡的最优风险投资组合,对于我们确定公司资本成本有着重要意义。

(一)贝塔和必要回报率

考虑任意的投资组合 P 是否可通过卖出一些无风险资产并将所得(或借钱)投资于风险资产 i 中,以提高投资组合 P 的夏普比率。如果这样做,对期望回报率和波动率有什么影响呢?

1. 期望回报率:放弃无风险回报,得到证券 i 的投资回报,则投资组合的期望回报率会增加 $E(r_i) - r_f$,也即证券 i 的超额回报。

2. 波动率:证券 i 的其他风险将被分散,但证券 i 与投资 P 共有的风险会加大。由式(6-28)表明,增量风险由证券 i 的波动率与它和组合 P 的相关系数的乘积决定:$\sigma_i \times \rho_{iP}$。

那么,投资证券 i 所得到的回报能否弥补风险的增加呢?还有一种增加风险的方法是,更多地投资于投资组合 P 本身。这种情况下,组合 P 的夏普比率为:$\dfrac{E(r_P) - r_f}{\sigma_P}$。

夏普比率告诉我们,对于给定的风险增加,相应的回报将增加多少。投资于证券 i 使风险增加了 $\sigma_i \times \rho_{iP}$,如果满足式(6-33),则增加投资证券 i 所带来的回报率增加会大于投资 P 本身而增加的回报率。

$$\underbrace{E(r_i) - r_f}_{\text{投资 i 的额外回报率}} > \overbrace{\underbrace{\sigma_i \times \rho_{iP}}_{\text{投资证券 i 的波动率的增加}} \times \underbrace{\frac{E(r_P) - r_f}{\sigma_P}}_{\text{投资组合 P 的夏普比率}}}^{\text{投资于 P 所承担相同风险的额外回报率}} \tag{6-33}$$

进一步地,定义投资证券 i 的波动率的增加与投资组合 P 的波动率的比值为贝塔:

$$\beta_i^P \equiv \frac{\sigma_i \times \rho_{iP}}{\sigma_P} \tag{6-34}$$

β_i^P 衡量证券 i 相对于投资组合 P 的波动的敏感度。也就是说,证券 i 和投资组合 P 有共同风险，投资组合 P 的回报率每变动 1%，相应地，投资 i 的回报率预期要变动 β_i^P%。根据这个定义，式（6-33）重新表达为证券 i 的期望回报率的一个关系式：

$$E(r_i) > r_f + \beta_i^P \times [E(r_P) - r_f] \tag{6-35}$$

也就是说，如果证券 i 的期望回报率 $E(r_i)$ 超出其基于组合 P 的必要回报率，则增加对证券 i 的投资额，将会提高投资组合 P（其中包含了证券 i）的夏普比率，定义证券 i 的必要回报率 r_i 为：

$$r_i \equiv r_f + \beta_i^P \times [E(r_P) - r_f] \tag{6-36}$$

所谓必要回报率（required return），即对必须补偿投资证券 i 给投资组合所带来的风险的期望回报率。投资证券 i 的必要回报率等于无风险利率加上投资者当前投资组合 P 的风险溢价乘以证券 i 对组合 P 的敏感度 β_i^P。如果证券 i 的期望回报率超出这个必要回报率，那么在投资组合中增加对证券 i 的投入，会提高投资组合的业绩。

【例 6-14】是否在组合中加入新投资

假设你当前购买新能源基金，该基金的期望回报率是 15%，波动率是 20%，该基金还投资于回报率为 3% 的无风险短期国债。投资经理建议你在当前的组合中加入医药基金，该基金的回报率是 9%，波动率是 35%，并且与新能源基金的相关系数为 0.10。你认为你应该在你的投资组合中加入医药基金吗？

解析：令 r_E 表示新能源基金的回报率，$E(r_E) = 15\%$，$\sigma_E = 20\%$；r_M 表示医药基金的回报率，$E(r_M) = 9\%$，$\sigma_M = 35\%$。根据式（6-34）可知，医药基金相对于新能源基金的贝塔为：

$$\beta_M^E \equiv \frac{\sigma_M \times \rho_{M,E}}{\sigma_E} = \frac{35\% \times 0.10}{20\%} = 0.175$$

根据式（6-36）可以确定要是投资组合中加入医药基金有吸引力，则医药基金的必要回报率应该为：

$$r_M = r_f + \beta_M^E \times [E(r_E) - r_f] = 3\% + 0.175 \times (15\% - 3\%) = 5.1\%$$

而医药基金的期望回报率为 9%，超过其 5.1% 的必要回报率。因此，将一部分资金投资于医药基金，可以提高投资组合的夏普比率，从而提高组合的业绩。

（二）期望回报率和有效投资组合

由【例 6-14】可以看出，如果证券的期望回报率超过其必要回报率：$E(r_i) > r_i$，可通过加大对该证券投资的方式，提高投资组合的业绩。但是应该增加多少投资呢？购买证券 i 时，它与投资组合的相关系数以及贝塔将增加，从而提升其必要回报率，直到最终 $E(r_i) = r_i$ 为止。此时，我们持有的证券 i 的投资份额就是最优的。

同理，如果证券 i 的期望回报率低于必要报酬率：$E(r_i) < r_i$，就应该减持证

券 i。这样做时，证券 i 与当前投资组合的相关系数和必要回报率将下降，直到 $E(r_i) = r_i$ 为止。

如果可以不受限制地在市场上买卖可交易证券，我们将持续交易直到每种证券的期望回报率等于其必要回报率，也就是直到对所有证券 i 都有 $E(r_i) = r_i$ 成立为止。这时不再有能够提高投资组合夏普比率的交易，于是投资组合就是最优的有效投资组合。换言之，当且仅当每一只可交易证券的期望回报率等于其必要回报率时，投资组合是有效的。

这一结论意味着，任何证券的期望回报率等于它的必要回报率，根据式（6-35）和式（6-36）可知，任意证券 i 的期望回报率与它相对于有效投资组合（eff）的贝塔之间存在如下关系：

$$E(r_i) = r_f + \beta_i^{eff} \times [E(r_{eff}) - r_f] \tag{6-37}$$

其中，r_{eff} 是有效投资组合的回报率。在证券市场中，有效投资组合具有最高的夏普比率。

式（6-37）有着重要的意义，它说明了投资风险和期望回报率之间的关系。等式表明，可以由一项投资相对于有效投资组合的贝塔来确定该投资的风险溢价。有效投资组合或者切点组合是市场中具有最高夏普比率的投资组合。有效投资组合为识别和确定经济中的系统风险提供了一个基准。

我们曾在本章第二节中讨论过，包含所有风险证券的市场组合应该被有效分散，因此，市场组合可以作为测量系统风险的基准。那么，市场组合和有效投资组合之间是什么关系呢？如果市场中所有的投资者都是马科维茨型的投资者，他们的投资决策会带来什么结果呢？接下来我们将继续探讨这个话题。

【想一想】
1. 在什么情况下，一项新投资能改进投资组合的夏普比率？
2. 一项风险投资的资本成本，是由它相对于什么样的投资组合的贝塔来决定的？

三、测量系统风险

我们已经讨论过，通过分散化投资，投资者可以消除其投资中的公司特有风险。因此，投资者在评估投资风险时，关心的是投资的系统风险，这种风险不能通过分散化投资来消除。对于所承担的系统风险，作为交换，投资者通过获取较高的回报率得到补偿。为确定投资者从事投资所要求的额外回报或风险溢价，需要先计量投资的系统风险。

（一）识别系统风险

为计量股票的系统风险，需要确定回报率的变动性，相对于可分散的公司特有风险而言，有多少应该归因于由系统性的市场整体风险而引起的。也就是说，我们想知道股票对影响整体经济的系统性冲击的敏感度如何。

为了确定股票回报率相对于利率变动的敏感性，我们可以观察，利率每变动1%，引起股票回报率的平均变动为多少。类似地，为了确定股票回报率相对于油价变动的敏感性，就要考察油价每变动1%，股票回报率的平均变动为多少。同样地，要确定股票相对于系统风险的敏感性如何，就可以观察，仅因系统风险影响而波动的投资组合的回报率每变动1%，股票回报率的平均变动。

因此，测量系统风险的第一步，是找到一个投资组合，该投资组合只包含系统风险。该组合的价格变动与对经济的系统性冲击相对应。我们称这一投资组合为有效投资组合（efficient portfolio）。有效投资组合的风险不能被进一步分散，也就是说，无法在不降低该组合期望回报率的同时降低组合的波动率。那么，这样的投资组合存在吗？

事实上，识别有效投资组合的最佳方法，是现代公司金融学的关键问题之一。随着投资组合中持有股票种类的增加，分散化效应随之增强，有效投资组合就应该是包含许多不同股票的大投资组合。有效投资组合的一个自然选择就是市场投资组合（market portfolio，简称市场组合），市场组合包含在资本市场上交易的所有股票和证券。由于难以取得许多债券和小公司股票的回报率数据，在实践中，我们假设沪深300股票[①]组合足够大或有足够的代表性，以至于非系统风险基本上可被完全分散，故通常使用沪深300投资组合作为市场组合的一种近似。

（二）对系统风险的敏感度：贝塔（β）

如果假设市场组合是有效的，市场组合的价值变动就代表了对经济的系统性冲击。然后，就可以通过计算证券回报率变动相对于市场组合回报率变动的敏感性，来测量该证券的系统风险，也就是证券的贝塔（β）。

> 【敲黑板】 贝塔（β）
> 证券的贝塔（β）测量证券的系统风险。贝塔是在市场组合的回报率每变动1%时期望的证券回报率的百分比变动。

【例6-15】估计贝塔

假设经济表现强劲时，市场组合的回报趋于增加47%，而经济疲弱时下降25%。X公司经济强劲时的平均回报率是40%，经济疲弱时的平均回报率是-20%，那么X公司的贝塔是多少？Y公司只承担公司特有的异质风险，那么Y公司的贝塔又是多少？

解析：经济增长的系统风险导致市场组合的回报率产生了72%〔=47%-

---

① 在美国，常常假设标准普尔500股票组合代表市场组合。

（−25%）]的变动。X 公司的回报率平均变动了 60%[=40%−(−20%)]。因此，X 公司的贝塔为：

$$\beta_X = \frac{60\%}{72\%} = 0.833$$

也就是说，市场组合的回报率每变动 1%，引起 X 公司回报率平均变动 0.833%。

Y 公司仅有公司特有风险，经济增长的变动不会影响其回报率。它的回报率只受那些公司特有因素的影响。无论经济表现强劲还是疲弱，它都将有相同的期望回报率，因此，Y 公司的贝塔为：

$$\beta_Y = \frac{0\%}{72\%} = 0$$

通常在实务中，我们可以根据历史数据估算公司的贝塔。一般仅使用几年的数据，就能够合理、准确地估算出贝塔。如果使用 Excel 或其他计量分析软件的回归技术，可以高效快速地估计出贝塔，仅需用同一时间段和频率的公司回报率数据对市场组合回报率进行回归，回归系数即是贝塔。[1]如前所述，市场组合回报率可用代表市场全部股票的指数来代替[2]，例如沪深 300 或标准普尔 500 股票组合。

贝塔测量的是证券对于市场整体风险因素的敏感度。就股票而言，贝塔衡量的是证券的潜在收益和现金流相对于总体经济状况的敏感度。市场上，股票的平均贝塔大约等于 1，也就是整个市场的价格每变动 1%，则股票的平均价格也就随之趋于变动 1%。对于周期性行业中的股票，即在这样的行业中，公司的收入和利润通常随着商业周期而大幅度变动，很可能对于系统风险的反应更加敏感，因而其贝塔大于 1；相反，非周期性的公司与经济周期关联不大，收入和利润在各个时期都比较稳定，公司的贝塔往往小于 1。

像公用事业公司往往是稳定的和受到高度管制的，行业竞争也不激烈，它们相对于总体市场的波动是不敏感的，公司的贝塔比较低。药品和食品公司相对于市场总体的波动也是比较不敏感的，对这些公司的产品需求似乎与整体经济的繁荣和萧条没有多大关系。科技公司通常有比较高的贝塔，经济的冲击会对这些股票产生放大的影响。与平价生活用品零售公司相比，奢侈品零售商的贝塔也要高出很多，原因是它们的销售收入对经济繁荣和萧条的反应截然不同。还有周期性行业中的高杠杆公司，如航空公司和钢铁公司，这些公司通常具有较高的贝塔，反映了它们对经济状况变化的高度敏感。

---

[1] 年回报率很少在估计贝塔时被使用，因为，我国资本市场仍处在发展初期，年回报率样本数量很少，估计结果并不可靠。周回报率及月回报率是相对比较合适的选择，既能满足数据样本数量的要求，回报率又比较稳定，且不会出现缺失。而两者中如何选择，并没有统一的观点。在中国资本市场的研究中，众多学者及证券公司研究人员多使用月回报率。

[2] 用股票指数代替市场组合回报率，需要事先换算成回报率。例如，第 t 期市场组合回报率 =（t 期末指数数值 − t−1 期末指数数值）/t−1 期末指数数值。

> 【想一想】
> 1. 什么是贝塔？
> 2. 如何估计一家公司的贝塔？

（三）贝塔和资本成本

正如第四章所述，财务经理应该基于投资项目的资本成本来评估投资机会的价值。资本成本就是市场上具有可比风险和期限的其他投资的期望回报率。那么，资本成本应该等于多少呢？

对于有风险的投资而言，其资本成本等于无风险利率加上适当的风险溢价。既然可以根据投资的贝塔来测量其系统风险，那么就可以据此估计投资者所要求的风险溢价。在估算个股的风险溢价之前，需要评估投资者的风险偏好。投资者从事有风险的投资所要求的风险溢价大小，取决于他们的风险厌恶程度。因此，我们可以通过考察投资者对系统风险或市场风险要求的风险溢价来间接地测量投资者的风险厌恶程度，而不用试图去直接测量。

1. 市场风险溢价。利用市场组合测定投资者的市场风险偏好。投资者持有市场风险可获得的风险溢价为市场组合的期望回报率与无风险利率之差：

$$市场风险溢价 = E(r_M) - r_f \tag{6-38}$$

其中，r_M 表示市场组合的回报率。例如，当市场组合的期望回报率为 11%，无风险利率为 5%，那么市场风险溢价等于 6%。无风险利率反映了投资者的耐心并决定货币的时间价值，市场风险溢价反映了投资者的风险承受能力并决定了经济中风险的市场价格。

2. 调整贝塔。市场风险溢价是投资者持有贝塔为 1 的投资组合而期望得到的回报。考虑一项贝塔为 2 的投资机会，它的系统风险是市场组合的系统风险的 2 倍。也就是说，对于投资于该机会上的每 1 元，投资者可以 2 倍地投资于市场组合而暴露于相同的系统风险。根据一价定律可知，投资于贝塔为 2 的投资机会，由于它具有 2 倍的系统风险，所以投资者会要求 2 倍的风险溢价。

总之，可以用投资的贝塔来确定投资于具有相同系统风险的市场组合所需要的投资额。因此，出于未来补偿投资者所付出的货币时间价值以及所承担的系统风险，投资 i（贝塔为 β_i）的资本成本即根据贝塔估算投资的资本成本的计算公式如下：

$$E(r_i) = \underbrace{r_f}_{\text{无风险利率}} + \underbrace{\beta_i \times [E(r_M) - r_f]}_{\beta_i \times \text{市场风险溢价}} \tag{6-39}$$

由式（6-39）可知，投资资本成本等于无风险利率加上该投资的风险溢价，而风险溢价等于投资 i 的贝塔与市场风险溢价的乘积。

例如，A 公司的贝塔为 1.48，B 公司的贝塔为 0.20，假设市场风险溢价为 6%，无风险利率为 5%，根据式（6-39）可知，A 公司和 B 公司股权资本成本分别为：

$E(r_A) = 5\% + 1.48 \times 6\% = 13.9\%$

$E(r_B) = 5\% + 0.20 \times 6\% = 6.2\%$

由于 A 公司比 B 公司有更高的贝塔，A 公司股票的系统风险比 B 公司高，因此，A 公司的投资者会要求更高的平均回报率，以补偿其所承受的更高的系统风险。

【例 6-16】 用贝塔估计资本成本

假设无风险利率是 5%，经济发展强劲和疲弱的概率均等。用式 (6-39) 计算〖例 6-15〗中 X 公司的资本成本。公司的资本成本和期望回报率相等吗？

解析：经济发展强劲和疲弱的概率均为 50%，则市场的期望回报率为：

$E(r_M) = 50\% \times 47\% + 50\% \times (-25\%) = 11\%$

市场风险溢价为：

$E(r_M) - r_f = 11\% - 5\% = 6\%$

〖例 6-15〗中已经算出 X 公司的贝塔是 0.833，根据式 (6-39) 可知，X 公司的资本成本是：

$r_X = r_f + \beta_X \times [E(r_M) - r_f] = 5\% + 0.833 \times 6\% = 10\%$

这与它的期望回报率 $E(r_X) = 50\% \times 40\% + 50\% \times (-20\%) = 10\%$ 完全一致。

因此，X 公司的投资者预期可得到能够适当补偿其所承担系统风险的回报率。（期望回报率与必要回报率相等，与我们在竞争性市场中预期的一致）

那么，股票的贝塔可不可能是负数呢？因为市场风险溢价一定为正，所以如果股票有负的贝塔，那么这只股票就会有一个负的风险溢价，即它的期望回报率将低于无风险利率。尽管这看起来不太合理，但是贝塔为负的股票，在经济萧条时期通常表现很出色。拥有负贝塔的股票，就可以为投资组合中其他股票的系统风险提供保险。风险厌恶型的投资者愿意通过接受比无风险利率还低的回报率的方式，来换取或"购买"这种保险。

【想一想】

1. 贝塔和波动率一样吗？
2. 如何利用贝塔估计一家公司的资本成本？

四、资本资产定价模型

一旦确定了有效投资组合，根据式 (6-37) 就可以基于证券相对于有效投资组合的贝塔，计算该证券的期望回报率。前面也说过，市场组合包含在资本市场上交易的所有股票和证券，有效投资组合的一个自然选择就是市场组合。于是，式 (6-37) 就可以写成式 (6-39)，根据投资的贝塔估计其资本成本。用于估计资本成本的式 (6-39)，通常被称作资本资产定价模型（capital asset pricing model，CAPM）。它最先由林特纳和夏普（Lintner and Sharpe）独立提出，现在已成为在公司金融实践中被用来估计资本成本的最重要方法。

（一）CAPM 的假设

CAPM 允许我们在不知道任何证券期望回报率的情况下确定风险资产的有效投资组合。利用投资者所作出的最优投资决策，CAPM 确认市场组合为有效投资组合。为了得出这一重要的结论，模型对投资者的行为做了三个重要的假设：

1. 无摩擦市场假设。投资者可以按竞争性的市场价格（无税收或交易成本）买入或卖出所有证券，可以按无风险利率借入或贷出资金。

2. 理性投资者假设。市场中的所有投资者都是理性的，都按照均值—方差技术评价和选择投资组合，即给定波动率下选择期望回报率最高的组合，给定期望回报率下选择波动率最低的组合。最后，所有的投资者都只会选择有效投资组合。

3. 同质预期假设。所有投资都对证券的波动率、相关系数和期望回报率有相同的估计，这种情况被称作同质预期（homogeneous expectation）。尽管这个假设有些不合情理，但如果投资者使用可公开获得的信息来源，虽然预期不可能完全相同，但在很多资本市场上同质预期假设是一个合理的近似。

（二）市场均衡与资本市场线

如果投资者具有同质预期，那么每个投资者都将选择经济中具有最高夏普比率的同一风险投资组合，即有效投资组合（切点组合）。而且只需要调整它们在无风险证券和切点组合的资金配置权重，即可选择适合自己的风险水平。

如果每个投资者都持有切点组合，那么所有投资者的风险证券投资组合相加，也必定等于切点组合。而且，每个证券都有投资者持有，所有投资者的投资组合的总和一定等于市场提供的所有风险证券的组合，即市场组合。因此，这个所有投资者都持有的切点组合即有效投资组合，一定与市场组合相同。

市场组合是有效投资组合这一看起来复杂的结论，其实只是表述了证券市场上的需求等于供给这一基本原理。所有投资者都需求有效投资组合，提供证券的是市场组合，两者必定相等。如果某一证券不在有效投资组合内，那么就没有投资者想拥有它，对这个证券的需求将不等于它的供给，该证券的价格将下跌，导致它的期望回报率上升，直到变成有吸引力的投资为止。经过这样的市场价格调整，最终有效投资组合将与市场组合一致，证券的需求（有效投资组合）等于证券的供给（市场组合）。

【例 6–17】市场组合和投资组合权重

假设经过研究，你的一位富有的朋友确定了有效投资组合。在他的组合中，有 10 000 元投资于股票 A，有 5 000 元投资于股票 B。假如相对于你的这位朋友，你有点保守，只投资了 2 000 元于股票 B。如果你的投资组合也是有效的，那么，你该投资多少于股票 A 呢?如果所有的投资者都持有有效组合,与股票 B 的市值相比,关于股票 A 的市值,可以得出什么结论?

解析:所有的投资者都选择有效投资组合,即都是无风险投资与切点组合的组合,也即所有投资者持有的风险股票都有着相同的比例。如果这位朋友的组合是有效的,他的组合中股票 A 的权重是股票 B 的 2 倍,所以,我在股票 A 上投资的金额也应是股票 B 的 2 倍,即 4 000 元。

如果市场中所有的投资者都持有有效组合,各股票所占比例在不同投资者之间是相同的,那么股票 A 的市值也必定是股票 B 的市值的 2 倍。

如果 CAPM 的假设成立,那么市场组合就是有效的,图 6-12 中的切点组合就是市场组合。我们进一步用图 6-13 来阐释这一结论。如图 6-13 所示,切线表示的是对于任意水平的波动率,投资者能够获得的最高可能的期望回报率。当切线经过市场组合时,我们称其为资本市场线(capital market line,CML)。根据 CAPM 可知,通过持有由无风险证券和市场组合构成的组合,所有投资者都应该在资本市场线上选择一个投资组合。

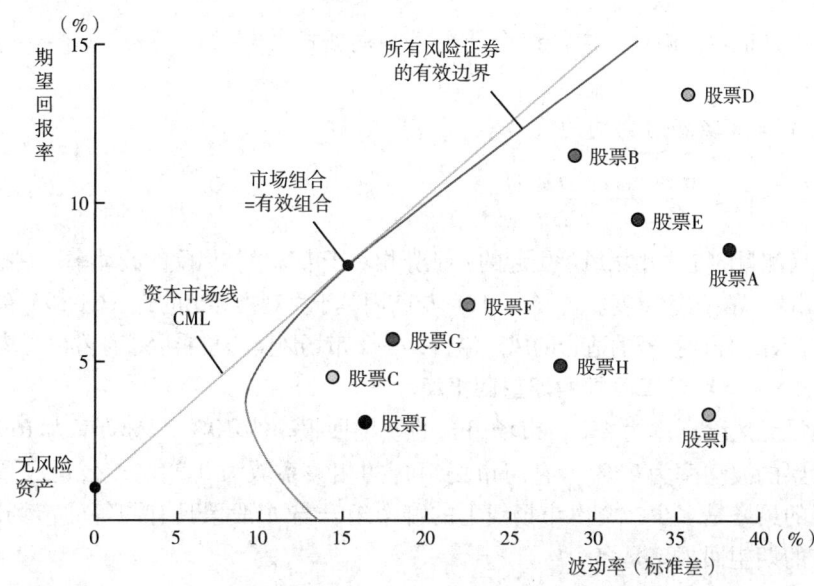

图 6-13 资本市场线

若投资者具有同质预期,则市场组合与有效投资组合重合。资本市场线(CML)是从无风险投资开始经过市场组合的这条切线,它代表对于任意水平的波动率,投资者可获得的最高期望回报率。

资本市场线描述了由无风险投资和有效投资组合所构成的投资组合,它表明,在每一水平的波动率下投资者可达到的最高期望回报率。根据 CAPM 可知,资本市场线上的组合仅包含系统风险,市场组合落在资本市场线上,而包含可分散风险的所有其他股票和投资组合都位于资本市场线的右边。

【想一想】
1. 什么是资本市场线?
2. 根据 CAPM 解释为什么市场组合是有效投资组合(切点组合)。

(三) 证券市场线

如前所述,在 CAPM 假设下,有效投资组合即市场组合。因此,如果不知道一只证券的期望回报率或一项投资的资本成本,可以利用市场组合作为基准,应用 CAPM 求得证券的期望回报率和投资机会的资本成本。

式(6-37)表明,一项投资的期望回报率由它相对于有效投资组合的贝塔给出。如果市场组合是有效的,那么就可以把式(6-37)改写为式(6-40):

期望回报率的 CAPM 等式为:

$$E(r_i) = r_f + \underbrace{\beta_i \times [E(r_M) - r_f]}_{\text{证券 i 的风险溢价}} \tag{6-40}$$

其中,β_i 是证券 i 相对于市场组合的贝塔,根据式(6-34)和式(6-18),定义 β_i 为:

$$\beta_i = \frac{\overbrace{\sigma_i \times \rho_{iM}}^{\text{证券 i 与市场组合共同的波动率}}}{\sigma_M} = \frac{\sigma_{iM}}{\sigma_M^2} \tag{6-41}$$

贝塔测量的是由市场风险引起的,证券相对于市场整体风险的波动率,它捕捉该证券对市场风险的敏感度。式(6-41)与前面基于直观推导出的式(6-39)结论一样。它表明,任何投资的适合的风险溢价,等于市场风险溢价乘以该证券的贝塔。

【例 6-18】计算股票的期望回报率

假设无风险利率为 4%,市场组合的期望回报率为 10%,波动率为 16%。A 公司股票的波动率为 26%,它与市场组合的相关系数为 0.33。A 公司股票相对于市场的贝塔是多少?资本市场线上的哪个组合与 A 股票具有同等的市场风险?该组合的期望回报率是多少?

解析:计算 A 公司的贝塔:

$$\beta_A = \frac{\sigma_A \times \rho_{AM}}{\sigma_M} = \frac{26\% \times 0.33}{16\%} = 0.54$$

即市场组合的回报率每变动 1%,A 公司股票的回报率趋于变动 0.54%。于是,可以通过投资 54% 比例的资金于市场组合、投资 46% 比例的资金于无风险证券,获得同样的市场风险敏感度。因为该组合与 A 股票具有相同的市场风险,所以 A 股票的期望回报率和该组合(w = 0.54)的期望回报率应该相等。

利用式(6-30)可知,A 股票的期望回报率为:

$$E(r_A) = r_f + w[E(r_M) - r_f] = 4\% + 0.54 \times (10\% - 4\%) = 7.2\%$$

因为 $w = \beta_A$,所以上式等价于 CAPM 等式即式(6-40)。

因此，投资者会要求 7.2% 的期望回报率，以补偿与 A 股票相关的系统风险。

我们可以这样理解 CAPM：基于一价定律，在竞争性市场中，承担相似风险的投资应该有相同的期望回报率。投资者可以通过分散化投资组合来消除公司特有风险，所以，投资者只能对证券承担的系统风险要求补偿，而不能对公司特有风险要求补偿。式（6-41）表明，投资的期望回报率应该与具有同等水平市场风险的资本市场线组合的期望回报率相匹配。这个等式意味着，股票的贝塔和它的期望回报率之间存在线性关系。

如图 6-14 所示，当我们把横轴换成贝塔，可以画出一条经过无风险投资和市场组合的直线，这条直线被称为证券市场线（security market line，SML）。证券市场线表示，在 CAPM 假设下，如果根据单个证券的期望回报率和贝塔画出它们在图中的位置，则它们都应该沿着证券市场线（SML）分布。

相比之下，考察图 6-13 的资本市场线可知，个股的波动率和期望回报率之间不存在明确的关系，因为期望回报率只取决于个股波动率中与市场共有的部分，即仅对系统风险补偿，资本市场线右边的每只股票距离资本市场线的水平距离为它的可分散风险。图 6-14 显示证券市场线，衡量的风险不再是由波动率度量的个股或组合的总风险，而是其市场风险（贝塔），所以，单个证券的风险和回报率之间的关系变得显而易见。

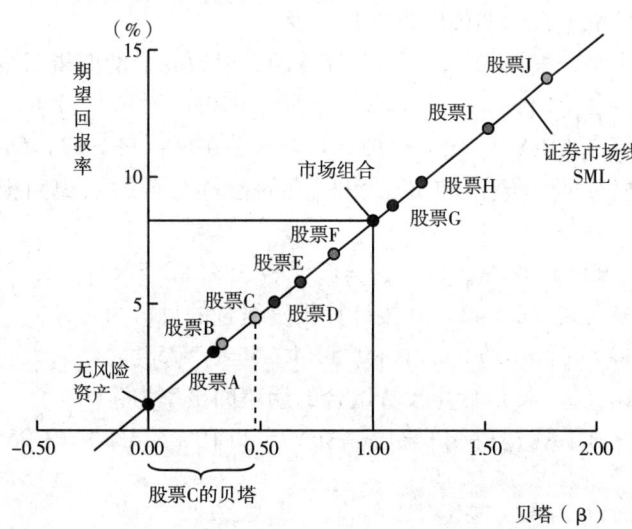

图 6-14 证券市场线

证券市场线显示了每只证券的期望回报率基于它相对于市场的贝塔的函数图像。根据 CAPM 可知，市场组合是有效的，它对应于贝塔等于 1 时证券市场线所对应的期望回报率；而且，所有的股票和投资组合都应该位于证券市场线上。

(四) 证券组合的贝塔

证券市场线适合于所有的可交易投资机会,也可以把它运用到投资组合。式(6-40)也可以用于计算投资组合的期望回报率,组合的期望回报率取决于组合的贝塔。那么,组合的贝塔与组合中各项资产的贝塔有什么关系呢?

根据式(6-41),计算投资组合 $r_P = \sum_{i=1}^{N} w_i r_i$ 的贝塔:

$$\begin{aligned}
\beta_P &= \frac{\sigma_{PM}}{\sigma_M^2} = \frac{\text{Cov}(\sum_{i=1}^{N} w_i r_i, r_M)}{\sigma_M^2} = \frac{\sum_{i=1}^{N} w_i \text{Cov}(r_i, r_M)}{\sigma_M^2} \\
&= \sum_{i=1}^{N} w_i \frac{\text{Cov}(r_i, r_M)}{\sigma_M^2} = \sum_{i=1}^{N} w_i \frac{\text{Cov}(r_i, r_M)}{\sigma_M^2} \\
&= \sum_{i=1}^{N} w_i \beta_i
\end{aligned} \quad (6-42)$$

也就是说,投资组合的贝塔为投资组合中各证券的贝塔的加权平均,权重就是组合的投资权重。

【例 6-19】计算投资组合的期望回报率

假设 A 公司股票的贝塔是 0.50,B 公司股票的贝塔是 1.25。如果无风险利率是 4%,市场组合的期望回报率是 10%,根据 CAPM,由等权重的 A 股票和 B 股票所构成的投资组合的期望回报率是多少?

解析:方法一,根据式(6-40)计算两只股票各自的期望回报率为:

$E(r_A) = r_f + \beta_A [E(r_M) - r_f] = 4\% + 0.50 \times (10\% - 4\%) = 7.0\%$

$E(r_B) = r_f + \beta_B [E(r_M) - r_f] = 4\% + 1.25 \times (10\% - 4\%) = 11.5\%$

再计算等权重的 A 股票和 B 股票构成的投资组合的期望回报率是($w_A = w_B = 0.5$):

$E(r_P) = w_A \times E(r_A) + w_B \times E(r_B) = 0.5 \times 7.0\% + 0.5 \times 11.5\% = 9.25\%$

方法二,根据式(6-42)直接计算投资组合的贝塔为:

$\beta_P = w_A \beta_A + w_B \beta_B = 0.5 \times 0.50 + 0.5 \times 1.25 = 0.875$

然后代入式(6-40)计算投资组合的期望回报率为:

$E(r_P) = r_f + \beta_P [E(r_M) - r_f] = 4\% + 0.875 \times (10\% - 4\%) = 9.25\%$

【想一想】

1. 什么是证券市场线?
2. 根据 CAPM,如何确定股票或投资组合的期望回报率?

(五) CAPM:总结

CAPM 的意义在于,明确给出了单个风险资产的期望回报率与其风险之间的关系,为投资者确定资产的交易价格提供了非常简便易行的方法。CAPM 有三个假设：竞争性市场、理性投资者选择有效投资组合，以及同质预期假设。基于这些假设，CAPM 得出了两个主要结论：

第一，市场组合为有效投资组合。给定任何水平的波动率，位于资本市场线（CML）上的组合具有最高的期望回报率，资本市场线由市场组合和无风险投资（或借款）构成。

第二，任何投资的风险溢价和它相对于市场的贝塔成比例。风险和必要回报率之间的关系由证券市场线（SML）给定，证券市场线由式（6-40）和式（6-41）描述。

然而，CAPM 建立在非常严格的假设前提下，例如，根本不可能每个投资者都持有市场组合，或者每个投资者都对股票有完全一致的预期，因此模型的结论并不完全符合现实。但是，尽管 CAPM 并不完美，但它仍被广泛地认为是对现实的一种非常有用的近似。CAPM 蕴含的定性直觉非常有力，它从发展至今，仍然是最重要的、普遍使用的风险和回报模型。CAPM 提供了两个很少有争议的共识：

一是投资者对其所承担的风险总会要求额外的补偿，因此，投资者对较高的风险要求较高的回报率；

二是投资者主要关心其无法通过分散化投资消除的风险。

因此，在公司金融实践中，CAPM 得到了广泛的运用，很多公司利用 CAPM 来估计投资项目的资本成本（折现率）。在后面的章节中，我们将更加详细地说明应用这个模型帮助公司估计项目资本成本的具体方法。

阅读材料：
威廉·夏普
与 CAPM

第四节　估计资本成本

财务经理在评估投资机会时，需要估计资本成本。在第四章中我们讨论过，在评价投资项目时，为了确定项目的净现值（NPV），必须恰当地估计项目的资本成本。资本成本应该包括补偿公司投资者因承担新项目的风险而要求的风险溢价。那么，公司应该怎样估计这一风险溢价和资本成本呢？

一、股权资本成本

我们已经知道，资本成本是市场上具有类似风险的投资的最高期望回报率。CAPM 为确定具有相似风险的投资提供了一种实用方法。在 CAPM 下，市场组合是一个充分分散的有效投资组合，它代表经济中的不可分散风险。如果投资对市场风险的敏感度（即相对于市场组合的贝塔）相同，那么这些投资就具有相似的风险。

（一）CAPM 等式的运用

根据 CAPM 可知，任何投资机会的资本成本都等于具有相同贝塔的可供选择投资的期望回报率。CAPM 的证券市场线等式给出了这一估计，投资机会（贝塔为 β_i）的资本成本［即资本成本的 CAPM 等式（证券市场线）］为：

$$r_i = r_f + \underbrace{\beta_i \times [E(r_M) - r_f]}_{\text{证券}i\text{的风险溢价}} \tag{6-43}$$

换言之，投资者会要求一定的风险溢价，这一溢价等于投资者投资于市场组合而承担相同市场风险所能赚得的回报。

我们先考虑对公司股票的投资。如第四章所述，为了估计股票的价值，需要计算股票资本成本。现在我们已经知道，如果知道公司股票的贝塔，就可以应用式（6-43）计算股权资本成本。

【例 6-20】计算股权资本成本

假设 A 公司股票的波动率是 30%，贝塔是 1.45；B 公司股票的波动率是 35%，贝塔是 0.79。这两只股票，哪一只的总风险更大？哪一只的市场风险更大？如果无风险利率是 3%，市场组合的期望回报率是 8%，A 股票和 B 股票的股权资本成本分别是多少？

解析：总风险是用波动率衡量的，因此，B 股票的总风险大于 A 股票。

市场风险是用贝塔衡量的，因为 A 股票的贝塔大于 B 股票的贝塔，A 股票承担的市场风险比 B 股票高。

根据资本成本的 CAPM 等式即式（6-43），给定 A 股票的贝塔 $\beta_A = 1.45$，可得 A 公司股票的股权资本成本为：

$$E(r_A) = r_f + \beta_A [E(r_M) - r_f] = 3\% + 1.45 \times (8\% - 3\%) = 10.25\%$$

给定 B 股票的贝塔 $\beta_B = 0.79$，可得 B 公司股票的股权资本成本为：

$$E(r_B) = r_f + \beta_B [E(r_M) - r_f] = 3\% + 0.79 \times (8\% - 3\%) = 6.95\%$$

市场风险不能被分散，是市场风险而不是波动率决定了资本成本。尽管 A 公司股票的波动率较低，但它的股权资本成本高于 B 公司股票。

由【例 6-20】可见，股权资本成本的计算比较简单直接，仅需将几个关键变量输入 CAPM 等式，例如，市场组合的期望回报率、公司的贝塔。但是这几个关键变量是如何确定的呢？

（二）确定市场组合

应用 CAPM 时，需要确定市场组合。市场组合是证券的总供给，每只证券的投资比例应该正好与每只证券的总市值占市场整体价值的比例相符。市场组合包含较多的大公司股票和较少的小公司股票。具体地，在市场组合中，对每只证券 i 的投资都与它的股票市值（market capitalization）成比例，总市值为它的流通股的总体市场价值（market value, MV）：

$$MV_i = \text{证券 } i \text{ 的流通股股数} \times \text{证券 } i \text{ 的每股价格} \tag{6-44}$$

每只证券的投资组合权重为：

$$w_i = \frac{\text{证券 } i \text{ 的市场价值}}{\text{市场中所有证券的市场价值总和}} = \frac{MV_i}{\sum_j MV_j} \tag{6-45}$$

如果某个投资组合像市场组合一样包含市场中所有证券，并且每只证券的投资额都与它的总市值成比例，这样的投资组合被称作价值加权投资组合（value-weighted portfolio）。价值加权投资组合又称等所有权比例投资组合（equal-ownership portfolio），因为在这样的投资组合中每只证券的股数占其流通股总股数的比例相同。有趣的是，要维持这样一个价值加权投资组合，即使证券的市场价格发生变动，也不必买卖证券重新调整投资组合，除非某些证券的流通股总股数发生变化。价值加权投资组合很少依靠交易来维持，故称其为被动式投资组合（passive portfolio）。

当然，我们可以以某些代表股市表现的市场指数来替代市场组合，而不用自己去构建。市场指数（market index）报告特定证券组合的价值。如美国的标准普尔 500（S&P 500）指数就是一个包含 500 种美国大公司股票的价值加权组合。还有一种被广泛应用的美国股票指数是道琼斯工业平均指数（DJIA），虽然道琼斯指数有些代表性，但它不能代表整个股票市场，因为它仅包含 30 只大型工业股票，而且，它不是价值加权投资组合，而是价格加权投资组合。价格加权投资组合（price-weighted portfolio）不管股票的规模大小，持有的每种股票的股数都是相同的。投资于各种指数投资组合的基金被称作指数基金（index funds）。

除此之外，日本的日经 225 指数、英国伦敦金融时报指数、法国 CAC 股票指数、德国法兰克福 DAX 指数以及中国 A 股的上证综合指数和沪深 300 指数等，都可以成为相应国家市场组合的市场替代（market proxy）。也就是说，这些指数所对应股票组合的回报率，能够密切地追踪或反映真实市场组合的表现。当然，CAPM 的效果如何，将取决于市场替代实际上与真实的市场组合有多一致。

（三）确定市场风险溢价

要确定市场风险溢价：$E(r_M) - r_f$，除市场组合的期望回报率外，还需要确定无风险利率。CAPM 中的无风险利率与投资者借款和存款的无风险利率一致。通常，我们可以用同期国库券的到期回报率（yield to maturity，YTM）作为当前的无风险利率。但是现实中借入资金的利率比贷出资金的利率高，即使贷款基本上是无风险的，也要求这一溢价，以补偿借入这笔贷款和其投资国债相比的流动性差异。尽管国债不存在违约风险，可是它们也要遭遇利率风险，所以期限也会影响利率的选择。换句话说，精确的利率取决于投资者的投资期限和借贷倾向。考虑利率期限结构，扩展 CAPM，使其允许不同的投资期限，这样无风险利率就应与平均投资期限的收益率相符。所以实务中，很多公司和财务分析师使用长期（10~30 年）政府债券的收益率确定无风险利率。理财从业者有时用最高信用级别的公司债券的利率代替 CAPM 等式中的无风险利率。由此看来，无风险利率的选择不是唯一的和固定的，而且无论是哪一种收益率作为无风险利率，也都仅仅是一个近似。实务中，选用的无风险利率大多落在 3%~5% 的区间内。

估计市场风险溢价 $E(r_M) - r_f$ 的一种方法是,使用市场超额回报率(市场回报率与无风险利率之差)的历史平均值。用这种方法,重要的是测量其期限与无风险利率对应的期限相同的股票的历史回报率。这里的问题是,使用历史风险溢价估计市场风险溢价,一方面,需要很多年的数据才能得到对期望回报率适度准确的估计;另一方面,过于久远的数据可能又与今天的投资者对市场风险溢价的预期没有多大关系。

作为一种替代或选择,还有一种方法可以估计市场风险溢价。给定公司未来现金流的估计,可以通过求解与当前指数水平一致的折现率来估计市场的期望回报率。类似第五章中讨论过的固定增长股利模型,期望市场回报率可以写成:

$$r_M = \frac{Div_1}{P_0} + g = 股利回报率 + 期望股利增长率 \tag{6-46}$$

尽管这个模型对单个公司的估值极不准确,但在考虑整个市场时,不变期望增长率的假设是较为合理的。假设,沪深 300 指数当前的股利回报率为 2%,并且假设预期每年的收益和股利都以 6% 的比率增长,则这一模型可以估计沪深 300 指数的期望回报率为 8%。根据这种方法,估计未来的股权风险溢价一般在 3%~5% 的范围内。

【想一想】
1. 什么是市场替代?
2. 如何估计市场风险溢价?

(四)估计贝塔

确定了市场替代之后,应用 CAPM 的下一步就是确定证券的贝塔。贝塔测量了证券的回报率相对于市场回报率的敏感度,"捕捉"了证券的市场风险,而非它的可分散风险。对于充分分散的投资者而言,贝塔是衡量风险的适当方法。

理想状况下,我们想要知道股票在未来的贝塔,即股票的未来回报率相对于市场风险的敏感度。在实践中,我们基于股票的历史敏感度来估计贝塔。如果股票的贝塔在一段时间内保持相对稳定(似乎大多数公司都是如此),那么这一方法就是合理的。许多资料来源提供了估计贝塔所需的历史数据。通常,用来估计相关系数和波动率的数据资料为 2~5 年的周或月回报率,并且用替代市场的指数股票组合作为市场组合。

如前所述,贝塔的不同反映了各个公司的利润相对于经济总体健康状况的敏感度。例如,科技股具有比较高的贝塔,这是因为对其产品的需求随商业周期剧烈变化;相反,对个人和家居产品的需求与经济状态较少相关,生产这类产品的公司股票往往有比较低的贝塔。

图 6-15 是证券 i 和市场组合的月超额回报率的散点图。我们用横轴表示市场组合超额回报率,纵轴表示某只证券的超额回报率,利用历史数据在这个坐标

系中画出散点图。从散点图可以清楚地看出，证券 i 的回报率与市场有正的协方差：市场上涨时，证券 i 往往也上涨；反之则相反。在证券的超额回报率相对于市场超额回报率的散点图中，证券的贝塔相当于最优拟合直线的斜率。

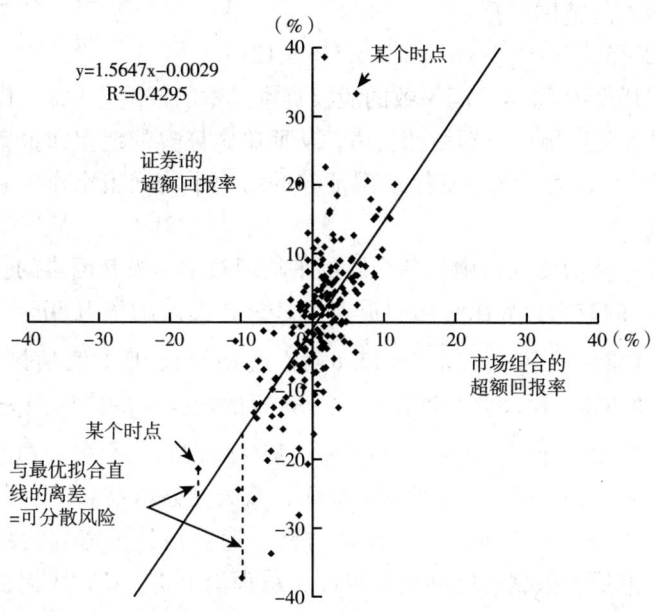

图 6-15　证券 i 与市场组合的月超额回报率的散点分布和最优拟合直线

我们借助线性回归技术拟合这条直线。线性回归（linear regression）技术是通过一系列的散点来确定最优拟合直线的技术。根据线性回归，证券的超额回报率可以写成三个组成部分：

$$r_i - r_f = \alpha_i + \beta_i \times [E(r_M) - r_f] + \varepsilon_i \tag{6-47}$$

其中，第一项 α_i 被称为回归的常数项或截距项。第二项 $\beta_i \times [E(r_M) - r_f]$ 表示证券对市场风险的敏感度，如果市场回报率上升 1%，该证券的回报率平均上升 β_i%。第三项 ε_i 为误差项或残差（error or residual item），代表实际观测数据与回归直线上的对应点值之差，误差项的均值为 0（否则可以改进直线的拟合度）。误差项对应的是证券的可分散风险，它与市场无关。

假设依据证券 i 和市场组合的月回报率历史数据，我们估计出贝塔为 1.56，这表明市场组合的回报率每变动 1%，证券 i 的回报率变动约为 1.56%；并且估计贝塔的 95% 置信区间为 1.3~1.9。假设证券 i 对市场风险的敏感度在一段时间内保持稳定，可以预计，近期证券 i 的贝塔将在这一范围内。有了贝塔的估计值，就可以估计证券 i 的股权资本成本。

【例 6-21】估计股权资本成本

假设无风险利率是 3%，市场风险溢价是 5%，A 公司股票的贝塔估计值是 1.5，95% 的置信区间是 1.2~1.8，那么与贝塔 95% 置信区间一致的股权资本成本的范围是多少？

解析：如果贝塔为1.5，运用CAPM等式，A公司的股权资本成本为：
3% + 1.5 × 5% = 10.5%

但是我们的估计是不确定的，贝塔95%置信区间是1.2~1.8，所以A公司的股权资本成本的范围应是：
3% + 1.2 × 5% = 9%；3% + 1.8 × 5% = 12%

所以，贝塔95%置信区间一致的股权资本成本的范围是9%~12%。

CAPM要求使用历史数据估计贝塔，从而确定证券的期望回报率（或投资的资本成本）。那么，为什么不直接使用证券的历史平均回报率作为它的期望回报率的估计值呢？

这是因为，从历史数据中推断个股的平均回报率是极其困难的。假如用一只股票过去10年的数据计算出年均回报率为10%，而波动率为50%，那么期望回报率估计的标准误 = $50\%/\sqrt{10}$ = 15.8%，这将导致95%置信区间为10% ± 15.8%，即 -5.8%~25.8%！即便长达100年的数据，期望回报率的95%置信区间也会达到10% ± $50\%/\sqrt{100}$，即5%~15%。况且，很多公司的存在还不到100年，更别说上市时间了。即使有100年，今天的公司跟100年前也相差甚远，几乎没有相似之处。而用本节所介绍的方法，通过估计贝塔继而估计期望回报率，仅仅两年的历史数据就能办到。因此，从理论上讲，CAPM提供的股票期望回报率的估计值，要比从历史平均回报率中得到的更准确。①

> 【想一想】
> 1. 怎样从历史回报率中估算股票的贝塔？
> 2. 你听说过贝塔策略和阿尔法策略吗？如果没有，在网上搜索一下吧。

二、债务资本成本

我们已经阐述了如何应用CAPM估计公司的股权资本成本（equity cost of capital），那么公司的债务资本成本该如何估计呢？公司的债务资本成本（debt cost of capital），即公司偿付应该是公司偿付债务的资本成本，也是公司债权人要求的期望回报率。

在第三章中我们了解到，债券的到期收益率（yield to maturity，YTM）是投资者持有债券至到期、收到债券的承诺支付从而将赚取的内含回报率（IRR）。如果债务非常安全，违约风险很低，那么这种近似可能是合理的。例如，公司债券的违约风险很低，就可以近似地用到期收益率估计债券投资者的

---

① 通常，阿尔法的估计值，在没有很长的时间序列数据时，也是很难精确估计的。而且，阿尔法几乎不具有持久性，一段期间内阿尔法小于0，并不会永久地小于0，否则就会有更优的拟合直线了。所以，正的阿尔法并不能预示未来有较高的回报率，负的阿尔法也并不能预示未来有较低的回报率。

期望回报率。然而，如果公司债务的风险很高，到期收益率就将高估债务资本成本，而且随着债务风险的加大，这种近似估计的误差就会变得更大。例如，公司债券违约的风险很高，公司债券的到期收益率即它的承诺回报率会高估投资者的期望回报率。

为理解债务的到期收益率和其期望回报率之间的关系，考虑到期收益率为 y 的 1 年期债券。今天每投资 1 元于该债券，该债券承诺 1 年后支付（1 + y）元。假如该债券违约的概率为 p，在违约情形下，债券持有者将仅能收到（1 + y − L）元，其中 L 表示违约时每 1 元债务投资的预期损失。该债券的期望回报率为：

$$r_d = (1-p)y + p(y-L) = y - pL$$
$$= 到期收益率 - 违约概率 \times 预期损失率 \tag{6-48}$$

一般来说，评级越低（回报率越高）的债券，其违约风险越大。表 6 – 8 显示我国 2014 ~ 2020 年各信用等级债券的年平均违约率。

表 6 – 8　　　　　按债券等级分类的年违约率（2014 ~ 2020 年）①　　　　单位：%

信用评级	AAA	AA	AA	BBB	BB	B	CCC/C
违约率	0.29	0.56	0.83	1.41	1.90	4.57	15.36

资料来源：Wind 资讯，作者整理计算。

为了感受违约对债券持有者期望回报率的影响，我们以 B 级债券为例，假如到期收益率为 5%，平均损失率为 60%，那么 B 级债券持有者的期望回报率接近于 2.26%（= 5% − 4.57% × 60%），远低于债券报出的到期收益率。

对于高风险的债务，还可以利用 CAPM 估计债务的资本成本。理论上，可以用与估计股权贝塔相同的方法，基于债务的历史回报率来估计债务贝塔。然而，银行贷款和很多公司债券不常进行交易，就很少能获得关于单个债务证券回报率的可靠数据。因此，除 CAPM 外，还需要其他估计债务贝塔的方法。②

【例 6 – 22】估计债务资本成本

如果无风险利率是 1%，市场风险溢价是 5%。假设某公司有尚未偿还的 6 年期 B 级债券，该债券的到期收益率是 6%，并且预期损失率是 60%、违约概率是 6%。根据式（6 – 48）估计该公司债务的期望回报率是多少？如果该债券的估计贝塔是 0.26，则根据 CAPM 等式估计该债务的期望回报率是多少？

解析：鉴于该债务较低的评级，它的到期收益率可能会显著高估其期望回报率。

如果到期收益率是 6%，且预期损失率是 60%、违约概率是 6%，由式（6 – 48）估计该债券的期望回报率为：

$$r_d = 6\% - 6\% \times 60\% = 2.4\%$$

---

① A ~ B 级别债券的年均违约率是基于 7 年的投资期计算。CCC/C 级别债券仅有 2 年数据，因此，基于 2 年计算年均违约率。

② 有一种利用股票价格数据估计公司债务贝塔的方法，也有基于评级分类的债券指数来估计贝塔，作为公司债务贝塔的近似。

如果该债券的估计贝塔是 0.26，根据 CAPM 等式估计该债务的期望回报率为：

$$r_d = 1\% + 0.26 \times 5\% = 2.3\%$$

用两种方法得出的估计值很接近，都证明了该公司债务的期望回报率远低于其承诺的收益率。

以上方法都是从外部投资者的视角讨论债务资本成本，当然没有问题，因为资本成本具有两面性，公司的债务资本成本就是公司债权人要求的期望回报率。当然，如果考虑债务利息支付的税费抵减，则公司债务的有效成本会更低一些。我们会在第七章中详细阐述。

【想一想】
1. 为什么说公司债务的到期收益率常常会高估其债务资本成本？
2. 估计公司债务资本成本有哪些方法？

三、项目的资本成本

在第四章中，我们已经知道如何决定是否投资一个项目，而且制定这一决策需要知道项目的资本成本。我们可以基于证券的历史风险估计公司股权或债务的资本成本，但一个新项目本身并不是可以公开交易的证券，这一方法用于估计项目的资本成本是不可行的。相反，估计项目的贝塔最常用方法是确定可比公司（comparable firm），该可比公司和我们正考虑要实施的项目经营同一业务。如果能够估计出可比公司的资产资本成本，那么就可以用其作为项目资本成本的一个替代。

（一）全权益可比公司

与之前一样，假设投资决策与融资决策相独立，从而便于评估项目自身的价值。我们先假定公司的新项目是纯粹由股权融资支持的（无债务融资），那么最简单的情形是，找到一家全部为股权融资的可比公司，即该公司无债务，且经营和该项目一样的单一业务。

由于它是全权益公司，所以持有该公司的股票就相当于拥有它的基础资产组合。如果可比公司的平均投资和项目的市场风险类似，就可以用可比公司的股权贝塔和股权资本成本来评估项目的贝塔和资本成本。

【例 6-23】根据单一产品公司估计项目的贝塔

假设你刚刚毕业，打算创业。你打算复制一家现有公司的商业模式，这家公司没有债务，贝塔估计值为 0.83。为了制订你的财务计划，需要估计该投资机会的资本成本，假设无风险利率为 3%，市场风险溢价为 5%。你的这项投资的资本成本是多少？

解析：由于可比公司的贝塔为0.83，且没有债务。根据CAPM等式可知，可比公司的资本成本为：

$$r_{project} = r_f + \beta_{可比公司} \times [E(r_M) - r_f] = 3\% + 0.83 \times 5\% = 7.15\%$$

因此，假如该项目与这家现有公司对市场风险的敏感度相似，则估计该投资项目合适的资本成本为7.15%。换个思路，你也可以简单地通过购买这家可比公司的股票来投资这个项目，而不必自己重新开展新项目。考虑到这一选择，当新投资的期望回报率至少应该等于可比公司股票7.15%的期望回报率时，它才具有吸引力。

（二）有杠杆的可比公司

如果可比公司有债务，情况就要复杂一些。因为有债务时，公司资产所产生的现金流要支付给股东和债权人。因此，仅有公司股权的回报并不能代表总体基础资产的回报。事实上，公司有杠杆时，股权的风险通常会加大。因此，杠杆公司的股权贝塔不是其资产和待决策项目贝塔的合适估计值。

那么，应该如何估计有杠杆的可比公司资产的贝塔呢？如图6-16所示，通过同时持有公司债务和股权的方式，再造对该公司资产的索取权。在有杠杆的可比公司，公司由股东和债权人共同投资，公司的现金流或者用于支付给股东，或者用于支付给债权人。因此，通过同时持有股权和债权的方式，就有权得到公司资产所产生的全部现金流。公司资产的回报率与由公司股权和债务所构成的组合的回报率相同。因此，公司资产的贝塔将与这个组合的贝塔相匹配。

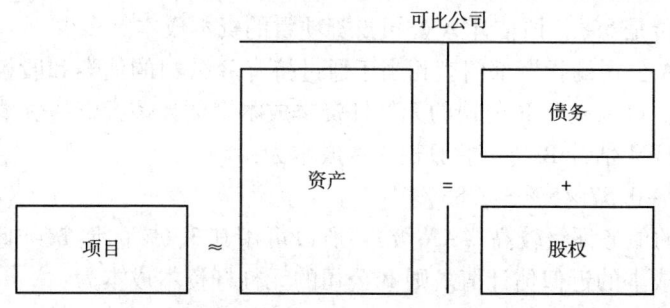

图6-16 有杠杆的可比公司

如果确定一个杠杆公司，其资产和我们准备投资的项目具有相似的市场风险，就可以基于该公司债务和股权的组合来估计项目的资本成本。

（三）无杠杆资本成本

如前所述，投资组合的期望回报率等于组合中各证券期望回报率的加权平均，权重等于组合中持有的各种证券的相对市值。公司资产的资本成本（asset cost of capital）或无杠杆资本成本（unlevered cost of capital），即公司的投资者持有公司的基础资产所要求的回报率，等于公司的股权资本成本和债务资本成本的加权平均：

$$\text{资产的或无杠杆资本成本} = \frac{\text{公司价值中由股权融资的比例}}{} \times \text{股权资本成本} + \frac{\text{公司价值中由债务融资的比例}}{} \times \text{债务资本成本}$$

如果分别用 E 和 D 表示可比公司股权和债务的总市值，r_E 和 r_D 分别表示股权资本成本和债务资本成本，那么可估计公司资产的资本成本或无杠杆资本成本 r_U 如下：

$$r_U = \left(\frac{E}{E+D}\right)r_E + \left(\frac{D}{E+D}\right)r_D \tag{6-49}$$

而且我们已经知道，投资组合的贝塔为组合中各个证券的贝塔的加权平均，公司资产的贝塔或无杠杆贝塔（asset or unlevered beta）也可以有类似的表达，可以用其来估计项目的贝塔。

资产的贝塔或无杠杆贝塔的计算公式如下：

$$\beta_U = \left(\frac{E}{E+D}\right)\beta_E + \left(\frac{D}{E+D}\right)\beta_D \tag{6-50}$$

那么，怎么运用这些公式呢？我们来看一个例子。

【例 6-24】无杠杆资本成本

A 公司正在考虑扩张它的某个部门，而且确定 B 公司可以作为投资的可比公司。假设 B 公司的股权市值是 1 440 亿元，股权贝塔是 0.57，同时还有 370 亿元的 AA 级未偿还债务，债务的平均到期收益率是 3.1%。假设无风险利率是 3%，市场风险溢价是 5%，请估计 A 公司投资项目的资本成本是多少。

解析：A 公司的投资部门就相当于通过持有 B 公司的债券和股权而投资于 B 公司的资产。可以基于 B 公司的无杠杆资本成本来估计该投资的资本成本。

应用 CAPM 估计 B 公司的股权资本成本为：

$r_E = 3\% + 0.57 \times 5\% = 5.85\%$

B 公司的债务评级较高（AA 级），所以可用其 3.1% 的债务到期收益率作为其债务资本成本的近似估计值。则 B 公司的无杠杆资本成本为：

$$r_U = \left(\frac{1\ 440}{1\ 440 + 370}\right) \times 5.85\% + \left(\frac{370}{1\ 440 + 370}\right) \times 3.1\% = 5.29\%$$

在本例中，还可以进一步估计 B 公司的无杠杆贝塔。由于 B 公司债务的评级较高，可假设公司的债务贝塔为 0，则 B 公司的无杠杆贝塔为：

$$\beta_U = \left(\frac{1\ 440}{1\ 440 + 370}\right) \times 0.57 + \left(\frac{370}{1\ 440 + 370}\right) \times 0 = 0.453$$

如果用计算出来的无杠杆贝塔作为项目贝塔的估计值，根据 CAPM 等式，计算项目的资本成本为：

$r_U = 3\% + 0.453 \times 5\% = 5.27\%$

在【例 6-24】中，运用两种方法计算出来的无杠杆资本成本稍有差异。原因是，第一种情形中，假设 B 公司债务的期望回报率等于其承诺的 3.1% 的收益率，而在第二种情形中，假设 B 公司的贝塔为 0，这意味着根据 CAPM 可知它的期望回报率等于 3% 的无风险利率。事实上，B 公司的债务不是完全没有风险的，所以真实的结果应该是介于两种结果之间。

有时公司持有大量现金余额，超出了其运营的需要。在公司资产负债表上，现金代表无风险资产，降低了公司资产的平均风险。通常，我们感兴趣的是公司基本业务运营的风险，与公司的现金持有量相分离。也就是说，我们对公司企业价值的风险感兴趣，企业价值（enterprise value，EV）定义为公司股权和债务的市场价值之和，再减去超额现金。因此，可以用净债务衡量公司的杠杆：

$$\text{净债务} = \text{债务} - \text{超额现金和短期投资} \tag{6-51}$$

对于净债务的一个直观解释是，如果公司持有 1 元现金和 1 元的无风险债务，则持有现金获取的利息等于为债务支付的利息，那么超额现金和债务产生的现金流相互抵销，如同公司没有现金和债务一样。

然而，如果公司持有的现金多于债务，该公司的净债务为负。这样，该公司的无杠杆贝塔和无杠杆资本成本将会超过它的股权贝塔和股权资本成本，因为公司大量的现金持有减轻了股权的风险。

【例 6-25】现金和贝塔

A 公司的股票总市值为 210 亿元，债务的价值为 80 亿元，还有 130 亿元的现金。如果估计公司的股权贝塔为 1.41，那么 A 公司基础运营资产的贝塔为多少？

解析：A 公司的净债务为：

D = 80 - 130 = -50（亿元）

则 A 公司的企业价值为：

EV = E + D = 210 + (-50) = 160（亿元）

这是 A 公司不包括现金且没有债务时基础业务的总价值。假设 A 公司的债务和现金投资都是无风险的，企业价值的贝塔估计为：

$$\beta_U = \left(\frac{E}{E+D}\right)\beta_E + \left(\frac{D}{E+D}\right)\beta_D = \frac{210}{160} \times 1.41 + \frac{-50}{160} \times 0 = 1.85$$

本例中，由于大量的现金持有，公司股权的风险反而比其基本业务活动的风险还低。

【想一想】
1. 为什么杠杆公司的股权贝塔不同于它的资产贝塔？
2. 什么时候公司的股权贝塔会比企业价值的贝塔还要低？

（四）影响项目风险的因素

1. 项目本身的风险。同一公司不同项目的风险也是不同的。公司的资产贝塔反映了公司内平均项目的市场风险。但是，单个项目可能对市场风险更为敏感,或者更不敏感。财务经理在评估新项目时,应该尽量评估这个项目与平均项目相比如何。

例如,腾讯(Tencent)公司既有通讯业务部,也有金融科技业务部。这些分部可能具有非常不同的市场风险。腾讯自身的资产贝塔代表腾讯所有分部(包括通讯业务部、金融科技业务部和其他分部)的平均风险,不适合衡量各个分部的项目风险。财务经理应该根据专注于相似业务的公司的资产贝塔来评估项目。因此,对于具有多个业务分部的公司而言,应该分别估计各个分部合适的资本成本。

即使在经营单一业务的公司内部,一些项目与公司的其他活动相比,也明显具有不同的市场风险特征。假如腾讯公司正在考虑是通过购买还是租入办公大楼来扩大其总部,该决策的相关现金流与公司典型项目(无论是通讯业务还是金融科技业务)的现金流的市场风险完全不同,所以该决策应该使用不同的资本成本。

2. 经营杠杆。影响项目市场风险的另外一个因素是项目的经营杠杆(operating leverage)。经营杠杆是固定成本和变动成本的相对比例。项目收入的周期性保持固定,较高比例的固定成本会增加项目的现金流对市场风险的敏感性,从而提高项目的贝塔。考虑到这一影响,固定成本的比例高于平均水平,从而经营杠杆也高于平均水平的项目,它的资本成本应该更高。

【例 6-26】经营杠杆和贝塔

考虑一个项目,它的预期年收入是 120 万元,成本是 50 万元,这些现金流都是永续现金流。成本完全是变动的,因此该项目的边际利润将保持不变。假设项目的贝塔是 1.0,无风险利率是 5%,市场组合的期望回报率是 10%。该项目的价值是多少?如果项目收入的贝塔一直是 1.0,但全部成本完全是固定的,每年的固定成本是 50 万元,那么此时项目的价值和贝塔分别是多少?

解析:该项目每年的期望现金流 = 120 - 50 = 70(万元)。给定项目的贝塔为 1.0,合适的资本成本为:r = 5% + 1.0 × (10% - 5%) = 10%。如果成本完全是变动成本,项目的价值 = 70/10% = 700(万元)。

而如果成本是固定的,则可以通过对收入和成本分别折现的方法计算项目的价值。收入的贝塔仍然是 1.0,从而收入的资本成本仍是 10%,于是收入的现值 = 120/10% = 1 200(万元)。而成本是固定的也就是没有风险,所以应该用 5% 的无风险利率对其折现,成本的现值 = 50/5% = 1 000(万元)。因此,当全部成本为固定成本时,项目的价值 = 1 200 - 1 000 = 200(万元)。

那么,此时项目的贝塔是多少呢?我们可以把项目看作一个组合,该组合由收入的多头和成本的空头构成。项目的贝塔是收入和成本贝塔的加权平均:

$$\beta_P = \left(\frac{R}{R-C}\right)\beta_R + \left(\frac{-C}{R-C}\right)\beta_C = \frac{1\ 200}{1\ 200 - 1\ 000} \times 1.0 + \frac{-1\ 000}{1\ 200 - 1\ 000} \times 0$$
$$= 6.0$$

给定 6.0 的项目贝塔,当全部成本为固定成本时,该项目的资本成本为:5% + 6.0 × (10% - 5%) = 35%。为了验证这一结果,此时项目期望利润的现值 = 70/35% = 200(万元)。与分别计算收入现值和成本现值时的结果一致。

这个例子表明，提高项目中固定成本相对于变动成本的比例，会显著提高项目的贝塔，从而减少项目的价值。

3. 融资模式。前面我们假设项目本身是无杠杆的，即完全由股权融资，通过可比公司的无杠杆资产来估计项目的资本成本。事实上，项目的融资模式是有差异的，有的项目可以同时通过多种融资来支持。现在，我们来看一看，如果公司利用杠杆（债务）为项目融资，项目的资本成本会怎样变化。[①]

假设在完美资本市场中，没有税负，没有交易成本或其他摩擦，融资选择不影响项目的资本成本和净现值。确切地说，项目的资本成本和净现值仅由其自由现金流决定。完美资本市场中，关于项目融资的假设都是无关紧要的。无论项目是否部分由债务融资以及有多少债务融资，项目的资本成本都是相同的。第三章给出了这一结论的直观解释：在竞争性的完美市场中，所有融资交易的净现值都是0，不影响价值。

但是当市场存在一个重大的市场摩擦——税负时，公司关于项目的融资决策可能会影响项目的价值。因为税法允许公司从它的应税所得中扣除支付的债务利息。如果公司为其债务支付的利率为 r，考虑到利息的抵税效应（公司税率为 t），公司的净利息成本为：

$$\text{有效税后利率} = r \times (1-t) \tag{6-52}$$

当公司用债务为其项目融资时，会享有利息抵税的好处。因此，在计算项目NPV的时候，应当用有效税后资本成本，可以把利息抵税的好处包含在内。有效税后资本成本也被称为加权平均资本成本（weighted-average cost of capital）或WACC。

加权平均资本成本（WACC）的计算公式如下：

$$r_{WACC} = \left(\frac{E}{E+D}\right)r_E + \left(\frac{D}{E+D}\right)r_D(1-t) \tag{6-53}$$

比较加权平均资本成本 r_{WACC} 和无杠杆资本成本 r_U，需要注意到，WACC 是基于有效税后债务资本成本，而无杠杆资本成本是基于公司的税前债务资本成本。所以，无杠杆资本成本也被称作税前加权平均资本成本（pretax WACC）。

下面，我们将两者的区别稍作整理归纳：

第一，无杠杆资本成本（或税前WACC）是投资者持有公司资产将获得的期望回报率。存在税负时，可以用无杠杆资本成本来评估和公司有相同风险的全权益融资项目的价值。

第二，加权平均资本成本（或WACC）是公司的有效税后资本成本。由于利息费用的抵税效应，WACC 比公司资产的期望回报率低。存在税负时，WACC 可用于评估和公司自身融资结构即风险完全一致的项目的价值。

比较式（6-49）和式（6-53），给定目标杠杆比率，WACC 也可以写成：

[①] 关于融资问题要在本教材的第七章资本结构部分做详细完整的解释。这里我们先快速预览一些关键的结论。

$$r_{WACC} = r_U - \left(\frac{D}{E+D}\right)r_D t \quad (6-54)$$

也就是说，WACC 等于无杠杆资本成本减去与债务有关的税费节约。我们将在第七章中对 WACC 以及公司融资决策的其他后果作更为详细的讨论。

【例 6-27】估计 WACC

A 公司的股票总市值是 1 亿元，未偿还的债务是 0.25 亿元。公司的股权资本成本是 10%，债务资本成本是 6%。公司的无杠杆资本成本是多少？如果公司所得税税率是 25%，加权平均资本成本是多少？

解析：根据式（6-49）可知，公司的无杠杆资本成本（或税前 WACC）为：

$$r_U = \left(\frac{E}{E+D}\right)r_E + \left(\frac{D}{E+D}\right)r_D = \frac{1}{1.25} \times 10\% + \frac{0.25}{1.25} \times 6\% = 9.2\%$$

因此，我们可以用 9.2% 的资本成本，为与 A 公司的资产具有相同风险的全权益融资项目进行估值。

根据式（6-53）可知，公司的加权平均资本成本（WACC）为：

$$r_{WACC} = \left(\frac{E}{E+D}\right)r_E + \left(\frac{D}{E+D}\right)r_D(1-t)$$

$$= \frac{1}{1.25} \times 10\% + \frac{0.25}{1.25} \times 6\% \times (1 - 25\%)$$

$$= 8.9\%$$

因此，如果某项目与 A 公司的资产具有相同风险，同时有相同的债务及股权融资结构，则可以用 8.9% 的 WACC 为其估值。同时在上面的结果中，加权平均资本成本比无杠杆资本成本低，反映了利息费用的税盾效应。

【想一想】

1. 为什么同一公司的不同项目会有不同的资本成本？

2. 什么情况下可以用加权平均资本成本为项目估值，什么情况下用无杠杆资本成本？

【本章小结】

1. 我们常常用回报率来表示投资绩效。回报率表示，对于每 1 元的初始证券投资下的价值增长。每一种可能的回报率都有其发生的可能性，我们使用概率分布来描述这一信息。期望（或平均）回报率为各种可能回报率的加权平均值：

$$期望回报率 = E(r) = \sum_{i=1}^{N} r_i \times p_i$$

相应的权重即为各种可能出现的回报率的概率 p_i，而且 $\sum_{i=1}^{N} p_i = 1$。

2. 在公司金融中，我们常用方差（variance）表示投资回报率偏离均值（即离差）的平方值的期望，用标准差（standard variance）表示方差的平方根。在财务金融领域中，回报率的标准差也被称作波动率（volatility）。

回报率的方差：

$$\sigma^2 = Var(r) = E[r - E(r)]^2 = \sum_{i=1}^{N} p_i \times [r - E(r)]^2$$

回报率的标准差（波动率）：

$$\sigma = SD(r) = \sqrt{Var(r)}$$

如果是一项无风险投资，回报率就是确定的，那么回报率从不偏离其均值，所以方差和标准差为0。而对于风险投资，其回报率的方差和标准差将随着回报率偏离均值幅度的加大而增加。换句话说，证券投资的风险越大，其回报率的方差和波动率就会越大。

3. 已实现回报率是指特定时期中实际发生的回报，也称"历史回报率""实际回报率"。

考虑一个1年期投资者。如果投资者在 t 期以价格 P_t 买入股票，在 t+1 期，该股票支付股利 Div_{t+1}，同时投资者以价格 P_{t+1} 出售该股票，那么从 t 期到 t+1 期，投资者在该只股票上实现的回报率为：

$$r_{t+1} = \frac{Div_{t+1} + P_{t+1} - P_t}{P_t} = \frac{Div_{t+1}}{P_t} + \frac{P_{t+1} - P_t}{P_t}$$

= 股利收益率 + 资本利得率

如果一只股票于每季度末支付股利，每季度的实际回报率为 $r_{Q1}, \cdots, r_{Q4}$，那么它的实际年度回报率 r_{annual} 为：

$$1 + r_{annual} = (1 + r_{Q1})(1 + r_{Q2})(1 + r_{Q3})(1 + r_{Q4})$$

通过计算年均回报率来衡量一段时期某只证券业绩表现的平均值。

$$\bar{r} = \frac{r_1 + r_2 + \cdots + r_T}{T} = \frac{1}{T} \sum_{t=1}^{T} r_t$$

利用已实现回报率估计方差时，不是除以 T 而是除以 T-1。

$$Var(r) = \frac{1}{T-1} \sum_{t=1}^{T} (r_t - \bar{r})^2$$

标准误是均值的估计量的标准差，也就是平均回报率的标准差。

$$标准误 = \frac{SD(个体风险)}{\sqrt{观测值的个数}}$$

复合年均回报率（也称复合年均增长率或CAGR）就是各年已实现回报率的几何平均。

$$复合年均回报率 = [(1 + r_1)(1 + r_2) \times \cdots \times (1 + r_N)]^{1/T} - 1$$

复合年均回报率相当于一段时期如 N 年内投资的内含回报率（IRR）。式(6-10)也可以写成：

$$复合年均回报率 = \left(\frac{终值}{初始投资}\right)^{1/T} - 1$$

当我们试图估计未来投资期内的期望回报率时,就应该使用算术平均回报率了。如前所述,当过去的回报率与未来回报率独立地来自同一分布,则算术平均回报率提供了对真实期望回报率的无偏估计。

4. 投资组合权重可以用来描述投资组合,

$$w_i = \frac{\text{投资 i 的价值}}{\text{投资组合的总价值}}$$

它是指投资组合中持有的每项投资占总投资的比重。投资组合的回报率为每项投资回报率的加权平均,所以投资组合的期望回报率就等于组合中各项投资期望回报率的加权平均。

$$E(r_p) = \sum_{i=1}^{N} w_i E(r_i)$$

5. 根据相关性,风险可以分为完全相关的共同风险和没有相关性的独立风险。在由大量不同投资组成的投资组合中,独立风险的这种相互抵消和平均就被称为风险的分散化。公司特有消息引起的股票回报率的波动,代表的是独立风险,这类风险也被称作公司特有风险、异质风险和可分散风险。由整个市场的消息引起的股票回报率的波动,代表的是共同风险,这类风险也被称作市场风险、系统风险和不可分散风险。

6. 协方差为两只股票的回报率偏离其各自均值的离差的乘积的期望值。例如,股票 1 和股票 2 的回报率之间的协方差 $Cov(r_1, r_2)$(或 σ_{12})为:

$$Cov(r_1, r_2) = E[(r_1 - E(r_1))(r_2 - E(r_2))]$$

如果已知回报率的概率分布(N 种可能情形,每种情形发生概率记为 p_i,$i = 1, 2, \cdots, N$),则可用如下公式:

$$Cov(r_1, r_2) = \sum_{i=1}^{N} p_i (r_{1,i} - E(r_1))(r_{2,i} - E(r_2))$$

如果利用历史数据估算协方差(过往 T 期的历史回报率:记为 $r_{1,t}$ 和 $r_{2,t}$,$t = 1, 2, \cdots, T$),则可用如下公式[①]:

$$Cov(r_1, r_2) = \frac{1}{T-1} \sum_{t=1}^{T} (r_{1,t} - \bar{r}_1)(r_{2,t} - \bar{r}_2)$$

如果两只股票同向变动,它们的回报率通常同时高于或低于均值,所以两者的协方差为正。而如果两只股票的价格变动相反,一只股票的回报率高于其均值时另一只股票的回报率低于其均值,则两者的协方差为负。不过,协方差可以揭示两只股票回报率同向变动的方向,却不容易表现两者同向变动的程度。

为了控制每只股票的波动率,以量化它们回报率之间的互动程度,我们可以将协方差进行标准化处理,得到两只股票回报率之间的相关系数。相关系数定义为两只股票回报率的协方差除以两只股票各自的回报率的标准差,即:

---

① 与式(6-7)一样,这里也是除以 T-1 而非 T,因为使用数据计算年均回报率时,失去了 1 个自由度。

$$\text{Corr}(r_1, r_2) = \frac{\text{Cov}(r_1, r_2)}{\text{SD}(r_1)\text{SD}(r_2)} = \frac{\sigma_{12}}{\sigma_1 \sigma_2}$$

通过协方差除以各自的波动率，可确保相关系数总是处于 [-1,1] 之间，这使得我们可以根据相关系数的值大小度量股票回报率之间的互动程度。如果两只股票回报率之间相关系数为1，那么它们的回报率总是一起同向变动，这被称为完全正相关；如果两只股票回报率之间相关系数为-1，那么它们的回报率总是一起反向变动，这被称为完全负相关；而如果两只股票回报率之间相关系数为0，那么它们的回报率完全没有共同变动的趋势，这被称为不相关。对大多数股票来说，很难找到完全正相关和完全负相关的两只股票；当相关系数越接近于1，两者回报率倾向于同向变动的程度越高；反之，当相关系数越接近于-1，两者回报率倾向于反向变动的程度越高；当相关系数接近于0，则我们可以说两者回报率几乎不一起发生变化。

考虑一个特殊的投资组合：等权重投资组合，组合中每一只股票的投资金额都相等的投资组合，即 $w_i = \frac{1}{N}$（对所有的 $i = 1, 2, \cdots, N$）。当组合中的股票数量增多，组合的方差受个股平均方差的影响变小，而更多地取决于股票间的平均协方差：

$$\text{Var}(r_P) = N \times \frac{1}{N^2}(\text{个股的平均方差}) + \frac{N(N-1)}{N^2}(\text{股票间的平均协方差})$$

$$= \frac{1}{N}(\text{个股的平均方差}) + \left(1 - \frac{1}{N}\right)(\text{股票间的平均协方差})$$

令 N 趋向于无穷，组合的方差将无限趋近于股票间的协方差。如果构成投资组合的所有股票两两之间相互独立，则当 N 趋向于无穷大时，投资组合的风险也将趋近于0。

放松等权重投资组合的假设，对于任意投资权重的组合来说，我们将协方差写成含有相关系数的表达式，则式（6-26）可以改写成：

$$\sigma_P^2 = w_1 \sigma_1 \sigma_P \rho_{1P} + w_2 \sigma_2 \sigma_P \rho_{2P} + \cdots + w_N \sigma_N \sigma_P \rho_{NP} = \sum_{i=1}^{N} w_i \sigma_i \sigma_P \rho_{iP}$$

任意权重投资组合的波动率的计算公式如下：

$$\sigma_P = \sum_{i=1}^{N} w_i \times \sigma_i \times \rho_{iP} < \sum_{i=1}^{N} w_i \times \sigma_i$$

每只证券对投资组合波动率的贡献或影响，等于它的波动率与它和投资组合的相关系数的乘积。投资组合的风险分散化效应是指投资组合的期望回报率等于组合中个股期望回报率的加权平均，而投资组合的波动率低于组合中个股的加权平均波动率。这说明通过分散投资可以消除一些风险。

7. 投资者采用均值—方差分析法评价投资组合，投资遵循投资组合选择原则：

（1）波动率一定时，选择期望回报率更高的投资组合；

（2）期望回报率一定时，选择波动率更低的投资组合。

符合这个原则的投资组合构成的集合，就被称为有效投资组合。有效投资组合的集合位于阴影区域西北方向的边界上，被称为投资组合的有效边界（或有效前沿，efficient frontier）。更一般地，如果能够找到期望回报率和波动率两方面比当前组合更优的投资组合，那么当前组合就被称为无效投资组合。

8. 夏普比率衡量的是投资组合提供的风险回报率，即每一单位风险（波动率）上的超额回报率。

$$夏普比率 = \frac{风险投资组合的超额回报率}{风险投资组合的波动率} = \frac{E(r_P) - r_f}{\sigma_P}$$

考虑无风险资产后，每个投资者所选择的风险投资组合都是切点组合，与其风险偏好无关。切点组合拥有最高的夏普比率，即每单位波动率的最高回报。投资者可以通过安排在无风险资产与切点组合的资金配置比例，选择自己的风险水平。

9. 资本资产定价模型最先由林特纳和夏普独立提出，已成为在公司金融实践中被用来估计资本成本的最重要方法。CAPM 的三个主要假设包括无摩擦市场假设、理性投资者假设、同质预期假设。在 CAPM 假设下，市场组合就是这个有效投资组合即切点组合。资本市场线是从无风险投资开始经过市场组合的这条切线，它代表对于任意水平的波动率，投资者可获得的最高期望回报率。资本市场线上的组合仅包含系统风险，市场组合落在资本市场线上，而包含可分散风险的所有其他股票和投资组合都位于资本市场线的右边。

10. 期望回报率的 CAPM 等式：

$$E(r_i) = r_f + \beta_i \times [E(r_M) - r_f]$$

本章最重要的公式之一，也是证券市场线的表达式。证券市场线显示了每只证券的期望回报率基于它相对于市场的贝塔的函数图像，所有的股票和投资组合都应该位于证券市场线上。投资组合的贝塔为投资组合中各证券的贝塔的加权平均。

11. 估计项目的贝塔的最常用方法是确定可比公司，该可比公司和我们正考虑要实施的项目经营同一业务。

12. 公司资产的资本成本或无杠杆资本成本，即公司的投资者持有公司基础资产所要求的回报率，等于公司的股权资本成本和债务资本成本的加权平均。

如果分别用 E 和 D 表示可比公司股权和债务的总市值，r_E 和 r_D 分别表示股权资本成本和债务资本成本，那么可估计公司资产的资本成本或无杠杆资本成本 r_U 如下：

$$r_U = \left(\frac{E}{E+D}\right)r_E + \left(\frac{D}{E+D}\right)r_D$$

如同投资组合的贝塔为组合中各个证券的贝塔的加权平均，公司资产的贝塔或无杠杆贝塔为其股权贝塔和债务贝塔的加权平均。

资产的贝塔或无杠杆贝塔的计算公式如下：

$$\beta_U = \left(\frac{E}{E+D}\right)\beta_E + \left(\frac{D}{E+D}\right)\beta_D$$

考虑公司所得税，当公司用债务为其项目融资时，会享有利息抵税的好处，应当用有效税后资本成本即加权平均资本成本或WACC：

加权平均资本成本（WACC）计算公式为：

$$r_{WACC} = \left(\frac{E}{E+D}\right)r_E + \left(\frac{D}{E+D}\right)r_D(1-t)$$

由于利息费用的抵税效应，WACC比公司资产的期望回报率低。存在税负时，WACC可用于评估和公司自身融资结构即风险完全一致的项目的价值。

【关键术语】

回报率（return）
期望回报率（expected return）
波动率（volatility）
已实现回报率（realized return）
年均回报率（average annual return）
复合年均回报率（CAGR）
投资组合权重（portfolio weights）
共同风险（common risk）
独立风险（independent risk）
分散化（diversification）
公司特有风险（firm-specific risk）
异质风险（idiosyncratic risk）
可分散风险（diversifiable risk）
市场风险（market risk）
系统风险（systematic risk）
不可分散风险（undiversifiable risk）
投资组合选择原则（portfolio selection principle）
有效投资组合（efficient portfolio）
无效投资组合（inefficient portfolio）
夏普比率（Sharpe ratio）
资产的资本成本（asset cost of capital）
无杠杆资本成本（unlevered cost of capital）
资产的贝塔或无杠杆贝塔（asset or unlevered beta）
加权平均资本成本（WACC）

【练习题】

1. 考虑一项投资，其过去4年的投资回报率如表6-9所示：

表6-9　　　　　　　　　　　　过去4年投资回报率

年	1	2	3	4
收益率（%）	10	20	-5	15

请回答：

（1）这4年的算术年均回报率是多少？

（2）这4年的复合年均回报率是多少？

（3）哪种指标更好地衡量了过去的投资绩效？

（4）假设投资收益率独立同分布，哪种指标能更好地衡量下一年的期望回报率？

2. 某只股票过去4年的收益率如表6-10所示：

表6-10　　　　　　　　　　　　过去4年收益率

年	1	2	3	4
收益率（%）	-4	28	12	4

请回答：

（1）这只股票未来期望回报率是多少？

（2）这只股票未来回报率的方差是多少？

（3）这只股票未来回报率的标准差是多少？

3. A公司和B公司股票的预期收益率及其概率分布如表6-11所示：

表6-11　　　　　　　　　　两公司的预期收益率及其概率分布

经济情况	发生概率	预期收益率（%）	
		A公司	B公司
繁荣	0.3	40	60
一般	0.5	20	20
衰退	0.2	0	-10

要求：

（1）分别计算A公司和B公司股票的期望回报率。

（2）分别计算A公司和B公司股票收益率的标准差。

4. 1年前你以每股40元的价格购入一只股票，今天在每股支付股利1元后，你即以每股45元的价格卖出。

请回答：

（1）你的持有期收益率（r）是多少？

（2）你的总收益率中股利回报率（r_{div}）和资本利得率（$r_{capital\ gain}$）各是多少？

5. 假如A公司和B公司股票的波动率分别是50%和25%，这两只股票完全负相关，怎样由这两只股票构造一个零风险的投资组合？

6. 假设你是一位投资顾问。你的一位投资者现在全部资金投资于某一风险资产的组合，该组合有10.5%的期望收益率和8%的标准差。假设无风险利率为5%，切点组合（无风险资产与风险资产有效边界的切点）的期望收益率为18.5%、标准差为13%。

请回答：

（1）在不增加风险的前提下，为了最大化该投资者的期望收益率，你会向他推荐何种投资组合？

（2）投资者希望保持相同的期望收益率即10.5%但要风险最低，你会向他推荐何种投资组合？

7. 当前，你投资100 000元于某个投资组合，该组合的期望收益率是12%，波动率是8%。假设无风险利率是5%，另一个组合的期望收益率是20%，波动率是12%。

请回答：

（1）在相同的波动率下，什么样的投资组合比你当前组合的期望收益率更高？

（2）在相同的期望收益率下，什么样的投资组合比你当前组合的波动率更低？

8. A公司、B公司及市场组合的收益和概率分布如表6-12所示。A公司、B公司的贝塔经计算分别为1.5、-1.0。假设无风险利率为4%。

表6-12　　　　　A、B公司及市场组合的收益和概率分布　　　　　单位:%

概率	市场组合	A公司	B公司
50	30	43	-22
50	-10	-17	18

要求：

（1）根据CAPM计算，A公司股票的期望收益率是多少？请与根据概率分布计算的实际期望收益率相比较。

（2）根据CAPM计算，B公司股票的期望收益率是多少？请与根据概率分布计算的实际期望收益率相比较。

9. 由股票1、股票2、股票3三只股票构成的投资组合如表6-13所示：

表6-13　　　　　　　　　　投资组合

股票	投资权重	波动率（%）	与市场组合的相关系数
股票1	0.25	12	0.4
股票2	0.35	25	0.6
股票3	0.4	13	0.5

市场组合的波动率是10%，期望收益率是8%，无风险利率是3%。

要求：

(1) 计算每只股票的贝塔和期望收益率。

(2) 计算组合的贝塔。

(3) 计算组合的期望收益率。

10. 假如A公司股票的期望收益率是20%，波动率是40%，B公司股票的期望收益率是10%，波动率是30%。如果这两只股票不相关：

请回答：

(1) 这两只股票构成的等权重投资组合的期望回报率和波动率分别是多少？

(2) 根据(1)的结果，把所有资金都投资于B公司股票，该投资是有效的吗？

(3) 如果把所有资金都投资于A公司股票，该组合是有效的吗？

11. 某对冲基金创造了一个仅由两种股票构成的投资组合。它卖空价值3 500万美元的腾讯股票，买进8 500万美元的阿里巴巴股票。腾讯和阿里巴巴股票收益率间的相关系数为0.65，这两只股票的期望收益率和标准差如表6-14所示：

表6-14　　　　　　　　　期望收益率和标准差

公司	期望回报率（%）	标准差
腾讯	12	0.45
阿里巴巴	14.5	0.40

请回答：

(1) 该组合在腾讯和阿里巴巴的投资权重分别是多少？

(2) 该组合的期望收益率是多少？

(3) 该组合的标准差是多少？

12. 假设无风险利率为4%，市场组合期望收益率为10%，某公司股票的贝塔值为-0.30。

请回答：

(1) 根据CAPM，该股票的期望收益率是多少？

(2) 该股票的期望收益率与无风险利率相比如何？

(3) 这样的股票有投资价值吗？

第七章 资本结构

【学习目标】
1. 理解和掌握债务和股权融资的基本内涵。
2. 了解 MM 定理和最优资本结构理论的主要思想。
3. 掌握和运用权衡理论分析实际的公司融资问题。

公司需要筹集新的资金进行投资时,必须确定将向投资者发行的证券的类型。即使公司不需要开展新的项目,也可以用发行新证券所筹集的资金偿还债务或回购股票。那么,公司在制定这些决策时,需要考虑哪些因素?

从前面的学习中,我们知道,公司在进行股权融资时,公司潜在的股权投资者会在无风险利率基础上要求相应的风险溢价,例如无风险利率为5%,投资者要求10%的风险溢价,那么公司的股权资本成本即为15%。而如果考虑借款,当公司资产负债表表现较好时,公司可能以相对较低的利率借入资金,如6%。那么,公司以较低的利率借入资金是否是更好的融资选择呢?如果借入资金,会影响公司扩张的净现值吗?会改变公司价值和每股价格吗?

第一节 股权融资与债务融资

公司发行在外的债务(包括尚未偿还的银行借款和流通的债券)、股权和其他证券的相对比例,构成了公司的资本结构(capital structure)。公司向外部投资者筹集资金时,必须要选择发行哪种类型的证券。最常见的选择是,单纯以股权(股票)融资,或者股权融资与债务融资相结合。

一、仅有股权融资的情形

考虑一个企业家的投资机会。今年项目初始投资须 800 万元,预期明年产生的现金流为 1 400 万元或 900 万元,分别取决于经济形势的强或弱。出现两种情形的概率相等(均为 0.5),则项目现金流入如表 7-1 所示:

表7-1　　　　　　　　　　　　项目的现金流　　　　　　　　　　　单位：万元

t = 0	t = 1	
	经济强劲	经济衰弱
-800	1 400	900

项目的现金流取决于总体经济形势，因而含有市场风险。假定投资者在当前5%的无风险利率基础之上，要求一定的风险溢价作为补偿。假如合理的风险溢价为10%，则该项目的资本成本为15%。那么，该投资机会的净现值是多少呢？

由于1年后项目的现金流是不确定的，所以需要先计算1年后的期望现金流，即：

$0.5 \times 1\,400 + 0.5 \times 900 = 1\,150$（万元）

所以，该投资机会的净现值为：

$$\text{NPV} = -800 + \frac{1\,150}{1 + 15\%} = 200 \text{（万元）}$$

该投资机会的净现值为正。如果该项目仅以股权融资，投资者愿意为公司股票支付多少？回顾第三章的价值评估原理可知，在无套利情形下，证券的价格等于它所产生的现金流的现值。公司没有其他负债，项目在1期产生的现金流将全部归股东所有。所以，公司股权的当前价值为：

$$\text{PV}(\text{股权现金流}) = \frac{1\,150}{1 + 15\%} = 1\,000 \text{（万元）}$$

于是，该企业家通过出售公司股权可以筹集1 000万元。企业家支付800万元的投资成本后，可以保留剩余的200万元——项目的净现值——作为利润。换言之，项目的净现值表示项目所创造的归属于公司初始所有者（即这里的企业家）的价值。

无债务公司的股权被称为无杠杆股权（unlevered equity），由于没有债务，在t = 1期无杠杆股权的现金流就等于项目的现金流。给定股权的初始价值为1 000万元，股东的回报率为40%或-10%，如表7-2所示。

表7-2　　　　　　　　　无杠杆股权的现金流和回报率

	t = 0	t = 1：现金流		t = 1：回报率	
	初始价值（万元）	经济强劲（万元）	经济衰弱（万元）	经济强劲（%）	经济衰弱（%）
无杠杆股权	1 000	1 400	900	40	-10

假设经济形势为强或弱的概率相等，则无杠杆股权的期望回报率为：

$0.5 \times 40\% + 0.5 \times (-10\%) = 15\%$

这也表明了无杠杆股权的风险等于项目的风险，股东取得的回报恰好补偿了他们所承担的风险。

二、既有股权融资又有债务融资的情形

但是,企业家并不总是单纯以股权融资,他们常常也会使用债务来筹集部分初始资本。假设企业家除出售股权外,还在最初借入500万元的债务。假定项目产生的现金流总能满足债务的偿付,债务是无风险的。公司能够以5%的无风险利率借入债务,1年后将向债权人偿还525万元 [500×(1+5%)]。

有未偿付债务公司的股权,被称为杠杆股权(levered equity)。公司向债权人承诺的支付,必须先于公司向股东的任何支付。给定525万元的债务支付义务,股东在经济强劲时能收到875万元(1 400-525),在经济衰弱时只能收到375万元(900-525)。表7-3给出了债务的现金流、杠杆股权的现金流以及公司的总现金流。

表7-3　　　　　杠杆公司的债务和股权的价值与现金流　　　　　单位:万元

	t=0	t=1:现金流	
	初始价值	经济强劲	经济衰弱
债务	500	525	525
杠杆股权	E=?	875	375
公司	1 000	1 400	900

对企业家而言,杠杆股权的出售价格E应该为多少?哪种资本结构选择为最优?弗兰科·莫迪格利安尼(Franco Modigliani)和默顿·米勒(Merton Miller)(以下简称MM)于1958年发表的一篇重要论文给出了这一问题的答案,这一答案在当时震惊了财务金融领域的研究者和从业人员。他们认为,在完美资本市场中,公司的总价值不应该依赖于公司的资本结构,两者是无关的。他们的推理过程为:公司的总现金流仍然等于该项目的现金流,因此两者的现值相同,都为先前计算的1 000万元(见表7-3的最后一行)。由于债务和股权的现金流之和等于项目的现金流,根据一价定律可知,债务和股权的价值之和必定等于1 000万元。如果债务的价值为500万元,杠杆股权的价值必定为:

E=1 000-500=500(万元)

可见,杠杆股权的现金流比无杠杆股权的要少,杠杆股权势必要以较低的价格出售——无杠杆股权的价值为1 000万元,而杠杆股权为500万元。然而,杠杆股权的价值较低,并不意味着企业家状况的恶化——企业家既借债,又出售股权,仍可以筹集总计1 000万元——与仅以股权融资的情形下融资总额相同。完美资本市场假设下,两种资本结构的选择对企业家来说是无差别的。

三、杠杆对风险和回报率的影响

然而一般认为,即使是在完美资本市场中,杠杆也会影响公司的价值。在上

例中,杠杆股权的价值将超过 500 万元,因为股权的期望现金流按 15% 的折现率折现后现值为:

$$\frac{0.5 \times 875 + 0.5 \times 375}{1 + 15\%} = 543 \text{（万元）}$$

这一逻辑并不正确,因为杠杆会加大公司股权的风险,用无风险股权的折现率 15% 来折现杠杆股权的现金流是不合适的。杠杆股权的投资者会要求更高的期望回报率,以补偿增加的风险。

表 7-4 比较了企业家选择无杠杆融资时的股权回报率,与借入 500 万元、同时出售股权筹集 500 万元情形下的杠杆股权的回报率。有杠杆和无杠杆时,股权所有者的回报率显著不同。

表 7-4　　　　　　　　　　有杠杆和无杠杆时的股权回报率

项目	t = 0	t = 1:现金流		t = 1:回报率		期望回报率 (%)
	初始价值（万元）	经济强劲（万元）	经济衰弱（万元）	经济强劲（%）	经济衰弱（%）	
债务	500	525	525	5	5	5
杠杆股权	500	875	375	75	-25	25
无杠杆股权	1 000	1 400	900	40	-10	15

无杠杆时的回报率在经济强劲和经济衰弱情形下分别为 40% 和 -10%,期望回报率为 15%。杠杆股权的风险较高,杠杆股权回报率在经济强劲和经济衰弱情形下分别为 75% 和 -25%。为了补偿使用杠杆的风险,杠杆股权的所有者会要求得到较高的 25% 的期望回报率。

通过计算每种证券的回报率对经济中系统风险的敏感度,能够更正式地评价风险和回报之间的关系。在第六章中,我们知道这种敏感性决定了证券的贝塔。表 7-5 列示了每种证券的回报率的敏感度和风险溢价。

表 7-5　　　债务、无杠杆股权与杠杆股权的系统风险和风险溢价

项目	回报率的敏感度（系统风险）	风险溢价
	$\Delta R = R(\text{强劲}) - R(\text{衰弱})$	$E[R] - r_f$
债务	5% - 5% = 0	5% - 5% = 0
无杠杆股权	40% - (-10%) = 50%	15% - 5% = 10%
杠杆股权	75% - (-25%) = 100%	25% - 5% = 20%

由于债务的回报没有承担系统风险,所以其风险溢价为 0。然而,在这个特定的例子中,杠杆股权的系统风险是无杠杆股权的 2 倍,因为杠杆股权的所有者得到 2 倍的风险溢价。在完美资本市场中,如果公司完全由股权融资,股东将要求 15% 的期望回报率。如果融资的 50% 为债务,50% 为股权,那么债权人将取

得确定性的 5% 的回报率，而杠杆股权的持有者由于风险加大，将要求较高的 25% 的期望回报率。从上例可知，尽管公司没有违约风险，但杠杆的使用仍增加了股权的风险。虽然单独来看债务融资的成本较低，但债务融资却增加了股权的资本成本。同时考虑两种资本来源，权重各为 0.5 时，杠杆公司的加权资本成本为：

$0.5 \times 5\% + 0.5 \times 25\% = 15\%$

这与无杠杆公司的加权平均资本成本相同。

【例 7-1】杠杆与股权资本成本

假设企业家为上述项目融资时只借入 200 万元债务。根据莫迪格利安尼和米勒的研究思路，股权的价值应该为多少？股权的期望回报率是多少？

解析：公司的全部现金流价值仍为 1 000 万元。如果公司借入 200 万元，那么股权价值将为 800 万元。1 年后公司需偿还债权人 210 万元 [200 × (1 + 5%)]。如果经济强劲，股东将得到 1 190 万元 (1 400 - 210)，回报率 = 1 190/800 - 1 = 48.75%；如果经济衰弱，股东将得到 690 万元 (900 - 210)，回报率 = 690/800 - 1 = -13.75%。则股权的期望回报率为：

$0.5 \times 48.75\% + 0.5 \times (-13.75\%) = 17.5\%$

注意，在【例 7-1】中股权回报率的敏感度为 62.5% [48.75% - (-13.75%)]，是无杠杆股权回报率敏感度的 1.25 倍 (62.5%/50%)。杠杆股权的风险溢价为 17.5% - 5% = 12.5%，恰好也是无杠杆股权风险溢价的 1.25 倍 (12.5%/10%)。这表明，较高的回报率恰好补偿了较高的风险。

> **【想一想】**
> 1. 为什么杠杆股权的价值和现金流要比无杠杆股权的少？
> 2. 公司使用杠杆后，股权回报率和风险会发生怎样的变化？
> 3. 完美资本市场中，公司选择哪种资本结构更好？

第二节 完美市场中的资本结构

在第一节的讨论中，杠杆不影响公司的总价值，它等于企业家能够筹集到的资金总额。换句话说，杠杆没有改变公司的总体现金流，但它改变了现金流在债务和股权之间的分配。莫迪格利安尼和米勒证明，在完美资本市场的一系列假设下，上述结论具有一般性。

一、MM 第一定理

（一）完美资本市场假设下的 MM 定理

所谓完美资本市场（perfect capital market）的假设包括：

1. 投资者和公司能够以竞争性的市场价格买卖同一集合的证券，竞争性的市场价格等于证券产生的未来现金流的现值。
2. 没有税收、交易成本和与证券交易相关的发行成本。
3. 公司的融资决策不改变投资所产生的现金流，也不会揭示有关投资的新信息。

在满足完美资本市场假设的条件下，莫迪格利安尼和米勒证明了关于资本结构对公司价值的影响的重要结论如下：

【MM 第一定理】
在完美资本市场中，公司的总价值等于其资产所产生的全部现金流的市场价值，而不受资本结构选择的影响。

若没有税收和其他交易成本，公司向所有公司证券持有者支付的现金流，等于公司的资产所产生的全部现金流。根据一价定律可知，公司发行的证券和公司的资产必定拥有相同的总市值。只要公司的证券选择不改变其资产所产生的现金流，那么融资决策就不会影响公司的总价值或公司能够筹集到的资本。

在第三章中我们曾介绍过分离定理：如果证券被公允定价，那么买卖证券的净现值为零，因此，买卖证券不应该改变公司的价值。公司对其债务的未来偿付的价值（现值）等于公司预先收到的贷款的价值。杠杆的使用不会产生净利得或损失，公司的价值是由其当前和未来投资所产生的现金流的现值决定的。可见，分离定理与 MM 第一定理的结论是一致的。

阅读材料：
MM 定理与
真实世界

（二）应用：市值资产负债表

MM 第一定理的应用非常广泛。例如，在本章第一节中我们仅考虑了公司资本结构的两种选择，而事实上，公司可以选择任何债务和股权。当公司发行其他类型的证券，如可转换债券或认股权证，MM 第一定理仍然适用。因为投资者可以自行买卖证券，所以公司自行买卖证券没有为投资者创造价值。

MM 第一定理的一个应用就是被称为"市值资产负债表"的工具。市值资产负债表（market value balance sheet）非常有用，类似于会计资产负债表，但有两个重要区别：第一，市值资产负债表包括公司所有的资产和负债——包括标准会计资产负债表所不包含的诸如声誉、品牌以及人力资本等无形资产；第二，市值资产负债表中的所有价值都是当前市值，而非历史成本。表 7-6 给出公司的市值资产负债表，如前所述，公司发行的所有证券的总价值必定等于公司资产（指包含诸如声誉、品牌以及人力资本等无形资产在内的所有资产）的总价值。

表 7-6　　　　　　　　　　　　公司的市值资产负债表

资产	负债及股东权益
公司的资产和投资：	公司发行的证券：
有形资产	债务
现金	短期债务
厂房、财产和设备（固定资产）	长期债务（债券）
存货和其他营运资本等	可转换债券
无形资产	股权
知识产权	普通股
声誉	优先股
人力资本等	认股权证（期权）
公司资产的总市值	公司发行的证券的总市值

市值资产负债表所蕴含的理念是，公司的价值是由公司选择的资产和投资创造的。公司应该选择价值大于初始投资的净现值为正的项目，以提升公司价值。如果公司资产所产生的现金流固定，资本结构选择就不会改变公司的价值，而是仅仅改变公司价值在不同证券持有者之间的分配。

使用市值资产负债表，可以计算股权的价值如下：

$$股权的市值 = 资产的市值 - 债券及其他负债的市值 \qquad (7-1)$$

【例 7-2】应用市值资产负债表估计股权价值

继【例 7-1】，假设企业家决定将公司分割成三种证券出售：股票、500 万元债务以及认股权证。公司的现金流充裕时，公司将为认股权证支付 210 万元；而当现金流不足时，不用支付。假设认股权证的公允价格是 60 万元，在完美资本市场中，股票的价值是多少？

解析：根据 MM 第一定理可知，公司发行的所有证券的总价值应等于公司资产的价值，即 1 000 万元。由于债务价值为 500 万元，认股权证的价值为 60 万元，所以股票的价值必定为 440 万元（1 000 - 500 - 60）。

（三）应用：杠杆资本重整

企业家关注的是为投资机会融资，这也是到目前为止我们考察的角度，即从企业家角度考察资本结构。事实上，MM 第一定理可以应用于公司在持续经营期间内任何时候所作出的资本结构决策。

考虑一个例子。在完美资本市场中有一家 A 公司，当前为全权益公司，拥有流通股 5 000 万股，每股交易价格为 4 元。公司计划借入 8 000 万元债务，并用所得资金回购 2 000 万股流通股，从而提高公司的杠杆水平。公司以这种方式大比例回购其流通股，这种交易被称作杠杆资本重整（leveraged recapitalization）。

杠杆资本重整可以分两个交易步骤来看：第一步，公司发行债券筹集 8 000 万元现金；第二步，公司用这些现金回购股票。表 7-7 显示这两个交易步骤后的市值资产负债表状态：

表7-7 A公司的杠杆资本重整在两个步骤后的市值资产负债表

初始		借款后		股票回购后	
资产（万元）	负债及股东权益（万元）	资产（万元）	负债及股东权益（万元）	资产（万元）	负债及股东权益（万元）
		现金（万元）8 000	债务（万元）8 000	现金（万元）0	债务（万元）8 000
现有资产（万元）20 000	股权（万元）20 000	现有资产（万元）20 000	股权（万元）20 000	现有资产（万元）20 000	股权（万元）12 000
20 000	20 000	28 000	28 000	20 000	20 000
流通股股数（万股）	5 000	流通股股数（万股）	5 000	流通股股数（万股）	3 000
每股价值（元）	4	每股价值（元）	4	每股价值（元）	4

在完美资本市场中的 A 公司最初为全权益公司。公司股权的市值为万元 20 000（5 000×4），等于其现有资产的市值。借款后，公司的债务增加了 8 000 万元，也等于公司已经筹集的现金。公司资产和负债增加的金额相同，股权的市值保持不变。

公司借入 8 000 万元现金之后，开始实施股票回购。公司用 8 000 万元，共回购 2 000 万股（8 000÷4）流通股。公司的资产减少 8 000 万元，而债务保持不变，为保持市值资产负债表的平衡，股权市值必定减少 8 000 万元，从 20 000 万元下降到 12 000 万元。而股票价格保持不变——剩 3 000 万股流通股，每股价值为 4 元（12 000÷3 000），与回购前的每股股价相同。

对于杠杆资本重整前后的每股股价不变这一事实，还可以换个角度来看。公司借入价值为 8 000 万元的新债务，同时回购价值为 8 000 万元的已发行股票，这项交易的净现值为零（收益 = 成本），所以不会改变股东的价值。

【想一想】
1. 什么是市值资产负债表？
2. 在完美资本市场中，公司为回购股票而发行债券，公司的股票总市值和每股股价分别会怎样变化？
3. 完美资本市场中，公司选择哪种资本结构更好？

二、MM 第二定理

MM 证明了公司的融资选择不影响公司的价值。但是，公司不同的融资方式具有不同的资本成本,例如股东要求15%的期望回报率,债权人仅要求5%的无风险利率。那么,完美资本市场中,不同资本结构下的资本成本是如何保证公司价值不变的呢?

尽管债务资本成本确实比股权资本成本要低,但不应该孤立地考虑债务成本。尽管债务本身更便宜,但债务增加了股权的风险,从而提高了股权的资本成本。现在,我们先来考虑杠杆对公司股票的期望回报率也就是股权资本成本的影响,然后考虑如何估算公司资产的资本成本并证明它不受杠杆的影响。

(一)股权资本成本

MM第一定理告诉我们,不论公司是否利用杠杆,公司发行的证券的总市值都等于其资产的市值。为明确杠杆与股权资本成本之间的关系,现在分别用E和D表示有杠杆公司股权和债务的市值;用U表示无杠杆公司股权的市值;用A表示公司资产的市值。MM第一定理可以表示为:

$$E + D = U = A \tag{7-2}$$

通过持有公司股权和债务的投资组合,可复制持有无杠杆股权而产生的现金流。因为投资组合的回报率等于组合中各种证券回报率的加权平均,这一相等意味着杠杆股权的回报率(r_E)、债务的回报率(r_D)和无杠杆股权的回报率(r_U)之间,存在着如下关系:

$$\left(\frac{E}{E+D}\right) \times r_E + \left(\frac{D}{E+D}\right) \times r_D = r_U \tag{7-3}$$

根据式(7-3),可以得到杠杆股权的回报率表达式:

$$r_E = \underbrace{r_U}_{\text{无杠杆时的风险}} + \underbrace{\frac{D}{E} \times (r_U - r_D)}_{\text{杠杆产生的额外风险}} \tag{7-4}$$

式(7-4)揭示了财务杠杆对杠杆股权回报率的影响。杠杆股权的回报率等于无杠杆时股权的回报率加上由于杠杆产生的额外"反冲"。当公司业绩好时($r_U > r_D$),杠杆股权的回报率会比无杠杆时的股权回报率更高;但当公司业绩差时($r_U < r_D$),杠杆股权的回报率会比无杠杆时的股权回报率更低。而且,额外风险的大小取决于杠杆水平的高低,杠杆用以市值计算的债务股权比率(D/E)来衡量。式(7-4)不仅适用于已实现回报率,还适用于期望回报率。于是我们得到MM第二定理。

> **【MM第二定理】**
> 杠杆股权的资本成本随着公司以市值计算的债务股权比率的增加而增加。

杠杆股权的资本成本计算公式为:

$$r_E = r_U + \frac{D}{E}(r_U - r_D) \tag{7-5}$$

现在运用 MM 第二定理来说明〖例 7-1〗中企业家的投资项目。公司如果以全权益融资，无杠杆股权的期望回报率为 15%；如果借入 500 万元的债务，债务的期望回报率为 5% 的无风险利率。根据 MM 第二定理可知，杠杆公司股权的期望回报率为：

$$r_E = 15\% + \frac{500}{500}(15\% - 5\%) = 25\%$$

【例 7-3】计算股权资本成本

继〖例 7-1〗，假设企业家为该项目融资时，只借入 200 万元。根据 MM 第二定理，公司的股权资本成本是多少？

解析：由于公司资产的市值为 1 000 万元，根据 MM 第一定理可知，股权的市值为 800 万元（1 000 - 200）。

根据 MM 第二定理可知，股权资本成本为：

$$r_E = 15\% + \frac{200}{800}(15\% - 5\%) = 17.5\%$$

这一结果与〖例 7-1〗中计算的期望回报率一致。

（二）加权平均资本成本

根据 MM 定理，可以理解杠杆对公司新投资的资本成本的影响。如果公司通过股权和债务来融资，那么其基础资产的风险和由其股权与债务所构成的投资组合的风险就是相匹配的。因此，公司资产的资本成本（r_A）应该等于这一投资组合的资本成本，即公司的股权和债务资本成本的简单加权平均。

无杠杆资本成本（税前加权平均资本成本）的计算公式为：

$r_U \equiv$（公司价值中由股权融资的比例）×（股权资本成本）
　　　+（公司价值中由债务融资的比例）×（债务资本成本）

$$= \frac{E}{E+D} \times r_E + \frac{E}{E+D} \times r_D \tag{7-6}$$

在第六章中，这一资本成本被称作公司的无杠杆资本成本或税前 WACC，同时我们也知道了公司的有效税后加权平均资本成本或 WACC 在计算时要使用公司的税后债务资本成本。而在完美资本市场假设下，没有税负，所以公司的 WACC 就等于无杠杆资本成本：

$$r_{WACC} = r_U = r_A \tag{7-7}$$

式（7-7）表明，在完美资本市场中，公司的加权平均资本成本（WACC）与其资本结构无关，它等于公司无杠杆时的股权资本成本，也与公司资产的资本成本相匹配。

现在我们用图来说明，在完美资本市场中，当公司在资本结构中增加杠杆即债务的比重，分别对股权资本成本、债务资本成本以及 WACC 的影响是怎样的？在图 7-1 中，用债务对公司价值比率 [debt-to-value ratio, D/(E+D)] 衡量公司的杠杆大小，其中 D/(E+D) 是指债务在公司总价值中所占的比重。如果没有债务，那么 WACC 等于无杠杆股权的资本成本。公司以较低的资本成本借入债务时，股权资本成本将随之上升，但是公司的 WACC 保持不变。不过，随着债务的增加，公司存在违约的可能，债务变得具有风险性，导致债务资本成本 r_D 也将升高。当公司 100% 使用债务时，债务和公司资产本身会具有相同的风险，不过 WACC 仍然保持不变。

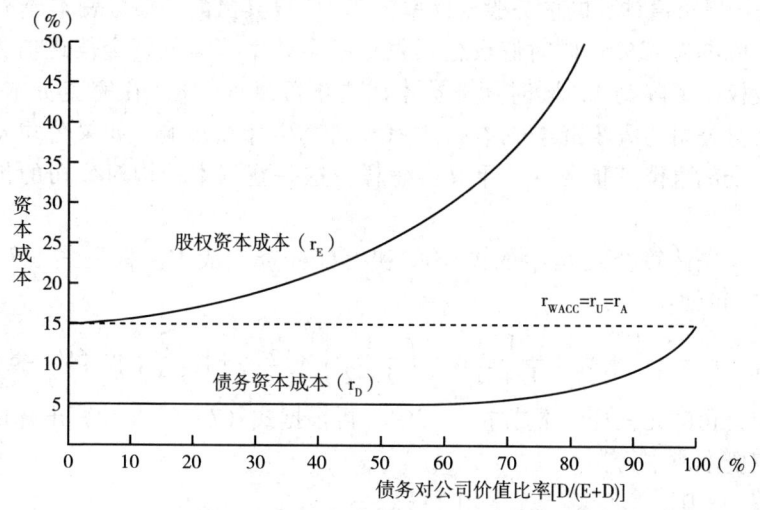

图 7 - 1　完美资本市场中的杠杆与 WACC

类似地，图 7 - 1 中的一些数据列示于表 7 - 8，也可以展示相同的结论：随着公司债务融资比重的增加，股权和债务的风险都加大，它们的资本成本也随之上升。然而由于低成本债务的权重增大，加权资本成本保持不变。值得注意的是，在债务融资比重达到 90% 时 [即 D/(E + D) = 90%]，债务的面值是 1 050 万元，而承诺的收益是 16.67%，债务的风险大，由于公司有 50% 的概率可能违约，所以债务的期望回报率只有 8.33%，因此，这时的债务有 3.33%（8.33% - 5%）的风险溢价。

表 7 - 8　　　　　　　　完美资本市场中的杠杆与 WACC

E	D	r_E（%）	r_D（%）	$\frac{E}{E+D} \times r_E + \frac{E}{E+D} \times r_D$	r_{WACC}（%）
1 000	0	15.0	5.0	1.0 × 15.0% + 0 × 5.0%	15
800	200	17.5	5.0	0.8 × 17.5% + 0.2 × 5.0%	15
500	500	25.0	5.0	0.5 × 25.0% + 0.5 × 5.0%	15
100	900	75.0	5.0	0.1 × 75.0% + 0.9 × 8.3%	15

在第五章股票估值一章中我们曾提到，WACC 可以用来折现公司的未来自由现金流，从而计算公司的价值。式（7 - 7）给出了关于 MM 第二定理的直觉解释：尽管债务比股权的资本成本要低，但杠杆的使用并未降低公司的 WACC。那

么,用 WACC 折现公司自由现金流得出的价值也不变,即公司的价值不取决于其融资选择。这一结论可以回答本章开篇提出的问题:在完美资本市场中,公司的加权平均资本成本以及扩张项目的净现值,不受公司对新项目融资选择的影响。

【例 7-4】杠杆与资本成本

B 公司以市值计算的债务股权比率为 2。假设其当前的债务资本成本为 6%,股权资本成本为 12%,同时假设公司发行股票并用筹集的资金偿还债务,公司的债务股权比率降为 1,同时债务资本成本下降到 5.5%。在完美资本市场中,这项交易对公司的股权资本成本和 WACC 将产生什么影响?如果公司发行更多的股票,全部清偿其债务,结果又会怎样?这一新资本结构对公司的价值有何影响?

解析:先计算公司初始的 WACC 和无杠杆资本成本。根据式(7-6)和式(7-7)可知:

$$r_{WACC} = r_U = \frac{E}{E+D} r_E + \frac{D}{E+D} r_D = \left(\frac{1}{1+2}\right) \times 12\% + \left(\frac{2}{1+2}\right) \times 6\% = 8\%$$

给定公司的无杠杆资本成本 $r_U = 8\%$。再根据式(7-5),计算出降低杠杆之后的股权资本成本为:

$$r_E = r_U + \frac{D}{E}(r_U - r_D) = 8\% + \frac{1}{1} \times (8\% - 5.5\%) = 10.5\%$$

降低杠杆使股权资本成本下降到 10.5%(这与降低杠杆从而降低股权资本的风险是一致的)。此时,公司的 WACC 为:

$$r_{WACC} = \frac{1}{2} \times 10.5\% + \frac{1}{2} \times 5.5\% = 8\%$$

可见,降低杠杆前后,公司的 WACC 保持不变。对公司来说,这一交易没有产生任何净收益。

而如果公司完全清偿其债务,公司将无杠杆,其股权资本成本将等于 8% 的 WACC 和无杠杆资本成本。由本例可见,在完美资本市场中,公司的 WACC 和自由现金流都保持不变,那么公司的价值也不受其资本结构的影响。

(三)杠杆贝塔和无杠杆贝塔

在第六章中我们知道,资产组合的贝塔为其组合中各项资产贝塔的加权平均。因此,公司的无杠杆贝塔或资产贝塔是其股权贝塔和债务贝塔的加权平均,即:

$$\beta_U = \frac{E}{E+D} \times \beta_E + \frac{D}{E+D} \times \beta_D \tag{7-8}$$

无杠杆贝塔可以衡量公司基础资产的市场风险,从而可用于评估可比投资的资本成本。若公司改变它的资本结构而不改变投资,公司基础资产的市场风险不变,因而公司的无杠杆贝塔将保持不变。但改变资本结构会改变公司股权的贝塔,因为资本结构变动改变股权的风险。对式(7-8)稍作变形,即可得到股权贝塔的等式:

$$\beta_E = \beta_U + \frac{D}{E} \times (\beta_U - \beta_D) \qquad (7-9)$$

式（7-9）表明公司的股权贝塔随着杠杆的增加而上升。不难发现，式（7-9）与式（7-5）类似，只是期望回报率换成了贝塔而已。

【例7-5】杠杆与资本成本

C公司的股权贝塔为0.80，债务股权比率为0.10。假设其债务贝塔为0，请你估计其资产贝塔。假设公司计划增加杠杆，以使其债务股权比率达到0.50，且债务贝塔仍为0。杠杆增加后，请你估算公司的股权贝塔。

解析：已知初始 $\beta_E = 0.80$，$D/E = 0.10$，$\beta_D = 0$。先利用式（7-8）估算公司的无杠杆贝塔或资产贝塔为：

$$\beta_U = \frac{E}{E+D}\beta_E + \frac{D}{E+D}\beta_D = \frac{1}{1+D/E}\beta_E + 0 = \frac{1}{1+0.10} \times 0.80 = 0.73$$

当公司增加杠杆后 $D/E = 0.50$，$\beta_D = 0$。根据式（7-9）可知，公司的股权贝塔随杠杆增加而增加到：

$$\beta_E = \beta_U + \frac{D}{E}(\beta_U - \beta_D) = 0.73 + 0.50 \times (0.73 - 0) = 1.09$$

可见，公司的股权贝塔（以及股权资本成本）将随着杠杆的增加而增加。

当然，如果公司的债务贝塔也增加，那么杠杆对股权贝塔的影响会稍微降低些。这是为什么呢？因为债权人也分担了一些公司的市场风险，股东承担的风险就会少些。

我们已经知道，公司资产负债表中的资产包括所有持有的现金和无风险证券。这些资产是无风险的，它们减少了公司资产的风险，从而降低了投资者对公司资产所要求的风险溢价，因此，持有超额现金会产生与杠杆对风险和回报的影响相反的效应。从这个角度来说，现金可以被视为负债务。因此，要评估企业价值，即公司所持有的除超额现金之外的经营性资产的价值，就要用公司的净债务来衡量杠杆。净债务等于债务减去超额现金和短期投资之后的净额。

【例7-6】现金与资本成本

D公司的股票总市值为1 024亿元，债务为162亿元，现金和短期投资的价值为486亿元。公司的股权贝塔为1.23，债务贝塔近似为0。公司当前的总价值是多少？给定无风险利率为2%，市场风险溢价为5%，请你估计D公司资产的无杠杆资本成本。

解析：已知D公司的债务和现金分别为162亿元和486亿元，所以公司的净债务为：

$$D = 162 - 486 = -324 \text{（亿元）}$$

企业价值（EV）为股权价值（E）加上净债务（D），所以D公司的企业价值为：

$$EV = E + D = 1\ 024 - 324 = 700 \text{（亿元）}$$

给定公司净债务的贝塔为0，利用式（7-8）估算公司的无杠杆贝塔或资产贝塔为：

$$\beta_U = \frac{E}{E+D}\beta_E + \frac{D}{E+D}\beta_D = \frac{1\,024}{700} \times 1.23 + \frac{-324}{700} \times 0 = 1.80$$

根据 CAPM 可知，D 公司的无杠杆资本成本为：

$r_U = 2\% + 1.80 \times 5\% = 11\%$

可见，由于公司持有超额现金，公司股权的风险（贝塔为 1.23）低于公司基础资产的风险（贝塔为 1.80）。

【想一想】

1. 在完美资本市场中，随着公司杠杆的增加，债务资本成本、股权资本成本和加权平均资本成本会发生怎样的变化？
2. 当公司持有超额现金，股权的风险与公司基础资产的风险相比会怎样？

MM 第一定理和第二定理表明，在完美资本市场中，杠杆对公司价值或总资本成本没有影响。自 MM 的原创性论文发表以来，他们的理念和思想对公司金融研究与实践产生了深远影响。推导和演绎 MM 定理的方法，可能比具体的定理本身更重要。MM 第一定理标志着现代公司金融理论的开端，它是最早证明一价定律是在竞争性市场中为证券定价和公司估值有重要启示的理论之一。

本节的结论可以更宽泛地理解为金融市场的价值守恒原理（conservation of value principle）——在完美资本市场中，金融交易既不会创造价值也不会减损价值，它表示对风险（和回报）的重新配置。价值守恒原理的应用已经远远地扩展到分析债务与股权或资本结构之外的其他问题。它表明，任何看上去能够增加价值的金融交易事项，要么是虚假的，要么是利用了某类市场不完备因素。为了确保价值不是虚幻的，识别价值来源的市场不完备因素就显得非常重要。在本章后面几节中，我们将会考察不同类型的市场摩擦，以及其在公司资本结构选择和其他金融交易中带来的潜在价值来源。

第三节 最优资本结构

在完美资本市场中，一价定律表明，所有金融交易的净现值为零，既不会创造价值也不会损失价值。上一节的讨论也表明，对于完美资本市场中的公司来说，无论是选择债务融资还是股权融资，都不会影响公司的价值。虽然财务杠杆增加了公司股权的风险和资本成本，但公司的加权平均资本成本（WACC）、总价值和股票价格并未因杠杆的变化而改变。也就是说，完美资本市场中，公司资本结构的选择不会影响公司价值。

本节我们将关注税收这一市场不完备因素，重点讨论在考虑公司和投资者需要对其投资收益进行纳税这一现实后，公司的资本结构如何影响公司价值。

一、利息费用的抵扣

公司获得的收益必须纳税。税法允许利息在税前进行抵扣，即公司按扣除利息支付之后的利润纳税，因此，利息费用减少了必须支付的公司所得税。税法的这一规定，激励了公司对债务的使用。

我们先来看一个例子。A 公司当年大约有 250 000 万元的息税前利润，利息费用约为 43 000 万元。给定公司所得税税率为 25%，为说明杠杆对其利润具有怎样的影响，我们在表 7-9 中对比 A 公司在有杠杆和无杠杆两种不同情形下的利润。

表 7-9　　A 公司有杠杆和无杠杆两种情形下的利润　　单位：万元

项目	有杠杆	无杠杆
息税前利润	250 000	250 000
利息费用	-43 000	0
税前利润	207 000	250 000
税费（25%）	-51 750	-62 500
净利润	155 250	187 500
收益的分配：		
支付给债权人的利息	43 000	0
股东的所得	155 250	187 500
提供给所有投资者的收益	198 250	187 500

由表 7-9 可知，公司有杠杆时的净利润比无杠杆时要低，公司的债务义务减少了提供给股东的利润。但是，公司在有杠杆时提供给所有投资者的收益要更高——有杠杆时公司向其投资者总共支付 198 250 万元，与无杠杆时的 187 500 万元相比，增加了 10 750 万元。

虽然无杠杆时公司的净利润要更高一些，但有杠杆时，公司的价值更高。这是因为，公司的价值等于它能够向所有投资者筹集的资金的总量，而不仅仅是向股东筹集的资金。公司在有杠杆时可以向其投资者支付更多，包括向债权人支付的利息，公司最初就能够筹集更多的总资本。

那么，公司在有杠杆时能向其投资者多支付的 10 750 万元，是从哪里来的呢？从表 7-9 中不难发现，它刚好等于公司有杠杆时的税费节约：62 500 - 51 750 = 10 750（万元）。这是因为，在有杠杆时，用于支付利息的 43 000 万元是可以在税前扣除的，不用纳税，于是产生了 10 750 万元（43 000×25%）的税费节约。

我们称投资者从利息支付的税收抵扣中获得的收益为利息税盾（interest tax shield）。利息税盾也可以理解为假设公司无杠杆时需要额外支付的税费。公司每年的利息税盾为：

利息税盾 = 公司税率 × 利息费用 (7-10)

> 【想一想】
> 1. 什么是利息税盾？
> 2. 考虑公司所得税，为什么尽管公司有杠杆时的净利润更低，但公司价值反而更高？

二、利息税盾的估值

公司使用债务时，利息税盾每年都将为公司产生纳税节约。那么，杠杆对公司价值的影响究竟有多大，应该如何衡量呢？根据价值评估原理，可以用公司未来的利息税盾收益流的现值评估利息税盾的价值。

公司每年都要支付利息，有杠杆时公司支付给投资者的现金流，要比无杠杆时支付得多，多出的部分是利息税盾：

有杠杆时投资者的现金流 = 无杠杆时投资者的现金流 + 利息税盾 (7-11)

式（7-11）所代表的关系可以用图7-2来表现。图7-2表明，公司每1元的税前现金流是如何被分割的：一部分现金流支付所得税，其余支付给投资者。无杠杆时其余现金流全部流向股东。有杠杆时其余现金流中有部分是以利息的形式支付给债权人的，公司应纳税的税前现金流减少，导致公司支付的税费减少。有杠杆时流向所有投资者的总现金流的增加，就是利息税盾。

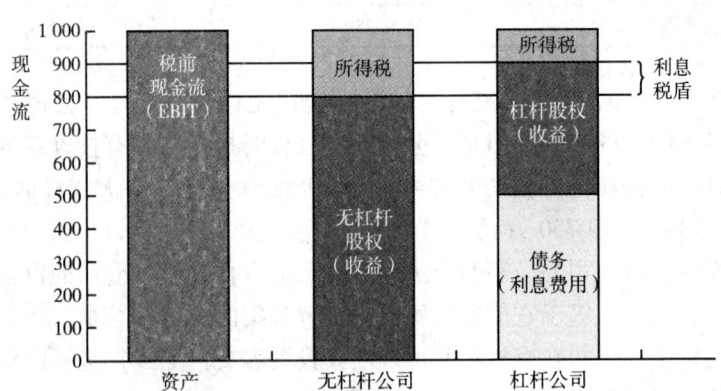

图7-2 公司在无杠杆和有杠杆时的现金流

公司在有杠杆时的现金流，等于无杠杆时的现金流与利息税盾之和。根据一价定律可知，这些现金流的现值也必定相等。令 V_U 和 V_L 分别表示公司在无杠杆时和有杠杆时的价值，存在公司所得税时，对 MM 第一定理进行如下调整：

由于债务带来纳税节约的现值，公司在有杠杆时的总价值超过了无杠杆时的价值。式（7-11）可调整如下：

$$V_L = V_U + PV(利息税盾) \tag{7-11'}$$

可见,使用债务融资有避税方面的优势,利息税盾增加了公司价值。但是这种避税收益有多大? 为计算利息税盾引起的公司总价值的增加,就需要预测公司的债务以及支付的利息,从而确定利息税盾现金流,然后用与其相适应的折现率对其折现,计算它的现值。

【例7-7】利息税盾的估值

假设E公司在未来10年内每年支付1亿元的利息,在第10年年末偿还20亿元的本金。这些支付是无风险的,在此期间,E公司的公司税率保持不变,始终为25%。如果无风险利率是5%,利息税盾可以使E公司的价值增加多少?

解析:计算未来10年内每年的利息税盾为:

10 000 × 25% = 2 500(万元)

根据题意,可以将利息税盾视为一项10年期的年金。纳税节约额为已知的,且无风险,故可用5%的无风险利率对其折现,计算出利息税盾的现值为:

$$PV(利息税盾) = \frac{2\,500}{5\%} \times \left[1 - \frac{1}{(1+5\%)^{10}}\right] = 19\,304(万元)$$

值得注意的是,第10年年末偿还的20亿元的本金,是不能在税前扣除的,因此本金不会产生税盾收益。

在【例7-7】中,我们确切知道公司未来每年的利息支付和相关的节税额。实际上,这种情况是很少见的。一般来说,公司每年的债务余额和债务利息率的变化,公司也可能违约导致不能偿还利息的风险,都会导致未来的利息支出水平随之变化。

现在,我们考虑一种情形,即公司保持债务(债券)余额不变的情形。例如,公司发行永久性债券,只支付利息,而没有到期日,因此不需要偿还本金。当然,这种情形十分少见。更现实的一种情形是,公司发行5年期的息票债券,当本金到期时公司通过发行新债券筹集资金来偿还本金。通过这种借新债还旧债的方式,公司实际上永远都不用偿还本金,只需要简单再融资即可。这种情形下的债务实质上就是永久性债券。

许多大公司的策略规定,公司资产负债表上要维持一定水平的债务,随着旧债的到期,公司会举借新的债务。这里一个关键的假设是,公司要维持未偿付债务的余额固定,而非随着公司的规模而变动。假设公司借入债务D并永久持有,公司所得税税率为t,债务是无风险的,无风险利率为r_f,每年的利息税盾为$D \times r_f \times t$。债务D是永久性的,因此可以将利息税盾看作一笔永续年金,据此计算利息税盾的价值为:

$$PV(利息税盾) = \frac{利息 \times t}{r_f} = \frac{(D \times r_f) \times t}{r_f} = \frac{(D \times t) \times r_f}{r_f} = D \times t$$

上式虽然基于债务无风险且利息率固定的假设计算而来,但这些假设并非必需。因为如果公司债务被公平定价,就不存在套利,这表明债务的市场价值一定

等于其未来利息支出的现值:[①]

$$债务的市值 = D = PV(未来利息支出) \tag{7-12}$$

因此,如果公司所得税税率固定,可得出如下一般表达式。即永久性债务的利息税盾的价值的计算公式如下:

$$PV(利息税盾) = PV(未来利息支出 \times t) = PV(未来利息支出) \times t$$
$$= D \times t \tag{7-13}$$

式(7-13)表明了利息税盾的大小。如果公司税率为25%,那么公司每发行1元的永久性债务,公司的价值就将增加0.25元。

三、有税收时的加权平均资本成本

杠杆的节税收益也可以用加权平均资本成本来表示。公司使用债务融资时必须支付的利息成本,在一定程度上被利息税盾产生的节税收益所抵销。例如,假设公司所得税税率为25%,公司以10%的年利率借款100 000元,在年末的净成本为:

$$100\ 000 \times 10\% - 100\ 000 \times 10\% \times 25\% = 7\ 500(元)$$

债务的实际成本只是贷款金额的7.5%,即7500/100 000,而不是按照借款利率10%计算的全部利息。从而利息的纳税抵扣降低了债务融资的实际成本。更一般地,

由于存在利息抵税,有效的税后借款利率为 $r \times (1-t)$。

我们已经知道,没有公司所得税时,公司的WACC等于其无杠杆资本成本,即公司必须支付给其投资者(股东和债权人)的平均回报率。利息支付的抵扣降低了公司的有效税后债务成本。为考虑和体现利息税盾的好处,存在公司所得税时,我们应该使用有效税后债务成本来计算WACC。

加权平均资本成本(税后)的计算公式如下:

$$r_{WACC} = \frac{E}{E+D} \times r_E + \frac{D}{E+D} \times r_D \times (1-t) \tag{7-14}$$

WACC包含利息税盾收益后的公司有效(实际)资本成本,比税前WACC低,税前WACC是支付给投资者的平均回报率。公司WACC与税前WACC之间存在如下关系式:

$$r_{WACC} = \underbrace{\frac{E}{E+D} \times r_E + \frac{D}{E+D} \times r_D}_{税前WACC} - \underbrace{\frac{D}{E+D} \times r_D \times t}_{利息税盾的抵减} \tag{7-15}$$

根据式(7-15)可知,存在公司所得税时,税前WACC等于无杠杆资本成本,它只取决于公司资产的风险。公司的杠杆水平越高,公司利用的债务抵税优

---

① 即使利率会波动,债务有风险,但只要任何新债务是被公平定价的,式(7-13)就依然成立。式(7-13)仅要求公司永远不去偿还债务的本金即可(或者再融资,或者对本金支付违约)。这一结论,与第六章股票估值中股票的价值等于其未来所有股利的现值的原理如出一辙。

势就越多,WACC 也越低。因此,WACC 随着公司杠杆比率的增加而降低(如图 7-3 所示)。

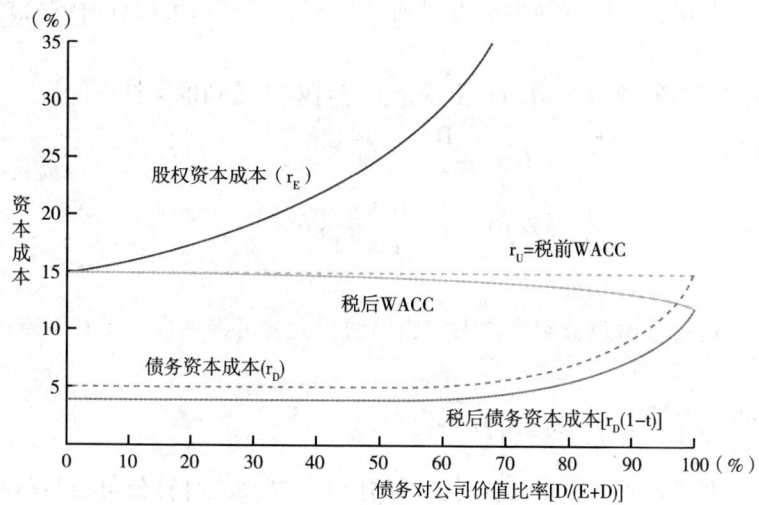

图 7-3 公司在无公司税和有公司税时的 WACC

【想一想】
1. 利息税盾的价值该如何估计?
2. 杠杆是如何影响公司的加权平均资本成本的?

四、维持目标资本结构下的利息税盾

先前计算利息税盾的价值时,假设公司维持了固定的债务水平(数额)。然而,这一假设在很多情况下是不现实的。这是因为随着公司资产规模的增长,公司的债务股权比率将会越来越低,利息税盾的好处将会越来越微不足道。更多的公司以特定的债务股权比率作为目标资本结构,而不是保持固定的债务水平。公司若以保持固定的债务股权比率为目标,被称为维持目标资本结构,那么公司的债务水平(数额)将随着公司资产规模的变动而同比例变动。

如果公司随着时间的推移调整其债务,以保持固定的债务股权比率,那么,我们就可以用 WACC 对其自由现金流进行折现,计算出杠杆公司的价值(V_L)。将有杠杆时的公司价值(V_L)与无杠杆时的公司价值(V_U)相比较,即可确定利息税盾的价值。其中,V_U 是将公司自由现金流以无杠杆资本成本(即税前 WACC)折现计算得出。

【例 7-8】维持目标资本结构时,利息税盾的估值

F 公司预计来年产生的自由现金流为 425 万元,此后的自由现金流预计每年按 4% 的比率增长。公司的股权资本成本为 10%,税前债务资本成本为 6%,公

司所得税税率为25%。如果公司维持0.50的目标债务股权比率，公司利息税盾的价值是多少？

解析：公司利息税盾的价值可以通过比较有杠杆和无杠杆时的公司价值来估计。

以税前WACC折现公司的自由现金流，计算出公司的无杠杆价值。

$$税前 WACC = \frac{E}{E+D} \times r_E + \frac{D}{E+D} \times r_D$$

$$= \frac{1}{1+0.5} \times 10\% + \frac{0.5}{1+0.5} \times 6\%$$

$$= 8.67\%$$

预期公司的自由现金流将按固定比率增长，故可将其视为具有不变增长率的永续年金：

$$V_U = \frac{425}{8.67\% - 4\%} = 9\,101（万元）$$

现在，我们再来计算有杠杆时公司的价值。需要先计算公司的WACC：

$$WACC = \frac{E}{E+D} \times r_E + \frac{D}{E+D} \times r_D \times (1-t)$$

$$= \frac{1}{1+0.5} \times 10\% + \frac{0.5}{1+0.5} \times 6\% \times (1-25\%)$$

$$= 8.17\%$$

有杠杆时公司的价值为：

$$V_L = \frac{425}{8.17\% - 4\%} = 10\,192（万元）$$

因此，利息税盾的现值为：

$$PV(利息税盾) = V_L - V_U = 10\,192 - 9\,101 = 1\,091（万元）$$

在MM的完美资本市场假设下，公司可以任意选择债务和股权的组合来为投资融资，而不改变公司价值。也就是说，资本结构没有好坏之分，所有的资本结构都是最优资本结构。在本节的讨论中，我们加入了公司所得税，由于利息的支付创造了有价值的税盾，税收的存在改变了上述结论——杠杆公司的价值超过了无杠杆时的价值，债务融资存在抵税优势。[①]

那么，现实中的公司的确偏好债务融资吗？拉詹和津加莱斯（Rajan and Zingales）于1995年所做的一项研究揭示了1990年国际范围内公司的杠杆水平。在世界范围内，公司使用债务融资的比例都比较低，例如美国公司的债务所占比重［用D/(E+D)衡量］平均也只有28%，而英国公司的杠杆水平尤其低，债务仅占19%。

为什么公司的杠杆这么低呢？公司宁可支付更多的不必要的税费也不愿最大

[①] 事实上，即使是在增加考虑个人所得税的影响后，这一结论仍然成立，即杠杆公司的价值超过无杠杆时的价值，债务融资带来的利息支付创造了有价值的税盾，提升了公司价值。受篇幅所限，本教材不再对个人所得税的情形展开讨论。

化股东的价值,还是因为公司资本结构决策中还有某些我们尚未讨论的问题呢?现实中公司的管理者不约而同地选择低杠杆水平,表明债务融资一定还存在着其他成本,阻碍了公司对利息税盾的充分利用。

原来,在本章前面所有分析中,我们遗漏了一项重要的债务成本:破产成本,即随着债务的增加,公司破产的概率大大增加。除税收之外,债务和股权融资的另一个重要区别就是,公司必须偿付债务,否则公司要破产,而公司没有必须为股东支付股利和实现资本利得的义务。如果破产成本高昂,足以抵销债务融资的抵税优势。

> 【想一想】
> 1. 到目前为止,还有哪些因素是我们在考虑资本结构时尚未涉及的?
> 2. 你觉得公司会选择充分利用债务抵税优势的资本结构吗?

第四节 权衡理论

一、破产成本和财务困境

债务融资给公司带来了一项法律义务。如果公司不能偿还债务要求的利息和本金,被称作违约(default)。公司违约后,债权人就会被赋予取得公司资产的特定权利。极端情形下,债权人启动破产程序,获得对公司资产的法定所有权。股东虽然希望得到股利,但公司没有义务必须向其支付,因此,股权融资不会带来这种风险。

破产风险是财务杠杆可能产生的一个非常严重的后果。不过,在完美资本市场中,破产风险并不是债务的劣势,只是简单地将公司的所有权从股东转移给债权人,并没有改变投资者的总价值。这一点非常重要。

现实经济中,公司一宣布破产,往往成为各类媒体的头条消息。市场关注的焦点集中于公司破产这个结果以及给投资者带来的损失。但是,价值的减损不是由破产本身引起的:不管公司是否有杠杆,价值的减损是一样的。例如,如果公司新产品研发失败,公司将遭遇经济困境(economic distress),而不论公司是否会因为杠杆而遭遇财务困境(financial distress),公司资产的价值都将因为经济困境而显著减少。MM第一定理表明,在完美资本市场中,公司总价值仅由公司资产的价值决定,财务杠杆并不影响公司资产的价值,而仅仅影响公司价值在不同投资者之间的分配。

然而,破产并非如此简单易行,公司对债务的偿付违约时,股东不会立即就将资产的所有权交给债权人。事实上,破产是一个长期而复杂的过程,它将给公司和其投资者带来直接和间接的成本,而在完美资本市场假设下这些成本被忽略了。

(一) 直接破产成本

破产法的设立提供了解决公司债务问题的有序流程。然而,破产过程依旧复杂、耗时且成本高昂。公司遭遇财务困境时,一般会聘用外部专业人士,诸如法律和会计专家、咨询顾问、评估师、拍卖师,以及其他具有出售财务困境公司资产的丰富经验的专业人士。投资银行也能协助公司进行潜在的财务重组。

这些外部专家收费高昂。安然公司在破产时每月支付的法律和会计服务费用达到3 000万美元,而总成本超过了75 000万美元。世通公司支付的咨询费高达62 000万美元,而这还仅仅是它重组成美国微波通讯公司(MCI)所发生的部分费用。雷曼公司的破产费用则高达16亿美元,为迄今为止规模最大的破产。[①]

除公司要支出现金外,债权人在破产期间也可能发生成本支出。通常从公司重组计划被批准到得到支付,债权人往往必须等上好几年。为确保他们的权利和利益得到保护,以及协助他们在拟议的重组中对其求偿权准确估值,债权人可能会耗资寻求独立的法律代表和专业顾问来帮助他们。

不论是公司还是债权人发生支出,破产的这些成本都减少了公司投资者最终将得到的资产的价值。在安然公司的案例中,重组成本大约接近公司资产价值的3%~4%。对那些经营业务更加复杂和债权人数量更多的公司而言,成本很可能更高,这是因为,这些公司在关于资产的最终处置方面更难达成一致意见。

鉴于公司破产的法律成本和其他直接成本如此高昂,陷入财务困境的公司一般会先与债权人谈判,以避免申请破产保护。如果重组成功,避免了破产,称之为私下重组(workout)。因此,破产的直接成本不应显著地超过私下重组的成本。另一种避免正式申请破产保护的方式被称为预包装破产重组(prepackaged bankruptcy),公司首先提出一个得到其主要债权人同意的重组计划,然后再按照破产法的法律规定实施该项计划,这样可以对任何试图抵制重组计划以求得到更好待遇的债权人施加压力。在预包装破产重组下,公司能够以最小的直接成本迅速摆脱破产。

(二) 财务困境的间接成本

除了破产的直接法律和管理费用外,还有许多其他与财务困境相关的间接成本。这些成本难以精确计量,但常常比破产的直接成本大得多。

1. 客户的流失。处于财务困境的公司可能无力履行对客户未来的承诺,导致客户可能不再愿意购买公司的产品。例如,顾客将不愿意在可能停止运营的正处于财务困境的航空公司提前购买机票,因为旅行计划可能泡汤;购房者将不再愿意向资金链已经出现短缺迹象并有可能陷入财务困境的房地产公司购买期房,

---

① Farrell M.. Lehman bankruptcy bill: $1.6 billion [OL]. CNN Money, March 6, 2012.

因为在建住房可能变成烂尾工程；或不愿意向陷入财务困境的汽车制造商购买汽车，因为他们可能无法提供承诺的保修或更换配件服务。类似地，科技公司的客户不愿意购买那些未来可能不再有能力提供硬件或软件平台支持或升级的公司的产品。相比之下，原材料产品制造商发生客户流失的情形就会少很多，因为这些产品一旦交货，其价值就与销售商是否继续成功经营无关了。

2. 供应商的流失。从陷入财务困境的公司中撤离的并非只有客户。如果供应商担心他们得不到支付，就不会再愿意向公司提供材料或服务。有时，公司的股价大幅下跌就足以吓跑供应商，供应商停止向公司供货，而最终可能导致公司被迫申请破产保护。例如，2001 年 10 月 2 日，瑞士航空公司的飞机因为燃油供应中断而无法起飞，也是因为其供应商拒绝提供飞机燃料最后被迫关闭。对于严重依赖商业信用的公司，供应商的潜在流失会导致公司严重的财务困境成本。①

3. 员工的流失。遭遇财务困境的公司无法为雇员提供长期雇佣合同的工作保障，公司可能难以雇用到新员工，而公司的现有员工也可能会辞职或是另谋出路。留住核心员工的成本可能会更高。而对于那些价值主要来源于人力资源的公司而言，这种财务困境成本会更高。

4. 应收账款的损失。陷入财务困境的公司一般难以收回被拖欠的账款。债务人如果知道公司可能会停业，或者至少管理层会有大的变动，有可能降低及时付款以维持自身声誉的动机，他们认为这样或许能够逃过对公司的还债义务。

5. 资产的"救火式"出售。为了尽力避免破产和其相关成本，陷入财务困境的公司可能被迫迅速出售资产以筹集现金。但是如果这样做，公司就可能要接受比其在财务状况健康时出售更低的价格。有学者观察到，处于破产和财务困境的航空公司出售飞机的价格，比财务健康的竞争对手公司可接受的价格要低 15%~40%。陷入财务困境公司试图出售其附属子公司时，价格通常要打折扣。对于资产缺乏竞争性和流动性的公司而言，以低于其价值的价格出售资产的成本是最高的。例如，陷入财务困境的海南航空，仅在 2018 年就卖掉 3 000 亿元资产和 300 多家公司，其中不乏亏本大甩卖，如伦敦瑞信大厦亏本 9 亿元，2021 年又以 5 亿元人民币卖掉了当时花费 6.75 亿美元收购的 IT 外包公司文思海辉。②

6. 低效率的清算。一方面，公司管理层可能运用破产保护来推迟破产清算，导致公司损失更多价值。据研究，美国东方航空公司在破产期间损失了超过 50% 的公司价值，这是因为管理层被允许继续从事净现值为负的投资③。另一方面，破产公司可能被迫清算那些如果继续经营将创造更高价值的资产。例如，雷曼兄弟公司被迫终止了 80% 的衍生品合约，据称，这些被终止的合约本来应还

---

① 在许多情况下，申请破产保护本身可以通过债务人持有资产融资（debtor-in-possession, DIP）发行新的债务，这类债务的索取优先级别高于现存债务，它可使申请破产保护的公司重新获得资金以保持运营。

② 相关信息来自海南航空 2018 年年度报告。

③ Weiss L. A., K. H. Wruck. Information problems, conflicts of interest, and asset stripping: Chapter 11's failure in the case of Eastern Airlines [J]. Journal of Financial Economics, 1998, 48 (1): 55–97.

能为公司创造盈利的①。

7. 债权人的成本。公司违约时，债权人除了可能发生直接的法律成本外，还可能产生其他的间接成本。如果对债务公司的贷款对债权人而言是一项重大的资产，那么公司的违约可能导致债权人陷入代价高昂的财务困境，从而引起连锁反应。在 2008 年金融危机中，雷曼兄弟的破产相继将其许多债权人推入财务困境。

破产是公司的投资者和债权人所作出的一种选择，这种选择对于公司在破产程序中的决策所导致的直接和间接成本有一个限制。如果这些成本过大，则公司可以通过与债权人协商进行私下重组或预包装破产重组的方式，从而在很大程度上避免这些成本的发生。所以，这些成本不应超过与公司债权人协商的成本。

相反，对公司的客户、供应商或员工所引起的财务困境间接成本，则不存在这样的限制。这些成本大部分甚至是在破产之前发生的，客户和供应商等预测到这样的事实，即公司可能会利用破产这一机会重新协商其合同和承诺，终止对其产品的保修服务，或者收回其与供应商签订的不利的供货合同。由于利益相关者担心公司在破产时不能履行其长期承诺，所以高杠杆公司与类似的低杠杆公司相比，需要向其员工支付更高的工资，降低其产品的价格，向其供应商支付更多的费用。这些成本不受为避免破产而重新协商的成本所限制，它们或许比其他种类的破产成本大得多。

总体而言，财务困境的间接成本可能是巨大的。在估计财务困境的间接成本时，必须记住重要的两点。首先，需要确认公司总价值的损失（不只是股东或债权人各自的损失，或在他们之间转移的损失）。其次，要确认与财务困境相关的增量损失，增量损失是指高过和超出公司由于经济困境引发的损失的那部分。下面我们试着考虑一下，杠杆的这些潜在成本对公司价值的影响和后果。

二、财务困境成本和公司价值

财务困境成本严重偏离了 MM 完美资本市场的假设。MM 认为，公司资产所产生的现金流不依赖于公司选择的资本结构。但是，从本节前面部分的讨论中我们已经知道，杠杆公司易于引发财务困境成本的风险，减少投资者可获得的现金流。

为说明财务困境成本如何影响公司价值，我们考虑一个例子。在 A 公司为全权益融资的情形下，新产品成功时，公司资产的价值为 15 000 万元；新产品失败时，资产价值为 8 000 万元。相比之下，在公司有 10 000 万元债务的情形下，如果新产品失败，则公司将被迫破产。这种情形下，由于存在破产和财务困境成本，公司将损失一部分资产价值。结果，债权人得到的价值将不足 8 000 万元。

---

① Farrell M.. Lehman bankruptcy bill: $1.6 billion [OL]. CNN Money, March 6, 2012.

表7-10显示了这些成本的影响,在此假定由于存在财务困境成本,债权人将只能得到6 000万元。

表7-10 有杠杆和无杠杆两种情形下债务和股权的价值　　　　单位:万元

项目	无杠杆		有杠杆	
	成功	失败	成功	失败
债务价值	—	—	10 000	6 000
股权价值	15 000	8 000	5 000	0
对所有投资者的总价值	15 000	8 000	15 000	6 000

可见,新产品失败时,有杠杆时所有投资者的总价值比无杠杆时所有投资者的总价值要少。财务困境成本的存在导致价值减少2 000(8 000 - 6 000)万元。这些成本降低了公司有杠杆时的总价值。

【例7-9】财务困境成本高昂时的公司价值

给定表7-10中的数据,比较有杠杆和无杠杆两种情形下,A公司的当前价值。假设无风险利率是5%,新产品成功或失败的概率相等,风险被分散(无任何风险)。

解析:在无杠杆情形下,新产品成功时股东得到的支付为15 000万元,新产品失败时股东得到的支付为8 000万元。因此,无杠杆情形下公司的股权价值为:

$$股权(无杠杆) = V_U = \frac{0.5 \times 15\,000 + 0.5 \times 8\,000}{1 + 5\%} = 10\,952 (万元)$$

有杠杆情形下,新产品成功时股东得到的支付为5 000万元,新产品失败时股东得到的支付为0万元。因此,有杠杆情形下公司的股权价值为:

$$股权(有杠杆) = \frac{0.5 \times 5\,000 + 0.5 \times 0}{1 + 5\%} = 2\,381 (万元)$$

由于存在破产成本,债权人得到10 000万元(成功时)或6 000万元(失败时),债务的价值现在为:

$$债务 = \frac{0.5 \times 10\,000 + 0.5 \times 6\,000}{1 + 5\%} = 7\,619 (万元)$$

公司在有杠杆时的价值 $V_L = E + D = 2\,381 + 7\,619 = 10\,000$(万元),比无杠杆时的公司价值 $V_U = 10\,952$万元要少。由于存在破产成本,杠杆公司的价值比无杠杆时的价值少952万元。952万元的价值损失就等于新产品失败时公司将付出的2 000万元的财务困境成本的现值:

$$PV(债务困境成本) = \frac{0.5 \times 0 + 0.5 \times 2\,000}{1 + 5\%} = 952(万元)$$

那么,谁来支付财务困境成本呢?【例7-9】中,新产品失败后,财务困境成本导致公司对债权人的支付减少。在这种情形下,股东已经损失了其投资,在公司中再也没有利益诉求了。从股东的角度来看,这些成本似乎与他们无关。为什么股东还应该关注债权人承担的成本呢?

公司破产后,股东确实对破产成本关注较少。但债权人并不傻,他们早已意识到,若公司违约,他们将不能得到公司资产的全部价值。于是,他们最初向公司贷出资金时,就会贷得更少。债权人少贷出的资金金额,恰好等于他们最终放弃的金额,即破产成本的现值。但是,如果债权人贷出更少的资金,公司用于支付股利、回购股票和进行投资的资金就更少。也就是说,减少的资金相当于钱从股东的手中流出。这一逻辑得出了一个一般性的结论:

若证券被公平定价,公司的原有股东支付破产和财务困境成本的现值。

【例7-10】财务困境成本和股票价格

继〖例7-9〗。假设A公司年初有1 000万股流通股,没有债务。公司宣布计划发行面值10 000万元为期1年的债务,拟用所筹集现金回购股票。给定表7-10中的数据,试问回购完成后,新的股票价格将会是多少?同前例假设无风险利率是5%,新产品成功或失败的概率相等,风险被分散(无任何风险)。

解析:由〖例7-9〗可知,无杠杆情形下公司的股权价值为10 952万元,有1 000万股流通股,因此,初始的每股股价为10.952元/股(10 952/1 000)。

有杠杆情形下公司的价值只有10 000万元,因为事先就预测到公司价值的减少,在宣布资本重整的当时,每股股价就立即下跌至10.00元/股(10 000/1 000)。

下面来验证上述结论。由〖例7-9〗可知,由于存在破产成本,新发行债务的价值为7 619万元,给定每股10元的股价,公司将回购761.9万股(7 619/10),剩余238.1万股(1 000 - 761.9)股票仍在流通。又知有杠杆时公司股权价值为2 381万元,除以流通股股数,得出资本重整交易完成后的股价为:

$2\ 381/238.1 = 10.00$(元/股)

资本重整使每股股价降低0.952元,公司总价值降低952万元,恰好等于财务困境成本的现值。这表明,尽管债权人最终承担了财务困境成本,但股东提前支付了财务困境成本的现值。

【想一想】

1. 财务困境成本有哪些?为什么说财务困境的间接成本可能是巨大的?

2. 为什么说尽管债权人最终承担了财务困境成本,但股东提前支付了财务困境成本的现值?

三、最优资本结构:权衡理论

现在,我们可以综合考虑杠杆的利息税盾收益与财务困境成本,以确定公司为最大化其价值而应该发行的债务额度。权衡理论(trade-off theory)就是对杠杆公司在债务税盾收益和财务困境成本之间进行权衡的讨论。

根据权衡理论可知，杠杆公司的总价值等于公司无杠杆时的总价值加上债务抵税收益的现值，再减去财务困境成本的现值：

$$V_L = V_U + PV(利息税盾) - PV(财务困境成本) \tag{7-16}$$

式（7-16）表明，杠杆既能带来收益也能带来成本。公司有动机提高杠杆水平以利用债务的税盾收益，但如果借债过多，公司很可能违约，招致财务困境成本。

（一）财务困境成本的现值

不过，想要准确衡量财务困境成本的现值是非常复杂的。财务困境成本的现值由几个重要的因素决定：(1) 发生财务困难困境的概率；(2) 公司遭遇财务困境的成本大小；(3) 折现财务困境成本的合适的折现率。如〖例7-10〗中财务困境成本的现值取决于新产品失败的概率（50%）、新产品失败引发的成本大小（2 000万元）和折现率（5%）。

什么决定了这些因素？首先，财务困境发生的概率取决于公司无力履行债务义务因而违约的可能性。这一概率随着公司负债相对于其资产比重的增加而增加，它还随着公司现金流和资产价值的波动而增加。可以推论，现金流稳定、可靠的公司（如公共事业公司）有能力多使用债务，违约的概率比较低；而价值和现金流波动性非常大的公司（如科技公司）必须使用较少的债务，以避免显著的违约风险。

其次，财务困境成本的大小取决于成本的相对重要性，而且很可能因行业而异。例如，科技公司的价值主要来自人力资本，当它暴露于财务困境风险时，由于潜在的客户流失和需要雇用及挽留关键员工，以及缺乏易于变现的有形资产，公司发生财务困境成本的可能性会很高。相比之下，价值来自有形资本的公司，如房地产公司，其财务困境成本可能会较低，因为这样的公司的价值大多来自相对容易出售和变现的资产。

最后，财务困境成本的折现率将取决于公司的市场风险。在公司经营绩效差时，财务困境成本贝塔和公司贝塔的符号相反。公司的贝塔越高，其在经济衰退时就越有可能陷入财务困境，从而财务困境成本贝塔的绝对值就越大。负贝塔的绝对值越大，资本成本就越低（低于无风险利率），在其他条件相同的情况下，对于高贝塔的公司而言，其财务困境成本的现值就越高。

（二）最优杠杆水平

根据式（7-16）可知，杠杆公司的价值 V_L 随着永久性债务的价值 D 的变化而变化。没有债务时，公司的价值为 V_U。债务水平低时，违约风险仍然较低，提高杠杆水平的主要影响表现为利息费用的税盾收益的增加，利息税盾的现值为 $t \times D$，其中 t 是公司所得税税率。如果没有财务困境成本，公司价值将随着债务水平按这一比率持续增加，直到债务的利息支出超过公司的息税前收益、利息税盾收益被耗尽为止。

财务困境成本减少了杠杆公司的价值 V_L，价值减少量随着违约概率的增加而增加；违约概率也随着债务水平 D 的增加而增加。权衡理论认为，公司应该提高杠杆直到债务水平达到 D^*，公司价值 V_L 实现最大化。在 D^* 这一点，杠杆提高产生的节税收益，恰好被违约概率上升引发的财务困境成本所抵销（如图 7-4 所示）。

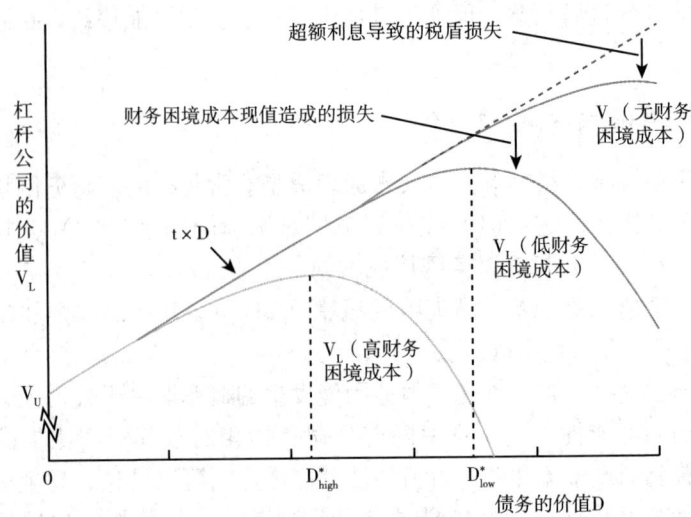

图 7-4　有所得税和财务困境成本时的最优杠杆水平

图 7-4 还表明高财务困境成本和低财务困境成本这两类公司的不同最优债务水平：财务困境高的公司的最优债务水平用 D^*_{high} 表示，财务困境低的公司的最优债务水平用 D^*_{low} 表示。如图 7-4 所示，财务困境成本高的公司最好选择较低的杠杆水平。

权衡理论有助于解决关于杠杆的两个难解之谜。第一，财务困境成本的存在可以解释为什么公司选择的债务水平过低以至于不能充分利用利息税盾。第二，财务困境成本的大小和现金流波动性的差异，能够解释不同行业的公司间使用杠杆水平的差异。也就是说，单独考虑破产成本不足以解释观察到的所有杠杆差异。此外，权衡理论还很容易扩展到包括其他杠杆效应。

【例 7-11】选择最优债务水平

假设 B 公司正在考虑提高资本结构中的杠杆水平。公司的管理者认为，可增加多达 3500 万元的债务，以充分获取债务利息的税盾收益（t = 25%）。不过，他们还意识到，较多的债务同时也加大了财务困境风险。在模拟预测公司未来现金流的基础上，CFO 作出了如表 7-11 所示估计：

表 7-11　预测 B 公司未来现金流　　　　　　　　　　　　　　　单位：万元

债务	0	1 000	2 000	2 500	3 000	3 500
利息税盾的现值	0	150	300	375	450	525
财务困境成本的现值	0	0	38	162	400	638

问：B公司应该选择的最优债务水平是多少？

解析：根据式（7-16）即 $V_L = V_U + PV$（利息税盾）$- PV$（财务困境成本）可知，借债的净收益取决于利息税盾的现值与财务困境成本的现值之差。上表中的每一债务水平下的净收益如表7-12所示：

表7-12　　　　　　　　　每一债务水平下净收益　　　　　　　　　单位：万元

债务	0	1 000	2 000	2 500	3 000	3 500
净收益	0	150	262	213	50	-113

使净收益最高的债务水平为2 000万元，此时公司将获得300万元的税盾收益，引发现值为38万元的财务困境成本损失，最终获得262万元的债务净收益。

【想一想】
1. 权衡理论中的"权衡"指的是什么？
2. 根据权衡理论可知，存在两类公司：现金流的波动性非常大的公司和现金流非常安全、可预测的公司。其他所有条件相同，通常哪类公司的最优债务水平较高呢？

（三）代理成本

现在，我们考察资本结构决策影响公司现金流的另外一种方式，即通过资本结构改变管理者的激励和投资决策。如果这些改变的净现值为负，通常将使公司付出很高的代价。

这种成本类型属于代理成本（agency costs），如果利益相关者之间存在利益冲突，就会存在代理成本。公司的高管一般持有本公司的股份，他们的聘用和留职需经董事会批准，而董事会本身是由股东选举产生的，所以，管理者的决策一般会增加股权的价值。公司有财务杠杆时，如果投资决策对股权价值和债务价值产生不同的影响和后果，此时就会发生利益冲突。如果公司陷入财务困境的风险高，这样的利益冲突就最有可能发生。在某些情形下，管理者可能会采取一些使股东受益但损害公司债权人利益的行动，结果会导致公司的总价值下降。对于那些可以轻易加大投资风险的公司而言，这种成本将变得更高。

过度风险承担。在公司遭遇财务困境时，即使投资项目的净现值为负，股东仍可能从公司的高风险投资决策中获利，这被称为过度冒险（excessive risk taking）。由于杠杆的存在激励股东用风险更高资产替换低风险的资产，这一结论通常被称为资产替代问题（asset substitution problem）。它也可能导致过度投资，如果公司从事净现值为负但其风险足够大的项目，股东或许会受益，但是公司的总价值会减少。由于债权人事先预测到公司的这种糟糕行为，最初愿意提供给公司的资金（即为购买证券支付的买价）将减少。

债务积压和投资不足。公司面临财务困境时，它可能不会为净现值为正的新项目融资。这种情形下，存在着债务积压（debt overhang）或投资不足问题（under-investment problem）：股东不愿意投资于净现值为正的项目。股东拒绝投资净现值为正的项目，这将对债权人和公司的总价值造成损害，因为公司放弃了投资机会的净现值。对于那些未来很可能有大量盈利性增长机会、需要投资的公司而言，这种成本最高。

无论上述哪种情形，杠杆的存在都会激励管理者和股东从事减少公司价值的行为。因此，每一种情形下，股东的获利都是以债权人的损失为代价的。但是，同〖例7-11〗中财务困境成本一样，这些代理成本最终还是要由股东来承担。财务困境期间，股东以牺牲债权人利益的方式从这些净现值为负的决策中获利，但是债权人会意识到这种可能性，故在公司发行债务时就减少贷出的资金，从而减少了公司能够向股东分派的数额。产生的净效应就是公司初始股价的下跌，跌幅与决策产生的负的净现值相对应。

只有当公司有违约的可能并将损失强加给其债权人时，才会产生债务的这些代理成本。代理成本的大小随着公司债务水平和风险程度的增加而增加。代理成本代表了提高杠杆水平而引发的另一种成本，它将影响公司最优资本结构的选择。公司有几种方法可以减缓债务的代理成本，最常用的包括债务的期限和债务的限制性条款。

债务的期限。代理成本的大小可能取决于债务的期限（debt maturity）长短。如果是长期债务，在债务到期之前，股东有更多的机会剥夺债权人，将自身的获利建立在债权人的损失之上。因此，短期债务的代理成本最小。例如，公司的债务于今天到期，那么公司将被迫违约，或者在公司过度冒险、投资不足或现金抽逃之前就与债权人展开协商。然而，如果公司过分依赖短期债务，将不得不更频繁地偿付债务或进行债务再融资。而且，短期债务也可能会增加公司的财务困境及其相关成本。

债务的限制性条款。作为贷款的条件，债权人通常会对公司的行动施加约束。这样的约束条件被称为债务的限制性条款（debt covenants）。债务的限制性条款可能对公司支付大量股利的能力或进行投资的类型作出限制，或对公司可以借入的新债务的数量作出限制。限制的目的是防止管理者剥夺债权人的利益，因而有助于降低代理成本；相反，如果限制性条款束缚了公司管理的灵活性，可能会阻碍公司把握净现值为正的投资机会，所以限制性条款本身也有成本。

【想一想】
1. 为什么处在财务困境中的公司具有过度冒险或投资不足的动机？
2. 为什么债权人要求设立债务的限制性条款以限制公司支付股利的能力？

（四）代理收益

前面我们说管理者依照股东的利益行事，并且考虑公司有杠杆时，债权人与股东之间存在的潜在利益冲突。事实上，管理者也有其自己的私人利益，可能与股东和债权人的利益都有所不同。管理者通常持有本公司的股票，但在大多数公司里，他们持有的股份仅占公司流通股的极小一部分。股东有权利通过董事会解雇管理者，但通常只在公司经营绩效异常糟糕时才这样做。

所有权和控制权的分离可能会产生管理者壁垒效应（management entrenchment），即管理者面临被解雇或被替换的威胁很小时，就会以其自身利益最大化的原则自由地经营公司。因此，管理者作出的决策可能会损害投资者的利益，却使自己受益。而杠杆的存在，却有可能激励管理者更加积极有效地经营公司。这是为什么呢？

所有权不被稀释。运用杠杆的一个优势是，公司原先的所有者能够维持其股权不被进一步稀释。一般来说，大股东有强烈的利益动机去做最有利于公司的事情。例如，原来股东拥有100%的公司所有权，当他需要筹集新的资金来扩大经营规模，如果选择发行股票需要出售部分的股权来筹集所需资金，同时每年只能获得自己所占股权份额比例的净收益；而如果选择债务融资，他仍将拥有100%的公司股权，并且每年也将得到公司100%的净收益。对公司所有权比例的降低，可能会导致原先的所有者降低经营公司的动力。另外，股权融资可能会诱使原先的所有者享受过度在职消费（excessive perks），如布置精美艺术品的办公室、豪华轿车和专职司机、大额报销账单等，因为股权稀释后，这些在职消费成本也部分地由新股东支付。

减少浪费性投资。新设小公司的所有权一般都很集中，但随着公司的成长，所有权在一段时间后就会被稀释。原因可能是：第一，原有的所有者可能要退休，新的管理者不可能拥有大部分所有权。第二，公司经常需要为扩大经营筹集更多的资本，而仅靠借债尚不足以满足公司的可持续投融资与发展。第三，原有的所有者经常会选择卖掉其股份而投资于充分分散的多元化组合以降低风险。

管理者拥有的比例过低，会导致管理者与股东之间潜在的利益冲突增大。公司需要适当地监督和设立受托责任标准，以防管理者滥用权力。[①]对大公司而言，相对于过度在职消费这种一般对公司总价值影响很小的成本，管理者糟糕的投资决策对公司有更致命的影响：管理者可能会从事投入大但不能盈利的投资，而这样的糟糕决策曾经毁掉很多本该走向成功的公司。经济学家将管理者愿意从事净现值为负的投资动机，解释为建立公司帝国（empire building）：管理者偏好经营大公司而非小公司，他们愿意从事增加公司规模而不是盈利能力的投资。原因可

---

① 尽管大多数成功的公司已实施了恰当的机制来保护股东，但每年都有管理者侵害股东利益的丑闻被揭露出来。

能是大公司的管理者往往薪酬水平更高，其管理者享有更高的声望。结果是管理者可能扩张（而非关闭）本不能盈利的部门，热衷高溢价并购，进行不必要的资本性支出或者雇用本不需要的员工。

经济学家对管理者过度投资的另外一种解释是管理者的过度自信（managerial overconfidence）。这种观点认为，即使管理者代表股东的利益行事，也可能会犯错。管理者过往的成功经历会使他们对新投资机会的预期可能好于实际情形，对公司的前景过分看好而忽略了潜在的风险和困难。管理者甚至会对已作出的投资（可能是沉没成本）坚定不移，继续投资本应取消的项目。

无论上述哪种原因导致的管理者进行浪费性投资（wasteful investment），必须要有可用于投资的现金。这就是自由现金流假说（free cash flow hypothesis）的基础。自由现金流假说认为，如果公司在满足了所有净现值为正的投资和对债权人的偿付所需要的现金后，仍有高水平的现金流，这样的公司就易于发生浪费性开支。①只有在现金紧缺时，管理者才会竭尽所能有效地经营公司。根据这一假说可知，杠杆的存在使公司承担了未来支付利息的责任和义务，从而减少了公司的超额现金流，进而减少了管理者的浪费性投资，从而提升了公司的价值。

另外，杠杆也可以缓解前面提到的管理者壁垒问题。因为公司面临财务困境时，管理者更有可能被解雇，于是，那些地位不太稳固的管理者可能更关注其业绩，尽可能避免从事浪费性投资。此外，当公司的杠杆水平较高时，债权人本身也将密切监督管理者的行动，从而为抑制管理者的疏忽失职提供额外的防护。

承诺义务。杠杆也会约束管理者，使其与没有财务困境威胁时相比，更有活力和更负责任地从事投资和经营策略。杠杆水平较高的公司可能会成为更激烈的竞争者，它们会更积极地投入保护市场的行动中，因为它们没有退路，不能冒着公司破产的风险。这种义无反顾的攻击性行为，可能会吓跑潜在的竞争对手。

因此，杠杆的存在，有可能激励管理者更加积极有效地经营公司。这就是杠杆的激励效应，加上杠杆的税盾收益，将激励公司运用债务融资，而非股权融资。

【想一想】
1. 管理者为并购过度支付，对他们自己有什么好处？
2. 为什么说杠杆可以通过减少公司的自由现金流而最终提升公司价值？

---

① 超额现金流将导致管理者建立公司帝国的假说是由 M. Jensen 提出的。资料来源：M. Jensen. Agency Costs of Free Cash Flow, Corporate Finance, and Takeovers [OL]. American Economic Review, 1986 (76): 323-329。

(五) 同时存在税收、财务困境成本和代理成本时的最优杠杆

现在，我们可以调整式（7-16），以使公司价值包含由于杠杆而产生的代理成本和代理收益。更完整的等式如式（7-17）所示：

$$V_L = V_U + PV(利息税盾) - PV(财务困境成本)$$
$$- PV(债务的代理成本) + PV(债务的代理收益) \quad (7-17)$$

图7-5清楚地表明杠杆的成本和收益对公司价值的净效应。若无债务，公司的价值为 V_U。随着债务水平的增加，公司从利息税盾（其现值为 $t \times D$）中受益。公司还会受益于对管理者激励的改进，它减少了浪费性投资和在职消费。然而，如果债务水平过高，由于税盾收益的失去（利息费用超过 EBIT 时）、财务困境成本的增加和杠杆代理成本的上升，公司价值将减少。而在最优债务水平 D^* 下，杠杆的成本和收益取得平衡，杠杆公司的价值达到最大化。

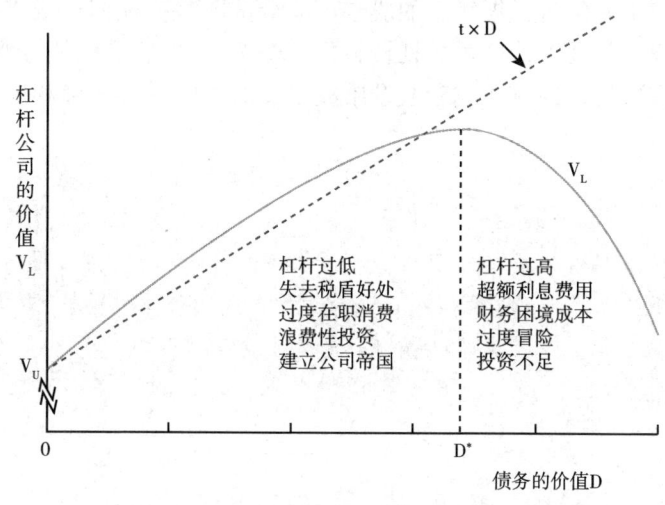

图 7-5 有所得税和财务困境成本时的最优杠杆水平

随着不同公司的特征变化，借债的成本和收益的相对大小也在变化。因此，最优债务水平也将随着不同公司的特征而变化。例如，下面两类公司的最优资本结构存在着显著不同。

（1）研发密集型公司。有高研发成本和未来成长机会的公司一般维持低债务水平。这样的公司当前自由现金流量往往较少，因为很需要依靠债务来取得税盾收益和控制管理开支。此外，它们一般还具有较高的人力资本，公司会有很大的财务困境成本。这些公司的经营策略风险也容易加大，如从事风险更高的技术、经常要为新的投资机会再融资。因此，这类公司债务的代理成本高。生物技术和科技公司大多维持10%的杠杆水平。

（2）低增长的成熟公司。有稳定现金流和大量有形资产的低增长的成熟公司，一般维持高债务比率。这类公司一般有较多的自由现金流，但很少再有好的投资机会。它们的税盾和杠杆的激励收益可能会更高。加之公司的有形资产能够

以接近于其全部价值的价格变现，从而使杠杆的财务困境成本可能变低。例如，房地产公司、公用事业公司等这些低增长行业公司，杠杆比率一般较高。根据 Wind 金融数据库可知，2020 年我国 A 股房地产上市公司的平均资产负债率超 80%，仅次于金融行业。

权衡理论阐述了公司应该如何选择其资本结构以最大化当前股东的价值。不过，现实中的债务水平可能不是这么简单，因为仍有许多杠杆的成本难以计量。

公司为什么可能不会选择最优资本结构呢？同投资决策一样，资本结构决策也是管理者按照自己的动机作出的。资本结构的管理者壁垒理论（management entrenchment theory）的支持者认为，管理者在选择资本结构时，主要考虑避免债务的约束，以保持其自身的权利和职位的安全。因此，管理者试图寻求最低水平的杠杆，以防可能因高杠杆伴随的财务困境而失业。然而，管理者如果使用过少的债务又会对股东不利（较低的 ROE），如果管理者为保权护位而过多地牺牲公司的价值，被触怒的股东可能会试图替换他们，或将公司出售给收购方。在这一假设下，公司的杠杆将低于图 7–5 中的最优债务水平 D^*，只有当公司面临被收购的威胁或者股东维权主义的威胁时，才会相应地提高债务直至 D^* 水平。

> **【想一想】**
> 1. 某食品制造公司有近 50% 的资金来源于债务融资，而另一家科技公司没有净债务。为什么这两家公司选择迥然不同的资本结构？
> 2. 管理者壁垒效应是如何影响公司价值的？

【本章小结】

1. 公司发行在外的债务（包括尚未偿还的银行借款和流通的债券）、股权和其他证券的相对比例，构成了公司的资本结构。无债务公司的股权被称为无杠杆股权，由于没有债务，在 t=1 期的无杠杆股权的现金流就等于项目的现金流。有未偿付债务的公司的股权，被称为杠杆股权。

2. 根据 MM 第一定理可知，完美资本市场（perfect capital market）中，公司的总价值等于其资产所产生的全部现金流的市场价值，而不受资本结构选择的影响。MM 第一定理的第一个应用是市值资产负债表，根据该表可知：

    股权的市值 = 资产的市值 − 债券及其他负债的市值

    MM 第一定理的第二个应用是杠杆资本重整（leveraged recapitalization），杠杆资本重整前后的每股股价不变。

3. 为明确杠杆与股权资本成本之间的关系，现在分别用 E 和 D 表示有杠杆公司的股权和债务的市值；用 U 表示无杠杆公司的股权的市值；用 A 表示公司资产的市值。式（7–4）揭示了财务杠杆对杠杆股权的回报率的影响，杠杆股权的回报率等于无杠杆时股权的回报率加上由于杠杆产生的额外"反冲"。于是，我们得到 MM 第二定理：杠杆股权的资本成本随着公司以市值计算的债务股权比率的增加而增加。

4. 公司的无杠杆资本成本也被称为税前加权平均资本成本（税前 WACC）。在完美资本市场中，公司的加权平均资本成本（WACC）与其资本结构无关，它等于公司无杠杆时的股权资本成本，也与公司资产的资本成本相匹配。公司的无杠杆贝塔或资产贝塔是其股权贝塔和债务贝塔的加权平均：

$$\beta_U = \frac{E}{E+D} \times \beta_E + \frac{D}{E+D} \times \beta_D$$

稍作变形，即可得到股权贝塔的等式：

$$\beta_E = \beta_U + \frac{D}{E} \times (\beta_U - \beta_D)$$

5. 考虑公司所得税，债务的利息费用可以在税前进行抵扣，因此，利息费用减少了必须支付的公司所得税。投资者从利息支付的税收抵扣中获得的收益为利息税盾（interest tax shield）。利息税盾也可以理解为假设公司无杠杆时需要额外支付的税费。公司每年的利息税盾为：

利息税盾 = 公司税率 × 利息费用

公司使用债务时，利息税盾每年都将为公司产生纳税节约。公司在有杠杆时的现金流，等于无杠杆时的现金流与利息税盾之和：

有杠杆时投资者的现金流 = 无杠杆时投资者的现金流 + 利息税盾

根据一价定律可知，这些现金流的现值也必定相等。令 V_U 和 V_L 分别表示公司在无杠杆时和有杠杆时的价值，存在公司所得税时，对 MM 第一定理进行如下调整：

由于债务带来的纳税节约的现值，公司在有杠杆时的总价值超过了无杠杆时的价值。

$$V_L = V_U + PV(利息税盾)$$

如果公司所得税税率固定，永久性债务的利息税盾的价值为：

$$PV(利息税盾) = D \times t$$

为考虑和体现利息税盾的好处，存在公司所得税时，我们应该使用有效税后债务成本来计算 WACC，即加权平均资本成本（税后 WACC）：

$$r_{WACC} = \frac{E}{E+D} \times r_E + \frac{D}{E+D} \times r_D \times (1-t)$$

6. 债务融资给公司带来了一项法律义务。如果公司不能偿还债务要求的利息和本金，即违约（default）。极端情形下，债权人启动破产程序，获得对公司资产的法定所有权。破产是一个长期而复杂的过程，它将给公司和其投资者带来直接破产成本和间接的财务困境成本。而财务困境成本不像之间破产成本那样可以精确计量，它们常常比破产的直接成本大得多。而且，杠杆公司易于引发财务困境成本的风险，减少投资者可获得的现金流，从而影响公司价值。股东应该关

注这些成本，因为

若证券被公平定价，公司的原有股东支付破产和财务困境成本的现值。

7. 综合考虑杠杆的利息税盾收益与财务困境成本，以确定公司为最大化其价值而应该发行的债务额度。根据权衡理论可知，杠杆公司的总价值等于公司无杠杆时的总价值加上债务抵税收益的现值，再减去财务困境成本的现值：

$$V_L = V_U + PV(利息税盾) - PV(财务困境成本)$$

8. 资本结构决策影响公司现金流的另一种方式，即通过资本结构改变管理者的激励和投资决策。如果这些改变的净现值为负，通常将使公司付出很高的代价，这种成本类型属于代理成本。杠杆的存在会激励管理者和股东从事减少公司价值的行为，例如过度冒险、债务积压或投资不足问题。

不过，所有权和控制权的分离可能会产生管理者壁垒效应：管理者面临被解雇或被替换的威胁很小时，就会以其自身利益最大化的原则自由地经营公司。而杠杆的存在，却有可能激励管理者更加积极有效地经营公司。例如，所有权的集中有利于原先的所有者保持经营公司的动力，减少过度在职消费的动机。杠杆的存在还有助于减少管理者建立公司帝国或因为管理者的过度自信等因素而进行的浪费性投资。自由现金流假说认为，如果公司在满足了所有净现值为正的投资和对债权人的偿付所需要的现金后，仍有高水平的现金流，这样的公司就易于发生浪费性开支；而只有在现金紧缺时，管理者才会竭尽所能有效地经营公司。

9. 综合考虑杠杆的利息税盾收益与财务困境成本、债务的代理成本和代理收益后，杠杆公司的价值应为：

$$V_L = V_U + PV(利息税盾) - PV(财务困境成本) - PV(债务的代理成本) \\ + PV(债务的代理收益)$$

权衡理论阐述了公司应该如何选择其资本结构以最大化当前股东的价值。不过，现实中的债务水平可能不是这么简单，因为仍有许多杠杆的成本难以计量。

【关键术语】

资本结构（capital structure）

无杠杆股权（unlevered equity）

杠杆股权（levered equity）

利息税盾（interest tax shield）

权衡理论（tradeoff theory）

代理成本（agency costs）

过度冒险（excessive risk taking）

债务积压（debt overhang）

投资不足（under-investment）

管理者壁垒效应（management entrenchment）

过度在职消费（excessive perks）

建立公司帝国（empire building）
自由现金流假说（free cash flow hypothesis）
财务困境成本（financial distress cost）

【练习题】

1. 考虑一个项目，1 年后的自由现金流为 130 000 元或 180 000 元，每一种结果的概率相等。项目的初始投资为 100 000 元，项目的资本成本为 20%，无风险利率为 10%。

请回答：

（1）该项目的净现值是多少？

（2）假定为了筹集初始投资所需资金，该项目作为全权益公司出售给投资者。1 年后，股东将得到项目产生的现金流。用这种方式可以筹集多少资金，即无杠杆股权的初始市值为多少？

（3）假设以无风险利率借款筹集 100 000 元的初始投资。根据 MM 定理，杠杆股权的现金流为多少？它的初始价值是多少？

2. 假设你是一位企业家，经营一家新设立的生物技术公司。如果你的研发成功，该项技术可按 3 000 万元的价值出售；如果研发失败，将一文不值。现在，你需要为技术研发融资 200 万元。投资者愿意提供给你 200 万元的初始资本，来换取 50% 的无杠杆股权。

请回答：

（1）无杠杆公司的总市值为多少？

（2）假设你借款 100 万元，根据 MM 定理，你需要出售多少比例的公司股权才能筹集到所需要的另外 100 万元？

（3）在以上两种情形下，你拥有的公司的股权价值分别为多少？

3. A 公司是一家高盈利的科技公司，现有 50 亿元现金。公司已决定使用这些现金向投资者回购股票，并且已经向投资者宣布了这项计划。公司目前是一家全权益公司，有 50 亿股流通股，当前每股交易价格为 12 元。除了给员工的股票期权外，公司没有发行其他证券。这些股票期权的当前市场价值为 80 亿元。

请回答：

（1）公司非现金资产的市场价值是多少？

（2）在完美资本市场中，公司在回购股票后，股权的市值是多少？每股价值是多少？

4. 有人说："如果公司发行的债务无风险，由于不可能违约，所以公司股权的风险不变。因此，借入无风险债务可使公司获得低债务资本成本的好处，而不会加大它的股权资本成本。"这种说法对吗？为什么？

5. B 公司是一家全权益公司。资产的期望回报率为 12%。公司目前正在考虑实施杠杆资本重整，即借入资金并同时回购股票。

请回答：

（1）假设公司借入资金使债务股权比率达到 0.50，在这一债务规模下，债务的资本成本为 6%。这项交易完成后，股权的期望回报率是多少？

（2）假设公司借入资金使债务股权比率达到 1.50，此时，债务风险加大，债务的资本成本将达到 8%。在这种情形下，股权的期望回报率是多少？

（3）某位经理认为，为了股东的利益，公司应选择能使股票期望回报率最高的资本结构。对此观点，你怎么看？

第八章 股利政策

【学习目标】

1. 掌握支付股利与回购股票的区别和联系。
2. 熟悉传统的股利理论与股利政策的信号传递。
3. 了解股票股利、股票分割与分拆对股票价值的影响。

公司投资产生自由现金流,公司要决定如何使用这些现金。如果公司有净现值为正的新投资机会,可以将这些现金用于再投资,增加公司价值。许多新成立的快速成长的公司将其全部现金流再投资。但是,成熟的盈利公司产生的现金常常多于公司全部有吸引力的投资机会所需要的资金。如果公司产生超额现金,可以将其作为现金储备持有或者派发给股东。如果公司选择派发这些现金,公司有哪些选择呢?

第一节 支付股利与回购股票

对于公司的自由现金流可以选择留存,也可以选择支出。留存下来的现金流要么可以投资于现金流为正的投资项目,要么可以用于增加现金储备。如果选择支出,则可以选择以派发现金股利的方式对股东进行支付,也可以选择以回购股票的方式向股东派发现金。图8-1表明自由现金流各种可能的用途。

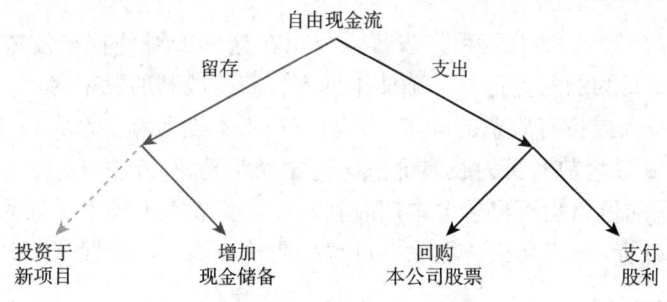

图8-1 公司自由现金流的使用

公司留存的自由现金流，用于投资或积累。而公司发放股利或向现有股东回购股票的决策，由公司的股利政策决定。我们先来分别考察支付股利和回购股票两种支出对公司和股东的影响，再来展开对公司股利政策的讨论。

一、支付股利

上市公司的董事会决定公司现金股利（dividend）的数额。董事会决定将要支付的每股股利金额及支付日期。董事会批准分派股利的日期被称作股利宣告日（declaration date）。董事会宣布分派股利①后，公司就产生支付股利的法律义务。

公司将会向所有在特定日期登记在册的股东支付股利，这个日期是由董事会设定的，被称作股权登记日（record date）。换句话说，在登记日登记在册的股东才有权利获得本期股利，而在登记日之后购入股票的股东无权获得本期股利。股权登记日通常在股利宣告日的两周以后。一般来说，股权登记日的下一个交易日为除息日（ex-dividend date），也称除权日，除息日是指股价根据派发的股息作出相应调整的日期。在除息日，股利与股票本身分离：在股利宣告日之后、除息日之前购买的股票价格包含股利，除息日及其之后购买的股票价格不包含股利。股利支付日（payable date or distribution date）为股利发放的日期，是指公司向股东正式发放股利的日子，它在除息日之后。

在我国，假设某上市公司某年 6 月 26 日对外发布利润分配实施公告为：每 10 股派发现金股利 2 元（含税），股权登记日为 7 月 11 日（收盘价 20 元/股），除息日为 7 月 12 日（开盘价 18 元/股），股利支付日为 7 月 15 日。图 8-2 列示了本例中与股利支付有关的几个重要日期。

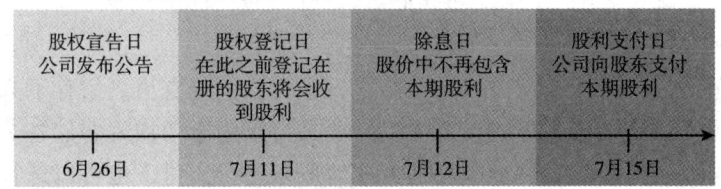

图 8-2　与股利支付有关的重要日期

此例中，6 月 26 日为股利宣告日，公司在这一天对外宣布发放现金股利的消息。7 月 11 日为股权登记日，确认本期有权获得股利的股东名单，只有在 7 月 11 日收盘前买入或持有股票的股东，才有权获得本期股利。7 月 12 日为除息日，这表示 7 月 12 日之前购买的股票价格均包含本期股利，7 月 12 日（除息日）及之后买入股票的价格均不再包含本期股利。在完美资本市场中，如果除息日前一天的股价为 20 元/股，那么，在除息日每股股价应为 18 元/股（=20-2）。7 月

---

① 除现金股利外，公司以增发的股票作为股利向股东支付，这种形式的股利被称为股票股利（stock dividend）。本章前面几节中如无特殊说明，股利均指现金股利。本章最后一节再专门对股票股利、股票分割与分拆进行讨论。

15 日，公司正式向股东发放股利，同时，股东资金账户内在这一日会有现金入账。不过，公司在发放现金股利时，会代扣代缴股东股利所得的个人所得税，真实的入账金额会小于 2 元/股。①

公司的股利一般定期进行支付，例如，每年或每半年进行一次股利支付，这种定期支付的股利被称为常规股利（regular dividend）。公司一般会逐渐调整股利的数额，各期之间的股利数额变动较小。公司可能偶尔支付一次性的、比正常股利数额高得多的股利，这种临时性的股利被称为特别股利（special dividend）。

支付股利构成公司的一项现金流出。从会计的角度来看，支付股利通常减少了公司当前的（或累积的）留存收益。在某些情况下，股利被归于其他会计来源，例如实收资本或清算资产。在这一意义上，股利被称作资本返还（return of capital）或清算股利（liquidating dividend）。会计处理也有所不同：现金股利减少了资产负债表上列示的现金和留存收益，而资本返还则减少了实收资本（或股本）。不过，这种会计差异并不会产生直接的经济后果。

二、股票回购

公司向投资者支付现金的另外一种方式是股票回购（repurchase）。在股票回购中，公司使用现金购买其发行在外的流通股，购回的股票被称为公司的库藏股（treasury stock）。如果公司以后需要筹措资金，可以将库藏股再次出售。

在成熟的资本市场中，股票回购已经成为股利政策的一种重要形式。例如，美国的很多公司用股票回购作为现金股利发放的替代方式。②当公司拥有超额现金留存（大量的多余现金）且缺少投资机会时，公司会以高于市场价格的溢价向股东回购一定数量的股份，变相发放现金股利。那么，公司为什么选择股票回购呢？公司进行股票回购又有哪些具体的方式可以选择呢？

---

① 尽管流向公司或者直接流向投资者的资金来源没有多大差别，但在纳税处理上却有显著差异：对股东而言，资本返还被视为股东的资本利得，我国目前没有专项的资本利得税，但是对股利所得视投资者的持股期限而实行差别化征收。我国现行税法中，对股利征收的个人所得税是根据持有该股票的期限的不同情形区别征收的。具体地，个人从公开发行和转让市场取得的上市公司股票，持股期限在 1 个月以内（含 1 个月）的，其股息红利所得全额计入应纳税所得额；持股期限在 1 个月以上至 1 年（含 1 年）的，暂减按 50% 计入应纳税所得额；持股期限超过 1 年的，暂减按 25% 计入应纳税所得额。上述所得统一适用 20% 的税率计征个人所得税。财政部、国家税务总局、证监会《关于实施上市公司股息红利差别化个人所得税政策有关问题的通知》，详见，http：//www.chinatax.gov.cn/chinatax/n363/c206507/content.html》。

② 我国对股票回购的规定较为严格，股票回购成本较高。1993 年发布的《股票发行与交易管理暂行条例》第 70 条规定，公司不得未经批准擅自购回其发行在外的股票。首先，允许股票回购的情形较少。《中华人民共和国公司法》（以下简称《公司法》）规定，公司回购股份仅限四种情况：减少公司注册资本，与持有本公司股份的其他公司合并，将股份奖励给本公司职工，以及股东因对股东大会作出的公司合并、分立决议持异议，要求公司收购其股份。其次，股票回购需经有关部门审批。2018 年 10 月，《公司法》修订案通过，对有关公司股份回购的规定进行了专项修改。2018 年 11 月 9 日，证监会、财政部、国资委联合发布《关于支持上市公司回购股份的意见》，鼓励和引导上市公司进行合理的股票回购行为。2018 年 11 月 23 日，上交所发布《上市公司回购股份实施细则（征求意见稿）》，深交所就回购股份实施细则公开征求意见。详见证券期货法规数据库系统：https：//neris.csrc.gov.cn/falvfagui/。

（一）股票回购的目的

1. 稳定公司股价。公司进行股份回购是由于公司管理层认为股价远远低于公司的内在价值，希望通过股份回购将公司价值被严重低估这一信息传递给市场，从而稳定股价，维护公司形象，增强投资者信心。

2. 改善业绩指标。当公司可支配的现金流大大高于公司投入项目所需的现金流时，公司可以用富裕的现金流回购部分股份，从而增加每股盈利水平，提高ROE，减轻公司盈利指标的压力。从这个意义上来说，股份回购也是公司主动进行的一种投资理财行为。

3. 实施股权激励计划。公司回购本公司股票，可以作为未来实行股权激励计划的股票来源。如公司实施管理层或者员工股票期权计划，直接发行新股会稀释原有股东权益，而通过回购股份再将该股份赋予员工则既满足了员工的持股需求，又不影响原有股东的权益。

4. 特别股利。股份回购使公司股价上升，这就相当于以一种特别股利来回报股东，但股东无须缴纳个人所得税。当资本利得税低于个人所得税时，股票回购比直接发放现金股利对股东更有利。

5. 反收购。股票回购是上市公司进行反收购的有效工具，这是因为，股份回购将导致公司发行在外的流通股股数减少，潜在的敌意收购者可从市场上购买的股份相应减少，没有足够多的股票对抗原来的大股东，从而大大减小了公司被敌意收购的风险。

（二）股票回购的方式

公开市场回购（open market repurchase）是指公司在公开市场上宣布回购其股票的意图，一段时间内，公司就可同其他任何投资者一样，在市场上购买本公司的股票。公司可以用一年甚至更长的时间来购买股票，但不必全部回购公司最初声明的回购数量。同时，公司不得以任何可能操纵股价的方式回购。公开市场股票回购是股票回购最主要的形式。不过，如果公司计划大批量回购（以进行资本重整），那就可以采用下面两种方式。

公司也可以通过要约收购（tender offer）的方式回购股票，即公司在短期内（通常20天内）按事先确定的价格发出要约收购。要约价格一般显著高于股票的当前市价（通常高出10%~20%）。要约收购成功与否，通常取决于愿意接受要约的股东能否提供充足数量的股票，若愿意接受要约的股东不能提供充足数量的股票，公司会取消要约，回购也就不会发生。要约回购的一种方法是荷兰式拍卖（Dutch auction），公司会列示一系列回购价格，股东则依次给出他们在每一出价下愿意卖出的股票数量。然后，公司以能达到原定回购数量的最低价格来回购股票。

公司还可以采用目标定向回购（targeted repurchase）的方式直接向大股东回购股票。在这种情况下，公司直接与愿意出售的大股东协商回购价格。如果一个大股东想出售大量股票，但该股票的市场流动性尚不足以维持如此大规模的出售且同时不严重影响股价,那么此时就可能发生目标定向回购。关于收购价格还有另外一种可能,若大股东威胁接管公司并替换公司管理层,公司就可能被迫决定买下该股东的全部股权,从而消除威胁,而此时的收购价格往往高于股票的当前市价,即存在一个较高的溢价。这种交易被称作"绿邮"(greenmail)。

三、支付股利与股票回购的比较

如果公司决定向股东支付现金,可以选择发放股利或回购股票的方式。公司应该如何选择呢?

考虑一家虚拟的 Smart 公司,该公司有 2 000 万元的超额现金,没有债务。公司预期以后每年产生额外 4 800 万元的自由现金流。如果公司的无杠杆资本成本为 12%,持续经营前提下的企业价值为:

$$企业价值 = PV(未来\ FCF) = \frac{4\ 800}{12\%} = 40\ 000(万元)$$

包含现金在内,公司资产的总价值为 42 000 万元。

公司董事会正在讨论如何向股东发放 2 000 万元的超额现金。一些董事主张向公司 1 000 万股流通股支付每股 2 元的现金股利,一些董事则建议用回购股票代替股利,甚至还有一些董事以预期公司将来会收到大量的自由现金流为由,提议公司当前应筹措额外的现金以支付高额股利。那么,公司应选择哪种股利政策呢?支付股利会影响公司的股价吗?股东会偏好哪种股利政策呢?

(一)方案一:用超额现金支付股利

假设董事会选择第一种方案,用全部超额现金支付股利。给定 1 000 万股流通股,公司将能够立即支付每股 2 元的股利。公司预期未来每年将产生 4 800 万元的自由现金流,预计此后每年可支付每股 4.80 元的股利。董事会宣告发放股利,规定 7 月 11 日为股权登记日,7 月 12 日为除息日。我们先来计算股票除息日前后的股价。

股票的公允价格等于预期股利按股权资本成本折现的现值。公司没有债务,它的股权资本成本就等于 12% 的无杠杆资本成本。除息日之前的股票被称为付息股票(cum-dividend),任何人购买付息股票都有权利得到本期股利。本例中,付息股票的价值为:

$$P_{cum} = 当前股利 + PV(未来股利) = 2 + \frac{4.8}{12\%} = 2 + 40 = 42(元)$$

股票除息之后,新的购买者将不会收到当前股利。此时的股价将只反映以后年份的股利。

$$P_{ex} = PV(未来股利) = \frac{4.8}{12\%} = 40(元)$$

股价在 7 月 12 日的除息日将会下跌。股价下跌的数额等于当前每股 2 元的股利。也可以使用简单的市值资产负债表来确定股价的改变(如表 8-1 所示):

表 8-1　　　　　　　　　　　除息日前后的股价变化

指标	7月11日	7月12日
现金（万元）	2 000	0
其他资产（万元）	40 000	40 000
资产的总市值（万元）	42 000	40 000
股数（万股）	1 000	1 000
每股股价（元）	42	40

如表 8-1 所示，支付股利时，股价下跌，这是因为现金的减少减少了公司资产的市值。那么对于这样的股价下跌，股东是否遭受损失呢？

事实上，尽管股价下降，但股东并未遭受损失。支付股利前，每股股票价值为 42 元。支付股利后，每股股票价值为 40 元，并同时得到每股 2 元的现金股利，每股总价值仍为 42 元。

股价下跌的幅度等于股利这一事实，也遵循无套利假设。试想，如果股价的跌幅小于股利，股利所得大于股票投资的资本损失，投资者就可恰好在除息日之前买入股票，并在除息日之后立即将其卖出而套利。同样的道理，如果股价的跌幅大于股利，投资者可恰好在除息日之前卖出股票，并在除息日之后立即再将股票买回而套利。于是，无套利假设表明：

【股利支付对股价的影响】

　　在完美资本市场中，公司支付股利时，除息日的股价会立即下跌，股价的跌幅等于股利数额。

（二）方案二：股票回购

假设董事会选择第二种方案，不是支付股利，而是用 2 000 万元现金在公开市场上回购其股票。股票回购会对公司股价产生怎样的影响呢？

假设初始股价为 42 元，公司可以回购 47.6 万股（2 000/42）股票，剩余 952.4 万股（1 000-47.6）流通股。假设 7 月 12 日为公司回购日，再次运用市值资产负债表来分析这项交易（如表 8-2 所示）：

表 8-2　　　　　　　　　　　股票回购前后的股价变化

指标	7月11日	7月12日
现金（万元）	2 000	0
其他资产（万元）	40 000	40 000
资产的总市值（万元）	42 000	40 000
股数（万股）	1 000	952.4
每股股价（元）	42	42

在本例中，公司支付现金，资产的总市值减少，但流通股的数量同时也在减少。资产市值的下跌与流通股股数的减少相互抵销，股价维持不变。

还可以通过考察股票回购对公司未来股利的影响，来解释为什么在股票回购前后股价没有发生变化。公司预计未来每年产生 4 800 万元的自由现金流，可用于每年支付每股 5.04 元（4 800/952.4）的股利。在股票回购的情形下，公司今天的股价为：

$$P_{rep} = \frac{45.04}{12\%} = 42 （元）$$

也就是说，公司通过用股票回购代替今天的股利支付，能够提升其未来的每股股利，未来股利的增加补偿了股东今天所放弃的股利。于是，我们通过本例得出了有关股票回购的结论：

【股票回购对股价的影响】
在完美资本市场中，公司在公开市场回购股票对股价没有影响，股价与现金股利政策下的付息股价相同。

那么，投资者是更偏好发放股利还是股票回购呢？两种政策下，初始股价都是 42 元，但是交易完成之后，股东的价值会有所不同吗？

考虑一位投资者，他当前持有 2 000 股该公司股票，假设该投资者不进行股票交易，股利发放或股票回购后，该投资者的财富如表 8-3 所示：

表 8-3　　　　　两种股利政策下投资者的财富对比

指标	发放股利	股票回购
持股数（万股）	2 000	952.4
实施后股价（元）	40	42
股票价值（元）	40×2 000 = 80 000	42×2 000 = 84 000
现金价值（元）	2×2 000 = 4 000	0
总财富（元）	84 000	84 000

可见，在两种股利政策下，交易完成后，该投资者的投资组合价值均为 84 000 元。唯一的差别在于，组合价值在股票和现金之间的分割。那么，投资者喜欢哪种支付方式，或许完全看他是否需要现金。

如果公司支付股利，而投资者不需要现金，他可以用取得的 4 000 元的现金股利，以每股 40 元的除息股价再买进 100 股。结果是，他将持有 2 100 股价值为 84 000 元（2 100×40）的股票。

同理，如果公司回购股票，而投资者刚好需要现金，投资者可以通过卖出股票来取得现金。例如，他可以卖出 95 股（4 000/42），得到 4 000 元现金。剩余持有 1 905 股（2 000 - 95）价值为约 8 000 元（1 905×42）的股票。也就是说，即使投资者参与公司的股票回购计划，出售部分股份，投资者的总财富也没有变化。在股票回购情形下，投资者可以通过卖出股票来创造自制股利（homemade dividend)（如表 8-4 所示）。

表 8-4　股利再投资与参与股票回购两种情形下投资者的财富对比

指标	股利再投资（买进 100 股）	参与股票回购（卖出 95 股）
持股数（万股）	2 100	1 905
实施后股价（元）	40	42
股票价值（元）	40×2 100 = 84 000	42×1 905 ≈ 80 000
现金价值（元）	0	42×95 ≈ 4 000
总财富（元）	84 000	84 000

由此可见，通过股利再投资或参与股票回购卖出股票，投资者能够创造出任何想要的股票和现金组合，因此，投资者并不关心公司可能采取的各种支付方式：

在完美资本市场中，投资者不关心公司是通过派发股利还是回购股票来发放现金。通过将股利再投资或卖出股票，投资者可以自行复制任何一种支付方式。

（三）方案三：支付高额股利

假设董事会选择第三种方案，支付比每股 2 元更高的股利，并且通过股票筹资来取得发放股利所需要的现金。如果公司这样做，现有股东的处境会变得更好吗？

假设公司预计未来每年产生 4 800 万元的自由现金流。虽然公司现在只有 2 000 万元现金，但是打算今天就开始支付这笔股利，于是还需要额外筹措 2 800 万元，以便现在发放更多的股利。公司可以通过缩减投资来筹措资金。但如果所缩减的投资项目具有正的 NPV，缩减投资就会降低公司的价值。公司也可以选择通过借钱或发行新股来筹措更多的现金。先考虑发行新股的方式。给定当前 42 元的股价，公司可发行 67 万股（2 800÷42），以筹集 2 800 万元。新股发行使得公司的流通股总数增加到 1 067 万股，每年的每股股利将为：

$$\frac{4\ 800}{1\ 067}=4.50（元）$$

在这一新的股利政策下，公司的付息股价为：

$$P_{cum}=当前股利+PV(未来股利)=4.50+\frac{4.50}{12\%}=4.50+37.50=42（元）$$

与前面一样，初始股价不因这一政策而改变，增加股利并没有给现有股东带来任何额外的好处。

【例 8-1】自制股利

假设上例中公司不采取第三种股利政策，而是在今天只支付每股 2 元的股利，此后每年支付每股 4.80 元的股利。一个持有该公司 2 000 股股票的投资者，怎样自行构造每年 9 000 元（4.50×2 000）的自制股利？

解析：如果公司支付每股 2 元的股利，该投资者将收到 4 000 元现金，并持有股票。为了在今天得到 9 000 元现金，即多得到 5 000 元现金，他可以在股利发放之后立即以每股 40 元的价格卖出 125 股（5 000/40）。在以后的年度里，公司将支付每股 4.80 元的股利。该投资者持有 1 875 股（2 000 – 125）股票，以后每年都将收到 9 000 元（4.80 × 1 875）的股利。

> 【想一想】
> 1. 判断：公司回购本公司股票时，由于流通股的供给量减少，股价会上涨。○对 ○错
> 2. 为什么说在完美资本市场中，公司无论是支付股利还是股票回购，对投资者没有影响？

四、MM 定理与股利政策无关论

前面考察了 Smart 公司股利政策的三种可能方案：
（1）将所有的超额现金作为股利发放；
（2）不发放股利，而是用现金回购公司股票；
（3）发行新股融资，以发放高额股利。

表 8-5 表明了一种重要的权衡：如果公司当前支付较高的股利，将导致未来支付较低的股利。可见，以未来的低股利换取当前的高股利，并未增加公司股票价值。这是因为，公司通过发售新股为当前支付更多的股利，导致流通股股数增加，未来也就有更少的每股自由现金流来支付股利了。如果公司降低当前股利并回购股票，未来将因为有更少的流通股股数，从而支付较高的每股股利。这种权衡的净效益是，所有未来股利的总现值，也就是当前的股价，将保持不变。

表 8-5　　Smart 公司三种可能的股利政策下的每股股利

方案	初始股价（元/股）	支付的股利（元/股）				
		0	1	2	3	…
方案一：支付股利	42	2.00	4.80	4.80	4.80	…
方案二：股票回购	42	0	5.04	5.04	5.04	…
方案三：高额股利	42	4.50	4.50	4.50	4.50	…

这里的逻辑与第七章对资本结构的讨论是一致的。在完美资本市场中，公司的资本结构选择对公司价值没有影响。这是因为，买卖股权和债务的 NPV 为 0，从而不会影响公司的价值。而且，任何由公司选择的杠杆，都可由投资者运用自制杠杆来复制。

这里我们已经证实了公司的股利政策选择的同一原理。不管公司持有多少现金，它既可以选择支付较少的股利并用剩余的现金回购股票，也可以选择通过发行股票筹措现金支付较多的股利。买卖股票是一项 NPV 为 0 的交易，这样的交易不

会影响初始股价。而且，股东可以通过自行买卖股票来构造任何规模的自制股利。

莫迪格利安尼和米勒在 1961 年发表的另一篇有影响力的论文中提出了上述观点。[①] 同他们关于资本结构研究的结论一样，股利无关的论点也与传统智慧相抵触。[②] MM 关于股利政策的重要命题如下：

> **【MM 股利无关论】**
> 在完美资本市场中，保持公司的投资政策不变，公司的股利政策选择是无关的，不会影响公司的初始股价。

Smart 公司的例子说明了，公司通过股票回购或发行股票，能够轻易地改变其股利支付，但是这些交易不会改变公司的价值。而且股东也可以通过自行买卖股票来构造任何规模的自制股利，因此，公司选择何种股利政策对公司的价值和股东的财富均没有影响。

这一结论看上去好像有悖于公司的股价应等于未来股利的现值这一理念。然而，正如前面的例子表明的那样，公司今天对股利的选择，会以一种抵销的方式影响公司在未来可支付的股利。所以，尽管股利确实决定了股价，但公司的股利政策选择不能决定股价。

莫迪格利安尼和米勒清楚地阐明，公司的价值最终源于公司基础业务产生的自由现金流。公司的自由现金流决定了公司对投资者的支付水平。在完美资本市场中，不论这些支付是通过发放股利还是回购股票的方式完成，都不重要。当然，现实世界中的资本市场并不完美，如同资本结构决策一样，资本市场中的摩擦决定了公司的股利和股利政策。

五、有税时的最优股利政策

（一）股利的纳税劣势

同资本结构决策一样，纳税因素是影响公司是支付股利还是回购决策的一项重要的市场摩擦。如果公司支付股利，股东要依据股利税率纳税。如果公司回购股票，而股东卖出股票来构造自制股利，那么自制股利就将按资本利得税税率纳税。在考虑纳税因素后，纳税会影响投资者对股利与股票回购的偏好吗？答案是要取决于两种税率的大小。

假设股利税率和资本利得税的税率相等，由于资本利得税被递延到资产出售时才支付，所以对于长期投资者而言，股票回购与股利相比具有税收上的优势。

假设股利税率高于资本利得税，如果公司通过回购股票而非派发股利的方式

---

① M. Modigliani and M. Miller. Dividend Policy, Growth, and the Valuation of Shares [J]. Journal of Business, 1961 (34): 411 – 433.

② 传统看法认为，股利政策能够改变公司的价值，即使在无市场摩擦时，股利政策也会使股东的处境变好。

向投资者支付现金,则股东将支付较少的税费。股票回购相对于发放股利产生的节税收益,会增加公司的价值。我们也可以用公司的股权资本成本来表示这种纳税节约。发放股利的公司需要向其投资者提供更高的税前回报,以使投资者的税后回报与股票回购情形下的税后回报相等。因此,股利税率高于资本利得税税率时,最优的股利政策是不发放任何股利。

现实中,很多公司仍然会向股东支付股利。不过大量证据表明,许多公司已经意识到它们的股利纳税劣势,开始转向股票回购。在美国这样的成熟资本市场,股利支付占公司向股东总支付的比重,在20世纪80年代中期就已经超过80%。在20世纪80年代中期,美国证券交易委员会(SEC)给出可使公司免于操纵股价指控的"安全港"指引后,股票回购就变得越发重要。股票回购活动在1990~1991年的经济衰退期间有所减缓,但在90年代末期之后,美国公司的股票回购金额超过了支付的股利。这一证据表明,股票回购作为公司股利政策的一部分越发重要。[①]

2018年11月9日,证监会、财政部、国资委联合发布《关于支持上市公司回购股份的意见》,鼓励和引导上市公司进行合理的股票回购行为。2018年11月23日,上交所发布《上市公司回购股份实施细则(征求意见稿)》,深交所就回购股份实施细则公开征求意见。自从上述政策对股票回购行为的限制放宽后,A股上市公司也掀起"回购潮"。如表8-6所示,近些年回购次数和回购规模显著上升,回购总金额最高的年份是2019年,总规模达到947.75亿元,是2011年的200多倍。

表8-6　　2011~2020年A股上市公司回购次数和规模

年份	股票回购完成数(次)	股票回购总金额(亿元)
2020	1 322	895.87
2019	1 492	947.75
2018	853	249.24
2017	542	60.69
2016	392	101.06
2015	231	38.04
2014	191	93.30
2013	99	86.15
2012	5	2.18
2011	2	4.44

资料来源:Wind金融数据库。

不过,我国股票回购才刚刚兴起,在规模上与现金股利相比还相差甚远。同花顺数据显示,2018年、2019年和2020年A股上市公司年度累计分红总额分别为1.04万亿元、1.14万亿元和1.22万亿元,同比增长率分别为7.26%、9.62%

[①] Fama E. and K. French. Disappering Dividends: Changing Firm Characteristics or Lower Propensity to Pay? [J]. Journal of Financial Economics, 2001, 60 (1): 3-43.

和 7.02%。以 2020 年为例，A 股上市公司当年的现金分红总额还是要比回购总金额高得多。

公司不顾股利的纳税劣势仍继续发放股利这一事实，通常被称为股利之谜（dividend puzzle）。[①]为什么有些公司会坚持发放在纳税方面处于劣势的股利呢？后面我们继续探讨其他可能会减缓股利纳税劣势的一些因素。

【想一想】
1. 当股利税税率高于资本利得税税率时，最优的股利政策是什么？
2. 股利存在纳税劣势，为什么有些公司还是继续发放股利呢？

（二）有效股利税税率

相对于股利，很多投资者对股票回购存在税收偏好，但偏好的程度取决于他们面对的股利税税率与资本利得税税率的差异。税率因收入、管辖属地、投资期限以及股票是否由养老基金账户持有等因素而变化。由于这些差别，公司可以利用其股利政策吸引不同的投资者群体。

为比较投资者偏好，我们现在来试着量化一下股利税和资本利得税的综合效应，以确定投资者的有效股利税税率。考虑一个投资者，他恰好在股票股权登记日（即除息日的前一天）买入股票，并在除息日后立即将股票卖出。这样，该投资者将有权获得股利。如果股票支付数额为 Div 的股利，投资者的股利税税率为 t_d，则他来自股利的税后现金流为 $Div(1-t_d)$。

此外，因为除息日之前的股价 P_{cum} 高于除息日之后的股价 P_{ex}，投资者预期这项交易将发生资本损失。假设资本利得税税率为 t_g，他的税后损失为 $(P_{cum}-P_{ex})(1-t_g)$。

因此，如果税后股利超过了税后资本损失，投资者就应该通过这样的交易来获得股利，从而获利；相反，如果税后资本损失超过税后股利，投资者就可在除息日之前卖出股票并在除息日之后再将其买回而套利，在此情形下，投资者将拒绝接受股利。换言之，除非税后的资本损失（因股价下降）与税后股利所得相等，否则就存在套利机会：

$$(P_{cum}-P_{ex})(1-t_g)=Div(1-t_d) \tag{8-1}$$

改写式（8-1），股价的跌幅为：

$$P_{cum}-P_{ex}=Div\times\left(\frac{1-t_d}{1-t_g}\right)=Div\times\left(1-\frac{t_d-t_g}{1-t_g}\right)=Div\times(1-t_d^*) \tag{8-2}$$

定义 t_d^* 为有效股利税税率（effective dividend tax rate）：

$$t_d^*=\frac{t_d-t_g}{1-t_g} \tag{8-3}$$

---

① F. Black. The Dividend Puzzle [J]. Journal of Portfolio Management, 1976 (2): 5-8.

有效股利税税率 t_d^* 衡量了在用股利替代投资者每 1 元的税后资本利得收益时，需额外支付的税费。

【例 8-2】有效股利税税率

考虑一位个人投资者，第一种情形：他计划持有股票约半年，该投资者适用的股利所得税税率（t_d）为 10%；假设资本利得税税率（t_g）为 20%，该投资者的有效股利税税率是多少？第二种情形：其他不变，但资本利得税税率为 0%，他的有效股利税税率是多少？第三种情形：该投资者计划持有股票超过 1 年，适用的股利所得税税率为 0%，资本利得税税率仍为 0%，它的有效股利税税率又是多少？

解析：第一种情形，$t_d = 10\%$，$t_g = 20\%$。

投资者的有效股利税税率为：$t_d^* = \dfrac{t_d - t_g}{1 - t_g} = \dfrac{10\% - 20\%}{1 - 20\%} = -12.5\%$

该情形下，股利不仅没有纳税劣势，反而有纳税优势。投资者每获得 1 元的股利相当于 1.125 元的资本利得。

第二种情形，$t_d = 10\%$，$t_g = 0\%$。

投资者的有效股利税税率为：$t_d^* = \dfrac{t_d - t_g}{1 - t_g} = \dfrac{10\% - 0\%}{1 - 0\%} = 10\%$

该情形下，股利有明显的纳税劣势，即投资者每获得 1 元的股利相当于 0.9 元的资本利得。仅对股利征税，而不对资本利得征税的税收制度，不能鼓励投资者长期持有。

第三种情形，$t_d = 0\%$，$t_g = 0\%$。

投资者的有效股利税税率为：$t_d^* = \dfrac{t_d - t_g}{1 - t_g} = \dfrac{0\% - 0\%}{1 - 0\%} = 0\%$

该情形下，立即卖出股票与持有股票获得股利对投资者是无差的。事实上，只要股利税税率与资本利得税税率相等（即 $t_d = t_g$），公司是支付股利还是股票回购，对投资者而言是一样的。

由〖例 8-2〗可见，投资者的有效股利税税率取决于投资者适用的股利税税率和资本利得税税率。由于各种原因，投资者适用的这些税率不同。

收入水平。很多国家的税法中，将个人投资者的股利收入划入个人总收入实行超额累进税率，这样的话，不同投资者的股利收入就会适用不同的税率。我国现行税法对个人投资者的股利收入按持股期限实行差别征收。①

投资期限。对投资股票的资本利得，也常常按照持股期限分别征收不同的

---

① 根据我国现行税法可知，个人从公开发行和转让市场取得的上市公司股票，持股期限超过 1 年的，股息红利所得暂免征收个人所得税。个人从公开发行和转让市场取得的上市公司股票，持股期限在 1 个月以内（含 1 个月）的，其股息红利所得全额计入应纳税所得额；持股期限在 1 个月以上至 1 年（含 1 年）的，暂减按 50% 计入应纳税所得额；上述所得统一适用 20% 的税率计征个人所得税。此外，我国尚未开征资本利得税，但对证券交易实行征收印花税，印花税实行单边征收（卖出时征收），税率为 0.1%。印花税单边征收旨在降低交易成本，鼓励长期投资。读者在处理中国投资者的类似问题时，要考虑我国税法与美国税法的不同。参见国家税务总局税收政策库：http://www.chinatax.gov.cn/chinatax/n363/c206507/content.html。

税率。

税收管辖属地。有些国家的各州（省）对投资者的征税也因属地管辖而各不相同。

投资者或投资账户的类型。有些国家会对退休金账户、养老基金和非营利捐赠基金持有的股票免于征收股利税和资本利得税。

第二节 支出与留存

到目前为止，我们只考察了公司分配政策的一个方面，即选择支付股利还是回购股票。事实上，公司在决定是支付股利还是回购股票之前，应该先决定向股东发放和公司留存的现金数额（如图 8-1 所示）。

为回答这个问题，我们需要明确公司留存现金的用途。公司可以用留存的现金投资于新项目，或购买金融资产。我们首先考虑在完美资本市场中保留现金是否与向股东发放有所区别，然后再考虑有市场摩擦的情况。

一、在完美资本市场中保留现金

如果公司保留现金，可以将资金投资于新项目。如果公司有 NPV 为正的投资项目，这无疑是个正确的决策。投资 NPV 为正的项目，将会为股东创造价值；反之，放弃 NPV 为正的项目，保留现金或发放现金则不能创造价值。然而，如果公司已经投资了全部 NPV 为正的项目，额外投资项目的 NPV 不是 0 就是负值，而公司投资于 NPV 为负的项目，将减少股东的价值，因为这样的投资所产生的收益不足以弥补其成本。

显然，与其将超额现金浪费在 NPV 为负的项目上，不如将现金存入银行或购买金融资产。公司可以在以后将现金发放给股东，或是在有 NPV 为正的投资机会时再用于投资。

那么，公司留存现金并将其投资于金融资产能否增加公司价值呢？在第三章我们证明了，在完美资本市场中，买卖证券是一项 NPV 为 0 的交易。因此，在完美资本市场中，公司投资金融资产并不会增加公司价值。若公司向股东发放现金，股东可以自行投资于公司所能做的任何投资。所以不应感到奇怪，在完美资本市场中，公司选择发放现金还是保留现金的决策，就如同公司是选择发放股利还是回购股票的决策一样，和公司总价值不相关。

【例 8-3】完美市场中延迟支付股利

假设 Smart 公司有 10 亿元超额现金。公司正在考虑将超额现金投资于利率为 6% 的 1 年期国债，然后明年用现金支付股利。公司也可以选择立即发放股利，股东收到现金后可自行投资。在完美资本市场中，股东更偏好上述哪一种选择呢？

解析：如果公司立即支付股利，股东今天就收到10亿元现金。如果保留现金并投资于国债，1年后公司能够支付股利：$10\times(1+6\%)=10.6$（亿元）。

这一支付与股东现在自行将10亿元投资于国债所得到的支付完全相同。换言之，延迟支付股利的现值恰好等于10亿元 $[10.6/(1+6\%)]$。因此，在完美资本市场中，股东并不关心公司是立即支付股利还是保留现金。

由【例8-3】可知，公司是立即发放现金，还是保留现金待未来发放，对股东而言没有任何差别。这个例子恰好表达了MM关于完美资本市场中的股利政策无关论：

> 【MM 股利政策无关论】
> 在完美资本市场中，如果公司将超额现金投资于金融证券，那么公司选择支付还是保留现金就是不相关的，不会影响公司的初始价值。

二、不完美市场中的股利政策

（一）考虑公司所得税

如果资本市场不是完美的，例如考虑税收的影响。上述结论会有什么变化呢？

【例8-4】公司所得税与延迟支付股利

假设Smart公司有10亿元超额现金。公司正在考虑将超额现金投资于利率为6%的1年期国债，明年用现金支付股利。但是公司必须为利息收入缴纳25%的公司所得税。考虑公司所得税后，股东是希望公司立即发放股利，还是投资1年期国债并在到期后再支付呢？

解析：如果公司立即支付股利，股东今天就收到10亿元现金。如果保留现金并投资于国债，则投资国债1年后的税后收益为：$10\times[1+6\%\times(1-25\%)]=10.45$（亿元）。

这一数额少于股东自行将10亿元现金投资于国债可获得的10.6亿元。这是因为公司赚得的利息收入必须支付公司所得税，故公司留存现金存在纳税劣势。

【例8-4】表明公司所得税加大了公司留存超额现金的代价。这与第七章讲的有关杠杆的影响非常相似：当公司支付利息时，得到利息减税的好处；当公司收到利息时，需要支付利息税。现金相当于负的杠杆，杠杆的纳税优势就意味着持有现金的纳税劣势。

（二）考虑投资者的税负

公司派发还是保留现金的决策也可能影响股东的税负。一般来说，养老基金和退休基金投资者享有纳税减免或豁免，大多数个人投资者必须支付利息税、股利税和资本利得税。考虑投资者的税负，公司留存还是发放现金中哪种分配政策更有利呢？

我们用一个简单的例子来说明投资者纳税的影响。假设某公司只有一项资产，即100万元的现金，并假设所有投资者的适用税率相同。比较公司可选择的两种分配政策：（1）选择立即将100万元现金全部作为股利发放；（2）选择将100万元永久性地留存，用其利息收入支付股利。

假设公司立即将这笔现金作为股利发放，之后公司结束运营，除息日股价为0。在支付股利前，公司的股价为：

$$P_{cum} = P_{ex} + Div_0 \times \left(\frac{1-t_d}{1-t_g}\right) = 0 + 100 \times \left(\frac{1-t_d}{1-t_g}\right) \tag{8-4}$$

付息股价表明，投资者将按税率 t_d 支付股利税，但当公司关闭时，由于资本损失，将得到纳税抵扣（按资本利得税税率 t_g）。

公司也可以选择保留现金，将其投资于年利率为 r_f 的国债。按税率 t_c 支付利息（公司所得）税后，公司每年可以支付的永续股利为：

$$Div = 100 \times r_f \times (1 - t_c)$$

并且永久地保留100万元的现金。在这种情况下，投资者将为公司支付的价格是多少？投资者的资本成本是他的机会成本，也就是自行投资国债能够获得的税后回报率：$r_f \times (1 - t_i)$，t_i 为投资者的利息收入税税率。投资者也必须支付股利税，所以，选择保留现金时的公司价值为：

$$P_{retain} = \frac{Div \times (1-t_d)}{r_f \times (1-t_i)} = \frac{100 \times r_f \times (1-t_c) \times (1-t_d)}{r_f \times (1-t_i)}$$

$$= 100 \times \frac{(1-t_c) \times (1-t_d)}{(1-t_i)} \tag{8-5}$$

比较 P_{cum} 和 P_{retain}，有：

$$P_{retain} = P_{cum} \times \frac{(1-t_c) \times (1-t_g)}{(1-t_i)} = P_{cum} \times (1 - t^*_{retain}) \tag{8-6}$$

t^*_{retain} 衡量保留现金时的实际纳税损失：

$$t^*_{retain} = \left[1 - \frac{(1-t_c) \times (1-t_g)}{(1-t_i)}\right] \tag{8-7}$$

其中，t_c 为公司所得税税率，t_g 为资本利得税税率，t_i 为投资者的利息收入税税率。

不管公司是立即派发现金，还是保留现金一段时间待以后用赚得的利息来发放股利，都要支付股利税。所以，股利税税率（t_d）并不影响 t^*_{retain}，即对股利征税并不影响公司留存现金的成本。

式（8-7）与直觉相符。公司留存现金，所得现金的利息收益被双重征税：公司利息收入被征收公司所得税，价值增加时投资者还要承担资本利得税。反之，如果公司立即向股东发放现金，股东可将现金投资，其获得的利息收入只需支付一次利息所得税。与单一的利息收入纳税相比，保留现金的成本取决于公司所得税和资本利得税的综合效应。假设公司所得税税率t_c为25%,投资者的利息收入税税率t_i为20%,资本利得税税率t_g为15%,则保留现金的实际纳税损失为

$$t^*_{retain} = \left[1 - \frac{(1-25\%) \times (1-15\%)}{(1-20\%)}\right] = 20\%。$$

可见,考虑投资者的税负后,公司保留超额现金仍然存在着显著的纳税劣势。

(三) 其他成本

1. 证券发行成本和财务困境成本。既然保留现金不具备纳税优势,为什么一些公司还要积累大量的现金余额呢?通常的解释是,公司保持现金余额是为了应对潜在的未来现金短缺。例如,如果公司未来的收益无法满足 NPV 为正的投资机会所需要的现金,公司就可能开始积累现金,以弥补资金缺口。对于需要大规模研发和并购项目融资的公司,这种保留现金的动机尤为强烈。

持有现金以应对未来潜在的现金需求,其优势是可以避免为筹集新资本(发行新债或发行股票)而发生的交易成本。发行债务的直接成本约为融资额的 1%~3%,而发行股票的直接成本约为融资额的 3.5%~7%。除融资直接成本以外,因为存在代理成本和逆向选择成本,融资的间接成本也很高。公司必须在持有现金的纳税成本与避免未来外源融资成本的潜在收益这两者之间取得平衡。通常收益波动性大的公司,更应该建立现金储备,以顺利度过暂时性的经营亏损期。保留充足的现金,公司能够避免财务困境及其相关成本。

2. 保留现金的代理成本。若公司持有的现金超过其未来投资需求或流动性需求,对公司股东来说则没有什么好处。除纳税成本外,公司持有超额现金导致股东丧失了发放现金后可用于投资其他项目的机会。此外,公司持有过多现金,还可能产生代理成本。在第七章我们讨论过,公司拥有超额现金时,管理者运用资金的效率就可能下降,诸如继续投资一些不赚钱的项目、给自己支付过高的薪酬,或进行高溢价的并购。与杠杆的效果类似,发放股利和股票回购通过将现金从公司发放出去,也同样通过减少公司自由现金流的方式降低了代理成本。

对于高杠杆公司,股东更有动机支出现金。第七章提到高的债务积压问题,一些留存现金的价值将使债权人受益。因此,股东可能偏好"抽逃现金",增加公司的分配支出。债权人将预期股东会这样做,于是对债务收取更高的利息,或在债务保护性条款中限制公司的利润分配政策。

通过发放股利或股票回购的方式将超额现金发放出去,减少了浪费,降低了代理成本,或将公司的资源转移给其他利益相关者,因而能够提升股价。这种潜在的节约以及税收收益,或许解释了有些公司在宣告特别股利之后股价大涨的现象。

【例 8-5】削减 NPV 为负的增长

假设 Speed 公司是一家有 10 000 万股流通股的全权益公司。当前公司有 15 000 万元现金,预计未来每年的自由现金流为 6 500 万元。公司的管理层计划用这些现金扩张公司业务,业务扩张又将使得未来自由现金流增加 12%。如果投资的资本成本为 10%,将现金用于股票回购而非经营扩张,股价将如何变化?

解析：先考虑第一种情形，公司将现金用于扩张。其未来自由现金流将增加12%，达到每年7 280万元 [6 500×(1+12%)]。根据永续年金公式可知，公司的市值为72 800万元（7 280÷10%），即每股7.28元（72 800÷10 000）。

第二种情形中，公司不扩张。未来自由现金流的价值为65 000万元（6 500÷10%）。加上现金，公司的市值为80 000万元（65 000+15 000），即每股8元（80 000÷10 000）。如果公司回购股票，股价将保持不变，这是因为：

15 000元现金可以回购股票1 875万股（15 000÷8），回购后，公司资产的价值为65 000万元，流通股股数变为8 125万股（10 000−1 875），回购后每股价格为8元（65 000÷8 125）。

在本例中，削减投资，而将资金用于股票回购，会使每股价格上涨0.72元。这是为什么呢？我们来看一看公司业务扩张这个项目：初始投资15 000万元，未来每年的自由现金流仅增加780万元（6 500×12%），业务扩张的NPV为：−7 200万元（−15 000+780/10%），即每股价值减少0.72元。

可见，当公司业务扩张的NPV为负时，公司削减投资而将资金用于股票回购，反而可使股价上涨。

最后，公司选择保留超额现金的理由与选择低杠杆的理由相同，即为未来的成长机会保持财务弹性，避免财务困境成本。公司必须在持有现金的收益与持有现金的成本（纳税劣势以及浪费性投资的代理成本）之间取得平衡。通常，高科技公司和生物技术公司会在选择少量债务的同时，倾向于保留和积累大量的现金。

【想一想】
1. 在完美资本市场中，公司保留现金比将其发放给股东更有利吗？
2. 为什么公司要在持有现金的收益与持有现金的成本之间进行平衡？

第三节　股利政策的信号传递

到目前为止，我们尚未考虑的一个市场摩擦是信息不对称。如果管理者比投资者拥有更好的关于公司未来前景的信息，他们的股利政策就有可能传递这一信息。

理论上，公司可以随时调整股利，但实际上公司对股利规模的调整相对来说并不频繁。通用汽车公司（GM）近20年来对其支付的正常股利的数额只调整过不到10次，虽然同一期间公司的年度收益变化很大。这是大多数公司的股利支付模式——公司不频繁调整股利，股利的波动比收益的波动小得多。公司理财实践将这种维持股利相对稳定的做法称为股利平滑（dividend smoothing）。而且，公司增加股利也要比削减股利频繁得多。约翰·林特纳（J. Lintner, 1956）认为这些事实的原因在于：(1) 管理者相信投资者偏好持续成长的平稳股利；(2) 管理者希望将股利的长期目标水平维持为收益的一定比例，只有当公司认为期望未来收益将长期持续增长时，才会增加股利，而削减股利只能是最后一招。

那么，公司如何能够保持股利的平滑？前面讨论过，公司通过调整回购或发行股票的数量和保留现金的额度，可以在短期内维持任何的股利水平。然而，若通过发行新股筹集股利所需资金，由于存在税收和交易成本，管理者不希望承诺分配超出公司正常收益、公司不堪支付的股利。因此，公司一般基于对未来收益前景的预期，来设定公司能够维持的股利水平。

一、股利的信号传递

如果公司平滑股利，公司的股利政策选择就将包含和体现管理者对未来收益预期的信息。公司增加股利，就向投资者传递了一个积极的信号，即管理者预期在可预见的未来有能力向投资者提供较高的股利；相反，削减股利是一个消极的信号，传递出管理者对近期内收益的反弹不抱希望，因而需要削减股利以节约现金。股利调整反映了管理者对公司未来收益前景的看法，这一观点被称作股利信号传递假说（dividend signaling hypothesis）。

有关市场对股利改变的反应的研究，与股利信号传递假说相符。例如。格鲁隆、麦凯利和斯瓦米纳坦（Grullon, Michaely and Swaminathan, 2002）发现，1967~1993年，股利提升10%或更多的那些公司，在股利宣告后，股价平均上涨了1.34%，而股利削减10%或更多的公司，在股利宣告后，股价平均下跌了3.71%。股价反应的平均程度与股利的变动大小正相关，尤其对于股利削减而言，股价的变动幅度更大。迈凯利、泰勒和沃马克（Michaely, R. Thaler and K. Womack, 2005）的研究，首次发放股利（+3.4%）和取消股利（-7%），对股价变化的影响更大。希利和帕利普（Healy and Palepu, 1998）的研究也得出过相似的结论。

股利信号传递类似于第七章所讨论的杠杆的信号传递，增加债务显示了管理者有信心和能力支付未来的利息，同样地，增加股利也表明公司在未来能够维持这一股利水平。不过，从对管理者的声誉影响和投资者的反应来看，削减股利的代价很高，绝不亚于债务违约。因而可以预期，股利的改变相对于杠杆的改变而言，是一个稍弱一点的信号。事实也确实如此，史密斯（Smith, 1993）研究发现，当公司部分用债务取代股权时，股价平均上涨超过10%；而用股权取代债务时，股价平均下跌4%~10%。

股利增加向外界传递了管理者关于公司未来现金流的乐观估计的信息，但同时或许也表明公司缺乏投资机会。例如，微软2003年开始支付股利，市场和投资者大多将其视为公司预期成长的下滑，而不是其未来盈利能力的增加信号。相反，削减股利可能表明公司对新的正NPV投资机会的利用。在这种情形下，股利削减可能带来正的（而非负的）股价反应。总之，必须将股利传递的信号内涵置于管理者可能拥有的新信息类型的背景下去理解和阐释。

二、股票回购的信号传递

同股利一样,股票回购也可能向市场传递管理者掌握的信息。然而,股利和股票回购有几点重要的区别:

第一,相对于股利支付,管理者较少承诺股票回购。公司宣布正式委托金融中介进行公开市场股票回购时,一般公告计划回购的最大数额,然而实际回购的股数和支出的现金可能要少得多。而且,公司也许要经过几年时间才能完成回购。

第二,不像股利可以平滑,公司不对其每年的股票回购进行平滑。今天宣布股票回购,未必代表长期的股票回购义务和责任,股票回购不大可能像股利那样成为公司未来收益的信号。

第三,股票回购的成本取决于回购时的股票市价。如果管理者认为股票当前被高估,则对于选择继续持有股票的股东而言,股票回购的成本和代价高,这是因为按当前市价回购被市场高估的股票,是一项 NPV 为负的投资。相反,对于选择继续持有股票的股东而言,在管理者认为股票被市场低估时的回购,是一项 NPV 为正的投资。如果管理者基于长期股东的利益行事,并试图最大化公司的未来股价,如果他们相信股票被市场低估,那么将更有可能回购股票。因此,公司股票回购行为存在着典型的市场择时(market timing)特征。但如果管理者基于所有股东(包括那些在公司股票回购行动中卖出股票的股东)的利益行事,则不会有这样的激励。这是因为,公司在股价被低估时进行回购,那些仍持有股票的股东的所得,正是那些卖出股票的原股东的损失。

布拉夫、格雷汉姆等(Brav,Graham et al.,2005)的一项调查表明,87%的 CFO 认可当股价低于真实价值时,公司应该回购股票。这一调查结果就隐含地表明,大多数 CFO 认为,他们应该基于长期股东的利益行事,因此,股票回购就成为管理者认为其股票价格被低估的可靠信号。如果投资者相信管理者对于公司的前景拥有比他们更好的信息,投资者对于股票回购消息的宣布应该会产生积极有利的反应。格鲁隆和麦凯利(Grullon and Michaely,2002)还发现,公开市场股票回购计划宣布时,股票的平均市价大约上涨 3%,且股票回购的流通股占比越高,股价反应越强烈。

【例 8-6】股票回购与市场择时

假设 Speed 公司有 20 000 万股流通股,当前股价为每股 30 元,公司无债务。管理者相信公司的股价被市场低估,其真实价值应该为 35 元。公司打算付出 60 000 万元现金,按当前市价回购股票。假设回购交易立即完成后,新信息被公开,投资者据以修正对公司的看法,并认同管理者对公司价值的评估。新信息被公开后,股价将是多少?如果公司等到新信息公开后再回购股票,此时的股价与上一问中的股价有何差别?

解析:先考虑第一种情形,公司在新信息公开前回购股票:

公司的初始股票总市值为 600 000 万元(30×20 000),总市值对应 60 000

万元的现金和540 000万元的其他资产。在当前的股票市价下，公司将回购2 000万股（60 000÷30）股票。交易前后的市值资产负债表如表8-7所示。

表8-7　　　　Speed公司股票回购前后以及新信息公开后股票价格

指标	回购前	回购后	新信息公开后
现金（万元）	60 000	0	0
其他资产（万元）	540 000	540 000	640 000
资产的总市值（万元）	600 000	540 000	640 000
股数（万股）	20 000	18 000	18 000
股价（元）	30	30	35.56

根据管理者的估计可知，公司的当前市值应该为70亿元（35×20 000），其中有64亿元对应其他资产的价值。如表8-7所示，新信息公开后，股价将上升到35.56元。

如果公司等到新信息公开后再回购股票，则回购价格为每股35元，相应地，回购的股数约为1 710万股。回购完成后的股价为35元/股（64亿÷18 290万）。股票被低估时，公司选择股票回购，与当前的真实价值相比，最终股价将上涨0.56元，长期持有股票的股东将获利10 000万元（0.56×18 000），这等于卖出股票的股东以低于真实价值5元的价格卖出2 000万股所产生的损失。

〖例8-6〗表明，股价被低估时，公司买回股票获得的收益能促使公司的长期股价上涨。类似地，在股价被高估时买回股票将导致长期股价下跌。公司应适当把握和选择回购时机。股东预期到这种策略，故可能将股票回购视为公司价值被市场低估的信号。

【想一想】
1. 公司增加股利能向市场传递什么样的信号？削减股利又能传递什么样的信号？
2. 为什么说公司回购股票可以被视为管理层认为当期公司价值被市场低估的信号？

第四节　股票股利、股票分割与分拆

公司除以现金向股东支付股利外，还可能支付另一种形式的不涉及现金的股利，即股票股利（stock dividend）。在这种情形下，于股权登记日持有股票的每位股东，都将会在除息日额外收到公司本身（股票分割）或附属公司（股票分拆）的股票。

一、股票股利和股票分割

如果公司宣布派发 10% 的股票股利，这意味着每位股东每持有 10 股股票，就会得到 1 股新股票。50% 或更高比例的股票股利通常被视为股票分割（stock split）。例如，如果公司发放 50% 的股票股利，则每位股东每持有 2 股，就将收到 1 股新股。拥有 2 股股票的股东最终将持有 3 股，这种交易也被称为 3∶2 的股票分割。类似地，如果公司发放 100% 的股票股利，则每位股东每持有 1 股，就将收到 1 股新股，即 2∶1 的股票分割。

若公司采取股票股利的分配政策，公司不向股东支付任何现金。公司资产和负债的总市值以及股权价值均保持不变。唯一的变化就是流通股的股数增加了。相同的总股权价值对应更多的股票，股票价格将随之下降。

考虑一个例子。Victory 公司支付 50% 的股票股利（3∶2 的股票分割）而非支付现金。表 8-8 列示了公司发放股票股利前后的公司市值资产负债表以及相应的股价。

表 8-8 Victory 公司的 50% 股票股利政策下的附息与除息股价

指标	股权登记日（含股利）	除息日（不含股利）
现金（万元）	2 000	2 000
其他资产（万元）	40 000	40 000
资产的总市值（万元）	42 000	42 000
股数（万股）	1 000	1 500
股价（元）	42	28

发放股利前，一个持有 100 股股票的股东的投资组合价值为：$42 \times 100 = 4\,200$（元）。分发股利后，该股东拥有每股价值 28 元的股票 150 股，投资组合的价值为：$28 \times 150 = 4\,200$（元）。注意，股票分割不同于股票发行：公司发行股票时，股票数量增加，公司同时也筹措了现金，增加了现有资产。如果以公允价格出售股票，则股价应保持不变。

与现金股利不同，股票股利不用纳税。从公司和股东的角度来看，股票股利对双方都没有实质性的影响。股票的数量成比例增加，相应地，每股价格成比例下降，公司股票的总价值不变。既然没有实质性影响，那为什么公司还要进行股票分割呢？

股票分割的一般动机是，使股价保持在一定的范围内，以吸引小投资者。股票一般以 100 股为单位进行交易，在任何情况下，交易单位都不会少于 1 股。如果股价显著上涨，有的小投资者很可能连 1 股都买不起，更不用说 100 股了。股票分割可以使股票对小投资者更具吸引力，扩大对股票的需求，提高股票的流动

阅读材料：从未进行过股票分割的伯克希尔·哈撒韦公司

性，这反过来又可能提升股价。平均而言，宣告股票分割，股票随之上涨2%。[①]
苹果公司（Apple）在2020年7月30日公布股票分割方案，这是苹果自上市以来的第五次股票分割，之前的四次股票分割分别为2014年6月的7∶1分割、2005年2月的2∶1分割、2000年6月的2∶1分割，以及1987年6月的2∶1分割。特斯拉（Tesla）也于2020年8月11日公布了股票分割方案，这是其自上市以来的第一次分割，5∶1的方案于当年8月31日生效。2021年末，特斯拉的股价相对于年初已经上涨了2倍多，7月13日曾创下其历史最高点1 794.99美元。在中国，股票分割就是俗称的"送转股"，每年公司会在分配预案中披露送转方案。

反向分割（reverse split）是股票分割的另一种形式，即股票合并。上市公司通过股票合并减少流通股的数量。反向分割一般用于股价较低的公司，目的是希望提高股票的价格，以便在市场上获得更大的声誉，防止公司被摘牌，或阻止投机者交易、减少股价波动。例如，在1∶10的股票反向分割中，每10股股票合并为1股，股价增加到原先的10倍。2000年互联网泡沫破灭后，许多网络公司进行了股票合并，类似的情形也发生在2007年金融危机之后的金融类公司中。例如，1990~2000年花旗集团（Citigroup）曾进行了7次股票分割，股票累计增加到12∶1，但2011年5月公司实施了1∶10的反向分割，以将其股价从每股4.50美元提高到45美元。公司可以结合使用股票分割和股票合并，使其股价保持在想要的任何范围内。

二、股票分拆

（一）股票分拆

公司除了使用现金或本公司的股票发放股利外，还可以派发其附属公司的股票，这种交易被称为股票分拆（spin-off）。股票分拆常常运用于分拆资产或将附属公司分拆出去成为独立公司。具体来说，母公司通过将其在子公司中所拥有的股份，按比例地分配给现有母公司的股东，从而在法律上和组织上将子公司的经营从母公司的经营中分离出去。这时，便有两家独立的、股权比例相同的公司存在，而在此之前只有一家公司。这一新设的分拆公司公开发行新股并上市就被称为分拆上市（spin-off listing）。与分拆相反的操作是兼并收购（mergers and acquisitions，M&A）。一般来说，在企业资产重组的方式中有两种选择：一是使企业资产规模扩张，主要是通过收购和兼并实现企业资产的低成本扩张；二是使企业资产规模收缩，主要是通过资产剥离实现企业资产的收缩。而企业的资产剥离大致上又分两种类型：一种是资产的出售（sell-offs），即出售剥离资产的所有

[①] S. Nayak and N. Prabhala. Disentangling the Dividend Information in Splits: A Decomposition Using Conditional Event-Study Methods [J]. Review of Financial Studies 2001 (14): 1083 – 116; and T. Copeland. Liquidity Changes Following Stock Splits [J]. Journal of Finance, 1979 (34): 115 – 141; and J. Lakonishok and B. Lev. Stock Splits and Stock Dividends: Why, Who and When [J]. Journal of Finance 1987 (42): 913 – 932.

权以收回现金；另一种就是分拆（spin-offs）。

股票市场并不十分喜欢同时经营不同业务的多元化控股公司，因为这类公司通常不透明，难以对其真实价值进行分析，而且投资者也会怀疑公司是否有能力同时经营好互不相关的行业。而当这类多元化公司将主要子公司分拆上市时，多会得到市场的欢迎。不论原母公司，还是分拆后独立上市的子公司，估值都会有所提升，出现所谓价值释放的现象。其原因就在于独立后的子公司管理层获得了更大的自主权，有更多动力将业务扩大，将业绩搞好。而且分拆后不论是母公司还是子公司会有更丰富透明的信息披露，便于投资者进行正确的估值定价。目前中国市场更多的是兼并收购，分拆上市的事件还相对较少。

在分拆模式中，企业剥离一部分资产组成一家独立公司，并组建新的管理层，而原公司的股东结构在分拆公司中保持不变。在分拆过程中，不存在股权和控制权向第三者转移的情况，没有货币的转手，公司资产也不需要重新评估，只是权益在两个独立的法人实体中进行划分。原有股东可以自行决定是保留其在母公司的股份还是转换为子公司的股份。这类交易可以被视为一种股票股利和一项免税的交易。广义的分拆包括已上市公司或者未上市公司将部分业务从母公司中独立出来单独上市；狭义的分拆是指已上市公司将其部分业务或者某个子公司独立出来，另行公开招股上市。与其他资本运营方式相比，分拆属于企业资产的收缩策略范畴，是公司内实行资产重组的一种形式。与分拆相反的是吸收合并，即运用股权互换的方法，将两个独立的法人合并为一个法人。而公司分拆虽然也是运用股权互换的方法，但却是将一个法人分立为两个独立法人。因此，分拆是吸收合并的逆向操作。

（二）股票分拆的作用

分拆上市的积极作用主要表现在以下几个方面：

开辟融资渠道。对于那些整体经营稳定、经营业绩尚佳的上市公司来说，通过分拆，既可以开辟新的筹资渠道，拓展融资空间，促使企业融资格局多元化，又可以满足那些发展前景广阔的高科技子公司的持续融资需求，增强自我发展后劲，并为风险投资提供有效的退出通道。

资本增值溢价。分拆上市后，公司经营业绩有可能大幅度的增长，这是因为上市公司作为发起人将享有资本增值的溢价所得。按照现行会计准则的规定，上市公司的投资收益可在超过10年的时间内摊销，这样可以保持公司经营业绩的相对稳定性。同时，在经过一定期限后，上市公司还可以变现其分拆子公司的股份，从而获得资本增值收益。

消除盲目扩张负效应。分拆有利于消除企业盲目扩张所带来的负效应。目前上市公司普遍存在着扩张的内在冲动，无论是规模性扩张还是多元化经营扩张。但管理效率假说表明，当规模扩张和多元化经营发展到一定阶段后，存在着一个规模报酬递减的临界点，这时会产生一定的负协同效应，即由于企业规模偏大造成的效率降低。而分拆则可以消除企业盲目追求做大所造成的弊端，它通过对母公司和子公司业务的重新定位，在确定母公司和子公司各自比较优势的基础上，使它们更加集中于自身的优势项目，有利于增强其主营业务的盈利能力。

（三）股票分拆的影响

分拆上市作为企业内实行资产重组的一种形式，将给母公司带来怎样的影响呢？首先，子公司分拆上市后的市场表现情况可以确定母公司的投资收益，即将子公司上市后的市值减去母公司的最初投资额，就可以得到母公司所持股权的投资收益。其次，母公司拥有子公司很大一部分股权，所以它仍然保留对子公司资产和经营的控制权。再其次，子公司的分拆上市，往往会给母公司带来一定比例的超额收益，可以提高其投资价值。美国的一项研究表明，分拆能给母公司带来平均2~3个百分点的超额收益。在我国这样不太成熟的资本市场，这种超额收益率可能会更高。最后，子公司分拆上市对母公司的正面影响还取决于子公司所处的行业及该行业的市场前景如何，子公司 IPO 后的市场表现与企业所处行业的发展趋势有关。如果子公司所处行业的发展趋势不好或市场表现不佳，也会造成母公司的经营业绩下滑，股价下跌，使得投资者的信心受到影响。

因此，在分拆之前，一定要对未来子公司所处的行业及其产品的市场前景进行全面深入的分析研究。此外，需要注意的是，如果内地上市公司纷纷将盈利能力较强的资产分立出去，而一味地追求分拆上市融资，则会降低母公司的资产营运质量和运作效率。可见，我们在看到公司分拆上市所具有的积极作用时，还应当保持一份清醒和冷静，关键要看这种业务分拆上市对于母公司的业务整合及其长远发展而言，会产生正面影响还是负面影响。

> 【想一想】
> 1. 公司为什么发放股票股利？股票分割和反向分割是什么意思，各有什么作用？
> 2. 股票分拆与股票分割的区别是什么？

【本章小结】

1. 公司的自由现金流可以选择留存，也可以选择支出。留存下来的现金流要么可以投资于现金流为正的投资项目，要么用于增加现金储备。如果选择支出，则既可以是以派发现金股利的方式对股东进行支付，也可以选择回购股票的方式向股东派发现金。

2. 如果公司选择支出，可以选择派发现金股利，其数额由董事会决定。董事会批准分派股利的日期被称作股利宣告日。公司将会向所有在特定日期登记在册的股东支付股利，这一日期被称作股权登记日。一般来说，股权登记日的下一个交易日为除息日，在除息日股利与股票本身分离。股利发放的日期被称为股利支付日,是公司向股东正式发放股利的日子。股利根据是否定期支付以及支付的数额,可以分为常规股利和特别股利。

3. 公司向投资者支付现金的另外一种方式是股票回购。在股票回购中,公司使用现金购买其发行在外的流通股,购回的股票被称为公司的库藏股。如果公司以后需要筹措资金,可以将库藏股再次出售。股票回购的目的主要有稳定公司股价、改善业绩指标、实施股权激励计划、特别股利以及反收购等。股票回购的方式主要有公开市场回购、要约收购、目标定向回购。

4. 在完美资本市场中,保持公司的投资政策不变,公司的股利政策选择是无关的,不会影响公司的初始股价。这被称为MM股利无关论。也就是说,公司通过股票回购或发行股票,能够轻易地改变其股利支付,但是这些交易不会改变公司的价值。而且股东也可以通过自行买卖股票来构造任何规模的自制股利,因此,公司选择何种股利政策对公司的价值和股东的财富均没有影响。

5. 在同时考虑股利税和资本利得税的情况下,投资者对股利与股票回购的偏好要取决于两种税率的大小。

有效股利税税率 (effective dividend tax rate) 计算公式如下:

$$t_d^* = \frac{t_d - t_g}{1 - t_g}$$

有效股利税税率衡量了在用股利替代投资者每1元的税后资本利得收益时,需额外支付的税费。式中,t_d为投资者的股利税税率,t_g为资本利得税税率。相对于股利,很多投资者对股票回购存在税收偏好,但偏好的程度取决于他们面对的股利税税率与资本利得税税率的差异。税率因收入、管辖属地、投资期限以及股票是否由养老基金账户持有等因素而变化。

6. 公司也可以选择保留现金,可以将资金投资于新项目,或购买金融资产。在完美资本市场中,买卖证券是一项NPV为0的交易,因此公司投资金融资产并不会增加公司价值。在完美资本市场中,如果公司将超额现金投资于金融证券,那么公司选择支付还是保留现金就是不相关的,不会影响公司的初始价值。

7. 考虑公司所得税。则持有现金具有纳税劣势。这是因为当公司收到利息时,需要支付利息税。现金相当于负的杠杆。考虑投资者的税负后,公司保留超额现金仍然存在着显著的纳税劣势。然而,公司保持现金余额通常是为了应对潜在的未来现金短缺,对于需要大规模的研发和并购项目融资的公司,这种保留现金的动机尤为强烈。当外部融资成本较高时,保留现金还可降低未来潜在的融资成本。尤其是收益波动性大的公司,更应该建立现金储备,以顺利度过暂时性的经营亏损期。保留充足的现金,公司能够避免财务困境及其相关成本。

8. 但是,当公司拥有超额现金时,管理者运用资金的效率就可能下降,诸如继续投资一些不赚钱的项目,给自己支付过高的薪酬,或进行高溢价的并购。通过股利或股票回购的方式将超额现金发放出去,减少了浪费,有助于降低公司的代理成本。综上所述,公司必须在持有现金的收益与持有现金的成本(纳税劣势以及浪费性投资的代理成本）之间取得平衡。

9. 公司不频繁调整股利，而是维持股利相对稳定的做法，被称为股利平滑。如果公司平滑股利，公司的股利政策选择就将包含和体现管理者对未来收益的预期。如果公司增加股利，就向投资者传递了一个积极的信号，即管理者预期在可预见的未来有能力向投资者提供较高的股利；相反，削减股利是一个消极的信号，传递出管理者对近期内收益的反弹不抱希望，因而需要削减股利以节约现金。股利调整反映了管理者对公司未来收益前景的看法，这一观点被称作股利信号传递假说。

10. 同股利一样，股票回购也可能向市场传递管理者掌握的信息。但是公司股票回购行为存在着典型的市场择时特征。

11. 公司除了以现金向股东支付股利外，还可能支付另一种形式的不涉及现金的股利，即股票股利。如果公司宣布派发 10% 的股票股利，这意味着每位股东每持有 10 股股票，就会得到 1 股新股票。50% 或更高比例的股票股利通常被视为股票分割。反向分割是股票分割的一种形式，即股票合并。上市公司通过股票合并减少流通股的数量。反向分割一般用于股价较低的公司，目的是希望提高股票的价格，以便在市场上获得更大的声誉，防止公司被摘牌，或阻止投机者交易、减少股价波动。

12. 公司除了使用现金或本公司的股票发放股利外，还可以派发其附属公司的股票，这种交易被称为股票分拆。股票分拆常常运用于分拆资产或将附属公司分拆出去成为独立公司。

【关键术语】

现金股利（dividend）
股票股利（stock dividend）
股利宣告日（declaration date）
股权登记日（record date）
除息日（ex-dividend date）
股利支付日（payable date or distribution date）
股票回购（repurchase）
有效股利税率（effective dividend tax rate）
股利平滑（dividend smoothing）
股利信号传递假说（dividend signaling hypothesis）
市场择时（market timing）
股票分割（stock split）
反向分割（reverse split）
股票分拆（spin-off）

【练习题】

1. 公司支出自由现金流的选择有哪些（在满足所有利息支付之后）？
2. A 公司宣布发放每股 1 元的股利。如果公司的附息股价为 50 元，它的除息日股价应该是多少（假定资本市场是完美的）？
3. B 公司有 2 000 万股流通股，股票的总市值为 10 亿元。公司计划通过公开市场回购股票，向股东分配 1 亿元。假定资本市场是完美的：

（1）就在回购前，每股价格是多少？
（2）公司将回购多少股股票？
（3）就在回购完成后，每股价格是多少？

4. C 公司的资产市值是 5 亿元，其中有 5 000 万元现金。公司有 2 亿元的债务和 1 000 万股流通股。假定资本市场是完美的。

请回答：

（1）公司当前股价是多少？
（2）如果将 5 000 万元作为红利发放，那么发放红利后，股价将是多少？
（3）如果将 5 000 万元用于股票回购，那么股票回购完成后，股价将是多少？
（4）上述每笔交易完成后，它的新的债务股权比率是多少（基于市值计算）？

5. D 公司打算永久性地支付每年每股 2 元的固定股利。假设所有投资者的股利税率均为 20%，无资本利得税。假如与 D 公司股票具有相同风险的其他投资可提供 12% 的税后回报率。

请回答：

（1）D 公司的每股股价是多少？
（2）假设公司的管理层此刻突然宣布将不再支付股利，而是用现金回购股票，现在的股价是多少？

6. 假设资本利得税为 25%，股利税率为 50%。E 公司股票的当前交易价格为 30 元，并打算支付 6 元的特别股利。

请回答：

（1）假设该公司出人意料地宣布，将进行股票回购，不发放特别股利。不考虑任何其他交易摩擦和消息，就在发放股利后，它的股价是多少？
（2）这一决策给投资者带来的每股净节税额是多少？
（3）这一消息宣布，会导致股价如何变化？

7. 假设资本市场是完美的。F 公司当前有 10 000 万元现金投资于利率为 7% 的短期国债。投资证券的利息收入用于每年发放股利。董事会正在考虑卖出国债，所得现金用于一次性发放股利。

请回答：

（1）如果董事会实施这项计划，在宣告公司调整股利政策这一信息时，公司的股价会发生什么变化？

（2）股票价值在一次性股利的除息日会如何变化？

（3）基于以上股价反应，这项决策会使投资者受益吗？

8. 为什么公司宣告股票回购被投资者认为是积极的信号？

9. G 公司从未进行过股票分红和拆分，当前的交易价格为 12 万元，要使股价下降至 50 元，股票分割的比例要是多大？

10. 假设 H 公司的当前股价为每股 20 元。

请回答：

（1）如果公司发放 20% 的股票股利，那么新的股价将是多少？

（2）如果公司进行 3∶2 的股票分割，那么新的股价将是多少？

（3）如果公司进行 1∶3 的股票合并，那么新的股价将是多少？

第九章　公司治理

【学习目标】

1. 了解公司治理和代理成本的基本概念。
2. 掌握公司内部治理的含义和机制。
3. 掌握公司外部治理的含义和机制。

【章前阅读】

安然和世通公司财务造假丑闻

　　安然事件是21世纪初最出名的会计丑闻。安然公司（简称安然）最初是天然气管道经营商，后来发展成为一家全球性的交易商，从事的业务包括天然气、石油、电力甚至还有宽带网络服务。随着一系列事件的暴露，2001年12月安然成为当时美国历史上最大的申请破产保护的公司。到2001年末，安然股票的市值下跌了600多亿美元。

　　极具讽刺意味的是，在从20世纪90年代到2001年底这段时间里，安然公司还被冠以"美国最成功的盈利能力最强的公司之一"的名头。《财富》（Fortune）杂志于1995~2000年连续6年把安然评为"美国最具创新精神的公司"。然而，正当安然的许多业务如日中天之时，随后的调查显示，安然的高管们蓄意操纵公司的财务报表，误导投资者，人为抬高公司股价以维持其信用评级。例如2000年，安然报告的收益中有96%来自会计造假。

　　尽管安然使用的会计操纵手段相当老练和复杂，但绝大多数欺骗性交易的本质却惊人地简单。安然将其资产以虚高的价格出售给其他公司（或者在大多数情况下，出售给安然的CFO安德鲁·费斯托所创立的业务实体），并且附有承诺将来以更高的价格购回资产。这样，安然以未来支付更多的现金作为承诺，实际上借入了很多资金。安然却把借入的现金确认为收入，并想方设法以各种手段隐瞒回购资产的承诺。20世纪90年代末，安然公司大部分销售收入的增长和利润，都是靠这种会计舞弊手段制造的。

　　2002年7月21日，美国世界通信公司（WorldCom，简称世通）沦入有史以来最大的破产公司之列，打破了此前安然公司的纪录。在公司的巅峰期，世通的股票总市值高达1 200亿美元。会计操纵的故技再一次上演，世通公司从1998年开始，利用一系列的会计造假手段向投资者隐瞒了大量的财务问题。

在世通公司的例子中，舞弊的手段是将 38.5 亿美元的经营性支出重新归类为长期资本性支出。这一改变直接夸大了报告的收益：经营性支出应立即从收益中扣除，而资本性支出是在未来很长一段时期里逐期慢慢计提折旧的。当然，这种人为操纵不可能增加世通公司的现金流量，因为当期的长期投资要从现金流量表中扣除。

与同行业的其他公司相比，世通公司的过度投资引起了一些投资者的关注。正如一位投资顾问评论道，"报告的收益和增量现金流之间的巨大偏差是一个危险的信号……长期过高的资本性支出。这就是 1999 年我们搬出世通公司的原因"。

资料来源：[美] 斯蒂芬·A. 罗斯，伦道夫·W. 威斯特菲尔德，杰弗利·F. 杰富. 公司理财（英文原书第 9 版）[M]. 北京：机械工业出版社，2015.

2002 年在安然、世通等会计丑闻爆发后，经济学家拉詹和津加莱斯（Rajan & Zingales, 2003）评论道，"最近的丑闻表明，即使在最先进的市场经济里，在改善公司治理方面依然大有可为"；而 2015 年肇始的万科"股权之争"，不仅标志着我国资本市场开始进入股权分散这一新的发展阶段，同时也使公司治理问题开始受到越来越多的关注，甚至一度成为公共流行的话题。

第一节 公司治理和代理成本

一、公司治理

（一）公司治理的内涵

公司治理（corporate governance）指的是确保投资者按时收回投资并取得合理回报的各种制度的总称，具体地，它是指以资本社会化为特征的现代股份有限公司实现外部融资的基础性制度安排。通俗地说，公司治理就是用来防止欺诈的控制、监管和激励的系统，讨论股份有限公司中的利益冲突以及如何将冲突最小化。在本教材第七章中我们曾讨论过，公司不同的利益相关者都有他们自身的利益。当他们的利益发生分歧时，就可能产生代理冲突。第七章中我们侧重分析了债权人和股东的冲突来源。本章中我们则重点研究管理者和股东之间的冲突。

管理者和股东之间的利益冲突产生于公司所有权和控制权的分离。早在 1932 年，伯利和米恩斯（Berle and Means, 1932）就对美国公司所有权和经营权两权分离后所产生的公司治理问题进行了研究。他们发现，股权分散会导致公司管理者大量滥用剩余控制权（residual control right）。显然，公司治理的动因在于保护外部投资者利益不受掌握控制权的内部人（insider）的侵害，使外部投资者的投资得到公平的回报。

然而，所有权和控制权的分离也许就是公司制的企业组织形式能够取得成功的最重要原因（详见本教材第一章）。但是，只要存在这样的两权分离，所有者和控制者之间的利益冲突就难以避免。管理者可能会希望经营规模更大的公司、获得更高的个人声誉和薪酬，这些动机促使管理者积极进行并购，即使这不符合股东利益最大化的目标。更不要说管理者的过度在职消费或者懈怠这样的代理问题了。事实上，只要管理者不需要为他的行为承担全部成本，代理冲突随时可能出现。①

管理者和股东之间利益冲突的严重性程度，取决于他们之间利益协调的密切程度。然而，协调他们的利益要付出成本，因为这加大了管理者的风险暴露。例如，将管理者的薪酬补偿与公司的业绩联系起来，会促使管理者的动机与投资者的利益相一致，但管理者同时也暴露于公司的风险之中，而且有时公司糟糕的业绩表现可能与管理者的能力无关。

公司治理机制的作用在于，在不过分加重管理者承担的公司风险的前提下，减轻由于公司所有权和控制权分离所造成的利益冲突。公司治理机制力图通过激励利益相关者采取正确的行动，并对错误的行动给予惩罚，来协调这些利益。激励主要表现为对公司股票的持有以及对公司业绩敏感的薪酬补偿计划。惩罚则主要表现为当管理者的经营绩效不佳或出现财务欺诈时，董事会解雇管理者，或者董事会的行动失败时，股东或入侵者发动控制权争夺来替换现有的董事会和管理者。现实中，我们会看到这些行动以复杂的方式相互作用。

（二）公司治理的两个层次

从现代公司需要同时解决合约不完全和信息不对称问题的理论和现实出发，公司治理可以区分为治理结构和治理机制两个层次：

治理结构（governance structure）体现的是企业权威的分配，包括股权结构和控股股东性质等在内的治理结构问题，是现代产权理论框架下的控制权安排在公司治理实践中的应用，属于公司治理的第一个层次。

治理机制（governance mechanism）体现的是企业权威的实施，包括经理人薪酬合约设计、公司控制权市场的接管威胁等在内的治理机制，着重解决的是由信息不对称导致的代理问题，属于公司治理的第二个层次（如图9-1所示）。

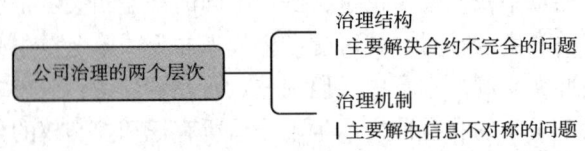

图9-1 公司治理的两个层次

---

① 即使管理者持有一些公司的股票，即拥有公司的部分所有权，这样的冲突依然存在。例如，管理者持有公司的股权比例为1%，那么，管理者在职消费每花费1元，自己只承担0.01元。想象一下，你因为公务在餐厅点餐，公司为你买单（或者公司报销餐费的99%），你会如何点餐？如果是自己买单，你又会如何点餐呢？

那么，治理结构与治理机制之间是什么关系呢？应该说，治理结构是治理机制的基础，治理机制是治理结构的保障。公司一方面需要通过产权安排向投资者提供投资的激励，以解决合约不完全的问题；另一方面则需要通过治理机制的设计和实施向经营者提供努力工作的激励，以解决信息不对称的问题。因此，公司治理应该同时包括治理结构（产权安排）和治理机制（各种公司治理机制的设计与实施）两个层次，以此体现科斯（Coase R. H. , 1937）提出的治理作为"权威的分配和实施"的原意。

在治理结构层次，股东是公司的所有者（产权所有者），董事会受股东委托代表股东监督实际经营公司的经理人，董事与经理人对股东负有法律上的诚信责任（包括勤勉与忠诚）。股东通过在股东大会上行使表决权（剩余控制权），对公司董事、经理人的任免以及并购重组、经营战略调整作出决策。对于公司盈余的分配，股东的受益顺序排在雇员和债权人（银行）之后，被称为剩余索取者。在现代公司"有限责任"制度的保护下，股东以出资额为限承担有限责任。

治理结构最初的含义是"权威的分配"，但随着 20 世纪 80 年代以来现代产权理论所形成的对剩余权利安排和权威分配内在联系的认识，产权安排成为治理结构新的含义。因而这里的治理结构主要指的是以控制权等剩余权利的分配以及投资者权利保护为内容的产权安排，它是融资双方事前博弈的结果，将对一个企业的基本制度（如合伙制、公司制）的形成产生重要影响。通过产权安排，明确了投资人（股东）在法律上作为产权所有者的地位，经营者（经理人）在法律上对投资人负有诚信责任。投资者在上述产权安排下，预期将按时收回投资并获得合理回报，因而愿意购买并持有该公司发行的股票，成为该公司的股东。概括来说，治理结构即产权安排，与正式权威的分配有关，它主要解决股东的投资激励问题。

治理机制是指或者利用现有法律和管制框架，或者通过市场竞争的自发选择，或者通过人为的制度设计等来实现代理成本的降低，从而一定程度上解决代理问题的各种制度或机制的总称。它既包括激励合约设计、董事会（独立董事）等内部治理机制，也包括产品市场竞争、公司控制权市场等外部治理机制。治理机制解决企业委托代理链条上作为代理人的经理人的激励问题，或者说，解决由于信息不对称导致的逆向选择和道德风险问题。

根据公司治理文献，我们可以进一步把公司治理机制区分为内部治理机制和外部治理机制两个系统。其中，公司内部治理机制是指在一个企业的资源计划范围内，应用现代激励机制设计理论的思想所设计和安排的用来实现公司治理目标的各种公司治理机制的总称，主要包括董事会与独立董事、薪酬合约设计、债务融资等；公司外部治理机制是指超出一个企业资源计划的范围但可以用来实现公司治理目标的公司治理机制的总称，主要包括法律和政治途径、产品和要素市场竞争、公司控制权市场、经理人声誉市场与职业关注等（如图 9 - 2 所示）。

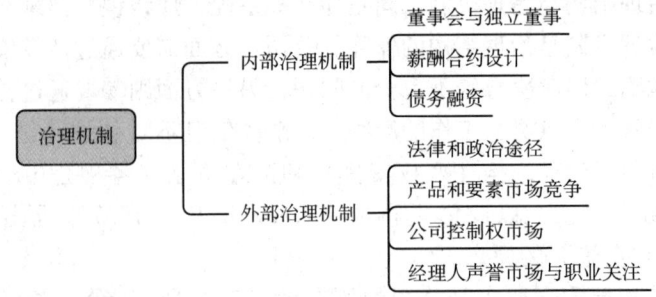

图9-2 公司治理机制

内部治理机制在解决经理人与外部分散股东的代理冲突这一传统的"垂直型"代理问题上更加有效,但在解决控股股东与外部分散股东代理冲突的"水平型"代理问题上的作用却十分有限。这是因为,在"股权至上"的制度框架和文化传统下,控制性股东对包括内部治理机制在内的资源计划具有实质性的影响。水平型代理问题的解决更需要凭借外部法律环境的改善、法律外制度等外部治理机制的实施。

除针对不同类型代理问题的治理有效性不同外,内外部治理机制发挥作用的时机也往往存在差异。完整的公司治理机制应当包含"事前的激励"+"事中的监督"+"事后的救济"。经理人薪酬合约设计等内部治理机制更多地依赖"事前"的机制设计和制度安排以及"事中"的监督。而外部治理机制则更多地依赖"事后"的救济以及由此形成的对责任人"事前"的威慑。由于外部治理机制是事后对责任人的惩罚,社会资源的损失浪费常常难以避免。但由于外部治理机制带来的公司破产威胁与被辞退的可能对经理人本身而言是可置信的承诺,可以有效地促使其努力改善经营管理水平,避免公司破产的发生。因此,一个有效的公司治理体系是由内部和外部治理机制有机结合而成。

二、代理成本

(一) 代理成本的内涵

现代股份有限公司的出现,一方面,通过资本社会化与经理人职业化实现了陌生人在更广范围内的合作和专业化分工,提高了市场资源配置与企业自身营运的效率;另一方面,伴随现代股份有限公司出现的所有权与经营权的分离,使资金的提供者面临无法按期收回投资的风险。所有权与经营权分离的实质是,股东和经理人之间关于生产经营情况的信息不对称。或者用现代企业理论的术语来说,在股东与经理人之间存在委托代理关系。具体而言,经理人熟悉和了解有关企业的营运信息,于是成为代理人;而股东或者由于不具备专门的经营管理知识,或者由于自己的投资只占企业全部资金微不足道的一部分,而希望通过搭别人的便车来实现对经理人员的监督,对企业的经营信息缺乏了解的兴趣,于是成为委托人。

公司金融中的代理问题（agency problem）是指，股东（委托人）面临的所投资金不被经理人（代理人）掠夺或浪费在无吸引力的项目上的困难（Jensen and Meckling, 1976）。股东为防止经理人损害自己的利益，需要通过严密的契约关系和对经理人的严格监督来限制经理人的行为，而这需要付出代价。为解决经理人与股东之间的利益冲突所产生的交易成本被相应地称为代理成本（agency cost）。

代理成本又可划分为直接代理成本和间接代理成本。直接代理成本是指可以直接被量化的代理成本，具体有两种类型：第一类是指以股东利益为代价使管理团队受益的公司支出；第二类是指股东监督经理人行为以保持委托代理关系一致的费用。管理团队不必要地预订最昂贵的酒店，或预订不必要的酒店升级，这不会给股东带来价值或利益，属于第一类直接代理成本。而股东聘请外部审计师来评估公司财务报表的准确性，就属于第二类直接代理成本。

间接代理成本代表失去的机会，通常不能被准确地量化。例如，股东想要承担一个能增加公司价值的项目。但是，经理人担心事情发展得很糟糕，可能会导致他们被解雇。如果经理人不接受这个项目，股东就会失去一个潜在的机会。这成为一种间接代理成本，因为它产生于股东与经理人的冲突，但没有直接的量化价值。

（二）代理冲突

经理人与股东之间的利益冲突至少表现在以下几个方面。

第一，经理人目标的多样性与股东投资回报最大化单一目标之间的冲突。一个借助现代公司的组织模式、拥有对大量资产的实际控制权的经理人，其需求层次显然与一个普通的、分散的股东的需求层次是完全不同的。[①] 特别地，拥有实际控制权使经理人对较高层次需求的实现不仅具有了可能性，同时也具有了现实性。除了要求对所投入生产和经营中的专用性人力资本投资进行合理补偿外，还可以利用实际控制权来获得私人收益。

经理人的私人收益区别于控制权的私人利益，后者与控制性股东有关，指的是无法由外部股东按持股比例分享，而是由控制性股东利用控制权从所控制的公司掠夺而独享的部分企业价值。经理人的私人收益是指，由于经理人拥有企业资产的实际控制权而实施的对投资者资金的剽窃和滥用，以及经理人的渎职和偷懒行为的总称。从股东的视角来看，经理人的私人收益则是在现代股份有限公司外部分散股东聘请职业经理人时由于控制权与经营权分离所产生的代理成本。经理人剽窃股东财产，使股东的利益受到损害的一个典型例子是通过转移定价实现的关联交易。经理人以低于市场价格的价格将公司的产品销售给关联公司，或者以

[①] 现代社会学、管理学、心理学的知识告诉我们，每个人在不同的阶段所处的需求层次是不同的。在一个人的基本需求，如衣食住行的需求被满足之后，他的需求会逐步转向更高的也更为抽象的社会认可、心理满足等层次。

高于市场价格的价格收购关联公司的资产。绝大部分国家的公司法对关联交易行为都会进行严格的识别和限定，对关联交易的审批同样是独董监督的重点。豪华的办公室、公司的飞机等在职消费是经理人滥用股东资金的典型例子，而经理人在工作中的偷懒行为更是不胜枚举。

第二，经理人与公司股东由于风险态度不同所形成的利益冲突。在一个具体项目的投资上，经理人与股东常常具有不同的风险态度。考虑一个典型的股东，他往往是一个高度多样化资产组合的持有者，在一个公司的投资只占他全部投资的一小部分；在任何单个项目上的投资失败对他的总体财富的负面影响是有限的。通过多样化的投资组合，典型的股东实现了风险的分散，因而，在某个具体项目的投资上，股东具有相对较强的风险爱好倾向。然而，一个公司的经理人却将其全部的专用性人力资本投入该公司。一个项目的失败意味着经理人将因此被扣罚奖金，甚至被辞退，承担的损失要比典型股东大得多。因此，经理人通常更倾向于规避风险。

在投资项目上截然不同的风险态度，造成经理人与投资者在投资策略的制定与实施上存在巨大的利益冲突。在项目投资上的风险规避态度，使拥有资金实际控制权的经理人可能会拒绝一些被股东看好的项目，从而使股东的利益受损。

第三，经理人与股东在自由现金流的处置方面所形成的利益冲突。这里所谓的自由现金流（Jensen, 1986），是指按资本的相对成本折现后，超过向所有净现值为正的项目进行投资的现金流部分。尤其是当公司拥有较多的自由现金流时，经理人与股东在分配政策上的利益冲突表现得尤为突出。股东是公司的所有者，自由现金流理论上应该作为投资回报以股利的方式返还给股东。然而，经理人出于"帝国建造"和由此带来的在职消费等私人利益的目的，甚至选择将自由现金流投资于具有负的净现值的项目。

（三）代理成本的度量

由于代理冲突在表现形式上的多样性和私人信息的存在，代理成本难以度量。经验研究中往往通过选择较为接近的代理变量来实现。在对经理人代理成本代理变量的选择中，昂等（Ang et al., 2000）、李寿喜（2007）等分别用管理费用率表示代理成本，用资产利用率表示代理效率。

其中，管理费用率是管理费用与营业收入的比例，即单位营业收入所耗费的管理费用。它反映了经理人由于过度在职消费等引起的管理费用的增加以及资金的滥用和浪费。管理费用率越高，代理成本越高。

资产利用率则是营业收入占总资产的比例，即每单位资产所产生的营业收入，表示由于经理人决策错误（如投资了净现值为负的项目）或偷懒（如没有尽力增加收入等）而导致资产使用的低效率。资产利用率越低，代理效率越低，代理成本越高。

我们以中国 A 股上市公司 2020 年的数据为例，该年度 4 251 家 A 股上市公司的管理费用率最大值、均值、最小值分别为 78.05%、8.76%、0.81%，标准差为 10.54%；资产利用率最大值、均值、最小值分别为 2.42、0.57、0.03，标准差为 0.39。①从管理费用率来看，代理成本最高的公司是最低公司的 96 倍，从资产利用率来看，代理成本最高的公司是最低公司的 80 倍。可见，不同公司代理成本差异巨大。

三、大股东治理

公司债权人享有的是合同收益权，即按债务合约所规定的水平和期限获得本金和利息的权利，以及资不抵债时的清算权利等。而股东在现代公司享有的是经济学上所谓剩余权利（residual rights）。一方面，股东在公司盈利分配顺序上排在合同受益者（如债权人、雇员）之后，并以出资额为限承担有限责任；另一方面，股东通过投票表决对公司未来发生的管理团队更迭、并购重组、经营战略调整等重大问题进行最后裁决。我们把前者称为剩余索取权（residual claims），后者称为剩余控制权（residual control）。在公司治理实践中，股票作为可转让流通的有价证券，以标准化合约的方式体现了公司法、证券法以及公司章程所规定的股东的权利和义务。

（一）股权结构

然而，现代公司的股权并非平均分散在外部投资者手中。一部分股东拥有足够多的份额，在简单多数的表决机制中，对公司决策及未来发展产生举足轻重的影响。通常把持有控制性股份的股东称为控股股东（controlling shareholder）或大股东（large shareholder）。与控股股东相对应的则是外部分散股东或小股东。不同的公司由于控股股东与外部分散股东力量对比的不同，从而形成不同的股权结构。所谓股权结构（shareholder structure），指的是股东所拥有的股份占公司全部股份的比例。我们可以将公司股权结构简单地区分为股权分散（dispersed）和股权集中（concentrated）两种类型。在英国、美国等普通法国家的公司中，股权通常相对分散，股东持股比例低于 10%；而在日本、德国等大陆法国家的公司中，公司股权往往较为集中。

传统的观点认为，企业之所以需要引入外部投资者，主要是由于企业的资本预算不足。现代企业的生产是建立在专业化分工基础上的社会化大生产，其所需的资本规模远远超过个人和家庭的预算范围。如果企业应该有较大的规模，特别是当企业的生存问题要求它必须迅速进行规模扩张时，就会产生一种压力，要求它的股份资本达到为此所需要的规模，因此就要转而求助分散的所有权结构，并相应降低某一特殊投资者投入该企业财富的比率。

那么，股权结构是分散好，还是集中好呢？我们选择用企业价值（公司的目

---

① 资料来源：GSMAR 国泰安数据库，经作者整理。为剔除异常值的影响，两项指标数据均在 1% 和 99% 百分位上进行缩尾处理。

标）来评价一个公司的股权结构是否达到最优。理论上，使一个公司价值最大的股东持股比例，就是最优的股权结构。伯利和米恩斯（Berle & Means，1932）首次提出公司治理问题，他们并不认同现代公司所有权与控制权的分离，自然也就不认同股权高度分散的股权结构。他们担心由此导致公司股票的持有者失去对其资源的控制，从而"使私人财产的社会功能受到严重的损害"。德姆塞茨（Demsetz，1983）则认为，股权结构是一个企业寻求利润最大化过程的内生选择结果。如果为减少经理人投机取巧（shirking）行为所需要的监督成本低于偷懒所耗费的资源的价值，则可以从企业内外施加各种压力（公司治理机制），把投机取巧这一行为降到最合理的水平。换言之，企业将在经理人投机取巧情况与监督成本之间进行权衡，最终选择一个合理的股权结构。一个公司的最优股权结构是内生决定的，股权集中与否仅仅是对公司经营特征的均衡反应，股权集中度与利润率之间不应该存在显著的相关关系。这被称为股权结构的无关性定理，类似于资本结构与企业价值无关的 MM 定理。

不过，股权分散会带来二级市场流动性的增加。在股权集中的股权结构中，控股股东对持股比例的任何微调都会被市场理解为关于其对公司当前股票估值以及未来发展前景的某种信号，市场会对此作出反应，反过来对企业行为产生影响。相反，在分散的股权结构中，股东的增持、减持，甚至退出，并不会引起市场的强烈关注。所以，最优的股权结构应是在股权分散所带来的股票二级市场流动性收益与一定程度的股权集中形成的对经理人有效监督的收益的"两难冲突"中进行权衡的结果。也就是说，最优股权结构应当考虑股票二级市场流动性的收益。

除二级市场流动性收益，股权分散还有一些好处。控制性股东的存在可能导致对经理人过度监督（excessive monitoring），反之，股权分散则更有利于经理人的职业才能正常发挥，但公开融资要付出比私下融资更高的成本。而且，引入外部大投资者可以实现控制权在多个大股东之间的平衡，有效地避免唯一大股东单方面行动出现大的系统性失误而使其他分散股东利益受损情形的发生。这被称为引入外部股东的协调效应（alignment effects）。

概括来说，股权集中主要受到提高大股东的监督激励、公开融资成本因素的影响；而股权分散主要受到预算约束不足、风险分担、股票二级市场流动性收益、过度监督等因素的影响。因此，公司治理实践中的最优股权结构受到上述各种因素的综合影响。

（二）大股东的公司治理角色

监督经理人是一项标准的公共品（公共服务），每位股东都将从其他股东对经理人的监督努力进而从最终的企业绩效改善中受益。但由于监督经理人需要付出额外的成本（例如，会计专业知识的学习以及收集信息和资料等的成本），股东通常希望由其他股东来监督经理人，自己则"搭便车"。但是如果股东之间彼此都希望搭对方的"便车"，最终将没有股东愿意站出来监督经理人，经理人将处于无人监督的状态。

在面临监督经理人这一"公共品"的提供时，大股东和小股东的行为存在显著差异。对于股权分散的外部小股东，一方面，由于持有的股份并不多，其从监督经理人实现的绩效改善中受益有限；另一方面，监督经理人不仅需要学习财务会计知识和资本市场运作的基本知识，还需要花费时间和精力收集信息，为此将付出巨大的监督成本。同时，该股东通过监督经理人，使经理人遵循股东价值最大化原则所带来的绩效改善，将使每一位股东受益。因此，当监督经理人带来的收益小于他们为此付出的监督成本时，外部小股东往往选择漠视经理人的道德风险行为，甚至将股票卖掉，选择"用脚投票"。基于以上原因，现代公司的外部分散小股东往往缺乏监督公司经营管理、参与公司治理以实现公司价值增长的激励。

然而，持有较高比例股份的股东，特别是控股股东，不仅能由于对公司的控制获得控制权私人收益（private benefit of control）而从实施监督中获得较大收益，还能理性预期到其他外部分散股东在监督经理人问题上将选择"搭便车"。因此，当监督经理人带来的收益足以覆盖为此付出的监督成本时，控股股东往往有激励选择监督经理人，从而扮演重要的公司治理角色。在实践中，大股东通过股东大会提案和表决（"用手投票"）、代理权之战和要约收购等手段改组公司董事会，甚至将经理人驱逐等，对公司经理人实施监督。通常，成为控股股东的是富有的家族、银行（亚洲和欧洲）、机构投资者（共同基金、保险公司等金融中介机构）等。

不过，小股东虽然在监督经理人方面搭大股东的"便车"，大股东对经理人的监督成为保护外部分散股东利益的重要机制。但是小股东的利益也可能被大股东侵害，甚至有时是大股东和经理人合谋下的盘剥。上市公司或控制上市公司的大股东通过种种正当及非法的手段侵蚀中小投资者利益这一类行为被称为"隧道行为（tunneling）"。也就是说，上市公司的大股东总是会通过种种手段挖掘见不得阳光的地下隧道，挖走中小股东手中的财富，转移上市公司资产或利润、掏空上市公司。因此，我们在强调保护投资者利益的时候，特别强调对外部分散股东的利益保护，这是由于外部分散股东的信息劣势以及在公司治理中处于被经理人和大股东双重盘剥的地位。

除股东之间的利益冲突，大股东的存在，特别是"一股独大"，往往还会带来过度监督（excessive monitoring）问题。由于大股东的监督而使经理人激励低下的现象，被称为过度监督。当处于控制性地位的股东较少时，具有控制性地位的大股东有激励阻止经理人作出任何降低可证实现金流的商业决策，即使由此导致的损失实际上远远超过经理人控制权的私人收益，从而产生效率成本，于是出现过度监督。所谓效率成本（efficiency costs），是指为了节省成本而实施的行为反而导致成本的进一步增加。

综上所述，大股东的存在对于监督经理人这项公共品的提供有时是不可或缺的，尤其是当法律对投资者权利保护不足，同时又缺乏健全的公司治理机制时。

但是不可否认,大股东的存在,又有可能导致对外部分散股东利益的盘剥以及对经理人的过度监督等问题。一般认为,分权控制,即引入其他控股股东的分权控制,可以在避免对经理人过度监督的同时,保护小股东的利益。这种效应被称为"折中效应"。分权控制成为处理"一股独大"容易导致的大股东过度监督和不存在监督时经理人任意挥霍之间的平衡问题的重要机制。

(三) 中国的股权结构与控股股东

我国上市公司治理模式的典型特征,就是股权结构的"一股独大"与控股股东的国有性质。作为公有制的实现形式,国有企业在我国国民经济中具有特殊地位。由中央和地方各级政府参与投资并控制的国有企业大多分布在关乎国计民生的重点行业和关键领域,因此,我国对国有企业控制权的安排独具特色。

为维持对国有上市公司的股权控制,我国资本市场甚至一度推行"股权分置"。一部分国有股票不能上市流通,因而存在同股不同权、不同价的问题。近年来,伴随着我国股权分置改革的完成和国有股减持的呼声,控股股东的持股比例出现逐年下降的趋势。但为了实现对上市公司的控制,国资委系统或国有法人作为最大股东所持的股份仍然是控制性的。换言之,"一股独大"的局面并未发生根本改变(如表9-1所示)。

表9-1 我国上市公司股权结构概况 单位:%

年度	第一大股东平均持股比例	国有控股公司占当年上市公司数量的平均比例	第二到第十大股东平均持股比例
1999	45.39	65.91	17.33
2000	45.10	72.51	17.04
2001	44.14	73.31	16.94
2002	43.53	73.20	17.84
2003	42.56	67.59	18.64
2004	41.85	63.29	19.92
2005	40.35	61.76	20.16
2006	36.38	59.87	20.32
2007	36.06	57.07	20.21
2008	36.23	53.90	19.52
2009	36.47	30.65	20.13
2010	36.55	21.17	22.33
2011	36.17	15.59	23.07
2012	36.32	13.97	22.64
2013	36.12	12.01	22.20

续表

年度	第一大股东平均持股比例	国有控股公司占当年上市公司数量的平均比例	第二到第十大股东平均持股比例
2014	35.48	11.17	22.25
2015	34.39	11.30	23.75
2016	33.89	10.30	25.62
2017	33.70	10.50	26.91
2018	33.47	9.25	26.76
2019	32.99	7.87	26.64
2020	32.84	6.73	26.82

资料来源：GSMAR 数据库。

拉·波塔、拉-德-西拉内斯、施莱弗和维什尼（La Porta, Lopez-de-Silanes, Shleifer & Vishny, 1998）[①] 发现当一国的法律对该国投资者权利的保护不足，该国的公司更容易形成较为集中的股权结构。我国是新兴市场国家，艾伦等（Allen et al., 2005）认为新兴市场国家中法律对投资者权利保护较弱，如我国，很多非国有上市公司也选择了"一股独大"的股权结构。

基于我国上市公司股权结构的经验研究表明，第一大股东持股比例与公司绩效存在 U 形关系，即随着第一大股东持股比例的提高，公司绩效出现了先降后升的趋势（陈晓、江东，2000；白重恩等，2005）。这在一定程度上表明，当第一大持股比例较低时，由于近似分权控制的折中效应占主导，公司绩效相对较高；但随着第一大股东持股比例的提高、"一股独大"局面的形成，过度监督和对外部分散股东的盘剥效应占主导，公司绩效开始下降；而当股权进一步集中，此时所谓的"外部性内在化"效应占主导，公司绩效开始不降反升。

基于我国国有上市公司的经验研究同时表明，控股股东的国有性质与公司绩效之间存在显著的负相关关系。这一结论在大量不同样本规模、不同样本期限以及各种计量模型和工具下十分稳健。这在一定程度上表明，长的委托代理链条与所有者缺位等制度痼疾并没有通过经上市实现的国有企业改制得到根本改变，依然是阻碍我国经济健康发展的重要制度因素。

阅读材料：
国企公司治理
与混合所有制
改革的逻辑和
路径

【想一想】
1. 股权结构如何影响公司治理？
2. 为什么当法律保护不足时，该国的公司股权结构更容易比较集中？

[①] 学术界通常用"LLSV"代指拉·波塔、拉-德-西拉内斯、施莱弗和维什尼这四位学者。他们在20世纪末在法学与金融学的交叉研究领域发表了一系列至今仍影响深远的论文，成为开启从法学视角回答金融发展的决定因素的先驱。后文中提及的 LLSV 均指这四位学者。

第二节　内部治理机制

读者可能会想，解决利益冲突问题的方法很简单，即严密监督公司的管理者。这种想法存在的问题是，忽略了监督的成本。尤其是当公司的股权高度分散时，没有哪一个股东愿意承担这一成本而让其他股东"搭便车"——某个股东承担全部的监督成本，而监督带来的收益却由所有股东分享。

一、董事会

通常提到的做法是，由全体股东选举董事会来监督管理者。不过，监督是有成本的，在很多情况下，董事并没有比其他股东从对管理者的严密监督中获得更多的收益。大多数情况下，股东知道，期望董事会给予管理者的监督是有合理限度的。

董事会的主要权利和职责是：雇用经营管理团队，确定管理者的薪酬计划，批准重要的投资和收购决策，并在必要时解雇公司的管理人员。在美国，董事会有明确的保护公司所有者——股东利益的受托责任。而有些国家也侧重于公司其他利益相关者的利益，如员工。在德国，公司设立双重董事会，也就是在股东大会下不仅设有董事会，还设有监事会，监事会有权监督董事会，监事会的一半席位为员工所有。

（一）董事的类型和诚信责任

董事常常可以分为内部董事和外部董事两种类型。[1]内部董事（inside director）主要由现有雇员、前雇员或雇员的家庭成员来担任。外部董事（outside director），也称独立董事（independent director），是指独立于公司股东且不在公司内部任职，与公司或公司经营管理者没有重要的业务联系或专业联系，并对公司事务作出独立判断的董事。[2]

独立董事制度最早起源于 20 世纪 30 年代，1940 年美国颁布的《投资公司法》是其产生的标志。该法规定，投资公司的董事会成员中应该有不少于 40% 的独立人士。其制度设计目的也在于防止控制股东及管理层的内部控制，损害公司整体利益。经过几十年的实践，独立董事制度在英美等发达国家中已经被广泛推行。根据科恩－费瑞国际公司 2000 年 5 月的一份研究报告可知，《财富》美国

---

[1] 在英国，习惯上把内部董事称为执行董事（executive director），而把外部董事称为非执行董事（non-executive director）。

[2] 2001 年 8 月，中国证监会在发布的《关于在上市公司建立独立董事制度的指导意见》（以下简称证监会的《指导意见》）中指出："上市公司独立董事是指不在上市公司担任除董事外的其他职务，并与其所受聘的上市公司及其主要股东不存在可能妨碍其进行独立客观判断关系的董事。"

公司 1 000 强中，董事会的平均规模为 11 人，其中内部董事 2 人，独立董事 9 人。早期的研究表明，拥有大多数独立董事的董事会能够更好地监督管理者的努力和行动（Weisbach, 1988; Byrd and Hickman, 1992）。原因可能有：如果董事会中独立董事占大多数，董事会就更有可能解雇经营不善的 CEO；拥有独立董事的公司很少作出有损公司价值的收购，并且在被收购时更有可能基于股东的利益行事。

公司董事作为股东的受托人，在法律上需要向股东负有诚信责任，具体而言包括两个方面。首先是忠诚义务（duty of loyalty），即要求董事除担任本公司的内部董事外，不能再兼任其他公司的内部董事（兼职性质的非执行独董除外），同时不能通过内幕交易损害股东的利益。其次是勤勉义务（duty of care），即董事应该努力工作，严格履行董事的责任。包括忠诚义务和勤勉义务的诚信责任是从董事的受托地位中衍生出来的法律责任，董事如果没有严格履行和尽到诚信责任，在法律对投资者权利保护较好的国家将面临被投资者起诉的风险。

阅读材料：
康美药业重罚后的独董离职潮

（二）董事会的职责

按照权威的商业圆桌会议（The Business Roundtable）（1990）所指定的公司治理总则，董事会应该具有以下五项基本职责。这一总则在各国公司治理实践中被普遍借鉴和接受。

遴选管理层和制定薪酬。董事会挑选、定期评估、必要时更换 CEO，决定管理层的薪酬，评价权力交接计划。如遴选委员会作为董事会中的专业委员会之一，负责公开发布经理人或董事选择标准和考核程序，组织经理人的面试，并且评估和完成权力的交接等；而薪酬委员会则在对绩效评估的基础上负责经理人薪酬的制定。

审查财务目标、主要战略以及发展规划。董事会负责审查并在适当情况下审批公司的财务目标、主要战略以及发展规划等。董事会通过在专业委员会中设立审计委员会，并且往往由具有会计背景的独立董事来担任审计委员会主席，来加强对公司资产负债状况的全面审计和内部控制，以审查管理层是否真实披露会计信息等问题。另外，董事会还通过成立战略委员会讨论公司未来发展的战略和相关规划。

向高层管理者提出建议或接受咨询。董事会所聘请的独立董事中很多是来自其他公司的前任或现任 CEO 以及具有不同职业背景的专业人员（职业会计师、职业审计师以及律师等），其重要目的之一在于当高层管理者作出决策时提出建议或接受战略咨询。

推荐董事和评估董事会绩效。挑选并向股东推荐董事会董事的候选名单，评估董事会的工作及绩效。董事会不仅需要保证公司经营管理团队的顺利交接和平稳过渡，还需要保证董事会自身的顺利交接和平稳过渡。同时，董事会还需要对自身的工作和绩效进行评估等。

评估公司制度与法律法规的适应性。履行这一职能的专业委员会被称为公共政策委员会，其委员往往由具有法律背景的专业人士构成。但在我国实践中，由于此项职能与战略发展规划有交叉，因此该职能往往由战略委员会同时兼任。董事会应该根据未来外部环境的变化，及时调整公司的各项规章制度，使其与外部环境变化相协调达到商业圆桌会议所指定的董事会的五项职能。

归纳以上董事会的五项职能，我们可以把董事会的职能概括为两个主要方面。其一是监督职能，即董事会代表股东监督经理人，这是董事会最基本、最重要的职能。其二是战略咨询职能，即董事会成员作为专业人士提供战略咨询。

（三）董事会的组织模式

上述董事会的职能是通过董事会的合理构建和组织来履行的。传统上，董事会存在两种重要的组织模式，即以美国为代表的混合模式和以德国为代表的双层模式。

以美国为代表的混合模式。美国、英国、澳大利亚等很多普通法国家采用图9-3中的董事会组织模式。股东大会和经理人之间设置代表股东履行监督职能的常设机构董事会，形成"股东大会—董事会—经理人"的治理框架。董事会监督经理人与战略咨询这两项基本职能是通过设置于董事会的各种专门委员会来完成的，从而在董事会层面形成所谓的"职能的混合"的局面。①

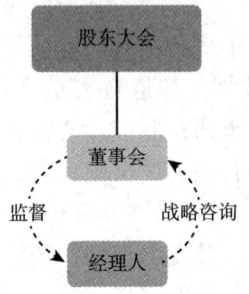

图9-3 董事会的混合模式

以德国为代表的双层模式。与美国、英国、澳大利亚等国的混合模式不同，在双层模式中，监督和战略咨询这两种职能是分离的。如图9-4所示，在双层模式的治理架构中，股东大会和经理人之间除董事会外，还设置了一个监事会，形成了由监事会负责监督经理人而董事会只负责向经理人提供战略咨询的格局。

---

① 这里的专门委员会可以是战略委员会、薪酬委员会、审计（内部控制）委员会、提名委员会、公共政策委员会、执行委员会等。其中，战略委员会负责公司战略和发展规划的制定及评估；薪酬委员会负责经理人和董事的薪酬合同制订及业绩考核；审计委员会主要负责监督公司的会计、财务报告以及公司会计报表的审计；提名委员会负责选拔考察经理人的候选人选；公共政策制定委员会则对外部环境变化作出评估，并协调公司层面规章制度的修改和调整。在专业委员会的实际设置上会略有不同，但通常会包括薪酬委员会和审计（内部控制）委员会。

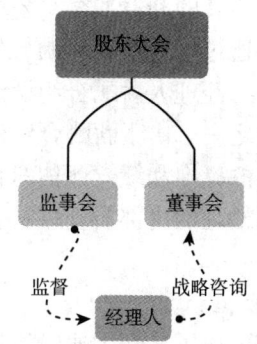

图 9-4 董事会的双层模式

对于以上两种董事会组织模式孰优孰劣,理论界尚未形成一致的认识。不过,亚当(Adam,2000)的研究表明,董事会的监督和咨询功能存在相互冲突的一面。这是因为,董事会一方面告诉经理人应该怎样做,以履行战略咨询功能;另一方面如果经理人做得不好,则开始履行监督职能,追究经理人的责任。从减少冲突的角度来看,德国式的双层董事会组织模式可能要优于美国式的混合职能型董事会组织模式。但是迄今为止,还没有看到对这一理论预测的直接经验证据。

有中国特色的董事会组织模式。有趣的是,中国在学习和引进西方成熟市场经济国家现代公司的董事会组织模式过程中,形成了一种既不完全像美国模式又不完全像德国模式的具有中国特色的董事会组织模式。换句话说,中国现代公司的董事会组织模式介于美国模式和德国模式之间。一方面,它是双层的,在设立董事会的同时也设立监事会,监事会看起来不仅可以监督经理人,而且可以监督董事会,这一点上类似于德国模式;另一方面,它依然是职能混合型的,强调董事会同时履行监督和战略咨询职能,这一点上又类似于美国模式。这样看来,我国目前的董事会组织模式依然是职能混合型的,并没有改变职能冲突的局面,而且,在此同时引入的监事会,不仅增加了制度运行成本,而且使经理人面临董事会和监事会的多头监督。

阅读材料:
中国上市公司
的监事会

二、管理者薪酬

作为董事会基本而重要的职能,监督经理人的方法除了包括解聘等威胁的"大棒",还包括向经理人提供努力工作激励的"胡萝卜"。两者共同完成董事会完整的监督职能履行。在公司治理实践中,提供工作激励主要通过董事会中的薪酬委员会对经理人进行绩效评估,并设计、履行和评价经理人薪酬合约。

对经理人之所以除了人力资本付出的补偿外,还需要激励,是源于20世纪70年代以来人们对于经理人与外部分散股东围绕生产经营管理的信息不对称问题的认识。由于存在私人信息,经理人具有偷懒、获取私人收益等道德风险倾向。因此，为减轻管理者和所有者的利益冲突，公司会通过管理者的薪酬设计来协调他们的利益。也就是说，通过将管理者薪酬与公司绩效挂钩，股东实际上授予了管理者部分的公司所有权。经理人薪酬合约设计由此成为解决经理人与股东代理冲突的重要公司治理机制之一。由于薪酬合约设计在一个公司的资源计划范围内，公司有权按照自己制定的标准和绩效评估的状况向经理人发放薪酬，因而经理人薪酬合约设计属于公司治理的内部治理机制。

（一）薪酬合约理论

经理人薪酬合约设计原理经历了从新古典经济学薪酬理论到基于信息经济学的薪酬合约设计理论的演进。在新古典经济学的薪酬理论中，工资是劳动力（人力资本）的价格，它是由劳动力供给和需求的市场均衡决定的。如果雇员（劳动力）的供给大于需求，雇员的工资会下降；供给小于需求，则雇员的工资会上升。按照新古典经济学的价格形成机制，就像利率是资本的价格一样，工资仅仅是对人力资本付出的补偿，并不存在激励的成分。

在改革开放前，无论是农村的人民公社还是城市的国有工厂，占主导地位的薪酬分配模式都是同工同酬。无论干多干少、干好干坏，收入差别都不大，这种薪酬分配制度被形象地称为"大锅饭"。直到20世纪80年代初，石家庄造纸厂提出企业承包责任制，第一次把业绩和奖金联系到了一起，薪酬的构成因素中才有了激励的成分。

20世纪70年代以来，基于信息经济学的现代薪酬设计思想逐渐发展成熟，人们也逐渐认识到，与劳动力供求关系变化相比，薪酬设计面临的更大挑战来自雇员与雇主围绕雇员努力程度的信息不对称问题。雇主通常根据雇员的努力程度决定其应获得的薪酬，但是雇员的努力程度在法律上是不可证实的，甚至是不可观察的。如果是类似"大锅饭"的薪酬分配设计，那么每一个雇员的理性选择都是偷懒，因为干多干少、干好干坏结果一样。这已被改革开放前我国人民公社和国营工厂长期的低效率所证实。那么，如何设计能够使拥有个人努力程度这一私人信息的雇员努力工作的激励机制呢？

值得一说的是，薪酬合约设计思想具有一般性，除了适用于人力资源管理实践中雇主对雇员的薪酬设计，在公司治理中也是可用以协调经理人与股东间代理冲突的重要治理工具。一般来说，我们可以把经理人薪酬合约设计理解为一种激励机制设计（incentive mechanism）。这事实上是合约观的体现，即我们喜欢把一项特定经济活动理解为完备的外部法律环境下的合约签订。在经济合约观下，围绕具有私人信息的经理人的努力程度的激励问题就演变成经理人薪酬合约的设计问题。

在公司金融领域，我们又可以把经理人薪酬合约设计所涉及的相关理论称为委托代理问题（principal-agent theory）。这是由于薪酬合约设计问题来源于股东与经理人围绕经营管理等信息分布的不对称程度。与远离生产经营的外部分散股东相比，具有经营权同时处于生产经营第一线的经理人更加了解企业的实际生产经营状况。前者是信息不知情者,后者是信息知情者。信息经济学把信息知情的一方称为代理人(agent),而把信息不知情的一方称为委托人(principal)。

综上所述,公司治理实践中经理人薪酬合约的设计是委托代理理论、合约理论或激励机制设计理论中道德风险模型的应用。经理人薪酬合约设计指的是通过股东(或作为股东代表的董事会)与经理人之间签订的隐性或显性合约来实现的,把对经理人专用性投资的报酬(年薪、奖金、股票期权等)建立在企业业绩等可证实的指标上,从而使经理人在一定程度上按照投资者利益行事的一种激励手段。

(二) 薪酬设计内容

在实际的经理人薪酬激励合约的制订过程中,可用来作为激励工具的薪酬支付方式有很多。我们把它们统称为公司管理层的薪酬包(compensation package)。一般来说,薪酬包可以划分为显性薪酬(explicit compensation)和隐性薪酬(implicit compensation)两类。其中,显性薪酬主要包括货币薪酬、股权激励、津贴等,而隐性薪酬则主要包括在职消费等。

显性薪酬中的货币薪酬是企业通常采取的短期激励方式。货币薪酬由两部分构成:一部分是基薪(base salary),即与职位相联系的固定报酬——经理人每一工作年度所取得的基本收入部分;另一部分是年度奖金(bonus),往往也被称为绩效工资,即根据事先制订的薪酬激励计划,按照经理人业绩目标的实际完成情况和奖励标准向经理人发放的奖金。经理人薪酬激励合约设计理论主要针对的薪酬制定实践就是以货币薪酬为代表的短期激励方式,但他们发展的薪酬激励合约设计的思想可以很自然地延伸到其他激励手段中(Holmstrom and Milgrom,1987)。

除了货币薪酬外,现代公司围绕经理人薪酬设计越来越多地采用中长期激励方式,包括股票期权、限制性股票、股票奖励、影子股票(有股无权)、股票升值权等。在我国公司治理实践中,一些公司目前采用的主要是股票期权和限制性股票这两种方式。

股票期权(stock option)的激励对象除公司高管外有时还包括部分技术骨干等。它指的是公司根据设计的股票期权激励计划,授予激励对象以规定的价格购买公司股票并持续持有一段时间(例如3年),在规定的持有期结束后将股票在市场上出售的权利。股票期权从形式上看像是期权,但与一般期权不同的地方是,作为经理人薪酬激励机制的股票期权,不可转让交易,只可以选择执行或不执行。由于期权的价值会随着标的股票价值的提升而提升,而股票价值提升所体现的公司价值提升除了与外部经济环境的不确定性相关外,还与经理人的努力关系密切相关。经理人要想在未来股票期权行权中获得较高的收益,就需要通过付出努力来提升公司价值。于是,股票期权可将经理人具有私人信息特征的努力程度与公司绩效的改善,进而与公司价值的提升联系在一起,成为公司治理实践中十分重要的激励手段。与货币薪酬不同的是,较长期限的持有期规定使经理人不仅关心当年的绩效改善,而且关注更长的持有期内的绩效改善,因而成为经理人

阅读材料：华为公司的长期激励计划

的长期激励手段之一。通过将经理人未来的薪酬回报与可证实的公司绩效挂钩，以此激励经理人为了获得高的薪酬而付出更多的个人努力。

经理人获得限制性股票奖励（restricted stock granted）则无须付出额外成本。当限制性股票所规定的持有限制期限结束后，经理人就可以自由支配这些股票了。实践中还存在其他形式多样的长期激励收益（long-term incentive payouts）。它们作为股票期权和限制性股票奖励的一种补充，通常与股票价格或利润等指标挂钩，以奖金形式不定期发放。一些公司在完成重组或进入一个新的发展阶段后，往往会推出作为对经理人的奖励的长期激励收益。例如，华为公司就有很多独具特色的长期激励计划。

经理人的薪酬包除了包括货币薪酬、股权激励以及福利津贴等显性薪酬外，还包括隐性薪酬。最为典型的隐性薪酬是在职消费（perks），即公司管理层在行使职权和履行职责的过程中发生的用于满足个人消费目的，而最终由公司负担的货币或其他形式的支出。学界对于在职消费的性质存在着两种针锋相对的观点。一种观点认为，在职消费是公司管理层代理成本的集中体现，是现代公司治理需要重点解决的潜在问题之一（Jensen and Meckling, 1976）；另一种观点则认为，在职消费作为管理层薪酬包的一部分，发挥着重要的隐性激励功能，因此是货币薪酬等显性薪酬的重要补充。两种观点分别得到了经验证据的支持。[1]

无论在职消费的性质究竟如何，适当的激励合约设计仍然是必要的。不当的激励合约设计不仅无法达到预期的激励效果，甚至会产生激励扭曲，适得其反。如果经理人薪酬激励合约设计中的股票期权简单地以股票价格作为标的物，将诱使作为信息知情人的经理操纵股价，在股票价格上升后行权获益，但并没有带来企业绩效的真实改善，最终使股东利益受到损害。甚至在一些片面强调报酬和经营绩效之间敏感性的高能激励合约的激励下，经理人往往不惜铤而走险，进行会计造假。美国安然、世通等公司的会计丑闻的发生就是这方面的生动例子。

三、债务融资

（一）债务融资与公司价值：理论回顾

在第七章中，我们围绕债务融资对公司的资本结构展开过讨论。债务融资的资本结构对于公司财务相关政策含义的重要性不言而喻：通过税盾效应，债务融

---

[1] D. Yermack. Flights of Fancy: Corporate Jets, CEO Perquisites, and Inferior Shareholder Returns [J]. Journal of Financial Economics, 2006 (80): 211-242. 该文献以 CEO 配备公司飞机为例，以事件研究法来考察在职消费信息披露后市场的反应，发现上述事件的累计非正常收益显著为负，从而支持了在职消费是代理成本的观点。R. G. Rajan and J. Wulf. Are Perks Purely Managerial Excess? [J]. Journal of Financial Economics, 2006 (79): 1-33. 这一研究却发现，在职消费有助于节约时间，提高工作效率，而且可以发挥税盾作用以减少税收支出，提高管理者的威望与地位，因而在职消费具有隐性激励作用。

资可为公司增加价值。

这里我们稍作回顾：根据 MM 第一定理可知，在完美资本市场中，公司的总价值等于其资产所产生的全部现金流的市场价值，而不受资本结构选择的影响。即公司资本结构选择与公司价值"无关"。但是考虑公司所得税之后，公司债务融资的利息可以在税前得到抵扣，产生税盾（tax shield）效应。由于债务带来的纳税节约的现值，公司在有杠杆时的总价值超过了无杠杆时的价值。用 V_L 表示杠杆公司价值，V_U 表示无杠杆时公司价值，债务的价值 D 与公司所得税税率 t 的乘积为利息税盾的价值 PV（利息税盾），即有：

$$V_L = V_U + PV(利息税盾) \tag{9-1}$$

而且，公司引入财务杠杆后，如果公司的杠杆水平越高，公司利用的债务抵税优势就越多，加权平均资本成本也就越低。换言之，考虑公司所得税后，公司应该尽可能地多引入债务。原因是债务引入会产生税盾效应，使公司价值增加。

但是这一结论与现实不符，并非所有公司都尽可能多地举债。一个简单的原因是，债务引入太多，一旦资不抵债，公司陷入财务困境（financial distress）的可能性就会大大增加。值得注意的是，公司陷入财务困境并不必然意味着公司价值的下降。这是因为财务困境可能只是财产存在形式从一种形态转化为另一种形态，但其实际价值仍可能保持不变。真正使公司价值下降的是财务困境成本。那些直接或间接的财务困境成本均需要从原来的公司价值中扣减，因此会降低公司价值。

因此，债务的引入对公司价值产生两种方向相反的效应。其一是税盾效应，即债务利息抵税带来的税收扣减使公司价值增加；其二是财务困境效应，即资不抵债使企业陷入财务困境的可能性增加，财务困境成本的存在导致公司价值的降低。于是，作为早期现代金融理论的总结和集大成者的权衡理论（tradeoff theory）就诞生了。在更为现实的资本结构选择中，要综合考虑债务引入通过产生税盾效应带来的公司价值的增加以及资不抵债使企业陷入财务困境带来的公司价值的降低：

$$V_L = V_U + PV(利息税盾) - PV(财务困境成本) \tag{9-2}$$

根据权衡理论可知，最优的资本结构是债务的税盾效应和财务困境效应的折中。公司在选择资本结构时，应同时考虑两种效应，并在两种效应之间进行权衡。在债务融资水平较低时，债务处于安全范围，陷入财务困境的可能性较低，此时的税盾效应居主导地位。随着债务额的上升，税盾效应的正效应大于财务困境的负效应，公司价值随债务额的增加而增加。当债务融资水平足够高时，公司陷入财务困境的可能性增加，此时的财务困境效益居主导地位。随着债务额的上升，财务困境的负效应大于税盾效应的正效应，公司价值随债务额的增加而减少。公司价值曲线拐点所对应的债务额即为最优的资本结构（如图 7-4 所示）。

从 MM 定理到权衡理论，都隐含一个重要的假设：作出资本结构选择决策的经理人和股东之间不存在利益冲突，即经理人会严格按照股东财富最大化原则作出资本结构选择等财务决策。然而，现实中资本结构的选择对公司价值的影响，并不仅限于税盾效应和财务困境效应,还需要考虑债务融资的公司治理效应。债务融资的公司治理效应使得债务融资成为重要的公司治理机制。

(二) 债务融资的公司治理角色

债务融资是通过借贷双方签订债务合约实现的。所谓的债务合约,是借贷双方签订的借方以承诺在未来归还本金和利息而获得贷方资金支持的合约。这里的债务,既包括通过银行实现的间接融资即银行贷款,又包括企业通过发行企业债券实现的直接融资。只不过前者是企业和银行之间的债务合约,而后者则是通过购买企业证券行为变相完成签署的证券发行背后的标准化合约。

对于股权融资,"除非董事会作出决定,否则发放股利不是公司的义务"。因为当公司经营业绩不足以向股东发放股利时,公司可以选择不发放股利,从而避免公司正常的生产经营活动受到冲击。因此,股权融资下股东通过公司发放股利实现的投资回报对公司来说仅仅是一个软约束(soft constraint)。不同于股权融资,债务融资是一个受到合同法保护和救济的对等民事责任行为。通过协商所确定的利率、到期偿还日以及抵押担保等保障性条款等合同内容需要借贷双方严格履行。如果借方到期无法偿还本金和利息,贷方有权依法获得借方的贷款抵押作为补偿,或者借助司法程序使借方公司的控制权从股东手中转移到债权人手中,甚至直接通过破产清算借方公司的剩余资产来实现贷方资金尽可能的回收。债务融资的这种特征使债务融资合约下到期偿还本金和利息成为公司的一项硬约束(hard constraint)。

当公司无法偿还债务时,公司的控制权将可能从股东手中转移到债权人手中。为了避免控制权转移可能导致的管理团队的更迭或辞退,经理人被激励努力工作以按期还本付息。于是,债务融资合约形成了对经理人行为的约束,从而扮演了公司治理的角色。在公司治理实践中,当一个公司需要外部融资时,从约束经理人行为的角度来看,董事会应该建议公司选择更多的债务融资,而不是权益融资。

实证研究中,债务融资与公司代理成本之间存在显著的负相关关系。债务融资约束经理人行为,扮演公司治理角色至少有以下四种实现机制。首先,债务融资到期需要偿还的本金和利息将通过减少公司的自由现金流有助于降低代理成本。如前所述,对于存在自由现金流(超过投资所有 NPV 为正的剩余的现金流)的公司,使股东利益最大化的处置方式是将其以股利方式返还给股东。经理人与股东之间的利益并不一致,经理人更愿意以牺牲股东的利益为代价,利用实际控制权购买豪华的办公设备进行在职消费,甚至不惜投资 NPV 为负的项目以建立公司帝国。而如果一个公司的外部融资通过债务融资实现,这意味着经理人必须严格履行债务合约规定的按期偿还本金和利息的义务。而本金和利息的偿还将使公司的自由现金流大为减少,于是可供经理人挥霍的自由现金流空间缩小,由此实现了代理成本的降低。

其次,债务具有承诺价值。公司存在外部融资需求时,有时经理人主动提议选择债务融资，恰恰是向股东表明自己能把企业经营、管理好的决心。①给定股权融资的软约束和债务融资的硬约束，经理人选择债务融资，无疑是在向股东表明自己的能力和信心。因为无力偿还债务被清算，丧失控制权的威胁（承诺）对经理人和股东而言都是真实可信的。不过在我国特殊的制度背景下，部分国有商业银行在履行债务合约的硬约束时曾出现预算约束软化的倾向，使得债务融资原本的承诺价值无法实现。近年来，我国债务融资虽然开始出现硬约束回归的态势，但在实施过程中则受到各种政策因素的影响，类似于预算约束软化的行为频繁发生，这使得债务融资在我国资本市场上没有发挥应有的承诺价值。

再其次，债务具有信号传递功能。与债务承诺价值类似的是债务融资的信号传递功能。只有良好的企业绩效，才能帮助企业按期偿还本金和利息。通常公司发行的债务比例越高，表明经理人对公司未来的前景越有信心，因而高的债务比例也就成为向资本市场传递未来盈利前景的信号。

最后，债务融资成为实现控制权状态依存（state-contingent）配置的方式。在正常情况下，股东拥有形式控制权、经理人拥有实际控制权更为有效，而在资不抵债的情况下，债权人拥有（实际）控制权则更为有效（Aghion and Bolton, 1992）。债务融资能够以自然的方式实现这样的控制权状态依存。

（三）中国上市公司的债务融资

实证研究中，债务水平通常被称为杠杆（leverage），通常使用债务价值占资产价值的比率即资产负债率来刻画。杠杆作为公司特征往往是公司层面实证研究中基本的控制变量。按照有税的 MM 定理以及权衡理论，资本结构与企业价值有关，因而在进行以会计绩效（ROA、ROE）或市场绩效（Tobin's Q、M/B）作为被解释变量的公司行为研究时，控制变量中必须加入反映资本结构的杠杆。

当从公司治理角度解读公司行为时，杠杆不仅是重要的控制变量，也是重要的解释变量。杠杆与公司绩效之间的关系可以从以下几种角度加以理解。

首先，从公司金融的角度来看，杠杆与公司价值的关系取决于税盾效应和财务困境效应这两种效应的综合效应。如前所述，可以从税盾效应和财务困境效应两种效应来解释杠杆与公司价值之间的关系。税盾效应是指，利息可以作为费用冲减税基，公司负债越多，税盾就越大，公司价值越大。财务困境效应是指，债务水平越高，公司陷入财务困境的可能性越高，当财务困境成本存在时，公司价值将降低。最终杠杆与公司价值之间的关系取决于税盾的正效应和财务困境的负效应的综合效应的结果。因此，实证分析中杠杆与公司价值之间的关系既可能为正，也可能为负。

其次，从公司治理的角度来看，债务融资具有公司治理效应。如前所述，债

---

① 根据博弈论理论可知，在动态博弈中，一项可置信承诺的作出可以改变均衡结果。例如，秦朝末年，项羽与秦军章邯的渡江作战中，通过"破釜沉舟"向秦军表达了视死如归的决心，结果大败秦军。这里项羽所采取的破釜沉舟行动，在动态博弈中就是标准的承诺行动，改变了章邯打败项羽甚至两败俱伤等可能的均衡结果，带来了"项羽最终打败章邯"的承诺价值。

务融资的公司治理效应可以从减少自由现金流、承诺价值、传递信号和实现状态依存四种具体的路径来进行解释。例如，债务到期时公司需要偿还的本金和利息将减少原本供经理人建立公司帝国的自由现金流，降低代理成本，从而提升绩效。

因此，如果在实证中观察到资产负债率与公司价值之间存在显著的负相关关系，那我们可以推测，这时起主导作用的应是财务困境效应，但并不能由此排除税盾效应和公司治理效应的存在，只是后者弱于前者；相反，如果在实证中观察到资产负债率与公司价值之间存在显著的正相关关系，除税盾效应外，还可以从公司治理视角减少自由现金流效应、承诺价值效应和信号价值效应等方面加以解释。因此，在关于公司治理的实证研究中，内生性问题的控制以及识别两个变量之间具体的实现机制和影响路径变得十分重要。

在对我国资本市场公司层面的实证研究中，都需要控制上市公司的资产负债率这一基本公司特征。众多的实证研究中，所得到的资产负债率与公司价值之间的关系并不一致，很多都不显著，而回归系数显著的研究中又以负相关为主。例如，白重恩等（2005）检验我国资本市场公司治理的有效性时，发现我国上市公司资产负债率与公司市场价值之间显著负相关。根据前面的讨论可知，这可能意味着对我国上市公司来说，债务融资的财务困境效应可能居主导地位，而债务的公司治理角色较弱。我国上市公司中国有企业占比较高，很多国有企业由政府财政承担隐性担保责任，债务融资合约对公司并未形成一项真正的硬约束。企业在项目建设过程中，明知会亏损，仍会竭尽全力为项目争取银行贷款融资。而由于政府隐性担保的存在，银行也愿意向国有企业出借资金。因此，债务融资的公司治理角色在我国资本市场中尚未得到应有的发挥。

【想一想】
1. 为什么相比内部董事，独立董事能更好地监督经理人？
2. 债务融资为什么具有公司治理效应？

第三节 外部治理机制

与内部治理机制中治理职能的履行需要耗费企业资源相比，外部治理机制所凭借的外部治理环境已经存在，并不需要企业耗费额外的资源。只不过由于这些外部治理环境客观上扮演着约束经理人道德风险行为、降低代理成本的角色，因而我们称其为外部治理机制（external governance mechanisms）。

现实中作为外部治理机制的外部环境因素很多，例如法律环境（甚至法律外制度、文化和社会规范等）、产品市场竞争、公司控制权市场、经理人声誉市场。

一、法律环境

法律对投资者权利的保护无疑是"确保资金提供者按时收回投资并取得合理回报"的公司治理最基本和最重要的实现手段,外部法律环境作为重要的外部公司治理机制对于公司治理的重要性不言而喻。

(一) 法与金融的理论与实践

公司治理模式比较一度是公司治理研究流行的范式,直到今天,很多学者关于公司治理的研究仍深受这一范式的影响。按照向企业融资组织的性质,该研究范式把公司治理模式区分为银行中心 (bank-centered) 的公司治理模式和市场中心 (market-centered) 的公司治理模式。前者以德国、日本等为代表,典型特征是股权高度集中,主银行向企业提供融资,并参与治理;后者以美国、英国等为代表,典型特征是融资由大量的外部投资者提供,因而股权高度分散,接管扮演重要的公司治理角色。

20 世纪 80 年代,当日本经济相对繁荣时,银行中心的治理模式曾被认为优于市场中心的模式。原因可能是,富有远见的银行能够使企业关注长期投资决策,或者是因为银行能够向短期资金周转困难的企业补充资金,避免其陷入长期财务危机,而且银行的治理避免了外部结构对企业正常发展的破坏。但是到了 90 年代,随着日本经济的下滑,银行中心的治理模式受到很多批评。日本银行的预算软约束导致向需要重组的亏损企业过度注资,而且日本银行与经理人有时存在合谋寻租的情况,将导致效率的更多损失。因此,很难一致地判断哪一种治理模式的优劣,而且,研究者也难以对世界上主要国家的治理模式作出明确的划分。

LLSV 指出,把公司治理模式 (金融体系) 区分为银行中心和市场中心"既不符合实际,也缺乏成效"。因此,有必要寻找更根本的因素来解释不同国家之间金融发展水平的差异。他们注意到,如果一国的投资者受到赋予其收回资金权利的法律的保护,则该国的金融发展水平较高。例如,德国银行体系的发达得益于对债权人强有力的法律保护,英国同样发达的银行体系和证券市场则来自英国对投资者和债权人同样强的法律保护,而意大利和比利时无论资本市场还是银行体系都发展得相对缓慢,原因是这些国家对外部投资者的法律保护不足。因此,他们认为对投资者的保护是决定金融发展的更为根本的因素 (LLSV, 1998;LLSV, 2000)。

LLSV 的研究发现,法律对投资者权利保护较弱的法国法系国家倾向于股权集中。当法律对投资者权利保护较弱时,或者出于加强经理人监督、降低代理成本的目的,或者由于外部投资者投资激励不足,大股东被迫持有较大比例的股份。因此,研究者认为股权集中只是一个表象,其背后更为根本的原因是法律对投资者权利的保护不足。更进一步的研究还发现,一国法律之所以对投资者权利的保护程度不同，从根本上来看与该国的法律渊源和法律传统有关。①他们采用比较统计分析（comparative statistical analysis）的方法，验证了49个国家法律对投资者保护差异对这些国家金融发展水平差异的解释力。在LLSV的研究中，从股东权利、债权人权利、法律实施质量和股权集中四个维度刻画一国（地区）法律对投资者权利的保护程度，对各国的金融发展水平作出了有力的解释。研究结果表明，从股东权利的法律规定是否最有利于法律对投资者权利的保护来看，普通法系最好，德国法系和斯堪的纳维亚法系居中，法国法系最差；从法律实施质量是否最有利于法律对投资者权利的保护来看，排序从高到低依次是斯堪的纳维亚法系、德国法系、普通法系和法国法系。而且，更强的法律对投资者权利的保护与更广泛和更有价值的资本市场、更快的公开上市速度和更合理的激励政策等有关，因而法律对投资者权利的保护成为影响金融发展的重要因素。

法律对投资者权利保护存在差异的法律传统和法律制度环境由此成为各国（地区）不同的金融发展水平和不同的公司治理模式的内在原因。各国（地区）如果希望改善本国（地区）的公司治理和促进本国（地区）的金融发展，就需要着手建立有利于投资者权利保护的法律制度，并提高相应的法律实施质量。②

（二）美国《萨班斯—奥克斯利法案》

安然和世通公司的会计丑闻，引起了投资者对公司财务报表准确性和及时性的重视。安然、世通等舞弊公司一直向董事会和股东隐瞒问题，待被发现时为时已晚。会计丑闻告诉人们，这些公司的会计报表没有如实准确地反映公司的财务状况和经营绩效。2002年，美国国会通过了《萨班斯—奥克斯利法案》（Sarbanes-Oxley Act，简称SOX法案）。SOX法案包含条款众多，但总的意图旨在提高公司向董事会和股东传递信息的准确性。SOX法案试图通过以下三种方式来达到这一目标：（1）检查审计过程中的激励和独立性；（2）加大对提供虚假信息的惩罚力度；（3）强制要求公司验证和落实内部财务控制程序。

审计机构应该确保被审计公司的财务报表如实准确地反映公司的财务状况。实际上，大多数审计师与其客户都保持着长期的合作关系，向客户收取可观的审计咨询费用。这种延伸的客户关系和持续赚取审计及咨询费的意愿，可能导致审计机构不愿意挑战客户公司的管理层。为了解决这一问题，SOX法案对会计师事务所向其客户公司收取的非审计服务费（咨询或其他服务）施加严格限制。此外，为避免长期合作可能会使审计双方关系过于密切（进而为客户收买审计师提供了方便），还要求审计合伙人每五年进行一次轮换。SOX法案还呼吁SEC要求

---

① 与投资者权利保护相关的两大法律传统是大陆法（civil law）和普通法（common law），其中大陆法起源于罗马，是世界上最古老、影响最大且分布最广泛的法律传统，其特征是法典成文和学者制法，大陆法系可以进一步区分为法国法系、德国法系和斯堪的纳维亚法系三个子系。普通法系主要被美国、英国、加拿大、澳大利亚、新加坡、印度和中国香港等国家和地区采用，其特征是通过解决纠纷形成普通法，司法实践中利用以往的判例作为新案的判案依据，因此也称"判例法"。

② 除法律视角外，学界借鉴了LLSV的研究，进一步从政治学和社会学等视角来回答金融发展的决定因素这一问题，发展和丰富了金融发展影响因素理论。

公司设立由外部董事主导的审计委员会，审计委员会中至少要有一名外部董事具备财务专业背景。

SOX法案还加大了对经理人向股东提供虚假信息的犯罪惩罚力度（最高可达500万美元的罚款和最长可达20年的监禁），要求CEO和CFO个人向公众证实公司财务报表的准确性。而且，如果后期发现CEO和CFO基于错报的财务报告而出售股票，则其因此所得的奖金或盈利必须返还。

最后，SOX法案的404条款要求上市公司的高管和董事会验证和实施所谓的"内部控制过程"，以监督公司基金的分配和控制，并对结果进行监测。由于404条款给公司施加了巨大的潜在的合规成本，可以说在SOX法案中比任何其他条款更引人关注。这些成本对于小公司而言无疑太大（按百分比计算），有批评者认为甚至会大到导致一些公司为避免发生该类成本而仍维持公司的私募形式。

（三）法律对投资者保护的中国实践

在法系上，我国大陆地区借鉴、引进和吸收了日本以及我国台湾地区的德国大陆法传统。按照LLSV的研究，大陆法系对投资者权利的法律保护要弱于普通法系对投资者权利的相应保护。

近年来，我国学者基于我国制度环境开展了相关实证研究，这些研究表明法律环境是影响我国金融发展的重要因素，例如，法律执行效率的提高有助于提高银行信贷份额中分配给私人经济部门的比例，从而推动银行业的发展（卢峰、姚洋，2004）；随着对中小投资者法律保护的完善，我国上市公司IPO的初始收益率以及再融资的权益成本逐渐降低（沈艺峰、肖珉、黄娟娟，2005）；法律对投资者保护程度的提高有助于降低代理成本，并减少控股股东对上市公司的资金占用（王鹏，2006）；一个地区的法律环境越完善，该地区股东和债权人的权利保护越充分，该地区的股票市场规模以及银行信贷规模越大，总体金融发展水平就越高（郑志刚、邓贺斐，2010），等等。

二、市场竞争

（一）市场竞争对经理人的约束

专业化分工是现代股份有限公司的灵魂和精髓，而作为专业化分工代价的职业经理人与股东之间的代理冲突是其衍生出来的第二层次的问题。作为筹集大量资金的一种标准方式，现代股份有限公司突破了家庭财富的限制，实现了在全社会范围内的资金融通和风险分担，从而使经营者专注于经营管理与技术创新本身，由此出现了资本提供者与经营管理者之间的分工。这事实上是马克思和恩格斯在《共产党宣言》中感慨的"资产阶级在它的不到一百年的阶级统治中所创造的生产力，比过去一切世代创造的全部生产力还要多、还要大"的背后原因。正是在上述意义上，经济学家巴特勒将股份有限责任公司理解为"近代人类历史中的一项最重要的发明",而且"没有它,连蒸汽机、电力技术发明的重要性也得大打折扣"。现代股份有限公司的实际运行过程中,虽然一些公司尚未建立完善的内部治理机制,但外部治理机制始终扮演重要的公司治理角色,尤其是来自市场竞争的力量。

市场竞争(product market competition)是指通过产品或要素市场的约束来解决股东和管理者之间的委托代理问题的一种机制。竞争性的产品市场或要素市场是构成外部治理机制的重要组成部分。如果市场竞争足够激烈的话,公司的经理就可能受到更大的约束。因此,来自市场的竞争迫使经理人按照股东价值最大化的原则行事。

市场竞争对经理人的约束体现在两个方面。一方面,企业经营失败将使经理人面临被辞退的风险。在充分竞争的市场上,只有最有效率的企业才能生存。而与股东存在严重代理冲突的经理人,则希望通过帝国"扩张"谋求私人利益。盲目扩张必然导致企业管理费用成本的增加,提高企业的经营成本,使企业无法按照竞争性价格销售产品,最终使企业陷入财务困境,甚至破产倒闭。而在企业倒闭之后面临被辞退的风险对于经理人而言是真实可信的。所以,理论上,在竞争越激烈的市场中,经理人道德风险行为的空间越小,他们不得不严格履行经理人的职责。

另一方面,市场竞争以标尺方式传递对经理人业绩衡量的信息。标尺竞争(yardstick competition)是指在相同的经营环境中,两个资产规模、主营业务等十分相近的企业,如果一个企业比另一个企业的绩效差,则意味着前者的经理人并未付出应有的努力程度。换言之,竞争向市场传递了经理人努力程度的信息。当缺乏竞争标尺时,市场则失去了向外界传达经理人努力程度信息的功能。例如,垄断企业生产的产品,当这些企业宣称为了生产经营这种(只有为数不多的企业才能生产出来的)产品已经发生巨大亏损而向政府申请补贴时,政府和民众无法拒绝。对于完全垄断或寡头垄断的企业,我们也无法客观评价其为经理人制定的薪酬是否合理,原因同样是缺乏竞争标尺。实践中通行的做法是,参考同行业相同规模企业经理人的薪酬水平。

(二) 市场竞争在治理方面的缺陷

市场竞争以标尺竞争的方式传递私人信息,意味着市场恰恰是解决信息不对称的途径,而不是由于存在信息不对称就需要政府对市场进行干预。[①]不过,市场竞争作为"惊险的一跳"对企业和经理人产生的约束力虽然重要,但存在着天然的缺陷,使得其无法取代其他公司治理机制。

市场竞争在治理方面的第一个缺陷是,作为约束经理人行为的力量,市场竞争总是在事后(代理问题发生后)发挥作用。对于存在严重代理问题的企业,管理费用等高额代理成本在一段时期后会显著上升,经营成本推高导致企业利润

---

① 这是奥地利经济学派所坚守的一个十分重要的观点。

开始出现下降趋势，但并没有影响企业正常经营本身，不会引起股东的任何重视。直到高额的代理成本最终使企业开始出现大面积的亏损，企业面临破产倒闭，代理问题的严重性才可能得到股东的重视，但为时已晚。因此，市场竞争的公司治理作用滞后、迟缓，短期内不能显现出来，无法及时挽救由于公司治理存在问题而濒临倒闭的企业，造成社会资源的浪费。由于市场竞争的公司治理作用总是滞后的，每次经济危机中，总有一些经营不善、代理问题严重的企业倒闭。

市场竞争在治理方面的第二个缺陷是，市场竞争不能从根本上阻止经理人对股东利益的侵占。除了市场经济这一外部治理机制，我们仍然需要建立和完善其他内部和外部治理机制。由于经济租和准租①的存在，通过市场竞争所获得的作为资源要素付出补偿（如作为对人力资本努力付出补偿的经理人薪酬）的收益与凭借对信息、资源等的控制方式获得的收益是不同的。产品或要素市场的监督力量对于存在经济租和准租的活动是十分微弱的。也就是说，经理人凭借其对企业的实际控制权，总能获得某种租金，而不完全是经理人努力付出的补偿。经理人通过对私人信息的控制可以获得信息租金，所以，在经理人薪酬中除了应该包括使经理人愿意接受聘任的人力资本补偿外，还需要额外向其支付信息租金，以鼓励经理人"说真话"，减少道德风险行为。

市场竞争在治理方面的第三个缺陷是，它的有效发挥依赖于包括产权制度等在内的一系列基础性制度的建立。市场竞争作为外部治理机制发挥公司治理作用需要以产权的明确界定和有效合理保护等为前提，从同一起跑线出发，市场自负盈亏的企业才能开展真正意义上的公平公正竞争。只有基础性的制度安排建立和完善了，才有可能引发良性的市场竞争，否则将会造成对非国有经济的激励扭曲和对有序竞争环境的破坏，不利于真正的市场经济的构建。近年来，我国开展了新一轮国有企业混合所有制改革，其背后的逻辑依然在于改变单一的国有控股局面，通过盈利动机明确的非国有经济成分的引入，逐步使利益主体明确。混合所有制改革完成后的企业未来将有激励通过完善公司治理来保障其股东的利益实现。

由此可见，市场发挥治理作用的前提是必须维持产品或要素市场的竞争性。竞争激烈的市场中，经理人道德风险行为空间小，市场竞争以标尺方式传递对经理人努力程度的私人信息，使经理人不得不为股东利益最大化行事。然而，市场竞争无法取代其他内外部治理机制，因为市场竞争存在着缺陷，市场竞争的公司治理作用总是滞后的，市场竞争不能从根本上阻止经理人对股东利益的侵占，市场竞争治理作用的有效发挥还必须依赖于包括产权制度等在内的一系列基础性制度的建立。我国产品或要素市场中存在相当严重的垄断现象，主要表现为行政垄断问题突出，经济垄断大量存在以及垄断与市场集中度低、规模不经济并存，从而削弱了产品或要素市场作为外部治理机制的作用。

---

① 经济租是指一项活动中所创造的超过资源的机会成本的收益，准租是指超过资源的短期机会成本的收益。显然，经济租和准租不是来源于努力劳动的报酬，而是由于对资源、信息的控制而获得的一种非生产性能的收益。例如，我们最熟悉的地租不是地主劳动得到的，而是由于其他人对土地的占有而获得的。

三、公司控制权市场

产品和要素市场的失败，可以通过第三个市场——公司控制权市场的适当作用加以纠正。这里被称为"第三个市场"的公司控制权市场（corporate control market），指的是建立在现代成熟的资本市场有效运作的基础上，通过特定公司战略所实现的公司控制权转移的各种市场行为的总称。不过，公司控制权市场并不能独立于资本市场单独存在，只不过是在开市日频繁交易的股份一旦在某一日交易量足够大，以至于公司控制权发生变更，这时的股票交易市场实际上演变为公司控制权市场，使公司以市场交易的方式完成控制权的转移。

实现控制权转移的公司战略包括公司接管（corporate takeovers）、杠杆收购（leveraged buyouts，LBO）、公司重组（corporate restructuring）等。其中，公司接管有三种具体的形式，包括兼并（mergers）、敌意或友好邀约收购（hostile and friendly tender offer）和代理权竞争（proxy fights）[①]。

下面我们以公司接管为例说明公司控制权市场的实际运作。作为接管者的公司或机构投资者，在二级市场上直接向目标公司的股东收购股票，在获得投票表决获胜所必需的股份时赢得对目标公司的控制；该公司或机构投资者在随后以控股股东的身份召开股东大会，对公司发展战略作出调整，改组董事会，与原公司经理的聘用合约随之解除，接管至此完成。在我国资本市场实践中，按照信息披露规则，连续增持某一公司股票超过5%需要进行公告，即"举牌"。如果一次性购买30%以上的股票，则需要通过要约收购等特殊交易方式和流程来实现。

（一）控制权市场的治理作用：以接管为例

传统上，对公司控制权市场功能的认识，是从对接管发生后协同效应的来源的讨论展开的。格鲁斯曼和哈特（Grossman and Hart，1980）认为，接管的协同效应来自对经理人行为的重新规定，企业外部环境的变化使原有的约束经理人行为的合约不再适用，而接管以间接方式实现了股东和经理人的重新缔约。施莱佛和萨默斯（Shleifer and Summers，1988）认为，公司控制权市场为处于财务困境的企业摆脱困境、在全社会范围内实现资源的优化组合提供了途径。从经济增长和产业发展角度来看，接管在缓解生产能力过剩和企业退出困难方面也发挥了重要作用（Jensen，1993）。

除上述传统角色，接管活动在公司治理中是如何扮演积极角色的？首先，伴随着接管的成功，董事会改组和经理人被辞退的强大威胁迫使经理人努力改善经营管理，以避免由于经营管理不善，使得投资者对企业未来前景不看好而导致股价走低，成为公司和机构投资者选择并购的对象。因此，在公司控制权市场发生

---

① 代理权竞争指的是公司主要持股比例相差无几的几个股东之间通过竞争代理权成为事实上的控股股东的过程。

的接管并购行为通过约束经理人行为而起到重要的公司治理作用。由此，公司控制权市场成为重要的外部公司治理机制。

其次，前面提到的产品和要素市场竞争的治理作用滞后、迟缓，无法及时挽救由于公司治理存在问题而濒临倒闭的公司，造成社会资源的浪费。公司控制权市场向公司提供了一个在产品或要素市场的损失导致危机前进行公司变革的时机。在这个意义上，公司控制权市场成为区别于一般意义上市场"事后"救济的一个"事中"的纠错机制。尤其是，当大公司内部变革进程缓慢且成本高昂时，经理人自觉推行必要和有效的重组变革将困难重重，接管活动可以低成本地完成这些变革。

再其次，接管活动"事中"纠错作用的发挥，源于接管活动在一定程度上揭示了对外部投资者而言看似"神秘"的企业价值信息。由于信息不对称，股东无法对企业价值低是由于经理人偷懒还是由于外部环境恶劣导致作出有效的区分。而接管者作为企业环境的信息知情者（源于多年对企业经营状况持续深入的跟踪观察和研究）可以作出更为清晰的判断，从而帮助股东和外部投资者了解企业价值的真实信息。例如，如果企业价值低是由于经理人偷懒，无法作出准确判断的股东对股票转让的要价可能低于知情的接管者的出价，则接管发生的概率提高；反之，如果企业价值低是由于外部环境恶劣，股东对股票转让的要价可能高于接管者的出价，则接管发生的概率降低。

（二）控制权市场在治理方面的缺陷

如同市场竞争，接管活动所扮演的公司治理角色同样存在局限。接管活动的公司治理作用的局限之一是，随时面临接管的危险将迫使经理人选择短期行为。按照接管的相关规定，接管发生之时是与原公司经理人雇员合约终止之日，不论经理人本人是否勤勉尽职，有时仅仅由于无效的资本市场在价值评估中的失误，无法控制的接管发生后"受伤"的总是经理人。经理人如果预期到未来随时存在被并购的可能，则会选择得过且过的短期行为，而这从长期来看将损害股东的利益。

接管活动的公司治理作用的局限之二是，公司重组破坏了一个组织的生产率和企业文化。最近的经理人革命中，很多经理人发出类似"凭什么我的聪明才智和辛苦创业的结果却被迫与外部投资者分享"的抱怨，他们把这些虎视眈眈的外部投资者称为"门外的野蛮人"。事实上，接管活动将成为部分公司和机构投资者实现资本扩张最为迅速便捷的方式。但是，这一过程将产生两种利益冲突：一种是最终所有者对母公司其他股东自由现金流挥霍所引起的母公司股东之间的利益冲突；另一种则是接管成功后最终所有者利用金字塔结构采取隧道行为所引起的最终所有者与子公司股东之间的利益冲突。因此，并购行为将加剧股东之间的利益冲突。

（三）我国资本市场上的接管活动

我国资本市场中，接管活动和相应的公司治理角色正在经历从无到有、从政府的"拉郎配"到企业自觉市场行为的转变。20世纪90年代初我国资本市场长期处于股权分置的状态，上市公司中很大比例的股票并不能流通，同股不同权、同股不同价。这一时期的控制权变更也都是政府主导的"拉郎配"的结果。例如，为保持所在省份上市公司的数量和名额，被ST或PT的公司在当地政府的强力介入和主导下，由另一家经营状况良好的当地企业并购重组，从而保证该上市公司的名额仍然在该省内。上述行为在性质上如同婚姻被父母包办一样，因此我国的学者把发生在我国资本市场上早期的并购行为形象地称为"拉郎配"。2005~2007年，我国资本市场上进行了股权分置改革。股权分置改革的完成意味着股票"全流通"时代的到来，而基于同股同价的股票的全流通使公司并购接管活动的发生具有了可能。目前我国很多企业面临严重的产能过剩、业绩下滑，这又使未来对资产进行重组具有了必要性，不难预见，未来我国资本市场需要积极开展并购来消化和缓解严重的产能过剩问题，使大量生产效率低下的企业退出市场。

近年来，我国资本市场上频繁出现"小股民起义"事件，从侧面反映了未来我国资本市场的公司控制权市场日趋活跃的实施。所谓的"小股民起义"，指的是第一大股东（或控股股东）之外的中小股东或者通过行使提案权提出临时议案，或者通过在股东大会上行使投票权，最终否决大股东所提出的议案的行为。伴随着我国资本市场法律环境的改善和中小股民权利意识的增强，"小股民起义"事件近年来呈现爆发式增长的趋势。按照有关学者的统计，从2010年到2015年我国上市公司中至少发生了213起所谓的"小股民起义"事件（郑志刚、石丽娜、黄继承和郭杰，2019）。我国上市公司控股股东与外部分散股东之间存在严重的利益冲突，控股股东会以关联交易、资金占用等形式对外部分散股东进行"隧道挖掘"，除了董事会独立性、法律环境以及媒体税务实施等法律外制度，股权制衡被证明与控股股东隧道挖掘的减少存在显著的正相关关系。[①] 上市公司的中小股东通过行使议案权或参与网络投票，主动参与到公司治理中，以此抑制控股股东隧道挖掘行为，从一定程度上打开了通过股权制衡改善公司治理的"黑箱"。这些"小股民起义"事件不仅成为标志我国资本市场进入股权分散时代的典型事件之一，而且将对我国上市公司治理实践产生深远持久的影响。

因此，我们有理由预言，公司控制权市场未来将在我国变得愈发活跃，并且，随着并购接管的日益频繁，公司控制权市场所扮演的公司治理角色也将愈发重要。

四、经理人声誉市场

经理人市场在公司治理中具有特殊的政策含义。一方面，我们可以把经理人市场理解为薪酬由经理人人力资本供求平衡决定，通过经理人与企业的聘用合约

[①] 在公司治理的实证研究中，股权制衡度常常采用第一大股东持股比例与第二到第五大股东持股比例之和的比值来刻画。这一比值越低，说明控股股东的控股地位未来受到其他股东调整的可能性越大，公司内部股权制衡的程度越高。

签订所完成的市场行为，这是一种正式的制度安排。另一方面，我们也可以从声誉角度把经理人市场理解为一种非正式的制度。经理人市场的存在使经理人即使没有高能的薪酬激励合约的激励，也有通过努力工作来建立和维护自己的良好职业声誉的激励，因为理性的经理人知道，后者将为自己带来更为持久长远的回报。①

（一）声誉机制

声誉（reputation）作为非正式制度之所以可以帮助市场履行合约，来自重复交易的价值。为了实现重复交易，交易各方将避免出现一次性交易中常见的道德风险，努力维护诚实的声誉。经理人市场作为非正式制度安排，通过声誉机制构成对经理人的隐性激励，鼓励经理人严格履行诚信义务。从经理人自身角度来看，声誉关系到自己未来的职业发展。一个在经理人市场上声誉极差的经理人未来将不会获得聘任机会。因此，职业经理人没有理由不关注并积极建立和维护自己在经理人市场上的声誉。职业经理人关注自己在经理人市场上未来职业声誉的事实，被称为经理人职业关注（career concern）。因此，经理人职业关注及其背后所体现的经理人市场的声誉机制成为公司治理中既不需要公司额外付出，实施效果又持久良好的重要外部公司治理机制，同时也成为经理人薪酬合约设计等正式制度的有益补充。

我们可以简单回顾一下博弈论中对声誉的讨论。先考虑生活中常见的一个例子。经常旅游的人会知道，在旅游景点纪念品小商贩向你推销商品时，无论他怎么热情，我们都不太愿意购买纪念品（除非你对纪念品特别感兴趣）——原因是我们担心自己会"被宰"。这是因为你与小商贩的交易是一次性的，小商贩将可以通过欺骗性交易（以次充好）赚取更大的利益。同样的道理，旅游景点的饭菜一般而言也都不怎么好吃（除非是连锁品牌），因为旅游景点的餐馆老板知道，他与游客的交易也是一次性的。因此，他不需要花费过多成本（如花高价聘请优秀的厨师）来为自己餐馆建立口碑。但是，城市居民区餐馆的顾客一般比较固定，大多是生活在这一城区的居民，如果餐馆的菜品不好吃，大家就不会再光顾。因此，城区的餐馆与顾客的交易是重复性的。根据 Friedman（1971）整理的著名的无名氏定理（folk theorem）可知，如果 A 和 B 存在无限次重复交易的可能，为了避免今后交往中受到 A 的惩罚而使支付减少，B 有维护"诚实"声誉的激励（而一次性交易中，B 选择欺骗可能是有利可图的最优策略）。因此，无限次重复博弈中，注重诚实的声誉给当事者带来了价值。

不过，受到人的生命周期的限制，无名氏定理成立所要求的重复交往无限次的条件并不现实。而如果重复博弈的次数是有限的，仍然会出现欺诈行为。这也容易理解，在有限次交易中的最后一次交易，"欺骗"这一策略对于 B 而言一定

---

① 把经理人市场理解为非正式的制度可以追溯到哈耶克。哈耶克在他于 1948 年的著作《个人主义与经济秩序》中指出，即使不存在正式的制度，声誉作为非正式制度同样可以向当事人提供履行合约的激励。

是有利可图的最优策略，而 A 理性预期到这一点后果断作出决策，与其将来终将被欺骗，不如现在就选择不信任。难道在有限生命周期中，就一定会是相互欺骗、没有真诚的存在？值得庆幸的是，克雷普斯、米格罗姆、罗伯特和威尔逊（Kreps, Milgrom, Robert and Wilson, 1982）发展的声誉模型（以下简称 KMRW 模型）告诉我们，即使重复博弈的次数是有限的，互利行为（建立诚实的声誉）同样可以作为均衡结果出现[①]，因而"人间自有真情在"。

KMRW 模型具有如下的政策含义。首先，在不完全信息有限次重复博弈中，为了获得长期更大的收益，无论本性欺诈还是诚实的个体，都有激励建立"诚实"的声誉，声誉对个体诚实行为的出现发挥着隐性激励作用。声誉由此成为十分重要的隐性激励手段，成为货币薪酬等显性激励的重要补充。其次，如同本性欺诈的个体在不完全信息有限次重复博弈（好的制度）中将选择假装诚实一样，个体行为的性质很大程度上受所处制度环境的影响，因而制度是重要的。所谓"好的制度可以使坏人变成好人，坏的制度可以使好人变成坏人"。什么是"好的制度"呢？一个鼓励个体之间重复交往（博弈）的制度是一个好的制度，因为重复博弈将为个体带来声誉。最后，KMRW 模型带给我们另外一个重要而深刻的启示，信息不完全不一定都是坏事，个体之间保持足够的私人空间将为未来声誉机制发挥隐性激励赢得时机。从而一开始把某人归于某种类型（本性诚实还是本性欺骗）既没有考虑人性的变化，也没有考虑这种贴标签的行为会使得声誉对这种类型的人来说变得不重要，他们可能反而会选择"破罐子破摔""一条道走到黑"，对社会将造成更大的危害。

（二）声誉机制发挥作用的条件

声誉机制发挥作用需要具备的基本条件之一是，存在有效的信息传播途径。从乡村社会的"留言蜚语"到现代匿名社会的媒体再到网络时代的自媒体，信息传播途径的出现都是社会实施机制或者说多边惩罚实施机制对信息传播内在需求的反映。在一个信息传播不流畅的社会，往往骗子横行，因为骗子之前的行骗没有被媒体及时传播，导致他可以继续行骗。

声誉机制发挥作用需要具备的基本条件之二是，对欺诈行为的惩罚要具有一定的规模（scale）和范围（scope）。现代文明来临之前，落后闭塞的乡村中，村民淳朴善良是由于他们相信其子孙将世世代代交往下去（重复博弈），没有必要贪图一时之利而欺诈乡里乡亲。自人类进入现代信息社会，虽是陌生人社会，但由于被媒体曝光后会受到多边甚至是社会集体的惩罚，欺诈者不得不对自身的道德风险行为进行约束。例如，对于前面的那种纪念品小商贩，如果商贩以次充好的行为没有得到足够的曝光，游客仅仅是告诉周围的亲朋好友，那么惩罚力度一定十分有限，更多不知情的游客依然会上当受骗。再例如，我们国家每年的"3·15 晚会"，都会对一些不法商家进行曝光。曝光的范围广、程度深，惩罚的

[①] 受篇幅所限，这里不作展开。有兴趣的读者可以自行阅读相关论文和书籍。

力度才会大，对商家的道德风险行为起到了较好的约束作用。

相对于个人而言，企业通常被认为声誉更好而被称为"声誉的载体"。由于企业的存在，使得重复博弈具有可能性，即使我们找不到经理人也可以通过工商注册信息找到这家企业，俗称"跑得了和尚跑不了庙"。正是这种具备一定规模和范围的企业成为约束经理人行为的机制。这事实上与孟子的思想——"有恒产者有恒心"是一致的。

声誉机制发挥作用需要具备的基本条件之三是，需要一个社会形成良好的社会规范，并使每个社会成员有激励遵守。在一个充满公平、正义的社会，每个社会成员应该对欺诈行为进行惩罚成为基本的社会规范。在这样的社会，担心由于存在欺诈行为而被惩罚的个体将有激励建立诚实的声誉。相反，在一个麻木不仁的社会，每个人仅仅关心自身是否被诚实对待而不关心别人是否被诚实对待，声誉机制是没有办法建立起来的。声誉机制发挥作用与良好的社会规范形成之间相互影响、相互依存。一方面，声誉机制的有效发挥离不开社会成员对良好的社会规范的遵守；另一方面，每个个体注重维护和建立声誉将有助于良好的社会规范的建立。

需要说明的是，个体维护诚实的声誉，是自利的个体理性选择的结果，不是依靠单纯的道德说教就可以实现的。选择诚实还是选择欺诈，最终取决于个体不同行为方式下支付的比较。如果通过重复交易实现长期价值高于一次性欺诈所得，则个体将选择维护诚实的声誉，实现长期交往的价值；反过来，如果通过欺诈不仅可以获得暴利，而且由于媒体传播受到严格管制、惩罚规模和范围有限等原因，个体可以一路欺诈下去，则个体将选择欺诈，而不是诚实交易。因此，与道德说教相比，制度对个体行为性质的影响更加重要。

(三) 经理人市场的治理作用

前面我们对声誉机制发挥作用的一般理论进行了简单的回顾，现在我们回归到关注如何激励经理人的问题，集中讨论声誉对经理人的隐性激励作用。也就是说，对于经理人的激励，除了包括向经理人支付与绩效挂钩的激励薪酬和晋升等显性激励外，还包括利用经理人的职业对经理人进行隐性激励。那么，职业经理人的职业关注，也就是声誉机制，在公司治理中是如何起作用的呢？

首先，经理人的确非常在意自身在经理人市场上的声誉。原因是，给定市场将根据观察到的公司业绩给经理人定价，如果经理人不努力将致使公司的业绩平淡，则其在人力资本市场上的价值相应下降。从长期来看，经理人不可能寻找外部原因为自己辩护。经理人对其在经理人劳动力市场上声誉的关注，构成了对其自身道德风险行为的约束 (Fama, 1980; Fama and Jensen, 1983)。

其次，一个人对未来职业的关注会影响其现阶段的努力程度。个体的生产能力可以通过对公司业绩的长期观察反映出来，即使不存在一个显性的产出依赖合约，由于对个体现在生产能力的评价影响预期产出，而预期产出又进一步影响下一期的报酬，从而存在一个隐性的合约将现在的业绩与未来的报酬联系在一起。

为证明自己的能力,经理人有激励在现阶段选择较高的努力程度(Holmstrom,1999)。

吉本斯和墨菲(Gibbons and Murphy, 1992)的研究还发现,经理人不仅关注当前的激励合约,同时关注未来职业发展下的最优激励合约设计。这表明,最优的激励合约应当综合考虑包括来自职业关注的隐性激励和来自薪酬合约的显性激励。对于一个临近退休、未来职业发展空间有限的经理人,最优薪酬合约的显性激励部分应该达到最强。这一结论为薪酬管理实践中普遍存在的"论资排辈"现象提供了令人信服的解释。

(四)我国的经理人市场

不过,经理人对个人职业发展的关注,可能是有利的,同时也可能是有害的。"职业关注可能有害"的原因是,由于企业和个人基本偏好的不一致,关注未来职业发展的经理人与关注企业长远发展的股东之间存在利益冲突,经理人可能为了自身的职业发展有激励从事短期行为,而这往往损害了企业的长期绩效。这时,以职业关注方式向经理人提供的不再是隐性激励,而是一种激励的扭曲。

在我国,声誉机制发挥对经理人隐性激励作用的最大挑战来自尚未形成完备规范的职业经理人市场。事实上,我国上市公司大约90%的经理人都来自内部晋升与岗位轮换,而非外部市场选聘,所以我国并未形成完备规范的职业经理人市场。

此外,声誉本身由于不可观察和不可证实,在计量中很难直接对其本身进行度量。① 因此,在经理人声誉发挥作用方面,目前没有直接的证据。不过,媒体报道对经理人有显著的约束行为。在媒体对相关企业进行负面报道后,即使没有引起监管当局的介入,也会导致下一期企业绩效的改善。这表明,我国上市公司中的经理人声誉是发挥了一定的隐性激励作用的(郑志刚、丁冬、汪昌云,2012)。

五、其他形式的外部治理机制

(一)媒体治理

媒体治理(media governance)是指媒体通过信息采集、传播、影响、协调来影响公司治理中各个利益相关者以及相互关系的作用。从这个意义上来说,媒体是公司重要的外部治理机制之一。从揭露安然公司(Enron)欺诈的过程中,也可以看到媒体的治理作用。美国的财经媒体早在2000年就对安然公司提出了各个方面的质疑。这些压力持续地施加影响,迫使安然公司的财务总监和总裁一个个辞职,并迫使安然公司在2001年10月决定对其以前的财务报表进行重审。

---

① 在实证研究中,经理人声誉一个可能的代理变量是任期长短(tenure)。一般而言,任期越长,经理人的薪酬越高,失去位置给经理人带来的潜在损失会越大,因而经理人会越珍惜自己在职业经理人市场上的声誉。

最后，通过安然公司股票价格不断下跌的影响，担保所带来的风险一个个显现，使得安然公司最后不得不选择破产。

发动舆论监督，维护投资者的知情权和他们的言论自由，应该是受到宪法保障的权利，任何人不得压制。不能只把意见在"内部"汇报和讨论，只供决策者参考。在这种情况下是没有监督的，意见和言论听不听完全看主管领导，如果资本市场和公司运作不能受到公众的监督不能得到公众的议论，它就永远没有希望。媒体介入已多次给上市公司带来重大影响和变革，并且在资本市场发展中的作用越来越重要。

媒体在上市公司治理活动中的角色和功能主要包括：解决信息不对称、监管和协调。当前研究所关注的法律、管制和产权制度等投资者保护正式机制在我国作用有限，而媒体在一定程度上可以作为保护投资者的补充机制。

（二）信息披露

信息披露（information disclosure）主要是指公众公司（主要为上市公司）以招股说明书、上市公告书以及定期报告和临时报告等形式，把公司及与公司相关的信息向投资者和社会公众公开披露的行为。通过上市公司的信息披露，可以一定程度上缓解公司内部与外部分散股东之间的信息不对称，因此，信息披露是一种重要的外部治理机制。

信息披露的基本内容包括：发行和上市新股的初次披露，主要包含招股说明书、上市公告书；定期报告，主要包括年度报告、半年度报告和季度报告；临时报告，上市公司根据有关规定对某些可能给上市公司股票的市场价格产生较大影响的事件予以披露的报告被称为临时报告，主要包括会议决议、重大事件公告和公司收购公告，具体包括公司董事会决议、公司监事会决议、公司股东大会决议、公司资产的收购与出售、关联交易、公司股票异常波动、公司的其他重大事项[1]。我国的《中华人民共和国公司法》《中华人民共和国证券法》均对上市公司信息披露作出规定，2007年1月30日证监会发布的《上市公司信息披露管理办法》是我国迄今为止最权威最全面的上市公司信息披露法规。

信息披露的方式有强制性信息披露和自愿性信息披露。强制性信息披露（mandatory information disclosure）是指由相关法律、法规和章程所明确规定的公司必须披露信息的一种基本信息披露制度。强制性信息披露的内容一般包括公司概况及主营业务信息、基本财务信息、重大关联交易信息、审计意见、股东及董事人员信息等基本信息内容。自愿性信息披露（voluntary information disclosure）是指除强制性披露的信息之外，基于维护投资者关系、降低资本成本、提高对投资者的吸引力、提升股票价格、回避诉讼风险等动机，公司主动披露信息的行为。这些信息包括管理者对公司长期战略及竞争优势的评价、环境保护和社会责

---

[1] 公司的其他重大事项，例如重大担保、重大诉讼仲裁、重大投资行为、重大损失、重大行政处罚、募集资金的使用与变更、减资、合并、分立、解散或申请破产的决定、更换会计师事务所、经营方针和经营范围的重大变化等。

任、公司实际运作数据、前瞻性预测信息、公司治理效果等。

目前,我国的信息披露机制是强制性信息披露为主,自愿性信息披露为辅。由于我国资本市场还不发达,公司治理尚不完善,会计信息披露监管不力,上市公司自愿性信息披露不论是内容还是质量,都远远不能满足监管部门、证券专业人士以及投资者的要求,绝大多数上市公司只愿意按照证券法规的最低要求披露信息,即使自愿披露也是一带而过。上市公司多数选择定性的、边缘的、外围的、表面的信息予以披露,而回避那些核心的、关键的、定量的信息,从而极大地削弱了信息的相关性。

【想一想】
1. 产品市场、控制权市场、经理人市场分别是如何发挥公司治理作用的?
2. 媒体和信息披露在公司治理作用方面有什么异同?

第四节 公司治理实践中的其他问题

一、控股股东和实际控制人

通常,我们把持有控制性股份的股东称为控股股东(controlling shareholder)或大股东(large shareholder),与控股股东相对应的则是外部分散股东或小股东。在美国,公司治理更多地关注股东和管理者之间的代理冲突,股东拥有公司的大部分所有权,但却是一个分散的群体;管理者拥有很少的公司所有权,他们必须受到监督。然而,在许多国家(例如欧洲一些国家),核心的利益冲突产生于所谓的"控股股东"和"中小股东"之间。在欧洲,很多公司是由拥有控制性股份的家族经营。实际上,只要没有其他更大的股权集中,拥有超过20%的股权即可成为控制性股权。也就是说,如果你拥有20%的股权,而其他80%的股权由众多不同的投资者分散持有,那么对于公司的运营,你就会有相当大的发言权。在这些公司中,控股家族与管理者(一般由家族成员构成)之间很少有冲突,更大的冲突则来自控股股东和中小股东之间。

实际控制权(actual control)是指股权实际控制链条的最终控制者通过直接或间接持有公司股份而对公司拥有的实际控制权。所谓实际控制人就是实际取得了公司实际控制权的股东,也称最终控制人(ultimate owner),他们可以通过包括股票权在内的各种方式最终掌握公司的战略决策与日常经营。一般而言,实际控制人通常能够控制公司董事会的多数董事,并可以直接或间接控制经理人员。实际控制人可以是自然人,也可以是家族,还可以是企业法人或政府机构等。

我国《中华人民共和国公司法》规定,实际控制人,是指虽然不是公司的股东，但通过投资关系、协议或者其他安排，能够实际支配公司行为的人。我国上市公司实际控制人类型可以有央企、地方国有企业、民营企业、集体企业、外资企业、大学、工会或者家族或个人等。在我国，代表政府履行出资人职能的常常是各级国资委。如图9-5所示，贵州茅台酒股份有限公司（简称贵州茅台）的实际控制人是贵州省人民政府国有资产监督管理委员会（简称贵州省国资委）。

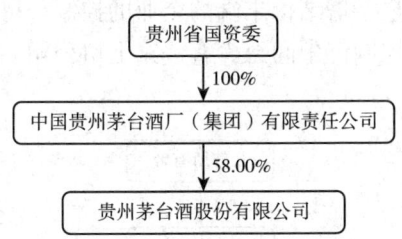

图9-5 贵州茅台的股权结构

资料来源：贵州茅台2020年度报告。

经验研究中，我们通常根据上市公司的实际控制人性质，将公司按产权性质区分为国有企业（简称国企）和非国有企业（简称非国企）。截至2020年4月30日，沪深两市共有上市公司3 833家（包括部分已经暂停交易的公司），其中，国有企业共计1 167家，占比30.4%；上交所国企680家，占比42.2%左右；深交所国企487家，占比仅为21.9%。两市国有企业中，央企国资控股407家，地方国资控股324家，省属国资控股419家，其他国有17家（如图9-6所示）。

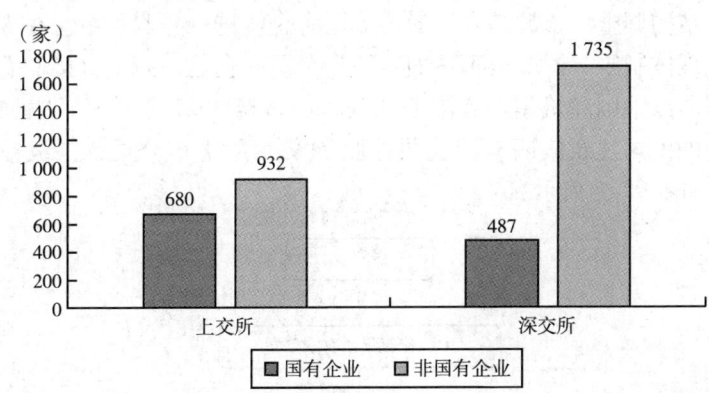

图9-6 两市国有企业总体情况（截至2020年4月30日）

资料来源：同花顺金融数据库。

二、股权金字塔结构

（一）金字塔结构

在市场经济发展不完善的国家和地区，广泛存在着金字塔股权结构。在金字塔结构（pyramid structure）中，最终所有者（最终控制人）通过形成一个自上而下的所有权链条来实现对目标企业的控制。

如图9-7所示，最终所有者先持有A公司的控制性股份实现对A公司的控制，然后通过A公司持有B公司的控制性股份来间接实现对B公司的控制，由此形成金字塔结构。最终所有者处于金字塔的顶端，通过由金字塔结构形成的所有权链条来实现对处于金字塔结构末端的企业的控制。可见，最终所有者不直接持有公司股票，而且在控制链中间至少有一家上市公司，通过股权在内部公司进行联系。

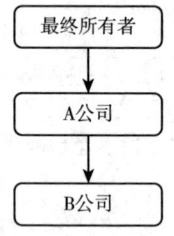

图9-7　金字塔结构

改革开放以来，我国曾多次出台政策鼓励企业走集团化发展道路。在国企改制初期，一些优质资产从企业中剥离出来后包装上市，所谓"靓女先嫁"。剩余的部分则成为控股集团，而行业主管部门以及后来的国资委成为最终所有人。于是一条金字塔结构的所有权链条形成了。与此同时，从中央到地方，各级政府为了实现产业结构调整、资源整合，纷纷对国有企业进行并购重组。在今天我国的国有资产管理体制中，国资委不再面对一个个国有企业，而是直接监管一个庞大的企业集团。以中国建筑集团有限公司为例，截至2021年3月，隶属于国务院国资委管理的中国建筑集团有限公司控股7家A股上市公司，二级控股子公司100余家（如图9-8所示）。

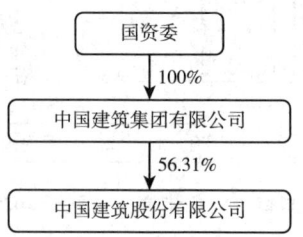

图9-8　中国建筑集团有限公司的金字塔结构
资料来源：中国建筑股份有限公司2020年度报告。

与金字塔的垂直型结构不同，在水平结构（horizontal structure）中，最终所有者通过直接持有每个集团成员企业的股份而实现对这些成员企业的控制。如图9-9所示，最终持有者直接持有集团成员公司A公司和B公司的控制性股份，形成水平的控股结构。

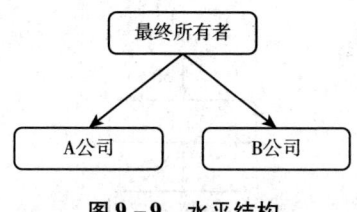

图9-9 水平结构

在我国,很多民营企业大多采用这种控股结构。在这些民营企业集团中,成员企业主要由家族成员来负责经营管理。不同家族成员分别负责不同的子公司,形成了集团下规模大小各异的十几家公司,其中还有可能包含上市公司。

交叉持股(cross-holdings)也称双向持股或相互持股,如图9-10所示,两个公司各自都持有对方的股份,即A公司对B公司持股,B公司对A公司持股。交叉持股是在金字塔或水平结构的基础上,被控制企业同时拥有其控制链上游企业的股份,形成另一条控制链。交叉持股的出现,使得原有的金字塔等控股结构变得更加复杂。

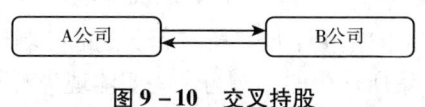

图9-10 交叉持股

交叉持股股权结构在我国资本市场普遍存在,其存在的原因可能主要包含以下几个方面:第一,企业集团内部公司间进行交叉持股,可以降低其商贸伙伴的欺骗行为带来的风险;第二,交叉持股使得公司的股权较为集中,有利于公司抵制外部敌意收购;第三,交叉持股有利于稳定上市公司的股价,等等。

从公司治理的角度来看,交叉持股的公司治理的积极效应体现在这几个方面:第一,交叉持股导致收购成本相对较高,提升了经理人的自保能力,使经理人避免受到外部市场因素(如敌意收购)的干扰;第二,交叉持股可以有效地防止经理人在经营中的短视行为。但是,交叉持股也有可能成为控股股东剥削小股东利益的一种手段。因为控股股东可以通过交叉持股提高对公司的控制,并且随着控股股东控制权与现金流权分离程度的提高,控股股东就可以利用较少的现金流来实现对目标公司的实质性控制。因此,如果控股股东通过交叉持股侵害小股东利益,则会损害公司的运营效率,从而抑制潜在投资者的投资意愿。

(二)隧道行为

最终所有者通过金字塔等方式形成的庞大企业集团成为控股股东和外部分散股东间利益的"温床"。我们以金字塔结构为例说明控股股东和外部分散股东如何发生利益冲突。假定一个持有大于或等于30%股份的股东将成为该公司的控制性股东。如图9-11所示,考虑一个家族(最终所有者)拥有A上市公司50%的股份,A公司拥有B上市公司30%的股份,B公司又拥有C上市公司40%的股份。

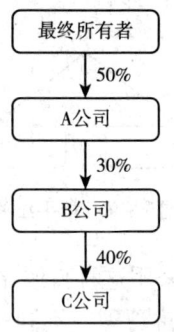

图9-11 金字塔结构的现金流权和控制权

那么,处于企业集团金字塔塔尖的最终所有者对 C 上市公司具有哪些权利呢？首先是现金流权（cash flow rights）,它指的是最终所有者根据实际投入目标公司的资金而享有的按比例分享剩余的权利。最终所有者在 C 公司的现金流权利为 50%×30%×40%=6%,即在 C 公司中只有 6% 的资金来自作为最终所有者的家族,且 C 公司股东权益及每年盈余中的 6% 归属于最终所有者。其次是控制权（control rights）,它指的是由于最终所有者所处的控制性股东的地位而对目标公司未来经营方向等决策所产生的影响力,主要体现为对董事会议案的投票表决权。则最终所有者对 C 公司控制权为 min{50%,30%,40%}=30%。可见,虽然最终所有者在金字塔结构中只拥有 6% 的现金流权却实现了对 C 公司 30% 的控制权。于是,最终所有者通过金字塔结构以较小的现金流权来实现对目标公司更大比例的控制,从而实现了控制权和现金流权的分离。

当最终所有者借助金字塔结构实现了控制权和现金流权的分离,就有激励利用其对处于金字塔底部企业的生产经营管理决策的实际影响力,通过内部交易转移资源的链条,源源不断地把底部企业的资源输送到最终所有者具有更多现金流权的处于金字塔顶端的企业中,使得最终所有者实际付出较少的现金流,却可以获得较多的回报。这个资源的转移链条就像一个自下而上的隧道（tunnel）,资源从处于金字塔结构底端的企业被源源不断地输送到处于顶端的企业,这种资源转移行为被称为隧道行为（tunneling）,所产生的效应被称为隧道效应（tunneling effects）。

不过,隧道行为在法律上难以证实,甚至难以观察,处于金字塔顶端的最终所有者凭借基于金字塔结构实现的控制权和现金流权的分离,以看上去"合法"的方式谋取控制权的私人利益,但牺牲了处于金字塔底部的企业的外部分散股东的利益,由此导致了控股股东与外部分散股东之间严重的利益冲突。

除关联交易（资产出售和转移定价）外,还有两种隧道挖掘的方式更为常见。一种是现金占用（cash appropriation）。现金占用是指当母公司遭遇短期资金周转困难时,利用控制权从子公司转移一笔资金到母公司。上述资金转移事实上是母公司对子公司的资金占用,在会计科目中体现在子公司的"其他应收款"上。有时,为了满足膨胀的资金需求,母公司（集团公司）促使子公司不断利用我国与债务融资相比融资成本较低的权益融资进行上市圈钱，使作为上市公司的子公司成为母公司的提款机。

另一种是贷款担保（loan guarantee）。贷款担保原本指的是债权人在向债务人提供债务融资（银行贷款或发行企业债券）时，要求债务人提供担保，以保障债权人资金安全的举措。然而，在我国制度背景下，一些企业集团为了获得银行的贷款，利用控制权要求由资信更好的上市子公司来进行担保，使子公司被迫承担与之收益不匹配的财务风险。在公司治理实践中，现金占用和贷款担保与关联交易一样成为公司独立董事关注的重点。

（三）支撑行为

处于金字塔顶端的最终所有者，是否会在一些特殊情形中反过来向处于金字塔底部的公司进行资源转移呢？事实上，企业集团的最终所有者（母公司的控制性股东）也会在子公司陷入财务困境时，使用自有资金来帮助子公司摆脱困境，从而给子公司的外部分散股东带来利益。这种反向的隧道行为，被称为支撑行为（propping）。支撑行为是最终所有者（母公司的控制性股东）以自有资金注入子公司，帮助子公司摆脱困境的行为。相应地，支撑效应是指母公司以自有资金挽救子公司，被挽救的子公司进一步着手挽救孙公司，如此不断。因此，金字塔结构带给外部分散股东的不完全是负效应。

为什么金字塔结构的最终所有者也会在子公司陷入财务困境时，使用自有资金来帮助子公司摆脱困境呢？有一种可能是，控制性股东希望企业能生存下去以保留在未来采取隧道行为的可能性。与隧道行为类似，支撑行为同样在法律上难以证实，甚至难以观察。

新兴市场国家外部资本市场不健全，这些国家的法律对投资者权利保护不足，导致金字塔结构在新兴市场国家盛行。第一，金字塔结构是尚未发展成熟的金融市场的替代。很多新兴市场国家中，外部资本市场发展不成熟，无法有效地把储蓄转化为投资，同时无法识别有价值的项目，很多融资需求的满足只能依靠内部资本市场来实现。而内部资本市场往往会导致资金的无效率运作，使资源配置发生扭曲。第二，金字塔结构不仅是内部资本市场，还是内部人力市场。管理者才能是稀缺商品，通过家族所形成的金字塔结构可以实现控制权在不同国家的合理配置，而金字塔结构以信息相对更对称的方式实现了人力资本的整合和配置。

综上所述，金字塔结构的存在，使得最终所有者利用隧道挖掘损害外部分散股东的利益，导致股东之间的利益冲突。但是金字塔结构又有其存在的合理性，它是对外部资本市场不健全和法律对投资者权利保护不足的背景下的产物。对待金字塔结构的正确态度是积极监管，而不是简单取消。尤其是最终所有者隧道挖掘的实现手段，即关联交易、资金占用以及贷款担保等无疑是监管重点。

三、双重股权结构

双重股权结构（dual class structure），也称双重表决权股权（dual class shares），是指公司发行不止一种股票，其中一种股票比其他股票具备更多的表决权。例如，马克·扎克伯格（Mark Zuckerberg）控制着脸书（Facebook）公司50%以上的投票权，因为他控制了脸书公司大部分的B类股票。在脸书公司，1股B类股票可拥有10票表决权，而1股A类股票只拥有1票表决权。谷歌（Google）公司也是采用了双重股权结构成功上市，谷歌公司三位主要创始人拥有表决权的37.6%，公司管理层和董事成员总共控制了公司61%的表决权。谷歌公司的创始人在公司IPO时提道："新投资人可以分享谷歌的长期经济发展而很少通过他们的表决权来影响公司的战略决策。谷歌在过去是一个发展良好的私营公司，我们坚信双重股权能够使公司在变为公众公司后，依然保持私有公司的积极方面。"①

控股股东持有全部或大部分的高级表决权股票，而向公众发行的是次级表决权股票。这种方法使得控股股东可以在不稀释他们控制权的前提下筹集资本。双重股权结构通过实现现金流权和控制权的分离，实现对公司的有效控制。

双重股权结构在公司治理方面的积极效应体现在：第一，有利于公司防止恶意收购。事实上，恶意收购对实施双重股权结构的公司几乎无法施加影响。第二，有利于创业团队对公司控制权和发展战略的把握。当公司面临复杂多变的经营环境时，外部分散股东往往难以理解公司的长期发展目标，实施双重股权结构，有利于控股股东制定和实施对公司长期有利的经营战略，并更及时地应对复杂的环境变化。第三，双重股权结构下，公司高层可以更加关注公司的长期目标，而不必为公司的短期效益分心，有利于避免经理人的短视行为。

双重股权结构在加拿大、德国、丹麦、瑞士、瑞典、韩国等国家较为普遍，而在美国、英国、法国、澳大利亚等则不为多见，在中国、日本、新加坡等国家被视为不合法。在我国，根据《中华人民共和国公司法》第104条规定可知，股东出席股东大会会议，所持每一股股份有相同的表决权，即在我国不允许存在双重股权结构。

在我国长期以来实行的"一股一权"的股权结构有利于吸引社会闲散资本进入证券市场，但是近年来，我国一些互联网科技公司先后以双重股权结构实现融资②，引起了国内理论界和实务届的重新思考。一方面，新经济公司成长过程中对于"同股不同权"的股权结构有特别的需求，科创板"特别表决权"的制度设计也表明我国证券市场上亟须考虑引入双重股权结构制度。创始团队对公司

---

① 李海英，李双海，毕晓方．双重股权结构下的中小投资者利益保护——基于Facebook收购WhatsApp的案例研究［J］．中国工业经济，2017（1）：174-192．
② 如2014年，京东（JD）以双重股权结构在美国纳斯达克上市；2014年9月，阿里巴巴（BABA）携合伙人制度（本质上仍然是双重股权结构）步入美国纽约证券交易所上市；2018年7月，小米公司在香港证券交易所正式上市，被称为在香港交易所施行"同股不同权"政策后首个上市的科创型企业。

战略和发展往往有更好的把握，但是外部分散股东的表决权对控制权的稀释，不利于创始团队对公司战略和发展方向的把握。

另一方面，我国资本市场股权分置改革后，股票全流通之后，股权结构进一步分散。近年来一些公司"一股独大"局面的改变，同时存在两个甚至多个持股比例接近的股东，表明股权分散和"分权控制"时代的来临。例如，在2015年万科的股权之争①中，宝能通过举牌成为万科第一大股东，并一度提议召开特别股东大会，要求罢免王石为首的万科创业团队。② 试想，如果创业企业家辛勤打拼的企业未来轻易地被"野蛮人"闯入，那么企业家创业的激励将大大降低。因此，一度被认为不利于投资者权利保护的不平等投票权，在鼓励企业家创业方面的价值重新获得了公司治理理论和实务届的认同，并在IT等产业广为应用。

阅读材料：万科股权之争

四、总结：公司治理的权衡

公司治理本质上是在治理成本与治理收益中进行权衡。这种权衡是复杂的，没有哪种治理结构对于所有公司都适用。例如，在有些公司实施双重股权结构对公司是有利的，它能大大激励创始人团队在制定经营决策时为公司长远发展作出考量，但在有些公司则不适用，因为它更可能导致控股股东对小股东利益的侵害。又例如，在外部法律对投资者权利保护较好的国家，和在外部法律对投资者权利保护不足的国家，其他治理机制所发挥的作用空间也有很大不同。

此外，公司治理的成本和收益还取决于各国的文化和社会规范。在一种文化中可以接受的经营和管理方式，在另一种文化中也许并不被接受。因此，各国（区域）之间的公司治理结构和治理机制差异如此之大，也就不足为奇了。

不过重要的是，好的公司治理应该可以提升公司价值，降低代理成本。在实证研究中，研究者常常关心各种公司治理机制的有效性检验，以及哪些因素影响公司治理结构的设计等公司治理问题。

【本章小结】

1. 公司治理指的是确保投资者按时收回投资并取得合理回报的各种制度的总称。公司治理机制的作用在于，在不过分加重管理者承担的公司风险的前提下，减轻由于公司所有权和控制权分离所造成的利益冲突。公司治理机制力图通过激励利益相关者采取正确的行动，并对错误的行动给予惩罚，来协调这些

---

① 随着"门口的野蛮人"的不断"入侵"，既意味着我国资本市场股权分散时代的来临，也一定程度上意味着"控股股东说了算"时代的结束。相关资料来自：郑志刚. 从万科到阿里——股权分散时代的公司治理［M］. 北京：北京大学出版社，2017.

② 张华，胡海川，卢颖. 公司治理模式重构与控制权争夺——基于万科"控制权之争"的案例研究［J］. 管理评论，2018，30（8）：276–290.

利益。

2. 公司治理可以区分为治理结构和治理机制两个层次：

治理结构体现的是企业权威的分配，包括股权结构和控股股东性质等在内的治理结构问题，是作为现代产权理论控制权安排视角在公司治理实践中的应用，属于公司治理的第一个层次。

治理机制体现的是企业权威的实施，包括经理人薪酬合约设计、公司控制权市场的接管威胁等在内的治理机制，着重解决的是由信息不对称导致的代理问题，属于公司治理的第二个层次。

3. 公司金融中的代理问题是指，股东（委托人）面临的所投资金不被经理人（代理人）掠夺或浪费在无吸引力项目上的困难。股东为防止经理人损害自己的利益，需要通过严密的契约关系和对经理人的严格监督来限制经理人的行为，而这需要付出代价。为解决经理人与股东之间的利益冲突所产生的交易成本被相应地称为代理成本。代理成本又可划分为直接代理成本和间接代理成本。

4. 通常把持有控制性股份的股东称为控股股东或大股东。与控股股东相对应的则是外部分散股东或小股东。不同的公司由于控股股东与外部分散股东力量对比的不同，形成不同的股权结构。所谓股权结构，指的是股东所拥有的股份占公司全部股份的比例。我们可以将公司股权结构简单地区分为股权分散和股权集中两种类型。上市公司或控制上市公司的大股东通过种种正当及非法的手段侵蚀中小投资者利益这一类行为被称为"隧道行为"。

5. 董事会是重要的内部治理机制之一。其主要权利和职责是：雇用经营管理团队，确定管理者的补偿计划，批准重要的投资和收购决策，并在必要时解雇公司的管理人员。董事常常可以分为内部董事和外部董事两种类型。内部董事主要由现有雇员、前雇员或雇员的家庭成员来担任。外部董事，也称独立董事，是指独立于公司股东且不在公司内部任职，与公司或公司经营管理者没有重要的业务联系或专业联系，并对公司事务作出独立判断的董事。公司董事作为股东的受托人，在法律上需要向股东负有诚信责任，具体而言包括忠诚义务和勤勉义务两个方面。传统上，董事会存在两种重要的组织模式，即以美国为代表的混合模式和以德国为代表的双层模式。中国在学习和引进西方成熟市场经济国家现代公司的董事会组织模式过程中，形成了一种既不完全像美国模式又不完全像德国模式的具有中国特色的董事会组织模式。

6. 经理人薪酬合约设计是解决经理人与股东代理冲突的重要公司治理机制之一。我们把它们统称为公司管理层的薪酬包。一般来说，薪酬包可以划分为显性薪酬和隐性薪酬两类。其中，显性薪酬主要包括货币薪酬、股权激励、津贴等，而隐性薪酬则主要包括在职消费等。

7. 一般而言，债务融资是公司的一项硬约束。当公司无法偿还债务时，公司的控制权将可能从股东手中转移到债权人手中。为了避免控制权转移可能导致的管理团队的更迭或辞退，经理人有激励努力工作以按期还本付息。于是，债务融资合约形成了对经理人行为的约束，从而扮演了公司治理的角色。不过，债务融资的公司治理角色在我国资本市场中尚未得到应有的发挥。

8. 与内部治理机制中治理职能的履行需要耗费企业的资源相比，外部治理机制所凭借的外部治理环境已经存在，并不需要企业耗费额外的资源。只不过由于这些外部治理环境客观上扮演着约束经理人道德风险行为、降低代理成本的角色，因而我们称其为外部治理机制。现实中作为外部治理机制的外部环境因素有很多，例如法律环境（甚至法律外制度、文化和社会规范等）、产品市场竞争、公司控制权市场、经理人声誉市场。法律对投资者权利的保护无疑是"确保资金提供者按时收回投资并取得合理回报"的公司治理最基本和最重要的实现手段。

9. 市场竞争是指通过产品或要素市场的约束来解决股东和管理者之间的委托代理问题的一种机制。竞争性的产品市场或要素市场是构成外部治理机制的重要组成部分。如果市场竞争足够激烈的话，公司的经理就可能受到更大的约束。因此，来自市场的竞争迫使经理人按照股东价值最大化的原则行事。

10. 公司控制权市场指的是建立在现代成熟的资本市场有效运作的基础上，通过特定公司战略所实现的公司控制权转移的各种市场行为的总称。实现控制权转移的公司战略包括公司接管、杠杆收购、公司重组等。其中，公司接管有三种具体的形式，包括兼并、敌意或友好邀约收购和代理权竞争。

11. 从声誉角度把经理人市场理解为一种非正式的制度。经理人市场的存在使经理人即使没有高能的薪酬激励合约的激励，也有通过努力工作来建立和维护自己的良好职业声誉的激励。声誉作为非正式制度之所以可以帮助市场履行合约，来自重复交易的价值。职业经理人关注自己在经理人市场上未来职业声誉的事实，被称为经理人职业关注。

12. 此外，媒体报道、信息披露等通过缓解公司内部与外部分散股东之间的信息不对称，而被称为重要的外部治理机制。

13. 实际控制权是指股权实际控制链条的最终控制者通过直接或间接持有公司股份而对公司拥有的实际控制权。所谓实际控制人就是实际取得了公司实际控制权的股东，也称最终控制人，他们可以通过包括股票权在内的各种方式最终掌握公司的战略决策与日常经营。在金字塔结构中，最终所有者（最终控制人）通过形成一个自上而下的所有权链条来实现对目标企业的控制。在水平结构中，最终所有者通过直接持有每个集团成员企业的股份而实现对这些成员企业的控制。交叉持股也称双向持股或相互持股，是在金字塔或水平结构的基础上，被控制企业同时拥有其控制链上游企业的股份，形成另一条控制链。交叉持股的出现，使得原有的金字塔等控股结构变得更加复杂。

14. 当最终所有者借助金字塔结构实现了控制权和现金流权的分离，就有激励利用其处于金字塔底部企业的生产经营管理决策的实际影响力，通过内部交易转移资源的链条，源源不断地把底部企业的资源输送到最终所有者具有更多现金流权的处于金字塔顶端的企业中，使得最终所有者实际付出较少的现金流，却可以获得较多的回报。这个资源的转移链条就像一个自下而上的隧道，资源从处于金字塔结构底端的企业被源源不断地输送到处于顶端的企业，这种资源转移行为被称为隧道行为，所产生的效应被称为隧道效应。除关联交易（资产出售和转移定价）外，在我国制度背景下，还有现金占用和贷款担保这两种更为常见的隧道挖掘方式。企业集团的最终所有者（母公司的控制性股东）也会在子公司陷入财务困境时，使用自有资金来帮助子公司摆脱困境，从而给子公司的外部分散股东带来利益。这种反向的隧道行为，被称为支撑行为。

15. 双重股权结构，也称双重表决权股权，是指公司发行不止一种股票，其中一种股票比其他股票具备更多的表决权。控股股东持有全部或大部分的高级表决权股票，而向公众发行的是次级表决权股票。这种方法使得控股股东可以在不稀释他们控制权的前提下筹集资本。双重股权结构通过实现现金流权和控制权的分离，实现对公司的有效控制。

16. 公司治理本质上是在治理成本与治理收益中进行权衡。好的公司治理应该可以提升公司价值，降低代理成本。

【关键术语】

公司治理（corporate governance）
治理结构（governance structure）
治理机制（governance mechanism）
代理问题（agency problem）
代理成本（agency cost）
控股股东（controlling shareholder）
内部董事（inside director）
独立董事（independent director）
外部治理机制（external governance mechanisms）
市场竞争（product market competition）
公司控制权市场（corporate control market）
声誉（reputation）
金字塔结构（pyramid structure）
水平结构（horizontal structure）
交叉持股（cross-holdings）
隧道行为（tunneling）
支撑行为（propping）
双重股权结构（dual class structure）

【练习题】

1. 公司治理是什么意思？公司治理可以区分为哪两个层次？
2. 什么是代理问题？代理成本又是什么？

3. 什么是"隧道行为"？

4. 董事会在公司治理中扮演什么角色？为什么说董事应该勤勉尽责、向股东负有诚信责任？

5. 为什么说债务融资也有公司治理的作用？

6. 公司治理的外部治理机制有哪些？分别举例说明。

7. 什么是股权的金字塔结构？

8. 什么是双重股权结构？为什么越来越多的科技型企业选择双重股权结构？

【教学辅助资料链接】

国际公司治理网（ICGN）：www.icgn.org

公司董事论坛（CDF）：www.directorsforum.com

中国证券监督管理委员会：www.csrc.gov.cn

上海证券交易所：www.sse.com.cn

深圳证券交易所：www.szse.com.cn

国务院国有资产监督管理委员会：www.sasac.gov.cn

中国上市公司协会：www.capco.org.cn

巨潮资讯网：www.cninfo.com.cn

中国证券投资者保护网：www.sipf.com.cn

中国公司治理网：www.cg.org.cn

参考文献

[1] [美] 阿道夫·伯利, 加德纳·米恩斯. 现代公司与私有财产 [M]. 北京: 商务印书馆, 2007.

[2] [美] 阿斯沃斯·达摩达兰. 学会估值, 轻松投资 [M]. 北京: 中信出版集团, 2015.

[3] 白重恩, 刘俏, 陆洲, 宋敏, 张俊喜. 中国上市公司治理结构的实证研究 [J]. 经济研究, 2005 (2): 81-91.

[4] 陈晓, 江东. 股权多元化、公司业绩与行业竞争性 [J]. 经济研究, 2000 (8): 28-35+80.

[5] 荆新, 王化成, 刘俊彦. 财务管理学 (第七版) [M]. 北京: 中国人民大学出版社, 2015.

[6] 李寿喜. 产权、代理成本和代理效率 [J]. 经济研究, 2007 (1): 102-113.

[7] 李维安, 郝臣. 公司治理手册 [M]. 北京: 清华大学出版社, 2015.

[8] 李维安. 公司治理前沿 (第二辑) [M]. 北京: 中国经济出版社, 2015.

[9] [英] 理查德·A. 布雷利, [美] 斯图尔特·C. 迈尔斯, [美] 弗兰克林·艾伦. 公司金融 (第12版) [M]. 北京: 机械工业出版社, 2018.

[10] 卢峰, 姚洋. 金融压抑下的法治、金融发展和经济增长 [J]. 中国社会科学, 2004 (1): 42-55+206.

[11] [美] 罗伯特·C. 希金斯. 财务管理分析 [M]. 北京: 北京大学出版社, 2015.

[12] 宁向东. 公司治理理论 [M]. 北京: 中国发展出版社, 2005.

[13] [美] 乔纳森·伯克, 彼得·德马佐. 公司理财 (第3版) [M]. 北京: 中国人民大学出版社, 2014.

[14] [日] 青木昌彦, 钱颖一. 转轨经济中的公司治理结构——内部人控制和银行的作用 [M]. 北京: 中国经济出版社, 2005.

[15] [法] 让·梯若尔. 公司金融理论 [M]. 北京: 中国人民大学出版社, 2015.

[16] 沈艺峰, 肖珉, 黄娟娟. 中小投资者法律保护与公司权益资本成本 [J]. 经济研究, 2005 (6): 115-124.

[17] [美] 斯蒂芬·A. 罗斯, 伦道夫·W. 威斯特菲尔德, 杰弗利·F. 杰

富. 公司理财（第9版）[M]. 北京：机械工业出版社，2015.

[18] [美] 托马斯·E. 科普兰，J. 弗雷德·韦斯顿，库尔迪普·夏斯特里. 金融理论与公司政策（第四版）[M]. 北京：中国人民大学出版社，2012.

[19] 王鹏. 投资者保护、代理成本与公司绩效 [J]. 经济研究，2008（2）：68-82.

[20] 吴敬琏. 现代公司与企业改革 [M]. 天津：天津人民出版社，1994.

[21] 张春. 公司金融学 [M]. 北京：中国人民大学出版社，2008.

[22] 张军. 中国企业的转型道路 [M]. 上海：格致出版社、上海人民出版社，2008.

[23] 张维迎. 产权激励与公司治理 [M]. 北京：经济科学出版社，2005.

[24] 张维迎. 企业理论与中国企业改革 [M]. 北京：北京大学出版社，1999.

[25] 郑志刚，邓贺斐. 法律环境差异和区域金融发展——金融发展决定因素基于我国省级面板数据的考察 [J]. 管理世界，2010（6）：14-27+187.

[26] 郑志刚，丁冬，汪昌云. 媒体的负面报道、经理人声誉与企业业绩改善——来自我国上市公司的证据 [J]. 金融研究，2011（12）：163-176.

[27] 郑志刚，李东旭，许荣，林仁韬，赵锡军. 国企高管的政治晋升与形象工程——基于N省A公司的案例研究 [J]. 管理世界，2012（10）：146-156+188.

[28] 郑志刚，石丽娜，黄继承，郭杰. 中国上市公司"小股民行动"现象的影响因素与经济后果 [J]. 世界经济，2019，42（1）：170-192.

[29] 郑志刚. 从万科到阿里——股权分散时代的公司治理 [M]. 北京：北京大学出版社，2017.

[30] 郑志刚. 中国公司治理的理论与证据 [M]. 北京：北京大学出版社，2016.

[31] 朱五香，蒋殿春，张新. 中国公司金融学 [M]. 上海：上海三联出版社，2005.

[32] 朱叶. 公司金融（第三版）[M]. 北京：北京大学出版社，2016.

[33] Adam R. B. The dual role of corporate boards as advisors and monitors of management: Theory and evidence [J]. SSRN Working Paper, 2000.

[34] Aghion P., Bolton P. An incomplete contracts approach to financial contracting [J]. The Review of Economic Studies, 1992, 59 (3): 473-494.

[35] Allen F., Qian J., Qian M. Law, finance, and economic growth in China [J]. Journal of Financial Economics, 2005, 77 (1): 57-116.

[36] Ang J. S., Cole R. A., Lin J. W. Agency costs and ownership structure [J]. Journal of Finance, 2000, 55 (1): 81-106.

[37] Berle A. A., Means G. The modern corporation and private property, New York: Macmillan Publishing Co, 1932.

[38] Brav A., Graham J. R., Harvey C. R., et al. Payout policy in the 21st century [J]. Journal of Financial Economics, 2005, 77 (3): 483 - 527.

[39] Byrd J. W., Hickman K. A. Do outside directors monitor managers?: Evidence from tender offer bids [J]. Journal of Financial Economics, 1992, 32 (2): 195 - 221.

[40] Coase R. H. The nature of the firm [J]. Economica, 1937 (4): 386 - 405.

[41] Demsetz H. The structure of ownership and the theory of the firm [J]. Journal of Law and Economics, 1983, 26 (2): 375 - 390.

[42] Fama E. F. Agency problems and the theory of the firm [J]. Journal of Political Economy, 1980, 88 (2): 288 - 307.

[43] Fama E. F., Jensen M. C. Agency problems and residual claims [J]. Journal of Law and Economics, 1983, 26 (2): 327 - 349.

[44] Friedman J. W. A non-cooperative equilibrium for supergames [J]. Review of Economic Studies, 1971, 38 (1): 1 - 12.

[45] Gibbons R., Murphy K. J. Optimal incentive contracts in the presence of career concerns: Theory and evidence [J]. Journal of Political Economy, 1992, 100 (3): 468 - 505.

[46] Grossman S. J., Hart O. D. Takeover bids, the free-rider problem, and the theory of the corporation [J]. The Bell Journal of Economics, 1980: 42 - 64.

[47] Grullon G., Michaely R. Dividends, share repurchases, and the substitution hypothesis [J]. Journal of Finance, 2002, 57 (4): 1649 - 1684.

[48] Grullon G., Michaely R. Swaminathan B. Are dividend changes a sign of firm maturity? [J]. Journal of Business, 2002, 75 (3): 387 - 424.

[49] Healy P. M., Palepu K. G. Earnings information conveyed by dividend initiations and omissions [J]. Journal of Financial Economics, 1988, 21 (2): 149 - 175.

[50] Holmstrom B. Managerial incentive problems: A dynamic perspective [J]. Review of Economic Studies, 1999, 66 (1): 169 - 182.

[51] Holmstrom B., Milgrom P. Aggregation and linearity in the provision of intertemporal incentives [J]. Econometrica: Journal of the Econometric Society, 1987: 303 - 328.

[52] Ikenberry D., Lakonishok J., Vermaelen T. Market underreaction to open market share repurchases [J]. Journal of Financial Economics, 1995, 39 (2 - 3): 181 - 208.

[53] Jensen M. C. Agency costs of free cash flow, corporate finance, and takeovers [J]. American Economic Review, 1986, 76 (2): 323 - 329.

[54] Jensen M. C. The modern industrial revolution, exit, and the failure of in-

ternal control systems [J]. Journal of Finance, 1993, 48 (3): 831 -880.

[55] Jensen M. C. , Meckling W. H. Theory of the firm: Managerial behavior, agency costs and ownership structure [J]. Journal of Financial Economics, 1976, 3 (4): 305 -360.

[56] Kreps D. M. , Milgrom P. , Roberts J. , Wilson R. Rational cooperation in the finitely repeated prisoners' dilemma [J]. Journal of Economic Theory, 1982, 27 (2): 245 -252.

[57] La Porta R. , Lopez-de-Silanes F. , Shleifer A. , Vishny R. Investor protection and corporate governance [J]. Journal of Financial Economics, 2000, 58 (1 -2): 3 -27.

[58] La Porta R. , Lopez-de-Silanes F. , Shleifer A. , Vishny R. Law and finance [J]. Journal of Political Economy, 1998, 106 (6): 1113 -1155.

[59] Lakonishok J. , Lev B. Stock splits and stock dividends: Why, who, and when [J]. the Journal of Finance, 1987, 42 (4): 913 -932.

[60] Lintner J. Distribution of incomes of corporations among dividends, retained earnings, and taxes [J]. American Economic Review, 1956, 46 (2): 97 -113.

[61] Michaely R. , Thaler R. H. , Womack K. L. Price reactions to dividend initiations and omissions: Overreaction or drift? [J]. Journal of Finance, 1995, 50 (2): 573 -608.

[62] Modigliani F. , Miller M. H. The cost of capital, corporation finance and the theory of investment [J]. American Economic Review, 1958, 48 (3): 261 -297.

[63] Shleifer A. , Summers L. H. Breach of trust in hostile takeovers [J]. Corporate takeovers: Causes and consequences [M]. University of Chicago Press, 1988, 1: 33 -68.

[64] Smith Jr C. W. Raising capital: Theory and evidence [J]. The Investment Banking Handbook, 1988, 11 (7): 71.

[65] Weisbach M. S. Outside directors and CEO turnover [J]. Journal of Financial Economics, 1988, 20: 431 -460.

敬 告 读 者

为了帮助广大师生和其他学习者更好地使用、理解、巩固教材的内容，本教材配课件和习题答案，读者可关注微信公众号"经济科学网"获取相关信息。如有任何疑问，请与我们联系。

QQ：16678727

邮箱：esp_bj@163.com

教师服务 QQ 群：606331294

读者交流 QQ 群：391238470

经济科学出版社

2022 年 8 月

经济科学网

教师服务 QQ 群

读者交流 QQ 群

经科在线学堂